职业技能等级认定学练丛书

列车长　餐车长

中国铁路呼和浩特局集团有限公司　编

中国铁道出版社有限公司

2024年·北　京

内 容 简 介

本书为"职业技能等级认定学练丛书"之一。本书依据现行基本规章和作业标准，融入新技术、新设备、新工艺、新规章等知识，突出岗位作业实作技能和应急处置。内容涵盖列车长和餐车长的基本规章制度、安全规范、标准化作业、操作规程及应急处置等。全书采用问答的形式，注重基础性、针对性和实用性，紧密结合现场作业，符合现场需要。

本书可供列车长和餐车长培训与自学使用。

图书在版编目(CIP)数据

列车长　餐车长/中国铁路呼和浩特局集团有限公司编. —北京：中国铁道出版社有限公司，2024.3

(职业技能等级认定学练丛书)

ISBN 978-7-113-28145-8

Ⅰ.①列…　Ⅱ.①中…　Ⅲ.①旅客列车-列车长-职业技能-鉴定-教材②旅客列车-餐车-管理-职业技能-鉴定-教材　Ⅳ.①U293.3

中国国家版本馆 CIP 数据核字(2023)第 215661 号

书　　名：列车长　餐车长
作　　者：中国铁路呼和浩特局集团有限公司

责任编辑：于　秀　　　　**编辑部电话：**(010)51873044
封面设计：刘　莎
责任校对：苗　丹
责任印制：樊启鹏

出版发行：中国铁道出版社有限公司(100054，北京市西城区右安门西街 8 号)
网　　址：http://www.tdpress.com
印　　刷：北京联兴盛业印刷股份有限公司
版　　次：2024 年 3 月第 1 版　2024 年 3 月第 1 次印刷
开　　本：787 mm×1 092 mm　1/16　**印张：**23.25　**字数：**533 千
书　　号：ISBN 978-7-113-28145-8
定　　价：130.00 元

编 委 会

前　言

为进一步提高铁路职工教育培训的针对性和实效性，大力促进全局职工队伍岗位技能达标，2015年劳动和卫生部组织专业技术人员编写了“铁路特有工种操作技能鉴定学练丛书”。该丛书为同期职业技能鉴定培训提供了有力的支撑，在铁路高技能人才培养选拔、落实全员持证上岗制度和确保运输生产安全稳定发展方面发挥了重大的作用。

随着我国铁路建设的持续发展，新技术、新设备不断更新应用，铁道行业标准、《铁路技术管理规程》等规章标准相应提升变化，丛书的范围和内容已经不能适应新时代铁路职工职业技能等级认定培训学习需求，急需进行修订完善和扩充拓展。

党的二十大报告指出，深入实施人才强国战略。为落实二十大精神，集团公司在技能人才队伍培养方面推出了一系列的新举措。其中，丛书修订完善作为一项重要工作进行落实，在对62个铁路特有工种进行修订完善的基础上，将丛书拓展为90个铁路特有工种和8个通用工种，并更名为“职业技能等级认定学练丛书”。

“职业技能等级认定学练丛书”在编写内容上力求体现以“优化职业活动为导向，以提升职业技能为核心”为指导思想，以“国家职业标准”“铁路特有工种技能培训规范”“高速铁路岗位培训规范”等为标准，以客观评价职工操作技能水平为目标，力求知识的系统性、连贯性和精炼性，突出针对性、典型性和适用性。

“职业技能等级认定学练丛书”是铁路职工职业等级认定操作技能考试前培训和自学教材，对职工各类在职教育和考试也有重要的参考价值。

“职业技能等级认定学练丛书”的编写是一项系统性、全面性的工作，工作难度比较大。在丛书的编写和审定过程中得到了集团公司职教部、各业务部及有关单位的大力支持和帮助，在此表示感谢！由于编写水平有限，加之时间仓促，恳请读者提出宝贵意见和建议。

中国铁路呼和浩特局集团有限公司

2023年9月

目　录

列 车 长

第一部分　中 级 工

第二部分　高级工

第三部分　技　　师

餐 车 长

第一部分 中 级 工

第二部分　高 级 工

第三部分　技　师

列 车 长

第一部分　中级工

1. 列车应如何处置旅客遗失物品?

答:发现旅客遗失物品应积极寻找失主。如旅客已经下车,应编制客运记录,注明品名、件数等移交下车站。不能判明时,移交列车前方站或终到站。

2. 如何确定定期票、计次票有效期结束?

答:产品有效期结束的确定。旅客购买的新产品超出使用期限、定期票产品乘车次数达到规定上限、计次票产品无剩余乘车次数的,均视为产品有效期结束。

3. 旅客列车上发生旅客食物中毒应如何拍发铁路电报?

答:列车向有关部门及时报告,主送前方铁路卫生防疫站,抄送有关客运、卫生主管部门。报告内容:旅客发病时间、地点、患者人数、餐饮食物名称,要求派员处理。

4. 哪些危害列车运行安全的物品,属于禁止托运和随身携带的物品?

答:(1)可能干扰列车信号的强磁化物。

(2)硫化氢及有强烈刺激性气味或者有恶臭等异味的物品。

(3)容易引起旅客恐慌情绪的物品。

(4)不能判明性质但可能具有危险性的物品。

5. 旅客列车发生重大伤害案件拍发铁路电报应有哪些内容?

答:铁路电报内容应包括:

(1)案件发生日期、时间、车次。

(2)案件发生地点。

(3)被伤害人姓名、性别、年龄、身份及其客票发到站、票号。

(4)案情概况及线索等。

6. 值乘中发生旅客滞留及旅客列车大面积晚点列车应急物资、食品短缺,呼和浩特局集团公司[①]指定的保障供应点有哪些站段?

答:集宁南、呼和浩特、呼和浩特东、包头、包头东、东胜西、临河、乌海、乌海西、二连站、

① 中国铁路呼和浩特局集团有限公司的简称,下同。

鄂尔多斯、乌兰察布和包头客运段的包头、呼和餐饮基地为应急物资、食品保障供应点。

7. 什么是免费儿童的乘车凭证?

答:旅客携带免费乘车儿童时,应当在购票时向铁路运输企业提前申明,购票申明时使用的免费乘车儿童有效身份证件为其乘车凭证。免费乘车的儿童单独使用席位时应购买儿童优惠票。

8. 旅客列车发生火灾、爆炸事故拍发铁路电报的收报单位有哪些?

答:拍发铁路电报时,收报单位为有关铁路局集团公司客运部、客调、安全监察室、铁路公安局。必要时,根据事故的程度和性质还应抄送国铁集团客调、安全监察室、公安局。

9. 旅客下车前,补票存根信息仍未上传成功,应如何处理?

答:旅客下车前,补票存根信息仍未成功上传,旅客将无法刷身份证件通过出站闸机检票出站,列车工作人员须为旅客开具客运记录,旅客凭补票时身份证件和客运记录通过人工检票通道出站。

10. 值乘动车组列车与车站办理业务交接,短编组动车组、重联动车组、长编组动车组列车分别在什么位置?

答:站台客运值班员(客运员)应在规定位置与列车长办理业务交接。短编组动车组列车在4、5号车厢之间;重联动车组列车在列车运行方向前组7、8位车厢之间;长编组动车组列车在8、9号车厢之间。

11. 列车上补办的车票如何向旅客提供报销凭证?

答:列车实施电子化补票后,不再为旅客打印纸质车票。旅客需要报销凭证时,凭补票时使用的有效身份证件在全路任意车站窗口、自助票务终端领取,领取时限与售票窗口保持一致。报销凭证只能领取一次。

12. 值乘中发现无人护送的精神异常旅客,应如何处置?

答:列车内发现无人护送的精神异常旅客,列车长应指派专人看护,公安人员应予协助,移交到站或换车站处理。不得转交中途站。发现有人护送的精神异常旅客,乘务员应向护送人介绍安全注意事项,并予以协助。

13. 处理石击玻璃致旅客伤亡,应如何收集旅客书面材料?

答:凡是收集的旅客的书面材料,除应有规章规定的基本内容外,还应有旅客的姓名、住址、性别、年龄、联系方式、身份证号(特别是旅客的身份证号、姓名、联系方式和住址尤为重要)。取证要有公安人员参加。

14. 发现旅客携带品可疑，或无人认领的物品，应如何处置？

答：发现旅客携带品可疑及无人认领的物品时，配备乘警（或列车安全员，下同）的列车通知乘警到场处理；未配备乘警的由列车长按规定处理，对危险品做好登记、保管及现场处置，并交前方停车站（公安部门）处理。

15. 出现哪些情况应补收票款？

答：有下列情况时应当补收票款：

（1）应购买儿童优惠票而未买票的儿童，补收儿童优惠票票款。

（2）应购买全价票而购买儿童优惠票乘车的未成年人，应补收儿童优惠票票价与全价票价的差额。

（3）主动补票或者经站车同意上车补票的。

16. 如何操作电子票夹进行“去向登记配置”？

答：在电子票夹主页面点击底部【业务功能】按钮，显示业务功能页面，点击【席位管理】按钮，点击标题栏【配置】按钮，进入去向登记配置界面，进行岗位选择、填写负责车厢、填写宿营车车厢号、填写到站提醒席位和到站前提醒时间，点击【保存】。

17. 发现旅客在区间跳车时，应如何处置？

答：（1）发现旅客在区间跳车时，应当立即停车处理。

（2）在不具备停车条件或迟延发现时，列车长应当报告运行所在铁路局集团公司客运调度，由客运调度员通知就近车站派人寻找。

（3）列车长应在前方停车站拍发铁路电报，向事故发生所属铁路局集团公司、担当铁路局集团公司客运主管部门报告。

18. 旅客持 e 卡通乘车丢失手机时，应如何处理？

2023 年×月×日值乘 D6773 次列车，乌兰察布站开车后，列车验票，乘坐在 6 车 8F 座位的旅客为 e 卡通用户到包头站下车，自称手机遗失，应如何处理？处理依据是什么？

答：补收乌兰察布至包头站二等座票价。

依据：《中国铁路呼和浩特局集团有限公司“铁路 e 卡通”实施办法》第二十六条规定，列车查验车票时，如旅客遗失 e 卡通移动设备（手机），乘务人员应按章补票，旅客凭补票至到站人工到补（或售票）窗口进行异常处理，注销进站记录。

19. 从卫生管理的角度，列车保洁标准有哪些？

答：旅客列车保洁时，应加强列车室内外清洁，更换的卧具备品不能直接落地、踩踏，彻底清洁座席缝隙、卧铺缝隙、电取暖器、垃圾箱、动车组列车座椅底部转向架槽等边角缝隙，清除病媒生物孳生地。卫生清扫工具应配备数量充足，分类存放、使用和管理，及时清洗，保持清洁。

20. 怎样使用电子票夹查询旅客电子客票信息?

答:在电子票夹主页面点击底部【业务功能】按钮,显示业务功能页面,页面最上端【标题栏】有搜索框,点击搜索框,进入搜索界面,输入乘车人姓名、身份证号(可输入完整身份证号或身份证后数 4 位以上进行查询)、手机号等关键词进行查询,即可出现该旅客的电子客票信息。

21. 旅客不可以随身携带哪些物品乘车?

答:旅客携带品应当遵守国家禁止或者限制运输的相关规定。

为保障车站、旅客列车等公共场所内外整洁、空气清新,妨碍公共卫生的物品,能够损坏或污染车辆的物品,以及活动物(导盲犬和作为食品且经封闭箱体包装的鱼、虾、蟹、贝、软体类水产动物除外)不得随身携带乘车。

22. 值乘中发生自然灾害、事故影响、设备故障,致使旅客列车绕道运行,作为列车长,应如何向旅客通告?

答:旅客们:

我是×次列车列车长,因×(洪水、山体滑坡、泥石流……)影响,前方线路中断。列车将在×站停止运行。请去往×站以远的旅客在前方×站下车或随本次列车返回乘车站,通过 12306 网站①、手机客户端自助免费办理退差、退票、改签手续或在下车站售票窗口办理。请您谅解。

23. 遇持优待票无法提供优待资质凭证时,如何开具电子客运记录?

答:在电子票夹主页面点击快捷区【核验补票】进入核验补票界面,点击【残军】进入残军对应列表,在列表中找到该旅客电子客票信息,点击【开具客票记录】按钮,弹窗提示,列车长给该乘客补票,补完票点击确认弹窗输入补票票号,输入补票票号并点击确认提交,生成电子客运记录。

24. 在什么情况下使用人力制动机? 如何使用?

答:如遇自动制动机故障,动车组列车以外的旅客列车司机应通知车辆乘务员立即组织列车乘务人员拧紧全列人力制动机,以保证就地制动;其他列车司机应立即采取安全措施,并向车站值班员(列车调度员)报告,请求救援。使用时先拉出摇把,依顺时针方向转动,即可制动,反转则可缓解。

25. 值乘动车组列车中途发生设备故障致使旅客中途换乘时,列车长应如何向旅客通告?

答:旅客们:

我是×次列车列车长,因本次列车设备故障不能继续运行,该列车将在×站停止运行。铁

---

① 中国铁路 12306 网站(含铁路 12306 移动端)的简称,下同。

路部门安排其他列车接续运行，去往×站以远的旅客在×站下车，带好你的随身物品换乘对面的列车，请您听从铁路工作人员引导，在相同车厢同一座位号乘坐，给您造成不便，请您谅解。

26. 旅客列车运行途中旅客坠车，使用紧急制动阀停车后发现坠车旅客已死亡，列车应如何处理？

答：使用紧急制动阀停车后，发现坠车旅客已死亡时：

(1)列车长应会同乘警查明致死原因，检查、收集死者车票、证件和其他遗物，将其苫盖并派人看守(巡道工、护路民兵等)。

(2)通知最近车站站长派人前往事故地点处理。

(3)编制客运记录，连同收集到的死者车票和遗物，一并移交事故处理站。

27. 如何预防班前、班中喝酒？列车长有哪些防控措施？

答：(1)出乘前对乘务人员进行人体酒精含量检测，确认无喝酒迹象后方可出乘上岗。

(2)待乘期间通过观察、闻味、询问等方式检查作业人员是否饮酒，杜绝作业人员待乘饮酒。

(3)班前班中酒精测试和检查发现客运人员有喝酒迹象的，立即停止工作，严禁上岗作业，按相关规定严肃处理。

28. 动车组列车应如何加强餐车电器的安全管理？

答：加强动车组列车餐车电器的监督，严禁私自增加电器设备。动车组列车运行途中，要重点巡视检查电器插头和插座连接状态，防止电器插头接触不良发热。微波炉、烤箱等厨房电器有3C认证标识，符合规定数量、规格和额定功率，规范使用；使用中有人监管，用后清洁，餐车离人断电，确保餐车用电安全。

29. 视力残疾旅客携带导盲犬进站乘车，应遵守哪些规定？

答：视力残疾旅客可以携带取得导盲犬工作证(载有导盲犬使用者信息，盖有公安部门或残疾人联合会公章，或带有国际导盲犬联盟标识“IGDF”)，用于辅助视力残疾人工作、生活的导盲犬进站乘车。旅客进站、乘车时，需主动出示残疾人证、导盲犬工作证、动物健康免疫证明等证件，携带的导盲犬接受安全检查。

30. 带班库内看车，要重点巡查哪些部位？巡查时间、次数有什么要求？

答：看车人员每2小时不少于1次安全巡查，其他时间在规定的岗位看车(值班)。车下专职看车人员重点巡查全列车门、车窗锁闭情况、车上有无人员、列车安全状况；车内看车人员重点巡查车厢车门、车窗锁闭情况、车上有无闲杂人员和列车两炉一灶一电及防火安全状况；车内看车带班人员对全列情况进行巡查。

31. 持哪些证件可以通过12306网站、订票电话购票？

答：通过12306网站、订票电话购票时，可以使用的有效身份证件包括：中华人民共和国居民身份证（含中华人民共和国临时居民身份证），中华人民共和国护照，中华人民共和国港澳居民居住证，中华人民共和国台湾居民居住证，港澳居民来往内地通行证，台湾居民来往大陆通行证，外国人永久居留身份证，外国人护照。

32. 站车工作人员发现严重失信行为时，如何对严重失信行为信息录入？

答：（1）站车工作人员发现严重失信行为处置时，应通过口头或书面方式明确告知旅客处置依据和纳入铁路旅客信用信息管理，采取限制购票措施。

（2）站车工作人员按照“谁采集，谁录入”的原则，在5日内通过铁路客运管理信息系统（网页版或移动端）中“征信管理”功能模块，按指定格式录入失信人失信行为信息。

33. 填写代用票的乘车区间栏、人数栏、席别栏有何要求？

答：（1）乘车区间栏填写发到站站名、经由、乘车里程。

（2）人数栏分别在全价、半价、学生、儿童栏内用大写字体填写数量，不用栏用“♯”划消。

（3）席别栏按照席别类别填写“软”“硬”“软卧”“硬卧”“商务”“特等”“一等”“二等”“动卧”“一等卧”“二等卧”等。

34. 火车票学生优惠卡内需载明哪些内容？

答：火车票学生优惠卡内需载明学生姓名、有效身份证件号码、优惠乘车区间、入学日期、优惠乘车次数等信息。应有而没有火车票学生优惠卡，火车票学生优惠卡所载信息不全、不能识别或者与学生证记载不一致的，不发售学生优惠票。

学生证的减价优惠区间更改时，应重新加盖院校公章，并修改火车票学生优惠卡内相关信息。

35. 发生旅客误乘、误降，应如何处理？

答：发生误乘、误降时，旅客应向站车工作人员提出。列车长应编制客运记录交前方停车站；车站对本站发现或列车移交的误乘、误降旅客，应指定最近列车免费送回至车票到站或原票乘车站。如误乘旅客提出乘坐本趟列车直接去原票到站时，所乘列车票价高于原票价时，核收票价差额；所乘列车票价低于原票价时，票价差额部分不予退还。

36. 站车无线交互系统①初次使用，应如何调试？应如何进行系统初始化操作？

答：初次使用手持终端②登录站车无线交互系统时，需要进行时间、日期的核对，及相关网络配置调试，确保系统的正确运行，在系统主界面上点击【系统配置】按钮，会出现状态信息界面。

---

① 铁路站车客运信息无线交互系统的简称，下同。

② 铁路客运手持作业终端的简称，下同。

首先点击【初始化】按钮，之后点击【连接】处输入框，输入“KP_GPRS”，之后点击“APN”处输入框，输入“TDBKYZC”。点击【建 APN】，出现提示界面“创建 GPRS 拨号接入点成功！”，表示建立成功。

37. 列车遇未购票儿童需补票时，应如何办理？

答：支持儿童优惠票按成人车票同席别补票；当随行成人车票为卧席，且旅客提出儿童无法单独使用卧铺或无卧铺车票可发售的，支持按卧铺对应等级座席补儿童优惠票：硬卧、包厢硬卧对应硬座；软卧、高级软卧对应软座；混编硬卧对应混编硬座；混编软卧对应混编软座；动卧对应二等座；高级动卧、一等卧对应一等座；二等卧对应二等座；二人软包、一人软包对应软座。

38. 值乘中发生旅客或无票人员在站内或列车上受到伤害，应如何处理？

答：旅客或无票人员在站内或列车上受到伤害，站车应先行抢救。列车长应会同公安人员检查受伤情况，收集旁证、物证，详细做成记录。向车站移交时，编制客运记录一式 2 份（1 份存查，1 份办理站车交接），连同车票、旅客随身携带品清单、证据材料一起移交。旅客人身伤害事故系斗殴等治安或刑事案件所致，列车乘警应在客运记录上签字。

39. 符合卫生要求的列车厕所，有哪些标准？

答：（1）保持清洁，地面无积水，无纸屑、烟头、痰迹和杂物，便器内无积便和尿垢，定期进行消毒、杀虫；座式便器应提供一次性衬垫。

（2）旅客列车厕所设有水冲装置且性能完好，保持清洁；集便厕所的列车，应当定期对集便装置进行洗刷消毒；厕所锁闭，符合《铁路旅客运输服务质量规范》要求。

（3）清洁厕所使用专用工具，要定时清洗消毒擦拭工具，保持工具清洁。

40. 列车长到站前有哪些作业内容？

答：（1）组织各车厢列车员扫拖地面，清理果皮盘、垃圾桶内杂物，大站前对车内卫生进行彻底清理，垃圾投放站将垃圾装袋、封口，机车换挂站提前锁闭厕所。

（2）组织各车厢列车员提前对车门口旅客及物品进行疏散和清理，提前到岗。兼看车厢列车员要提前告之旅客开启车门位置，提前引导旅客到车门口等候下车。需双开车门时，提前通知有关列车员。

41. 沪昆线的接算站有哪些？

答：上海、上海西、封浜、七宝、春申、新桥、笕桥、杭州东、杭州南、萧山、诸暨、义乌、塘雅、金华、龙游、衢州东、衢州、江山、上饶、横峰、弋阳、贵溪、鹰潭、梁家渡、潭岗、宜春、醴陵、株洲、湘潭、向韶、娄底、怀化、龙里、老罗堡、新寨所、贵阳、湖潮、黄桶、水城、六盘水、马嘎、梅花山、沾益、昆明。

42. 陇海线的接算站有哪些?

答:兰州、兰州东、夏官营、天水、宝鸡、卧龙寺、虢镇、茂陵、咸阳西、咸阳、西安、灞桥、窑村、新丰镇、零口、华山、洛阳东、中原、郑州、圃田西、商丘、夹河寨、铜山、徐州、大湖、新沂西、新沂、东海县、连云港、连云港东。

43. 京广线的接算站有哪些?

答:北京、北京南、丰台、西道口、良乡、徐水、石家庄、邯郸、邯郸南、马头、汤阴、新乡、南阳寨、郑州、孟庙、漯河、信阳、武汉北、滠口、丹水池、汉口、汉西、武昌、余家湾、武昌南、捞刀河、长沙、株洲、茶山坳、衡阳北、衡阳、韶关东、广州北、广州。

44. 宁蓉线的接算站有哪些?

答:南京南、亭子山、肥东、合肥南、集贤路所、长安集、六安、红安西、横店东、汉口、新墩、大福、宜昌东、凉雾、长寿北、复盛、胡豆堡所、重庆北、童家溪所、合川、渭沱、遂宁、石板滩、成都东。

45. 京九线的接算站有哪些?

答:北京西、广安门、李营、黄村、霸州、衡水、聊城北、聊城、菏泽、商丘、阜阳、潢川、麻城、孔垄、九江、九江西、庐山、德安、共青城、永修、乐化、南昌北、横岗、向塘、向塘西、三江镇、樟树东、峡江、吉安南、泰和、赣县、赣州东、赣州、赣州国际港、龙川、常平、樟木头、平湖、平湖南、深圳东、深圳。

46. 京沪线的接算站有哪些?

答:北京、北京南、丰台、黄村、汉沟镇、北仓、一二九公里、南仓、天津西、德州、黄河涯、晏城北、桥南、党家庄、泰山、磁窑、兖州、枣庄西、徐州、符离集、蚌埠东、永宁镇、林场、南京、镇江、丹阳、常州、戚墅堰、无锡、苏州、黄渡、上海西、上海。

47. 京沪高速线的接算站有哪些?

答:北京南、京津所、津沪所、德州东、济南西、崔马庄所、曲阜东、徐州东、蚌埠南、南京南、昆山南、黄渡所、上海虹桥。

48. 京哈线的接算站有哪些?

答:北京、北京东、双桥、通州、蓟州、唐山北、狼窝铺、滦县、北戴河、秦皇岛、龙家营、龙家营所、山海关、盘锦北、前丁香西所、后丁香西所、皇姑屯、沈阳北、开原、四平、长春、陶赖昭、团山、王岗、哈尔滨西、哈尔滨。

49. 襄渝线的接算站有哪些？

答：老河口东、旬阳、吕河、早阳、安康东、安康、达州、覃家坝、渡市、三汇镇、高兴、磨心坡、东阳所、兴隆场。

50. 杭深线的接算站有哪些？

答：杭州东、杭州南、庄桥、宁波、台州西、温州南、宁德、连江、福州南、莆田、厦门北、前场、角美、漳州、韩江桥所、潮汕、李朗所、深圳北。

51. 携带整件物品超重补收运费

2023年×月×日，呼和浩特—兰州西(经由包头、中卫)×次列车查验车票时发现2名成人旅客，持当日当次呼和浩特—中卫硬座车票2张，随身携带手提箱1件，35千克；手提包1件，16千克；机械铸件1件，25.2千克。请按章办理。简单说明补收运费理由，按填写客运杂费收据要求写出计算过程。(已知条件：呼和浩特—中卫　838千米，每千克行李运价0.435元)

解：机械铸件25.2千克不可分拆，按26千克整件补收行李运价。2名成人除免费携带重量外，还应补收35＋16－40＝11(千克)行李运费。

(1)运价里程。

呼和浩特—中卫　838千米

(2)计算运费。

①补收呼和浩特东—中卫26千克整件超重物品运费。

26×0.435＝11.31≈11.30(元)

②补收呼和浩特东—中卫11千克其他超过免费携带品重量运费。

11×0.435＝4.785≈4.80(元)

合计：11.30＋4.80＝16.10(元)

(3)记事栏：2人携带不可分拆机械铸件1件，25.2千克，按规定补收26千克行李运费；其他物品重51千克，补收11千克行李运费。

52. 携带动物补收运费

2023年×月×日，包头—哈尔滨西(经由赉红、通辽、长春)K×次列车呼和浩特站开车后，发现一名旅客持当日当次包头—哈尔滨西车票，携带机器1台，19千克；纸箱1件，8千克，内装小狗1只，请按章办理。简单说明补收运费理由，按填写客运杂费收据要求写出计算过程。(已知条件：包头—哈尔滨西　1 859千米，每千克行李运价0.845元)

解：动物8千克补收上车站至下车站行李运费。

(1)运价里程。

包头—哈尔滨西　1 859千米

(2)计算运费。

补收包头—哈尔滨西8千克行李运费。

8×0.845=6.76≈6.80(元)

合计:6.80(元)

(3)记事栏:1 人携带小狗 1 只,8 千克,补收 8 千克行李运费。

53. 携带物品价值较低补收运费

2023 年×月×日,呼和浩特东—成都(经由兰州、陇南)K×次列车,乌海站开车后,发现一名持当日当次临河—绵阳空调硬座客快票的旅客,携带编织袋 1 件,59.1 千克,内装芥菜,请按章办理。简单说明补收运费理由,按填写客运杂费收据要求写出计算过程。(已知条件:当地芥菜市场价为每斤 0.35 元,临河—绵阳　1 474 千米,每千克行李运价 0.705 元)

解:超重 40 千克,补收 40 千克临河—绵阳行李运费。

(1)运价里程。

临河—绵阳　1 474 千米。

(2)计算运费。

①补收临河至绵阳 40 千克行李运费。

40×0.705=28.20(元)

②39.1×0.35×2=27.37≈27.40(元),28.20 元>27.40 元,超重物品价值低于运费,按物品价值 50%核收运费。27.40÷2=13.70(元)。

合计:13.70(元)

(3)记事栏:1 人携带 59.1 千克物品,应补收 40 千克行李运费 28.20 元;携带物品价值低于运费,按物品价值 50%核收。

54. 两名成人携带品超重补收运费

2023 年×月×日,呼和浩特—银川(经由包头、临河)T×次,列车查验车票时发现 2 名成人旅客,持当日当次丰镇—呼和浩特—乌海西联程票 2 张,随身携带手提箱 1 件,35 千克;手提包 1 件,16.5 千克;机械配件 1 件,20.8 千克,请按章办理,简单说明补收运费理由,按填写客运运价杂费收据要求写出计算过程。(已知条件:呼和浩特—乌海西　552 千米,每千克行李运价 0.306 元)。

解:机械配件 20.8 千克不可分拆,整件补收 21 千克行李运价。2 名成人应补收超重 35+16.5−40=11.5(千克)行李运费,11.5 千克按 12 千克计算。

(1)运价里程。

呼和浩特—乌海西　552 千米。

(2)计算运费。

①补收呼和浩特—乌海西 21 千克整件超重物品包裹运费。

21×0.306=6.426≈6.40(元)

②补收呼和浩特—乌海西 12 千克携带品行李运费。

12×0.306=3.672≈3.70(元)

合计：

6.40+3.70=10.10(元)

(3)记事栏：2 人携带不可分拆机械配件 1 件，20.8 千克，补收 21 千克行李运费；其他物品 51.5 千克，补收 12 千克行李运费。

55. 成人持儿童优惠票乘车

2023 年×月×日，K1382/3 次列车(包头—哈尔滨西，经由集宁南、通辽、长春，新型空调)，通辽到站(6:58)前列车验票，发现一名 19 岁(身高 1.4 米)成人，持当日当次集宁南(16:11)—四平儿童优惠票乘坐在硬座车厢 4 车 18 号座位，与该车 17 号座位旅客同行，请按章处理。按填写代用票的内容写出计算过程，涉及加收尾数处理至 5 角，题中按已知条件给出的票价全部为联合票价。(已知条件：集宁南—四平 1 201 千米，全价硬座票价 152.50 元；集宁南—通辽 997 千米，全价硬座票价 128.50 元)

解：(1)事由：补价。

(2)票价里程。

集宁南 $\xrightarrow{997\text{千米}}$ 通辽 $\xrightarrow{204\text{千米}}$ 四平

(3)计算票价。

①集宁南—四平快速硬座儿童优惠票票价。

152.50×50%=76.25≈76.50(元)

152.50−76.50=76.00(元)

②加收集宁南至通辽已乘区间应补票价 50%票款。

128.50÷2×50%=32.125≈32.00(元)

合计：76.00+32.00=108.00(元)

56. 持优待票，证件不符

2023 年×月×日，呼和浩特—西安(经由：包头、绥德)K×次(新型空调)，列车进延安站时，列车验票发现硬座车厢一名旅客持当日当次包头—甘泉北硬座军残票，减价凭证为革命工作人员残废证。请按章处理。按填写代用票的内容写出计算过程，涉及加收尾数处理至 5 角，题中按已知条件给出的票价全部为联合票价。(已知条件：包头 $\xrightarrow{573\text{千米}}$ 延安 $\xrightarrow{40\text{千米}}$ 甘泉北，包头—甘泉北全价硬座票价 86.00 元；包头—延安全价硬座票价 78.00 元)

解：(1)事由：减价不符。

(2)票价里程。

包头 $\xrightarrow{573\text{千米}}$ 延安 $\xrightarrow{40\text{千米}}$ 甘泉北

(3)计算票价。

①包头—甘泉北快速新型空调半价票票价。

86.00÷2=43.00(元)

②补收包头—甘泉北快速新型空调全价与半价票票价差。

86.00－43.00＝43.00(元)

③加收包头—延安应补票价 50％票款。

78.00÷2×50％＝19.50(元)

合计:43.00＋19.50＝62.50(元)

57. 持硬座车票越站,变更乘坐硬卧

2023 年×月×日,二连—呼和浩特×次(新型空调),二连站开车时,一旅客持当日当次二连—赛汗塔拉硬座车票,要求越站至集宁南并使用硬卧,列车同意办理,宿营车 1 车 20 号中铺可售。请按章处理。按填写代用票的内容写出计算过程,涉及加收尾数处理至 5 角,题中按已知条件给出的票价全部为联合票价。(已知条件:二连—赛汗塔拉　115 千米,赛汗塔拉—集宁南　218 千米;二连—集宁南新型空调快速硬座、快速硬卧中铺票价分别为 50.50 元、101.50 元;赛汗塔拉—集宁南全价新型空调快速硬座、硬座普快票价分别为 32.50 元、29.50 元)

解:(1)事由:越站、补卧。

(2)票价里程。

二连 $\xrightarrow{115\text{千米}}$ 赛汗塔拉 $\xrightarrow{218\text{千米}}$ 集宁南

(3)计算票价。

①补收赛汗塔拉—集宁南普客新型空调票价。

32.50－(32.50－29.50)×2＝26.50(元)

②二连—集宁南中铺票价。

101.50－50.50＝51.00(元)

合计:26.50＋51.00＝77.50(元)

58. 成人携带 2 名免费儿童,1 名 15 岁儿童变更乘坐硬卧

2023 年×月×日,包头—深圳 Z×次(新型空调),呼和浩特站开车时,一名旅客持当日当次呼和浩特—阜阳硬座全价、儿童优惠票各 1 张,找到列车长,要求办理硬卧去阜阳,同行的有 3 岁、4 岁、15 岁儿童各 1 名,宿营车 17 车 2 号上、中、下铺空闲可售。请按章处理。按填写代用票的内容写出计算过程,涉及加收尾数处理至 5 角,题中按已知条件给出的票价全部为联合票价。(已知条件:呼和浩特—阜阳　1 465 千米,全价硬座、上铺、中铺、下铺硬卧票票价分别是 177.50 元、304.50 元、315.50 元、325.50 元)

解:(1)事由:超龄、补卧。

(2)票价里程。

呼和浩特—阜阳　1 465 千米

(3)计算票价。

①补收全价硬座与硬座儿童优惠票票价差。

177.50÷2＝88.75≈89.00(元)

177.50－89.00＝88.50(元)

②补收硬座儿童优惠票票价。

177.50÷2=88.75≈89.00(元)

③补收南昌至郑州新型空调硬卧上、中、下铺票价。

(304.50－177.50)+(315.50－177.50)+(325.50－177.50)=413.00(元)

合计:88.50+89.00+413.00=590.50(元)

59. 持硬座车票越席乘坐硬卧后又乘硬座

2023年×月×日,包头—深圳东,Z×次(新型空调),运行至呼和浩特东站停车时,列车工作人员在硬卧13车20号下铺发现一名旅客持当日当次包头—集宁南硬座车票在该铺躺卧,经核实该旅客自包头站一直待在该铺位,该铺位为呼和浩特东站预留,旅客要求继续使用卧铺,列车无空余铺位可售,请按章处理。按填写代用票的内容写出计算过程,涉及加收尾数处理至5角,题中按已知条件给出的票价全部为联合票价。(已知条件:包头—呼和浩特东　174千米,全价硬座、下铺硬卧票价分别是28.50元、82.50元)

解:(1)事由:越席。

(2)票价里程。

包头—呼和浩特东　174千米

(3)计算票价。

①补收包头至呼和浩特东新型空调硬卧下铺票价。

82.50－28.50=54.00(元)

②加收包头至呼和浩特东新型空调硬卧下铺票价50%票款。

(82.50－28.50)×50%=27.00(元)

合计:54.00+27.00=81.00(元)

60. 无票在硬卧车乘坐

2023年×月×日,包头—青岛北Z×次(新型空调),运行至集宁南快进站时,列车工作人员在硬座车厢2车发现一名呼和浩特站上车到大同站的无票人员,请按章处理。按填写代用票的内容写出计算过程,涉及加收尾数处理至5角,题中按已知条件给出的票价全部为联合票价。(已知条件:呼和浩特 $\xrightarrow{139\text{千米}}$ 集宁南 $\xrightarrow{127\text{千米}}$ 大同,呼和浩特—大同全价硬座票41.50元;呼和浩特—集宁南全价硬座票21.50元)

解:(1)事由:无票。

(2)票价里程。

呼和浩特 $\xrightarrow{139\text{千米}}$ 集宁南 $\xrightarrow{127\text{千米}}$ 大同

(3)计算票价。

①补收呼和浩特—大同新型空调客快速票价:41.50(元)

②加收呼和浩特—集宁南新型空调硬座票价50%票款。

21.50×50%=10.75≈11.00(元)

合计:41.50+11.00=52.50(元)

61. 列车终到,列车长应有哪些作业?

答:(1)卫生清扫,整理车容。列车终到前组织做好终到卫生清扫和车容整理,督促不达标车厢进行整改,确保全列达到终到标准。

(2)审核票据,结算票款,交票据、票款。

(3)送别旅客。正班列车长在软、硬卧一侧;副班列车长在硬席一侧送别旅客。

(4)站车交接,移交重点旅客、旅客遗失物品及旅客旅行未尽事宜。

(5)小班终到组织一班人员入住公寓,另一班人员库内看车、整备;大班终到退乘。

62. 违反铁路乘车管理规定常见行为有哪些?

答:违反铁路乘车管理规定行为情况复杂、种类繁多,常见多发行为主要包括:强占他人座位;无票、越站或越席乘车拒不补票或下车;因不文明行为不听劝阻,或其他原因与其他旅客发生冲突;故意用身体或者物品阻挡列车车门关闭;在非紧急情况下,故意损毁列车设施设备,或擅自开启列车车门和操纵列车紧急制动设备;殴打、辱骂列车工作人员;在动车组列车上吸烟或在其他列车的禁烟区域吸烟等。

63. 如何利用电子票夹对换座旅客进行登记?

答:在电子票夹主页面点击底部【业务功能】按钮,显示业务功能页面,点击【席位管理】按钮,点击或滑动屏幕进入【车厢定员】,点击数据行跳转对应车厢信息,点击【查看】进入席位信息界面,点击其中一位旅客的席位,弹出席位复用框,点击【换座旅客】,弹出登记信息窗,选择另外一位旅客的车厢号、席位号,输入该旅客的信息,点击确认即登记换座成功,两个席位左上角都有个红色“换”字。

64. 如何利用电子票夹对同行儿童进行登记?

答:在电子票夹主页面点击底部【业务功能】按钮,显示业务功能页面,点击【席位管理】按钮,点击或滑动屏幕进入【车厢定员】,点击数据行跳转对应车厢信息,点击【查看】进入席位信息界面,点击要登记的席位,弹出席位复用窗,点击左上角【备注】,进入备注登记界面,输入“同行儿童”,点击保存,即可登记成功,该席位左上角会有红色“注”字,再次点击该席位,席位复用窗有备注的信息。

65. 动车组列车换乘有哪些注意事项?

答:换乘过程中,动车组列车禁止移动,换乘完毕后将渡板或应急梯收回。故障动车组列车长指派胜任的列车工作人员共同进行换乘确认及全列巡视,共同确认旅客换乘完毕,隧道内换乘时还应确认隧道内无滞留旅客及遗留行李,确认完毕后通知救援动车组列车长办理交接,救援动车组列车长组织列车员或随车机械师关闭车门,并通知司机。司机接到列车长通知后报告列车调度员，按规定程序开车。

66. 动车组列车给水作业有哪些要求？

答：动车组列车在出动车所前进行上水作业，保证辆辆满水。单程运行时间 10～14 小时的，途中安排重点车厢补水 1 次。单程运行时间在 14 小时以上的，途中(运行 7 小时前后)安排 1 次全列满水。车底连续套跑 10 小时以上的，中间(运行 6 小时前后)安排 1 次折返站全列满水。动车组列车给水作业结束后，应当关闭注水口盖(挡)板，并确认关闭状态良好。外掀式盖板无法关闭时及时通知随车机械师处理，未关闭不得开车。

67. 值乘中遇动车组列车未完全停靠站台，应如何处置？

答：办理客运作业的动车组列车因故未到动车组列车停车位置标停车导致未完全停靠站台时，不得集控开门、不得擅自移动，司机应立即通知列车长、随车机械师，并报告列车调度员(车站值班员)。列车长通知车站客运值班员，客运值班员确认站台安全后通知列车长，列车长通知司机重新对标停车。若列车无法再行移动时，司机通知列车长、随车机械师，列车长组织列车员或随车机械师手动打开已停靠站台侧车厢的车门组织乘降。

68. 旅客列车遇有旅客遗失物品时，如何开具电子客运记录进行电子化交接？

答：在电子票夹主页面点击底部【客运管理】，点击【客运记录】，进入客运记录相关功能。点击【客运记录上报】，进入客运记录模板，选择【移交遗失物品】模板，按模板加载相应内容，列车长确认无误后，在签字栏进行签字，若移交车站无手持机，让车站人员通过站车无线交互系统完成签名交接后，点击【提交】，完成交接；若移交车站有手持机，列车长先签字提交，车站人员通过手持机获取已签字的客运记录，签字提交，完成交接。

69. 值乘中发生旅客滞留及旅客列车大面积晚点时，应采取哪些措施做好旅客服务工作？

答：旅客服务。各车厢乘务人员加强车内巡视，做好饮食、饮水供应等服务工作，努力满足旅客基本服务需求；重点做好老幼病残孕特殊重点旅客的帮扶照顾，遇旅客有特殊和紧急需求，尽力妥善解决。车辆乘务员要加强车内巡视，保证车辆设备设施状态良好，并根据列车长通知预计列车晚点时间提出列车供电控制措施，由列车班组负责实施。需要协助解决列车存在的问题和困难时，列车长应向所在地集团公司客运调度或列车停留站汇报请求帮助。

70. 哪些管制器具属于禁止托运和随身携带的物品？

答：(1)管制刀具：根据《管制刀具分类与安全要求》(GA 1334—2016)，认定为管制刀具的专用刀具(匕首、刺刀、佩刀、三棱刮刀、猎刀、加长弹簧折叠刀等)、特殊厨用刀具(加长砍骨刀、加长西瓜刀、加长分刀、剔骨刀、屠宰刀、多用刀等)、开刃的武术与工艺礼品刀具(武术刀、剑等)，以及其他管制刀具(超过《日用刀具分类与安全要求》(GA/T 1335)规定的尺寸规格限制要求的各种刀具)。

(2)其他器具:警棍、军用或者警用匕首、催泪器、电击器、防卫器、弩、弩箭等。

71. 值乘中发生自然灾害、事故影响、设备故障,致使动车组列车晚点15分钟及以上、其他旅客列车晚点30分钟及以上时,作为列车长,应如何向旅客通告?

答:(1)自然灾害(降雨、降雪、大雾、雾霾、大风、洪水、山体滑坡、泥石流……)造成列车晚点时:

旅客们:

我是×次列车列车长,×次列车(本次列车)受×(降雨、降雪、大雾、雾霾、大风、洪水、山体滑坡、泥石流……)影响,现在大约晚点×小时×分钟。请您谅解。

(2)铁路原因(事故影响、设备故障),造成列车晚点时:

旅客们:

我是×次列车列车长,×次列车(本次列车)因×原因晚点,现在大约晚点×小时×分钟。因列车晚点给您造成不便,向您表示诚挚的歉意。

72. 购买儿童优惠票有哪些条件?

答:除需要乘坐旅客列车通勤上学的学生和铁路运输企业同意在旅途中监护的儿童外,未满14周岁的儿童应当随同成年人旅客旅行。

随同成年人乘车的儿童,年满6周岁且未满14周岁的应当购买儿童优惠票;年满14周岁,应当购买全价票。每一名持票成年人旅客可免费携带一名未满6周岁且不单独占用席位的儿童乘车,超过一名时,超过人数应当购买儿童优惠票。儿童年龄按乘车日期计算。

儿童优惠票的乘车日期、车次及席别应与同行成年人所持车票相同,到站不得远于成年人车票的到站。

73. 计算新型空调列车允许超员运输人数

依据铁道部运输局通话记录〔2011〕第223号,旅客运输能力不足时,在确保安全、正点和服务质量的前提下,允许超员运输的规定。2023年×月×日L×列车编组18辆(25G型车),其中,YW13辆(每辆定员66,包括宿营车1辆,YW代YZ3辆),CA1辆(定员48),RW1辆(定员36),YZ3辆(每辆定员112)。请计算出该列车允许超员运输多少名旅客并说明计算依据?

答:(1)该列车允许超员运输旅客人数。

9×66+3×160+3×180+36=1 650(人)

(2)计算依据。

依据铁道部运输局〔2011〕第223号通话记录中第二条第三、四项,空调硬座车(25G、25K、25T型)每车厢载客不超180人。25T型硬卧车不代座,其他硬卧车代硬座每节车厢载客不超过160人。

74. 移交旅客在列车上要求变更到站的行李编制客运记录

2023年×月×日，Z×次(呼和浩特—上海)列车，旅客王×(持当日当次太原—上海车票)在太原托运行李至上海1件。列车运行至苏州站前，旅客因有事在苏州站停止旅行，在列车上提出变更行李到苏州站，列车长查验车票及行李票后在行李车内找到该行李交苏州站。请按编制客运记录要求答题。(题中条件不足部分自行合理补充)

答：编制客运记录，见票例1-1-1。

×局集团公司 客统—1

客　运　记　录

第　×　号

记录事由：移交旅客在列车上要求变更到站的行李

记录内容：

苏州站：

2023年×月×日，旅客王×自太原站托运至上海行李1件，48千克，票号B123518，列车运行至苏州站前，旅客因有事在苏州站停止旅行，现将该旅客托运的行李交你站，请按章办理。

注：
1.站、车需要编制记录时均适用。
2.本记录不能作为乘车凭证。

×客运 站/段 编制人员 Z×次列车长㊞(印)

站/段 签收人员 (印)

2023年 × 月 × 日编制

票例1-1-1

75. 移交要求运回发站的行李编制客运记录

2023 年×月×日，旅客张×购买包头—长沙 K×次(包头—广州)车票，由包头托运行李 1 件，行李装当日 Z×次(包头—南宁)列车，当日下午 K×次列车开车前，旅客到包头站行李房要求将行李运回。车站收回行李票，编制客运记录交旅客。拍发铁路电报。Z×次列车大同站接到铁路电报，未及时找到，大同开车后找到，最近前方停车站办理行包业务的是张家口站，列车编制客运记录下交行李运回。请按编制客运记录要求答题(题中条件不足部分自行合理补充)。

答:编制客运记录，见票例 1-1-2。

×局集团公司　　　客统—1

客　运　记　录

第　×　号

记录事由：移交要求运回发站的行李

记录内容：

张家口站：

2023年×月×日，我车接大同站转交包头站（2023）第3号铁路电报，要求将旅客张×自包头站托运至长沙站的行李1件（40千克，票号B123517）运回包头站，现按章交由你站，请你站按章办理。

注：
1.站、车需要编制记录时均适用。
2.本记录不能作为乘车凭证。

×客运 站/段 编制人员 Z×次列车长㊞(印)

站/段 签收人员　　　(印)

2023 年　×　月　×　日编制

票例 1-1-2

76. 移交违章使用乘车证编制客运记录

2023 年×月×日，Z×次(临河—深圳)列车，呼和浩特东站开车后(前方停车为集宁南站)查票时发现持集宁工务段线路工董×持硬座全年定期通勤乘车证(有效期为 2022 年 1 月 1 日至 12 月 31 日，乘车区间呼和浩特—大同)乘车，人、证不符，经查，持票人为董×邻居，列车按规定补收了票款，并将乘车证及工作证查扣。请按编制客运记录要求答题(题中条件不足部分自行合理补充)。

答：编制客运记录，见票例 1-1-3。

×局集团公司　　客统—1

客　运　记　录

第　×　号

记录事由：移交违章使用乘车证

记录内容：

集宁南站：

2023年×月×日，我车呼和浩特东站开车后查票时，发现持集宁工务段线路工董×持硬座全年定期通勤乘车证乘车，人、证不符。经查，持票人为董×邻居，列车按规定补收了票款，并按章查扣了乘车证（有效期为2022年1月1日至12月31日，乘车区间呼和浩特—大同）及相应的证件，现特编此记录将查扣的乘车证及工作证，上报你处处理。

附：（1）硬座全年定期通勤车证（YLa123513）。

（2）工作证（×字×号）。

注：

1.站、车需要编制记录时均适用。

2.本记录不能作为乘车凭证。

×客运站段　编制人员　Z×次列车长㊞（印）

站段　签收人员　（印）

2023 年　×　月　×　日编制

票例 1-1-3

77. 携带品超重，拒交运费人员编制客运记录

2023年×月×日，K×次（北京西—呼和浩特）列车，北京西站开车后，发现一名旅客持当日当次北京西—张家口硬座车票1张，携带装有服装的提包2个，38千克，超过免费重量，按章补收运费时，该旅客自称无钱，拒绝交纳运费。请按编制客运记录要求答题（题中条件不足部分自行合理补充）。

答：编制客运记录，见票例1-1-4。

×局集团公司　　客统—1

客　运　记　录

第　×　号

记录事由：携带品超重，拒交运费

记录内容：

张家口站：

2023年×月×日，我车北京西站开车后，发现旅客赵×，持北京西—张家口车票（票号B123507），携带提包2个，内装服装，38千克，按章补运费时，该旅客称无钱，拒绝交运费。现编此记录交你站，请按章处理。

注：
1.站、车需要编制记录时均适用。
2.本记录不能作为乘车凭证。

×客运站段　编制人员　K×次列车长㊞（印）

站段　签收人员　（印）

2023年　×　月　×　日编制

票例1-1-4

78. 移交因故障甩车持高票价席别车票的旅客，变更乘坐低票价席别至到站，办理退票

2023 年×月×日，×客运段值乘的 K×次列车(呼和浩特—乌海西)，运行至包头站，软卧车厢 10 车因故障甩下，致使持呼和浩特—乌海 2 名旅客，变更乘坐硬座。请按编制客运记录要求答题(题中条件不足部分自行合理补充)。

答：编制客运记录，见票例 1-1-5。

×局集团公司　　客统—1

客　运　记　录

第　×　号

记录事由：车辆故障中途甩车，变更座别

记录内容：

乌海站：

2023年×月×日，K7909次列车(呼和浩特—乌海西)，包头站软卧10号车厢因故甩下，致使持呼和浩特—乌海旅客张×(票号B123479)、王×(票号B123480)2名旅客变更乘坐硬座车到达你站，现交你站，请你站按章办理。

注：
1.站、车需要编制记录时均适用。
2.本记录不能作为乘车凭证。

×客运 站/段　编制人员　K×次列车长㊞(印)

站/段　签收人员　(印)

2023 年　×　月　×　日编制

票例 1-1-5

79. 发生旅客食物中毒，向所属铁路局集团公司或前方铁路卫生监督所报告时拍发铁路电报

2023年×月×日，×客运段值乘的K×次列车(南昌—包头)，通过萨拉齐站约5分钟(前方停车站包头东)，在2号硬座车厢90～94号座位处，有5名旅客出现腹泻、头晕等症状，经列车了解后得知，5名旅客均食用了卓资东站附近店铺购买的熏鸡，还食用了列车出售的盒饭。列车编制客运记录交包头东站，请按铁路电报格式编写电报内容(题中给出的条件不足自行补充)。

答：编写铁路电报，见票例1-1-6。

铁路传真电报

签　发：　　核　稿：　　拟稿人：

电　话：

发报所名	电报号码	等级	受理日	时　分	收到日	时　分	值机员

主送单位：呼和浩特铁路疾控所包头分所

抄送单位：呼和浩特局集团公司劳卫部、客运部、铁路公安局、包头铁路公安处、包头站、×乘警队，×客运段

报　文：

2023年×月×日，我车通过萨拉齐站约5分钟，2车90～94号座位5名旅客出现腹泻、头晕等症状，5名旅客均食用了卓资东站附近店铺购买的熏鸡，还食用了列车出售的盒饭。列车采取了救治措施，已编制客运记录×号将旅客及提取的食物、呕吐物交包头东站。特电告知。

×客运段南昌×组（2023）第×号
K×次列车长㊞
2023年×月×日于包头东站

第1页

票例1-1-6

80. 特殊情况列车途中餐料不足拍发铁路电报

2023年×月×日，K×次列车(广州—包头)，运行至孝感—漯河区段，因洪水断道列车晚点23小时30分钟，列车餐料不足，列车长于漯河站拍发电报，请求郑州客运段协助补充餐料(题中条件不足部分自行合理补充)。请按铁路电报格式编写电报内容。

答：编写铁路电报，见票例1-1-7。

铁路传真电报

签　发：　　　　　　　　　核　稿：　　　　　　　　　拟稿人：

电　话：

发报所名	电报号码	等级	受理日	时　分	收到日	时　分	值机员

主送单位：郑州客运段

抄送单位：郑州、呼和局集团公司客运部、客调，×客运段

报　　文：

×月×日，我车运行在孝感—漯河间，因洪水断道列车晚点23小时30分钟，现车内餐料不足，请协助在郑州站补充餐料西红柿40千克、精猪肉20千克、白菜50千克、色拉油10千克为盼。餐车在机后12位7号车厢。

×客运段广州×组（2023）第×号

K×次列车长㊞

2023年×月×日于漯河站

第1页

票例 1-1-7

81. 值乘中发生旅客滞留及旅客列车大面积晚点时，应采取哪些措施维护好列车车内秩序？

答：发生旅客滞留及旅客列车大面积晚点时，列车三乘人员要加强巡视，安抚旅客情绪，维护车内秩序、搞好治安防范，列车长要及时了解和掌握车内旅客动态，及时处置各类应急突发事件；乘警要搞好治安防范，防止治安事件发生。因终到晚点，旅客在列车上拒不下车时，列车长应当立即通知车站客运值班员，由车站立即转报集团公司应急救援指挥中心和公安部门，车站领导应及时协调公安干警到场解决。强占列车、车辆，危害铁路运输安全、扰乱铁路运输秩序的，有关部门应依法依规处置。

82. 旅客投诉应对要点有哪些？

答：对于旅客的投诉，铁路服务人员慎重对待，并且必须做到：耐心倾听，弄清真相，同情旅客，诚恳道歉，恰当处理。

（1）对旅客的投诉耐心倾听，弄清真相不急于辩解反驳或埋怨别的部门。旅客来投诉时，应当礼貌地接待，让他慢慢地讲，耐心地倾听。

(2)以诚恳的态度向旅客道歉。当旅客投诉时,铁路服务人员切忌置之不理或是与之发生争吵。

(3)区别不同情况,在旅客同意的情况下做出恰当的处理。对于一些明显是服务工作的错误,应当马上道歉,在征得旅客同意后,作出补偿等处理。

83. 旅客列车对列车长业务处理有哪些要求?

答:(1)对特殊重点旅客与车站办理书面交接,重点照顾,做到有登记、有措施,有落实。

(2)卧车逐车核对铺位,对符合出售条件的剩余卧铺,按照列车办理卧铺程序,在办公席公开及时发售。

(3)查验认真不走过场,对超重、超大物品及时补费,超高、不符及无票人员按规定处理。

(4)及时发现,措施妥善,就近下交。

(5)落实首问首诉负责制,接待热情、解答耐心、处理稳妥。

(6)旅客超员应及时拍发铁路电报,铁路电报主、抄送单位明确,内容简明扼要;编制客运记录,记录按号编制,按规定保管。

84. 旅客上车后,如何利用电子票夹的“二维码扫描”功能,查验该旅客票、证、人是否相符?

答:有2种方法可以查验:

(1)在电子票夹主页面点击底部【业务功能】按钮,显示业务功能页面,页面最上端【标题栏】点击【二维码扫描】图标,扫描车票二维码,识别车票信息,进入车票信息界面,将车票信息与乘车人的身份证件核对是否相符。

(2)在电子票夹主页面点击底部【业务功能】按钮,显示业务功能页面,页面最上端【标题栏】点击【二维码扫描】图标,进入扫描界面,点击底部护照、回乡证等按钮进入OCR扫描界面,识别证件信息,并查询该证件号的购票信息,看是否有电子客票信息,电子客票信息与乘车人是否相符。

85. 旅客列车库内作业时,列车长有哪些作业?

答:(1)分配看车班次、人员,组织各岗位认真落实。看车期间每2小时全列巡视一次,并填写库内巡视检查记录。

(2)盯控备品上车情况及保洁、列车员库内卫生整备,出库前组织保洁组长、整备质量检查员共同进行出库卫生鉴定,对不达标处所按质量标准要求整改。

(3)组织各车厢列车员进行车容整理备品定位摆放。

(4)提醒列车值班员盯控列车上水及各车厢上水记录填写情况。

(5)进行三乘检查,并规范填写三车检查记录。

(6)盯控餐料及商品上车情况,并对餐料及商品质量进行查验,并用音视频记录仪摄录。

86. 旅客购票后，在列车上丢失购票身份证件时，应如何处理？

答：旅客在列车上、出站前丢失证件的，须先办理补票手续，凭后补车票检票出站。在列车上办理时，列车核验席位使用正常的，开具客运记录；在车站办理时，车站核验车票无出站检票记录的，开具客运记录。旅客应在乘车日期之日起30日以内，凭该有效身份证件发证机构办理的临时身份证明和后补车票（如开具纸质客运记录，还应携带纸质客运记录），到列车的经停站退票窗口办理后补车票与原票乘车区间一致部分的退票手续。办理退票手续时，如核查丢失证件所购原票有出站记录的，后补车票不予退票；无出站记录的，办理退票时，不收退票费。

87. 旅客乘车中出现哪些行为，铁路运输企业按规定补票，并加收已乘区间应补票价50%的票款？

答：有下列行为时，铁路运输企业按规定补票，并加收已乘区间应补票价50%的票款：

（1）无票乘车且未主动补票时，补收自乘车站（不能判明时自始发站）起至到站止的车票票款。持失效车票乘车或在车票到站后不下车继续乘车的，按无票处理。

（2）持用变造、伪造或涂改的乘车凭证乘车时，除按无票处理外并送交公安部门处理。

（3）票、证、人不一致的，按无票处理。

（4）持用低票价席别车票乘坐高票价席别时，补收所乘区间的票价差额。

（5）旅客持优惠票、优待票，没有规定的减价凭证或不符合减价条件时，按照全价票价补收票价差额。

88. 旅客列车在始发站，列车长有哪些作业？

答：（1）列车始发50分钟前，组织各车厢乘务员启动站车无线交互系统，并完成身份注册和基础信息下载。

（2）检查各岗位开门立岗情况。

（3）站台组织、引导旅客乘车。

（4）组织各车厢列车员车门口规范使用手持终端核验旅客乘车信息，同时做好防误乘及安全宣传。

（5）接待安排重点旅客。

（6）及时妥善处理各类问题及突发事件。

（7）接收站方传达的有关命令、指示、通知，办理站车交接有关事宜。

（8）组织全员铃响站线、铃止统一登车，塞拉门登车后立即关闭车门。正、副班列车长分别自列车两端向列车中部方向检查各岗位人员始发作业落实情况。

89. 值乘中动车组列车超员影响运行，应如何处理？

答：动车组列车超员影响运行时，列车应停止办理无票、越站补票业务，向客运（客服）调度员报告，并立即通过客运管理信息系统通知相关车站。设置有超员预警、报警功能的动车组列车，发生超员预警时，列车长应加强预警车厢巡视，关注车厢内无座人员数量，有条件的可适当向其他车厢均衡疏散。发生超员报警时，司机或发现超员报警信息的列车工作人员应立即通知列车长、随车机械师，遇部分车厢报警时，列车工作人员组织报警车厢无座旅客有序疏散至其他车厢；遇全列车厢报警时，站车会同公安部门共同宣传组织无票、越站旅客下车，处置完毕后，由随车机械师确认报警消除后通知司机。

90. 值乘中发生火情及火灾、爆炸事故，接到司机通知后，应如何组织旅客向地面疏散？

答：列车长接到司机通知后应立即组织列车员或随车机械师手动打开疏散车门，安装好应急梯（具备车门脚蹬装置的动车组打开翻板使用脚蹬，下同），组织旅客向地面安全地带疏散，在桥梁疏散时应开启运行方向右侧车门（双线桥梁为有线路一侧），在隧道疏散时应开启邻近疏散通道侧车门，根据引导标识，组织旅客通过紧急出口等逃生通道疏散，如遇火灾危及旅客安全，但未接到扣停邻线列车的通知，应开启运行方向左侧车门（无线路一侧），向安全地带疏散，结合现场实际，确定旅客疏散方向和疏散方式，列车工作人员应做好旅客安全宣传和防护，严禁旅客擅自跨越线路擅自跨越线路。

91. 属于限制随身携带的物品有哪些？

答：(1)包装密封完好、标志清晰且酒精体积百分含量大于或者等于24%、小于或者等于70%的酒类饮品累计不超过3 000毫升。

(2)香水、花露水、喷雾、凝胶等含易燃成分的非自喷压力容器日用品，单体容器容积不超过100毫升，每种限带1件。

(3)指甲油、去光剂累计不超过50毫升。

(4)冷烫精、染发剂、摩丝、发胶、杀虫剂、空气清新剂等自喷压力容器，单体容器容积不超过150毫升，每种限带1件，累计不超过600毫升。

(5)安全火柴不超过2小盒，普通打火机不超过2个。

(6)标志清晰的充电宝、锂电池，单块额定能量不超过100瓦时，含有锂电池的电动轮椅除外。

(7)法律、行政法规、规章规定的其他限制携带、运输的物品。

92. 列车长岗位消防职责有哪些？

答：(1)负责领导指挥乘务人员落实旅客列车消防安全管理规定，贯彻上级有关消防工作部署和要求，接受上级消防检查。

(2)主持召开消防安全小组会议，总结分析、安排布置消防工作。

(3)检查督促乘务人员落实岗位防火责任制，组织乘务人员做好车底停留期间的看守。

(4)组织乘务人员学习消防知识，提高防火灭火技能。

(5)组织三乘联检，针对检查发现的问题，按职责分工进行整改，做好记录。

(6)采取多种形式向旅客宣传防火、防爆安全知识，做好查堵易燃易爆危险品工作。

(7)列车发生火灾时,启动火灾事故应急预案,做好旅客疏散组织和扑救工作。

(8)按规定填写消防安全台账。

93. 普速旅客列车列车长业务处理有哪些作业?

答:(1)妥善接待安排重点旅客。

(2)检查卧铺管理情况。

(3)查验票证,处理违章。列车长组织各车厢列车员按照已验旅客、重点旅客、补票旅客、换座旅客、未上旅客、提前下车6个类别对值乘区域旅客乘车信息进行核验,登记核实无误后及时上传。对减价票及乘车证等重点核对相关凭证,对超重、超大物品及时补收运费,超高、不符及无票人员按规定补票或编制客运记录交车站处理,并组织各车厢列车员及时更新登记站车无线交互系统内信息。

(4)组织列车值班员、乘警进行危险品检查,发现"危险品"按规定进行登记、移交。

(5)接待旅客来访,受理旅客投诉,回访旅客。

(6)列车超员时及时拍发铁路电报,其他应急范编制。

94. 对旅客违章携带物品应如何处理?

答:(1)在乘车站禁止进站上车。

(2)在车内或下车站,对超过免费重量的物品,其超重部分应自上车站至下车站补收行李运费。对不可分拆的整件超重、超大物品、活动物,按该件全部重量补收上车站至下车站行李运费。

(3)发现危险品或禁止、限制运输的物品,妨碍公共卫生的物品,损坏或污染车辆的物品,按该件全部重量加倍补收上车站至下车站行李运费。危险品交前方停车站处理;涉嫌违法犯罪的送交公安部门处理。对有必要就地销毁的危险品应按有关规定处理。

(4)如旅客超重、超大的物品价值低于运费时,可按物品价值的50%核收运费。

(5)补收运费时,不得超过本次列车的始发站和终到站。不能判明上车站时,自始发站起计算。

95. 列车运行途中,旅客突发疾病需要在前方不停车车站进行紧急救治时,有哪些要求?

答:(1)列车在处置过程中,要按照应急处置有关规定,收集收集旁证、物证等相关证明材料,一并交车站备查。站车交接时尽可能压缩临时停车时间。

(2)处置临时停车全过程所涉及人员应保持信息畅通,在处置过程中,铁路局集团公司客调应及时将处置情况通知铁路局集团公司客运部相关人员。站车在全部事宜处置完毕后,应将处置情况逐级汇报上级主管部门。

(3)停车时,下交病患旅客的车门由列车长按照病患旅客所在位置确定,并电话告知客调和有关部门,停车时,除该车开门外,其他车厢不得开门乘降旅客,乘务员要坚守岗位,确保安全。

(4)停车下交病患旅客时,除列车长、乘警、协助乘务员及病患旅客陪同亲属外,其他无关人员不得下车(动车组列车乘务人员不下车参与处理)。

96. 如何处置旅客携带的具有危险性和生活用品属性的“日用品类”物品?

答:(1)含酒精类湿巾,总重量和尺寸符合规定且包装完好、不产生刺激性气味的,可以携带。

(2)日用酒精消毒液、75%乙醇消毒液(瓶身有“医用”标识),可限量携带,单体容器容积不超过 100 毫升、限带 1 件;工业酒精,禁止携带。

(3)次氯酸消毒液、84 消毒液等含氯消毒液,总重量和尺寸符合规定且包装完好、不产生刺激性气味的,可以携带。

(4)滴露消毒液(无酒精),总重量和尺寸符合规定且包装完好的、不产生刺激性气味,可以携带。

(5)免洗洗手液,属凝胶类,可限量携带,单体容器容积不超过 100 毫升、限带 1 件。

(6)医用注射剂针头、鱼钩类、粉刺针等尖锐物品,可以携带。

(7)电子烟,可以携带。

(8)日用染发膏(非自喷压力容器),可以携带,如含有易燃成份、按限量携带品规定执行。

(9)高尔夫球杆、鱼杆,不超过携带品尺寸范围内的,可以携带。

97. 旅客列车发生火灾,应遵循哪些原则疏散旅客?

答:(1)任何火灾爆炸情况下,疏散旅客、挽救旅客生命是第一位的。疏散旅客应本着快速安全有序的原则。无论火势如何,乘务人员的首要任务是立即疏散转移旅客至安全车厢,一旦火势较大难以扑灭或产生大量有毒气体时应立即停止扑救,关闭防火隔断门以防火情扩大,立即停车报告救援。车内有毒气体难以排出时应果断打开车门、组织旅客有序向地面安全地带疏散。

(2)列车超员或其他车厢无足够空间疏散时,应立即使用紧急制动装置、呼叫司机停车,然后使用紧急开门装置或由司机、机械师打开车门向地面安全地带进行疏散。(如停在高架桥上时,列车长组织人员安装列车配备的紧急疏散梯向桥面疏散旅客,乘务人员组织旅客由高架逃生口向地面疏散)

98.《中国铁路呼和浩特局集团公司客运系统车间、班组台账资料管理实施细则》对旅客列车台账的存放有哪些要求?

答:(1)列车上设置的台账资料柜不得占用旅客空间,不得影响安全;资料柜内台账摆放整齐。

(2)列车台账应按规定种类和保管期限进行存放、保管。三乘检查记录、列车保洁出库卫生鉴定交接表、客运乘务工作日志在列车上只保存本季度记录;沿途给水情况记录簿、站车给水交接单在列车上只保存当月记录。其余在保管期限内的历史记录,按班组装订成册,在车队

(车间)存放、保管,以备查验。

(3)列车台账原则上按照班组、车厢配置保管,不得借用、共用、混用;做到无破损、污损、缺页,定位管理。

(4)动车组列车除携带铁路电报、客运记录和处理票务等必要的业务资料外,其他台账不得携带上车。

(5)客运段(车队)应为客运班组存放台账资料提供相应的场所和设备。

99. 哪些学校的学生可凭附有标注减价优惠区间和火车票学生优惠卡的学生证,购买学生优惠票?购票区间、时间、次数、席位有哪些限制?

答:在全日制高等学校(含国务院教育行政部门、省级人民政府审批设置的实施高等学历教育的民办学校),承担研究生教育任务的科学研究机构,军事院校,普通中、小学和中等职业学校(含有实施学历教育资格的公办及民办中等专业学校、职业高中、技工学校),国务院或国务院宗教事务局批准的正式宗教院校就读的学生、研究生,家庭居住地和学校所在地不在同一城市时,凭附有标注减价优惠区间和火车票学生优惠卡的学生证(中、小学生凭加盖学校公章的书面证明),优惠区间应加盖院校公章,每学年(10 月 1 日—次年 9 月 30 日)可购买家庭居住地至院校(实习地点)所在地之间四次单程的学生优惠票。新生凭录取通知书、毕业生凭盖有院校公章的学校书面证明当年可购买一次学生优惠票。学生优惠票限于使用普通旅客列车硬座、硬卧和动车组列车二等座。

100. 列车现场发现严重失信行为如何纳入征信系统?

答:(1)站车现场采集严重失信行为的证据包括:失信人本人书面证明或音视频记录或 2 名以上旅客证人证言。

①站车工作人员应使用客运记录详细记录失信人的姓名、有效身份证件类型及号码、住址、联系方式、乘车日期、车次、区间、失信行为、处理情况等信息,并由站车工作人员和失信人本人签字。失信人拒绝签字时应当注明。

②站车工作人员应采用音视频记录仪、视频监控系统记录处置全过程。不具备音视频记录条件时应收集 2 名以上旅客的证人证言。

③站车工作人员在处置时,应通过口头或书面方式明确告知旅客处置依据和纳入铁路旅客信用信息管理,采取限制购票措施。

(2)站车工作人员发现严重失信行为时,按照“谁采集,谁录入”的原则应在 5 日内通过铁路客运管理信息系统中“征信管理”功能模块,按指定格式录入失信人失信行为信息。

S1 编写客运记录移交违章使用铁路乘车证

一、考场准备

要求：场地模拟列车环境，不具备条件时要提供笔试或口试条件。

二、材料工具准备

序号	名称	规格	数量	备注
1	客运记录	客统—1	1张	
2	蓝色或黑色碳素笔、圆珠笔、钢笔		1支	

三、考核要求

(1)被鉴定人入场后，首先由裁判告知题目，其次由被鉴定人检查准备备品，当被鉴定人告知裁判可以开始时，由裁判员开始计时。

(2)考核时间为10分钟。

(3)在被鉴定人编写客运记录期间，裁判可以向被鉴定人提问，发现违章使用铁路乘车证处置的相关程序和要求。

(4)考核过程中如果裁判向被鉴定人提问处置违章使用铁路乘车证程序时，被鉴定人未提及处置过程中应全程使用音视屏记录仪及按规定补收票款，视为0分。

(5)考核完毕后，由被鉴定人在评分表上签字确认。

四、考核评分

(1)考评人员3名以上。

(2)评分程序及规则：考评员根据考生操作情况对照计分标准在评分表上给予记录评分。

(3)算分方法：采用百分制，满分100分，60分及以上为及格。

五、铁道行业职业技能登记认定列车长中级工实作技能考核评分记录表

单位：________ 姓名：________ 性别：________ 准考证号：________ 工种：________ 级别：________

试题名称：编写客运记录移交违章使用铁路乘车证。

考核时间：10分钟。

操作开始时间： 时 分 操作结束时间： 时 分

项目	考核内容及评分标准	扣分因素及扣分	得分
作业流程(60分)	1. 记录编号：按年编写		
	2. 记录事由：注明移交原因		
	3. 受理站：站名或部门要写全称		
	4. 记录中应注明日期、车次		

续上表

项目	考核内容及评分标准	扣分因素及扣分	得分
作业流程（60分）	5.记录中应注明违章使用人姓名、单位及乘车区间		
	6.记录中应注明所持乘车证填写的姓名、单位乘车证种类、票号有效期间和有效区间及证件名称等		
	7.记录中应注明是否已按章补票，补收车票号码		
	8.编写单位列车车次，年月日，加盖列车长名章		
	程序不对扣10分，每漏一项扣10分		
编写质量（30分）	1.使用语言精练，表达意思明确。（10分）		
	2.字体要清楚，不写自造简化字，编写字体潦草或有错别字。（10分）		
	3.初步判定违章使用乘车证的行为（在票面上加添、涂改、转借超过有效期，未持规定的有关证明、证件或伪造证明、证件）。（10分）		
备品使用（10分）	用蓝色或黑色笔编写（用不同颜色笔编写）。（10分）		
考核时间	作业在10分钟内完成。每超时1分钟扣5分，超过5分钟停止考核。用时　分钟		
合计得分			

考评员签名：　　　　　　　　　　　　鉴定人：　　　　　　　　　　　　年　　月　　日

S2　编写客运记录移交误降（坐过站）旅客

一、考场准备

要求：场地模拟列车环境，不具备条件时要提供笔试或口试条件。

二、材料工具准备

序号	名称	规格	数量	备注
1	客运记录	客统—1	1张	
2	蓝色或黑色碳素笔、圆珠笔、钢笔		1支	

三、考核要求

（1）被鉴定人入场后，首先由裁判告知题目，其次由被鉴定人检查准备备品，当被鉴定人告知裁判可以开始时，由裁判员开始计时。

（2）考核时间为10分钟。

（3）在被鉴定人编写客运记录期间，裁判可以向被鉴定人提问，发现旅客误降处置的相关程序和要求。

（4）考核过程中如果裁判向被鉴定人提问处置旅客误降程序时，被鉴定人未提及处置过程中应全程使用音视屏记录仪，视为0分。

（5）考核完毕后，由被鉴定人在评分表上签字确认。

四、考核评分

(1)考评人员3名以上。

(2)评分程序及规则:考评员根据考生操作情况对照计分标准在评分表上给予记录评分。

(3)算分方法:采用百分制,满分100分,60分及以上为及格。

五、铁道行业职业技能登记认定列车长中级工实作技能考核评分记录表

单位:________ 姓名:________ 性别:________ 准考证号:________ 工种:________ 级别:________

试题名称:编写客运记录移交误降(坐过站)旅客。

考核时间:10分钟。

操作开始时间: 时 分 操作结束时间: 时 分

项目	考核内容及评分标准	扣分因素及扣分	得分
作业流程(60分)	1.记录编号:按年编写		
	2.记录事由:注明移交原因		
	3.受理站:站名或部门要写全称		
	4.记录中应注明日期、车次		
	5.记录中应注明旅客车票的发到站及车票票号		
	6.记录中应注明误降原因		
	7.编写单位列车车次,年月日,加盖列车长名章		
	程序不对扣10分,每漏一项扣10分		
编写质量(30分)	1.使用语言精练,表达意思明确。(15分)		
	2.字体要清楚,不写自造简化字,编写字体潦草或有错别字。(15分)		
备品使用(10分)	用蓝或黑色笔编写(用不同颜色笔编写)。(10分)		
考核时间	作业在10分钟内完成。每超时1分钟扣5分,超过5分钟停止考核。用时 分钟		
合计得分			

考评员签名: 鉴定人: 年 月 日

S3 编写客运记录移交旅客携带品超过免费重量无钱或拒绝补交运费的旅客

一、考场准备

要求:场地模拟列车环境,不具备条件时要提供笔试或口试条件。

二、材料工具准备

序号	名称	规格	数量	备注
1	客运记录	客统—1	1张	
2	蓝色或黑色碳素笔、圆珠笔、钢笔		1支	

三、考核要求

(1)被鉴定人入场后,首先由裁判告知题目,其次由被鉴定人检查准备备品,当被鉴定人告知裁判可以开始时,由裁判员开始计时。

(2)考核时间为 10 分钟。

(3)在被鉴定人编写客运记录期间,裁判可以向被鉴定人提问,发现超过免费携带品重量处置的相关规定。

(4)考核过程中如果裁判向被鉴定人提问处置超过免费重量的相关程序时,被鉴定人未提及处置过程中应全程使用音视屏记录仪,视为 0 分。

(5)考核完毕后,由被鉴定人在评分表上签字确认。

四、考核评分

(1)考评人员 3 名以上。

(2)评分程序及规则:考评员根据考生操作情况对照计分标准在评分表上给予记录评分。

(3)算分方法:采用百分制,满分 100 分,60 分及以上为及格。

五、铁道行业职业技能登记认定列车长中级工实作技能考核评分记录表

单位:________ 姓名:________ 性别:________ 准考证号:________ 工种:________ 级别:________

试题名称:编写客运记录移交旅客携带品超过免费重量无钱或拒绝补交运费的旅客。

考核时间:10 分钟。

操作开始时间: 时 分　　　　操作结束时间: 时 分

项目	考核内容及评分标准	扣分因素及扣分	得分
作业流程(60 分)	1. 记录编号:按年编写		
	2. 记录事由:注明移交原因		
	3. 受理站:站名或部门要写全称		
	4. 记录中应注明日期、车次		
	5. 记录中应注明旅客携带品品名、重量		
	6. 记录中应注明旅客车票的发到站、票号		
	7. 编写单位列车车次,年月日,加盖列车长名章		
	程序不对扣 10 分,每漏一项扣 10 分		
编写质量(30 分)	1. 使用语言精练,表达意思明确。(15 分)		
	2. 字体要清楚,不写自造简化字,编写字体潦草或有错别字。(15 分)		
备品使用(10 分)	用蓝或黑色笔编写(用不同颜色笔编写)。(10 分)		
考核时间	作业在 10 分钟内完成。每超时 1 分钟扣 5 分,超过 5 分钟停止考核。用时 分钟		
合计得分			

考评员签名:　　　　鉴定人:　　　　年 月 日

S4 编写客运记录移交无票儿童

一、考场准备

要求:场地模拟列车环境,不具备条件时要提供笔试或口试条件。

二、材料工具准备

序号	名称	规格	数量	备注
1	客运记录	客统—1	1张	
2	蓝色或黑色碳素笔、圆珠笔、钢笔		1支	

三、考核要求

(1)被鉴定人入场后,首先由裁判告知题目,其次由被鉴定人检查准备备品,当被鉴定人告知裁判可以开始时,由裁判员开始计时。

(2)考核时间为10分钟。

(3)在被鉴定人编写客运记录期间,裁判可以向被鉴定人提问,列车发现无票儿童且同行人未能提供或故意不提供儿童有效身份证件时处置的相关规定。

(4)考核过程中如果裁判向被鉴定人提问处置无票儿童的相关程序时,被鉴定人未提及处置过程中应全程使用音视屏记录仪,视为0分。

(5)考核完毕后,由被鉴定人在评分表上签字确认。

四、考核评分

(1)考评人员3名以上。

(2)评分程序及规则:考评员根据考生操作情况对照计分标准在评分表上给予记录评分。

(3)算分方法:采用百分制,满分100分,60分及以上为及格。

五、铁道行业职业技能登记认定列车长中级工实作技能考核评分记录表

单位:________ 姓名:________ 性别:________ 准考证号:________ 工种:________ 级别:________

试题名称:编写客运记录移交列车上发现无票儿童,且同行未能提供或故意不提供儿童有效身份证件到站补票。

考核时间:10分钟。

操作开始时间: 时 分 操作结束时间: 时 分

项目	考核内容及评分标准	扣分因素及扣分	得分
作业流程(60分)	1.记录编号:按年编写		
	2.记录事由:注明移交原因		
	3.受理站:站名或部门要写全称		
	4.记录中应注明日期、车次		

续上表

项目	考核内容及评分标准	扣分因素及扣分	得分
作业流程（60分）	5.记录中应注明同行成人车票的发到站、车票票号		
	6.记录中应注明成人未能提供儿童的有效证件		
	7.编写单位列车车次，年月日，加盖列车长名章		
	程序不对扣10分，每漏一项扣10分		
编写质量（30分）	1.使用语言精练，表达意思明确。（15分）		
	2.字体要清楚，不写自造简化字，编写字体潦草或有错别字。（15分）		
备品使用（10分）	用蓝或黑色笔编写（用不同颜色笔编写）。（10分）		
考核时间	作业在10分钟内完成。每超时1分钟扣5分，超过5分钟停止考核。用时　　分钟		
合计得分			

考评员签名：　　　　　　　　　　　　鉴定人：　　　　　　　　　　　　年　　月　　日

S5　编写客运记录移交无人护送精神异常旅客

一、考场准备

要求：场地模拟列车环境，不具备条件时要提供笔试或口试条件。

二、材料工具准备

序号	名称	规格	数量	备注
1	客运记录	客统—1	1张	
2	蓝色或黑色碳素笔、圆珠笔、钢笔		1支	

三、考核要求

（1）被鉴定人入场后，首先由裁判告知题目，其次由被鉴定人检查准备备品，当被鉴定人告知裁判可以开始时，由裁判员开始计时。

（2）考核时间为10分钟。

（3）在被鉴定人编写客运记录期间，裁判可以向被鉴定人提问，列车发现无人护送精神异常旅客处置的相关规定。

（4）考核过程中如果裁判向被鉴定人提问处置无人护送精神异常旅客的相关程序时，被鉴定人未提及处置过程中应使用音视屏记录仪及指派专人看护，视为0分。

（5）考核完毕后，由被鉴定人在评分表上签字确认。

四、考核评分

（1）考评人员3名以上。

(2)评分程序及规则:考评员根据考生操作情况对照计分标准在评分表上给予记录评分。

(3)算分方法:采用百分制,满分100分,60分及以上为及格。

五、铁道行业职业技能登记认定列车长中级工实作技能考核评分记录表

单位:________ 姓名:________ 性别:________ 准考证号:________ 工种:________ 级别:________

试题名称:编写客运记录移交无人护送精神异常旅客。

考核时间:10分钟。

操作开始时间: 时 分　　　　操作结束时间: 时 分

项目	考核内容及评分标准	扣分因素及扣分	得分
作业流程(60分)	1.记录编号:按年编写		
	2.记录事由:注明移交原因		
	3.受理站:车站站名全称		
	4.记录中应注明日期、车次		
	5.记录中应注明车票发到站、票号		
	6.记录中应注明已经了解到的精神异常旅客大致情况(如年龄、证件、家庭住址等)		
	7.编写单位列车车次,年月日,加盖列车长名章		
	程序不对扣10分,每漏一项扣10分		
编写质量(30分)	1.使用语言精练,表达意思明确。(15分)		
	2.字体要清楚,不写自造简化字,编写字体潦草或有错别字。(15分)		
备品使用(10分)	用蓝或黑色笔编写(用不同颜色笔编写)。(10分)		
考核时间	作业在10分钟内完成。每超时1分钟扣5分,超过5分钟停止考核。用时 分钟		
合计得分			

考评员签名:　　　　鉴定人:　　　　年　月　日

S6　编写铁路电报临客列车中途补煤

一、考场准备

要求:场地模拟列车环境,不具备条件时要提供笔试或口试条件。

二、材料工具准备

序号	名称	规格	数量	备注
1	铁路电报	《铁路电报电话管理规则》附件一	1张	
2	蓝色或黑色碳素笔、圆珠笔、钢笔		1支	

三、考核要求

(1)被鉴定人入场后,首先由裁判告知题目,其次由被鉴定人检查准备备品,当被鉴定人告知裁判可以开始时,由裁判员开始计时。

(2)考核时间为10分钟。

(3)在被鉴定人编写客运记录期间,裁判可以向被鉴定人提问,遇冬季值乘非空临客列车出现燃煤告罄急需补充燃煤的相关规定。

(4)考核过程中如果裁判向被鉴定人提问,遇冬季值乘非空临客列车出现燃煤告罄急需补充燃煤的相关规定时,被鉴定人未提及报文中应写明经由区间及列车在发报站开车时间,视为0分。

(5)考核完毕后,由被鉴定人在评分表上签字确认。

四、考核评分

(1)考评人员3名以上。

(2)评分程序及规则:考评员根据考生操作情况对照计分标准在评分表上给予记录评分。

(3)算分方法:采用百分制,满分100分,60分及以上为及格。

五、铁道行业职业技能登记认定列车长中级工实作技能考核评分记录表

单位:________　姓名:________　性别:________　准考证号:________　工种:________　级别:________

试题名称:编写铁路电报临客列车中途补煤。

考核时间:10分钟。

操作开始时间:　时　分　　　　操作结束时间:　时　分

项目	考核内容及评分标准	扣分因素及扣分	得分
作业流程(60分)	1.主送:列车运行前方有条件补充燃煤的客运段或车站		
	2.抄送:补充燃煤的客运段或车站所属的铁路局集团公司客运部(跨局列车)、客调,列车所属铁路局集团公司客运部、客调及本段		
	3.电文中应载明日期、车次		
	4.电文中应载明需补充燃煤的车厢位置(一般为机后第几位)		
	5.电文中应载明补充燃煤的数量		
	6.编写单位、车次、拍发铁路电报人的职务、拍发铁路电报的车站、加盖名章,年月日		
	程序不对扣10分,每漏一项扣10分		
编写质量(30分)	1.使用规定的文字、符号、记号。收电单位明确、电文通顺,文字力求简练、字迹清晰。(10分)		
	2.主送单位以冒号结束,中间不得使用冒号;抄送单位以句号结束,中间不得使用句号。(10分)		
	3.抄送一般先上级后下级依次排列,本单位列最后。(10分)		
备品使用(10分)	用蓝或黑色笔编写(用不同颜色笔编写)。(10分)		

续上表

项目	考核内容及评分标准	扣分因素及扣分	得分
考核时间	作业在 10 分钟内完成。每超时 1 分钟扣 5 分,超过 5 分钟停止考核。用时　　分钟		
合计得分			

考评员签名:　　　　　　　　　　鉴定人:　　　　　　　　　　年　　月　　日

S7　编写铁路电报餐车中途临时补充餐料

一、考场准备

要求:场地模拟列车环境,不具备条件时要提供笔试或口试条件。

二、材料工具准备

序号	名称	规格	数量	备注
1	铁路电报	《铁路电报电话管理规则》附件一	1 张	
2	蓝色或黑色碳素笔、圆珠笔、钢笔		1 支	

三、考核要求

(1)被鉴定人入场后,首先由裁判告知题目,其次由被鉴定人检查准备备品,当被鉴定人告知裁判可以开始时,由裁判员开始计时。

(2)考核时间为 10 分钟。

(3)在被鉴定人编写客运记录期间,裁判可以向被鉴定人提问,遇餐车中途临时需补充餐料的相关规定。

(4)考核过程中如果裁判向被鉴定人提问,遇餐车中途临时需补充餐料的相关规定时,被鉴定人未提及需补充临时补充餐料的原因,视为 0 分。

(5)考核完毕后,由被鉴定人在评分表上签字确认。

四、考核评分

(1)考评人员 3 名以上。

(2)评分程序及规则:考评员根据考生操作情况对照计分标准在评分表上给予记录评分。

(3)算分方法:采用百分制,满分 100 分,60 分及以上为及格。

五、铁道行业职业技能登记认定列车长中级工实作技能考核评分记录表

单位:________　姓名:________　性别:________　准考证号:________　工种:________　级别:________

试题名称:编写铁路电报餐车中途临时补充餐料。

考核时间:10 分钟。

操作开始时间:　时　分　　　　　　　　　　　　　　　　操作结束时间:　时　分

项目	考核内容及评分标准	扣分因素及扣分	得分
作业流程(60 分)	1. 主送:列车运行前方有条件补充餐料的客运段或车站		
	2. 抄送:补充餐料的客运段或车站所属的铁路局集团公司客运部(跨局列车)、客调,列车所属铁路局集团公司客运部、客调及本段		
	3. 电文中应载明日期、车次		
	4. 电文中应载明餐车的位置(一般为机后第几位)		
	5. 电文中应载明补充餐料的品名、规格、数量等		
	6. 编写单位、车次、拍发铁路电报人的职务、拍发铁路电报的车站、加盖名章,年月日		
	程序不对扣 10 分,每漏一项扣 10 分		
编写质量(30 分)	1. 使用规定的文字、符号、记号。收电单位明确、电文通顺,文字力求简练、字迹清晰。(10 分)		
	2. 主送单位以冒号结束,中间不得使用冒号;抄送单位以句号结束,中间不得使用句号。(10 分)		
	3. 抄送一般先上级后下级依次排列,本单位列最后。(10 分)		
备品使用(10 分)	用蓝或黑色笔编写(用不同颜色笔编写)。(10 分)		
考核时间	作业在 10 分钟内完成。每超时 1 分钟扣 5 分,超过 5 分钟停止考核。用时　分钟		
合计得分			

考评员签名:　　　　　　　　　　　　鉴定人:　　　　　　　　　　　　年　　月　　日

S8　填写客运运价杂费收据处置携带品超重

一、考场准备

要求:场地模拟列车环境,不具备条件时要提供笔试或口试条件。

二、材料工具准备

序号	名称	规格	数量	备注
1	客运运价杂费收据		1 张	
2	铁路客运运价里程表		1 册	(最新)
3	行李包裹运价表		1 册	(最新)
4	蓝色或黑色碳素笔、圆珠笔、钢笔		1 支	

三、考核要求

(1)被鉴定人入场后,首先由裁判告知题目,其次由被鉴定人检查准备备品,当被鉴定人告知裁判可以开始时,由裁判员开始计时。

(2)考核时间为10分钟。

(3)在被鉴定人编写客运记录期间,裁判可以向被鉴定人提问,处置旅客携带品超过旅客免费重量的相关规定。

(4)考核过程中如果裁判向被鉴定人提问,处置旅客携带品超过免费重量的相关规定时,被鉴定人未提及处置过程中应全程使用音视屏记录仪,视为0分。

(5)考核完毕后,由被鉴定人在评分表上签字确认。

四、考核评分

(1)考评人员3名以上。

(2)评分程序及规则:考评员根据考生操作情况对照计分标准在评分表上给予记录评分。

(3)算分方法:采用百分制,满分100分,60分及以上为及格。

五、铁道行业职业技能登记认定列车长中级工实作技能考核评分记录表

单位:________ 姓名:________ 性别:________ 准考证号:________ 工种:________ 级别:________

试题名称:填写客运运价杂费收据处置携带品超重。

考核时间:10分钟。

操作开始时间: 时 分　　　　操作结束时间: 时 分

项目	考核内容及评分标准	扣分因素及扣分	得分
作业流程(60分)	1.填写年月日		
	2.填写核收区间发到站		
	3.填写核收人数		
	4.记事栏应注明携带品件数、重量		
	5.记事栏应注明补收运费重量		
	6.核收费用栏内收费种别、件数、重量填写正确,运价计算、尾数处理准确符合规章,填写在款额栏内等		
	7.正确填写办理车次、办理人职名,加盖办理人名章		
	程序不对扣10分,每漏一项扣10分		
编写质量(30分)	1.发到站站名不简化,字体要清楚,不写自造简化字。(10分)		
	2.票据无涂改。(10分)		
	3.未使用的各栏斜线划消。(10分)		
备品使用(10分)	用蓝或黑色笔编写(用不同颜色笔编写)。(10分)		

续上表

项目	考核内容及评分标准	扣分因素及扣分	得分
考核时间	作业在 10 分钟内完成。每超时 1 分钟扣 5 分,超过 5 分钟停止考核。用时　　分钟		
合计得分			

考评员签名：　　　　　　　　　鉴定人：　　　　　　　　　年　　月　　日

S9　填写客运运价杂费收据处置携带品价值低于运费

一、考场准备

要求:场地模拟列车环境,不具备条件时要提供笔试或口试条件。

二、材料工具准备

序号	名称	规格	数量	备注
1	客运运价杂费收据		1 张	
2	铁路客运运价里程表		1 册	(最新)
3	行李包裹运价表		1 册	(最新)
4	蓝色或黑色碳素笔、圆珠笔、钢笔		1 支	

三、考核要求

(1)被鉴定人入场后,首先由裁判告知题目,其次由被鉴定人检查准备备品,当被鉴定人告知裁判可以开始时,由裁判员开始计时。

(2)考核时间为 10 分钟。

(3)在被鉴定人编写客运记录期间,裁判可以向被鉴定人提问,处置携带品价值低于运费相关规定。

(4)考核过程中如果裁判向被鉴定人提问,处置旅客携带品价值低于运费相关规定时,被鉴定人未提及处置过程中应全程使用音视屏记录仪及携带品价值低于运费按物品价值 50% 核收,视为 0 分。

(5)考核完毕后,由被鉴定人在评分表上签字确认。

四、考核评分

(1)考评人员 3 名以上。

(2)评分程序及规则:考评员根据考生操作情况对照计分标准在评分表上给予记录评分。

(3)算分方法:采用百分制,满分 100 分,60 分及以上为及格。

五、铁道行业职业技能登记认定列车长中级工实作技能考核评分记录表

单位：________ 姓名：________ 性别：________ 准考证号：________ 工种：________ 级别：________

试题名称：填写客运运价杂费收据处置携带品价值低于运费。

考核时间：10 分钟。

操作开始时间： 时 分　　　　操作结束时间： 时 分

项目	考核内容及评分标准	扣分因素及扣分	得分
作业流程（60 分）	1. 填写年月日		
	2. 填写核收区间发到站		
	3. 填写核收人数		
	4. 记事栏应注明携带品品名、重量、件数		
	5. 记事栏应注明补收运费重量		
	6. 核收费用栏内收费种别、件数、重量填写正确，运价计算、尾数处理准确符合规章，填写在款额栏内填写实际收款额		
	7. 记事栏应注明超重携带品每千克单价、实际收费标准及价格		
	8. 正确填写办理车次、办理人职名，加盖办理人名章		
	程序不对扣 10 分，每漏一项扣 10 分		
编写质量（30 分）	1. 发到站站名不简化，字体要清楚，不写自造简化字。（10 分）		
	2. 票据无涂改。（10 分）		
	3. 未使用的各栏斜线划消。（10 分）		
备品使用（10 分）	用蓝或黑色笔编写（用不同颜色笔编写）。（10 分）		
考核时间	作业在 10 分钟内完成。每超时 1 分钟扣 5 分，超过 5 分钟停止考核。用时　分钟		
合计得分			

考评员签名：　　　　鉴定人：　　　　年　月　日

S10　普速旅客列车在乘降所(点)发车联控作业流程

一、考场准备

要求：场地模拟列车环境，不具备条件时要提供笔试或口试条件。

二、材料工具准备

序号	名称	规格	数量	备注
1	无线对讲设备	频率 467.200 MHz	1 个	列车长专用
2	无线对讲设备	频率 457.700 MHz	1 个	列车司机专用

三、考核要求

(1)被鉴定人入场后，首先由裁判告知题目，其次由被鉴定人检查准备备品，当被鉴定人告知裁判可以开始时，由裁判员开始计时。

(2)考核时间为10分钟。

(3)在被鉴定人联控作业期间，裁判可以向被鉴定人提问，以确认被鉴定人是否掌握联控用语和无线对讲设备使用规定。

(4)考核过程中被鉴定人关闭设备电源的，终止考试，成绩为0分。

(5)考核完毕后，由被鉴定人在评分表上签字确认。

四、考核评分

(1)考评人员3名以上。

(2)评分程序及规则：考评员根据考生操作情况对照计分标准在评分表上给予记录评分。

(3)算分方法：采用百分制，满分100分，60分及以上为及格。

五、铁道行业职业技能登记认定列车长中级工实作技能考核评分记录表

单位：________　　姓名：________　　性别：________　　准考证号：________　　工种：________　　级别：________

试题名称：普速旅客列车在乘降所(点)发车联控作业流程。

考核时间：10分钟。

操作开始时间：　时　分　　　　　　　　　　　　　　操作结束时间：　时　分

项目	考核内容及评分标准	扣分因素及扣分	得分
作业流程(60分)	1.列车长在站台盯控各车厢旅客乘降情况		
	2.列车长使用无线对讲设备向开门车厢列车员询问旅客乘降是否完毕		
	3.列车长得到开门车厢列车员旅客乘降完毕的确认答复后，再次观察全列旅客乘降情况		
	4.列车长确认旅客上下完毕后，立即上车		
	5.列车长将无线对讲设备的频道(频率)调至普速旅客列车司机专用频道(频率)		
	6.列车长使用无线对讲设备通知司机"×次列车司机，旅客上下完毕"		
	7.列车长得到司机联控确认后，将无线对讲设备的频道(频率)调回列车长专用频道(频率)		
	程序不对扣20分，每漏一项扣10分		
作业质量(20分)	1.联控用语不规范。(10分)		
	2.普通话不标准。(5分)		
备品使用(20分)	1.无线对讲设备守候频道(频率)错误。(5分)		
	2.无线对讲设备守候频道(频率)调整错误。(5分)		
	3.损坏设备。(10分)		

续上表

项目	考核内容及评分标准	扣分因素及扣分	得分
考核时间	作业在10分钟内完成。每超时1分钟扣5分,超过5分钟停止考核。用时　　分钟		
合计得分			

考评员签名：　　　　　　　　　　鉴定人：　　　　　　　　　　年　　月　　日

S11　普速旅客列车列车长出乘作业流程

一、考场准备

要求:场地模拟列车环境,不具备条件时要提供笔试或口试条件。

二、材料工具准备

序号	名称	规格	数量	备注
1	音视频记录仪		1个	列车长专用
2	手持终端		1个	列车长专用

三、考核要求

(1)被鉴定人入场后,首先由裁判告知题目,其次由被鉴定人检查准备备品,当被鉴定人告知裁判可以开始时,由裁判员开始计时。

(2)考核时间为10分钟。

(3)在被鉴定人处置过程中,裁判可以向被鉴定人提问列车长编制趟车计划的内容(①本次乘务工作中的重点工作安排;②对贯彻上级规章、命令、指示、通知的具体措施;③上次乘务工作中的优缺点及改进措施;④针对接车所发现的问题,应采取的措施)。

(4)考核过程中被鉴定人未使用音视频记录仪,成绩为0分。

(5)考核完毕后,由被鉴定人在评分表上签字确认。

四、考核评分

(1)考评人员3名以上。

(2)评分程序及规则:考评员根据考生操作情况对照计分标准在评分表上给予记录评分。

(3)算分方法:采用百分制,满分100分,60分及以上为及格。

五、铁道行业职业技能登记认定列车长中级工实作技能考核评分记录表

单位：________ 姓名：________ 性别：________ 准考证号：________ 工种：________ 级别：________

试题名称：普速旅客列车列车长出乘作业流程。

考核时间：10 分钟。

操作开始时间： 时 分 操作结束时间： 时 分

项目	考核内容及评分标准	扣分因素及扣分	得分
作业流程（60 分）	1. 列车长按时到段派班室集合出乘，听取派班员指示，摘抄铁路电报、指示、调度命令		
	2. 列车长按时组织出乘学习，编制电子乘务工作日志，对上趟车存在问题进行总结梳理，提出整改要求，布置本趟工作重点		
	3. 列车长抽考职工业务知识。检查重点岗位人员携带资料、票据、报表情况		
	4. 列车长做好列车移动补票终端、办公席相关备品请领，盯控值班员使用列车移动补票终端登录认证铁科院补票系统相关工作。使用音视频记录仪摄录		
	5. 列车长盯控趟车餐料请领情况。核对应急物资确保使用、作用良好		
	6. 列车长组织列队进站，定点接车，与对班列车长全面交接		
	程序不对扣 20 分，每漏一项扣 10 分		
作业质量（20 分）	1. 未对上趟车工作进行总结。（10 分）		
	2. 未盯控值班员登录认证铁科院补票系统。（10 分）		
备品使用（20 分）	1. 未使用音视频记录仪录制。（5 分）		
	2. 未按时编制电子乘务工作日志。（5 分）		
	3. 损坏设备。（10 分）		
考核时间	作业在 10 分钟内完成。每超时 1 分钟扣 5 分，超过 5 分钟停止考核。用时 分钟		
合计得分			

考评员签名： 鉴定人： 年 月 日

S12 普速旅客列车列车长库内作业流程

一、考场准备

要求：场地模拟列车环境，不具备条件时要提供笔试或口试条件。

二、材料工具准备

序号	名称	规格	数量	备注
1	音视频记录仪		1 个	列车长专用
2	三乘检查记录		1 册	

三、考核要求

(1)被鉴定人入场后，首先由裁判告知题目，其次由被鉴定人检查准备备品，当被鉴定人告知裁判可以开始时，由裁判员开始计时。

(2)考核时间为10分钟。

(3)在被鉴定人处置过程中，裁判可以向被鉴定人提问在库内看车是否可以私自外出(不可)。

(4)考核过程中被鉴定人未使用音视频记录仪，成绩为0分。

(5)考核完毕后，由被鉴定人在评分表上签字确认。

四、考核评分

(1)考评人员3名以上。

(2)评分程序及规则：考评员根据考生操作情况对照计分标准在评分表上给予记录评分。

(3)算分方法：采用百分制，满分100分，60分及以上为及格。

五、铁道行业职业技能登记认定列车长中级工实作技能考核评分记录表

单位：________ 姓名：________ 性别：________ 准考证号：________ 工种：________ 级别：________

试题名称：普速旅客列车列车长库内作业流程。

考核时间：10分钟。

操作开始时间： 时 分 操作结束时间： 时 分

项目	考核内容及评分标准	扣分因素及扣分	得分
作业流程(60分)	1.列车长按要求落实看车制度，杜绝私自外出。库内行走注意人身安全		
	2.列车长要盯控保洁整备作业，按保洁整备作业质量要求验收、整改		
	3.列车长要盯控各类票据、列车移动补票终端，共同确认无误后，锁入金柜。使用音视频记录仪摄录		
	4.列车长要检查应急物资、盯控备品定位摆放，外部设施检查		
	5.列车长要盯控餐车油垢清理，售货商品质量情况		
	6.列车长要妥善安排看车，召开库内小班会，布置小班重点工作		
	7.出库前列车长要对全列设施设备进行检查，对发现的车辆设施设备问题按规定在三乘检查记录上进行记载并通知车辆乘务员		
	程序不对扣20分，每漏一项扣10分		
作业质量(20分)	1.未落实看车制度。(10分)		
	2.未盯控各类票据等锁入金柜。(10分)		
备品使用(20分)	1.未使用音视频记录仪录制。(5分)		
	2.未召开库内小班会。(5分)		
	3.损坏设备。(10分)		
考核时间	作业在10分钟内完成。每超时1分钟扣5分，超过5分钟停止考核。用时 分钟		
合计得分			

考评员签名： 鉴定人： 年 月 日

S13 普速旅客列车列车长始发站作业流程

一、考场准备

要求:场地模拟列车环境,不具备条件时要提供笔试或口试条件。

二、材料工具准备

音视频记录仪,1个。

三、考核要求

(1)被鉴定人入场后,首先由裁判告知题目,其次由被鉴定人检查准备备品,当被鉴定人告知裁判可以开始时,由裁判员开始计时。

(2)考核时间为10分钟。

(3)在被鉴定人处置过程中,裁判可以向被鉴定人提问接待重点旅客有哪些要求(接待认真,态度和蔼,安排到位)。

(4)考核过程中被鉴定人未使用音视频记录仪,成绩为0分。

(5)考核完毕后,由被鉴定人在评分表上签字确认。

四、考核评分

(1)考评人员3名以上。

(2)评分程序及规则:考评员根据考生操作情况对照计分标准在评分表上给予记录评分。

(3)算分方法:采用百分制,满分100分,60分及以上为及格。

五、铁道行业职业技能登记认定列车长中级工实作技能考核评分记录表

单位:________ 姓名:________ 性别:________ 准考证号:________ 工种:________ 级别:________

试题名称:普速旅客列车列车长始发站作业流程。

考核时间:10分钟。

操作开始时间: 时 分　　　　操作结束时间: 时 分

项目	考核内容及评分标准	扣分因素及扣分	得分
作业流程(60分)	1.列车长要组织软、硬卧车列车员提前30分钟登录站车无线交互系统,及时下载信息;组织各车厢乘务员加强车门口安全宣传,三危品查堵工作		
	2.列车长要按照规定时间或根据车站检票时间组织始发放行,了解客流情况及临时任务		
	3.列车长要盯组织引导旅客乘车,组织验票,防止旅客误乘,做好乘降组织及禁带危险品乘车安全宣传。使用文明语言,避免与旅客发生语言冲突		
	4.列车长要接待安排重点旅客		
	5.列车长要处理各类问题及突发事件		

续上表

项目	考核内容及评分标准	扣分因素及扣分	得分
作业流程（60分）	6.列车长要在指定位置与车站值班员进行交接。使用音视频记录仪摄录		
	程序不对扣20分，每漏一项扣10分		
作业质量（20分）	1.未按规定提前组织登录站车无线交互系统。（10分）		
	2.未做好乘降组织。（10分）		
备品使用（20分）	1.未使用音视频记录仪录制。（5分）		
	2.未在指定位置办理交接。（5分）		
	3.损坏设备。（10分）		
考核时间	作业在10分钟内完成。每超时1分钟扣5分，超过5分钟停止考核。用时　　分钟		
合计得分			

考评员签名：　　　　　　　　　　鉴定人：　　　　　　　　　　年　　月　　日

S14　普速旅客列车列车长终到作业流程

一、考场准备

要求：场地模拟列车环境，不具备条件时要提供笔试或口试条件。

二、材料工具准备

序号	名称	规格	数量	备注
1	音视频记录仪		1个	列车长专用
2	手持终端		1个	列车长专用

三、考核要求

(1)被鉴定人入场后，首先由裁判告知题目，其次由被鉴定人检查准备备品，当被鉴定人告知裁判可以开始时，由裁判员开始计时。

(2)考核时间为10分钟。

(3)在被鉴定人处置过程中，裁判可以向被鉴定人提问与对班班组交接哪些内容(车厢备品、对电茶炉等供水设备设施交接清楚)。

(4)考核过程中被鉴定人未使用音视频记录仪，成绩为0分。

(5)考核完毕后，由被鉴定人在评分表上签字确认。

四、考核评分

(1)考评人员3名以上。

(2)评分程序及规则：考评员根据考生操作情况对照计分标准在评分表上给予记录评分。

(3)算分方法:采用百分制,满分 100 分,60 分及以上为及格。

五、铁道行业职业技能登记认定列车长中级工实作技能考核评分记录表

单位:________ 姓名:________ 性别:________ 准考证号:________ 工种:________ 级别:________

试题名称:普速旅客列车列车长终到作业流程。

考核时间:10 分钟。

操作开始时间: 时 分　　　　操作结束时间: 时 分

项目	考核内容及评分标准	扣分因素及扣分	得分
作业流程(60 分)	1.列车长要组织乘务员做好车内卫生清扫和车容整理,督促不达标车厢进行整改。办理交接		
	2.列车长要按照规定审核票据,结算票款,交票据、票款。填写电子乘务工作日志		
	3.列车长要检查乘务员终到立岗工作,组织旅客下车		
	4.列车长要组织各车厢乘务员终到站前退出电子票夹系统。向站方移交重点旅客,有旅客遗失物品按规定向站方、对班交接,处理旅客旅行未尽事宜		
	5.列车长要与接车班组办理终到交接。使用音视频记录仪摄录		
	6.列车长要组织在指定地点集合,统一列队整齐退乘。召开退乘会及时总结趟乘务工作		
	程序不对扣 20 分,每漏一项扣 10 分		
作业质量(20 分)	1.未按规定验收车内卫生。(10 分)		
	2.未移交重点旅客等事项。(10 分)		
备品使用(20 分)	1.未使用音视频记录仪录制。(5 分)		
	2.未按规定集合列队。(5 分)		
	3.损坏设备。(10 分)		
考核时间	作业在 10 分钟内完成。每超时 1 分钟扣 5 分,超过 5 分钟停止考核。用时 分钟		
合计得分			

考评员签名:　　　　鉴定人:　　　　年 月 日

S15 普速旅客列车列车长折返站作业流程

一、考场准备

要求:场地模拟列车环境,不具备条件时要提供笔试或口试条件。

二、材料工具准备

序号	名称	规格	数量	备注
1	音视频记录仪		1 个	列车长专用
2	三乘检查记录		1 册	

三、考核要求

(1)被鉴定人入场后,首先由裁判告知题目,其次由被鉴定人检查准备备品,当被鉴定人告知裁判可以开始时,由裁判员开始计时。

(2)考核时间为10分钟。

(3)在被鉴定人处置过程中,裁判可以向被鉴定人提问验收整备工作的具体内容(必须达到出库标准。对保洁质量进行鉴定,有记载。检查卧具更换情况。按规定更换全部乙种卧具(折返站整备不足1小时按段规定更换卧具)。

(4)考核过程中被鉴定人未使用音视频记录仪,成绩为0分。

(5)考核完毕后,由被鉴定人在评分表上签字确认。

四、考核评分

(1)考评人员3名以上。

(2)评分程序及规则:考评员根据考生操作情况对照计分标准在评分表上给予记录评分。

(3)算分方法:采用百分制,满分100分,60分及以上为及格。

五、铁道行业职业技能登记认定列车长中级工实作技能考核评分记录表

单位:________ 姓名:________ 性别:________ 准考证号:________ 工种:________ 级别:________

试题名称:普速旅客列车列车长折返站作业流程。

考核时间:10分钟。

操作开始时间: 时 分 操作结束时间: 时 分

项目	考核内容及评分标准	扣分因素及扣分	得分
作业流程(60分)	1.列车长要安排看车人员,按规定时间巡视检查看车人员在岗在位情况,严格执行请销假制度,及时解决存在问题		
	2.列车长要检查折返站列车卫生		
	3.折返站列车长要向车队汇报单程乘务工作情况,请示返程重点工作。与公安、车辆人员及时沟通情况,按时召开会议		
	4.列车长要检查返程饮食供应准备工作。验收各车厢整备工作,对整备质量进行鉴定		
	5.列车长要组织召开返乘会总结单程工作,部署返乘工作重点		
	6.列车长要对全列设施设备进行检查,对发现的车辆设施设备问题按规定在三乘检查记录上进行记载并通知车辆乘务员。餐车油垢检查。使用音视频记录仪摄录		
	程序不对扣20分,每漏一项扣10分		
作业质量(20分)	1.未按规时间巡视检查看车人员在岗在位情况。(10分)		
	2.未召开返乘会。(10分)		

续上表

项目	考核内容及评分标准	扣分因素及扣分	得分
备品使用（20分）	1.未使用音视频记录仪录制。（5分）		
	2.未向车队汇报单程工作情况。（5分）		
	3.损坏设备。（10分）		
考核时间	作业在10分钟内完成。每超时1分钟扣5分，超过5分钟停止考核。用时　　分钟		
合计得分			

考评员签名：　　　　　　　　　　鉴定人：　　　　　　　　　　年　　月　　日

S16　普速旅客列车发生旅客急病需临时停车应急处置流程

一、考场准备

要求：场地模拟列车环境，不具备条件时要提供笔试或口试条件。

二、材料工具准备

序号	名称	规格	数量	备注
1	G网电话		1个	列车长专用
2	音视频记录仪		1个	列车长专用

三、考核要求

(1)被鉴定人入场后，首先由裁判告知题目，其次由被鉴定人检查准备备品，当被鉴定人告知裁判可以开始时，由裁判员开始计时。

(2)考核时间为10分钟。

(3)在被鉴定人处置过程中，裁判可以向被鉴定人提问向客调汇报的内容：时间、车次、地点、旅客所在车厢位置、症状、旅客姓名、性别、年龄、临时停车站、列车采取的措施等。

(4)考核过程中被鉴定人未提及使用音视频记录仪记录的，成绩为0分。

(5)考核完毕后，由被鉴定人在评分表上签字确认。

四、考核评分

(1)考评人员3名以上。

(2)评分程序及规则：考评员根据考生操作情况对照计分标准在评分表上给予记录评分。

(3)算分方法：采用百分制，满分100分，60分及以上为及格。

五、铁道行业职业技能登记认定列车长中级工实作技能考核评分记录表

单位：________　姓名：________　性别：________　准考证号：________　工种：________　级别：________

试题名称：普速旅客列车发生旅客急病需临时停车应急处置流程。

考核时间：10 分钟。

操作开始时间：　时　分　　　　　　　　　　　　操作结束时间：　时　分

项目	考核内容及评分标准	扣分因素及扣分	得分
作业流程（60 分）	1. 列车长应及时赶赴现场检查旅客情况，采取应急救护工作		
	2. 列车长要通过广播寻找医生，或由列车红十字救护员进行救治		
	3. 列车长要采取措施，稳定旅客情绪		
	4. 列车长应使用 G 网电话向段综合指挥中心、运行所在地集团公司客调汇报情况		
	5. 临时停车列车长组织乘务人员坚守岗位，除急病旅客下交车厢，其余车厢锁闭车门严禁旅客乘降		
	6. 列车长编制客运记录与车站办理交接		
	程序不对扣 20 分，每漏一项扣 10 分		
作业质量（20 分）	1. 未详细汇报急病旅客情况。（10 分）		
	2. 处置全过程应使用音视频记录仪。（10 分）		
备品使用（20 分）	1. 未正确使用音视频记录仪。（5 分）		
	2. 未使用 G 网电话设备报告。（5 分）		
	3. 损坏设备。（10 分）		
考核时间	作业在 10 分钟内完成。每超时 1 分钟扣 5 分，超过 5 分钟停止考核。用时　分钟		
合计得分			

考评员签名：　　　　　　　　　　鉴定人：　　　　　　　　　　年　　月　　日

S17　应急开启动车组列车车门操作方法

一、考场准备

要求：场地模拟列车环境，不具备条件时要提供笔试或口试条件。

二、材料工具准备

序号	名称	规格	数量	备注
1	无线对讲设备	频率 467.200 MHz	1 个	列车长专用
2	音视频记录仪		1 个	列车长专用
3	列车车门钥匙		1 把	列车专用

三、考核要求

(1)被鉴定人入场后,首先由裁判告知题目,其次由被鉴定人检查准备备品,当被鉴定人告知裁判可以开始时,由裁判员开始计时。

(2)考核时间为 10 分钟。

(3)在被鉴定人处置过程中,裁判可以向被鉴定人提问动车组列车车型对应的应急开门操作。

(4)考核过程中被鉴定人未提及组织乘务人员做好防护,成绩为 0 分。

(5)考核完毕后,由被鉴定人在评分表上签字确认。

四、考核评分

(1)考评人员 3 名以上。

(2)评分程序及规则:考评员根据考生操作情况对照计分标准在评分表上给予记录评分。

(3)算分方法:采用百分制,满分 100 分,60 分及以上为及格。

五、铁道行业职业技能登记认定列车长中级工实作技能考核评分记录表

单位:________ 姓名:________ 性别:________ 准考证号:________ 工种:________ 级别:________

试题名称:应急开启动车组列车车门操作方法。

考核时间:10 分钟。

操作开始时间: 时 分　　　　操作结束时间: 时 分

项目	考核内容及评分标准	扣分因素及扣分	得分
作业流程(60 分)	1. CRH1A/CRH1B/CRH6A/CRH6F 型动车组列车:通过“紧急解锁装置”打开对应车门		
	2. CRH1E/CRH1A～A/CRH380D 型动车组列车:隔离对应车门脚踏,断开车门电源,通过“紧急解锁装置”打开车门		
	3. CRH2/CRH380A 系列动车组列车(除本条明确的 CRH2E 和 CRH2G 型动车组列车):操作对应车门“紧急开门阀”排风后打开车门		
	4. CRH2E(2461～2465)/CRH、CRH3A/3C、CRH5A/5G/5E、CRH380B/BL/BG/CL、CR400AF/BF 型动车组列车:乘务人员隔离对应车门站台补偿器,断开车门电源,通过“紧急解锁拉手”打开车门		
	5. 列车长应组织列车乘务人员做好防护。全程使用音视频记录仪录制		
	6. 列车长应使用无线对讲设备与动车组列车司机、随车机械师做好联控防护		
	车型与操作程序不对应扣 20 分,每漏一项扣 10 分		
作业质量(20 分)	1. 未对车型进行说明。(10 分)		
	2. 未按照规定进行联控防护。(10 分)		
备品使用(20 分)	1. 未使用无线对讲设备与动车组列车司机、随车机械师联控。(5 分)		
	2. 未使用音视频记录仪。(5 分)		
	3. 损坏设备。(10 分)		
考核时间	作业在 10 分钟内完成。每超时 1 分钟扣 5 分,超过 5 分钟停止考核。用时 分钟		
合计得分			

考评员签名:　　　　鉴定人:　　　　年 月 日

S18　普速旅客列车 G 网电话注册流程

一、考场准备

要求：场地模拟列车环境，不具备条件时要提供笔试或口试条件。

二、材料工具准备

列车长专用 G 网电话，1 个。

三、考核要求

(1)被鉴定人入场后，首先由裁判告知题目，其次由被鉴定人检查准备备品，当被鉴定人告知裁判可以开始时，由裁判员开始计时。

(2)考核时间为 10 分钟。

(3)在被鉴定人处置过程中，裁判可以向被鉴定人提问快速旅客列车注册代码(K75)。

(4)考核过程中被鉴定人为关机，成绩为 0 分。

(5)考核完毕后，由被鉴定人在评分表上签字确认。

四、考核评分

(1)考评人员 3 名以上。

(2)评分程序及规则：考评员根据考生操作情况对照计分标准在评分表上给予记录评分。

(3)算分方法：采用百分制，满分 100 分，60 分及以上为及格。

五、铁道行业职业技能登记认定列车长中级工实作技能考核评分记录表

单位：________　姓名：________　性别：________　准考证号：________　工种：________　级别：________

试题名称：普速旅客列车 G 网电话注册流程。

考核时间：10 分钟。

操作开始时间：　时　分　　　　操作结束时间：　时　分

项目	考核内容及评分标准	扣分因素及扣分	得分
作业流程 (60 分)	1. 开机，选择 GSM-R 功能		
	2. 选择功能号管理		
	3. 选择注册		
	4. 选择快速注册功能号		
	5. 输入 086200(列车种类代码参照 ASCII 码转换表)＋车次＋10(最后两位数字 10 代表车长)		

续上表

项目	考核内容及评分标准	扣分因素及扣分	得分
作业流程（60 分）	6.铁路固话加 0 主叫 149 号段		
	程序不对扣 20 分,每漏一项扣 10 分		
作业质量（20 分）	1.未按规定注册成功。（10 分）		
	2.未正确输入车次功能号。（10 分）		
备品使用（20 分）	1.未选择 GSM-R 功能。（5 分）		
	2.未选择快速注册功能号。（5 分）		
	3.损坏设备。（10 分）		
考核时间	作业在 10 分钟内完成。每超时 1 分钟扣 5 分,超过 5 分钟停止考核。用时 分钟		
合计得分			

考评员签名：　　　　鉴定人：　　　　年　月　日

S19 动车组列车长手持终端登录流程

一、考场准备

要求:场地模拟列车环境,不具备条件时要提供笔试或口试条件。

二、材料工具准备

列车长专用手持终端,1 个。

三、考核要求

(1)被鉴定人入场后,首先由裁判告知题目,其次由被鉴定人检查准备备品,当被鉴定人告知裁判可以开始时,由裁判员开始计时。

(2)考核时间为 10 分钟。

(3)在被鉴定人处置过程中,裁判可以向被鉴定人提问动车组列车手持终端的全称。

(4)考核过程中被鉴定人人为关机,成绩为 0 分。

(5)考核完毕后,由被鉴定人在评分表上签字确认。

四、考核评分

(1)考评人员 3 名以上。

(2)评分程序及规则:考评员根据考生操作情况对照计分标准在评分表上给予记录评分。

(3)算分方法:采用百分制,满分 100 分,60 分及以上为及格。

五、铁道行业职业技能登记认定列车长中级工实作技能考核评分记录表

单位：________ 姓名：________ 性别：________ 准考证号：________ 工种：________ 级别：________

试题名称：动车组列车长手持终端登录流程。

考核时间：10分钟。

操作开始时间： 时 分　　操作结束时间： 时 分

项目	考核内容及评分标准	扣分因素及扣分	得分
作业流程（60分）	1. 开机，打开客运站车无线交互系统		
	2. 输入值乘车次		
	3. “职位”项选择“列车长”		
	4. 选择“所属局”“所属客运段”		
	5. “人员信息”项输入列车长姓名及电话		
	6. “用户 ID”项输入客管 ID 账号及密码，选择“登乘”		
	程序不对扣20分，每漏一项扣10分		
作业质量（20分）	1. 未按规定注册成功。（10分）		
	2. 未正确输入相关内容。（10分）		
备品使用（20分）	1. 未打开客运站车无线交互系统。（5分）		
	2. 未能做到熟练准确登录。（5分）		
	3. 损坏设备。（10分）		
考核时间	作业在10分钟内完成。每超时1分钟扣5分，超过5分钟停止考核。用时 分钟		
合计得分			

考评员签名：　　鉴定人：　　年 月 日

S20　普速旅客列车发生遇有双管供风总风管漏风或失效应急处置流程

一、考场准备

要求：场地模拟列车环境，不具备条件时要提供笔试或口试条件。

二、材料工具准备

列车长专用音视频记录仪，1个。

三、考核要求

（1）被鉴定人入场后，首先由裁判告知题目，其次由被鉴定人检查准备备品，当被鉴定人告知裁判可以开始时，由裁判员开始计时。

（2）考核时间为10分钟。

（3）在被鉴定人处置过程中，裁判可以向被鉴定人提问锁闭厕所数量最多不超过多少（最

多不超过全列二分之一)。

(4)考核过程中被鉴定人未使用音视频记录仪,成绩为0分。

(5)考核完毕后,由被鉴定人在评分表上签字确认。

四、考核评分

(1)考评人员3名以上。

(2)评分程序及规则:考评员根据考生操作情况对照计分标准在评分表上给予记录评分。

(3)算分方法:采用百分制,满分100分,60分及以上为及格。

五、铁道行业职业技能登记认定列车长中级工实作技能考核评分记录表

单位:________ 姓名:________ 性别:________ 准考证号:________ 工种:________ 级别:________

试题名称:普速旅客列车发生遇有双管供风总风管漏风或失效应急处置流程。

考核时间:10分钟。

操作开始时间: 时 分　　　　操作结束时间: 时 分

项目	考核内容及评分标准	扣分因素及扣分	得分
作业流程(60分)	1.列车长接到车辆乘务员关于列车总风系统漏风的通知后,组织列车员锁闭全列1/3厕所,厕所锁闭后通知车辆乘务员。使用音视频记录仪记录完整过程		
	2.锁闭全列1/3厕所后,列车长接到车辆乘务员关于机车总风缸压力依然无法保持在750~900千帕的通知时,组织列车员增加锁闭厕所数量(最多不超过全列1/2),厕所锁闭后通知车辆乘务员		
	3.列车长在接到车辆乘务员关于前方站停车处理的通知后,组织列车员提前做好前方站停车锁闭全列厕所准备		
	4.列车长在组织列车员锁闭厕所时应采取隔车锁闭或选择旅客较少的车厢锁闭,对旅客做好宣传解释工作。厕所锁闭车厢的列车员对需使用厕所的旅客要及时引导,告知旅客正常使用的车厢号和具体位置。但对因特殊情况急需使用厕所的旅客要提供方便。厕所开启车厢的列车员要增加厕所冲刷、清扫次数,保证旅客正常使用		
	5.旅客列车运行中双风管失效需要紧急制动时,乘务人员在车辆乘务员的指挥下,全列拧紧手制动机,保证就地制动		
作业流程(60分)	6.相关作业完毕后,列车长组织列车员逐一打开锁闭的厕所		
	程序不对扣20分,每漏一项扣10分		
作业质量(20分)	1.未按规定区别不同情况锁闭相应数量厕所。(10分)		
	2.未做好旅客特殊情况下服务工作。(10分)		
备品使用(20分)	1.未使用音视频记录仪录制。(5分)		
	2.未按规定使用手制动机。(5分)		
	3.损坏设备。(10分)		
考核时间	作业在10分钟内完成。每超时1分钟扣5分,超过5分钟停止考核。用时 分钟		
合计得分			

考评员签名:　　　　鉴定人:　　　　年　月　日

第二部分　高 级 工

1. 列车上如何受理旅客咨询？

答：实行首问首诉负责制。受理旅客咨询、求助、投诉，及时回应，热情处置，有问必答，回答准确；对旅客提出的问题不能解决时，指引到相应岗位，并做好耐心解释。

2. 如何对铁路岗位培训电子证书进行查询？

答：电子证书通过手机微信扫描电子证书二维码或手机 App、微信小程序等形式进行访问查询，同时也可以通过计算机、触摸屏或平板电脑等设备进行访问查询。

3. 遇列车空调故障有哪些处置措施？

答：遇列车空调故障时，有条件时将旅客疏散到空调良好的车厢，必要时采取开窗通风措施。在站停车须组织旅客下车时，站车共同组织。按规定做好旅客到站退还票价差额时的站车交接。

4. 旅客使用现金方式购买或已打印报销凭证的铁路电子客票，如何办理改签、退票手续？

答：旅客使用 12306 网站购票证件，通过现金方式购买或已打印报销凭证的车票，可通过 12306 网站先行办理退票，自网上办理退票成功之日起 180 日以内，凭乘车人有效身份证件到车站指定窗口办理退款手续。

5. 特殊情况餐车在途中补料，选择补料单位有什么要求？

答：根据《铁路车站、旅客列车卫生管理办法》规定，餐车沿途补料应选择具有经营资质的定点单位，符合食品安全要求，配置专用运输工具和储运设备，并向所属地铁路卫生监督机构备案。

6. 编写客运记录有哪些注意事项？

答：(1)内容要符合铁路的规章制度。

(2)移交人员附带材料、人民币、证件、档案材料时要在记录上注明。

(3)凡是交接的记录一定要有接收人签字。

(4)记录存根要根据需要保存备查。

(5)客运记录保管期限为 1 年。

7. 铁路旅客人身伤害中，哪些属于铁路运输企业责任？哪些属于第三人责任？

答：铁路运输企业责任是指：由于铁路运输企业人员的职务行为和设施设备的原因等给旅客造成的伤害，属于铁路运输企业责任。由于旅客和铁路运输企业合同双方以外的人给旅客造成的伤害，属于第三人责任。

8. 移动补票机如何查询余票？补票出现票号异常应如何处理？

答：点击补票作业页面的余票查询，进入到余票查询界面，选择发站和到站，点击查询按钮，如果有余票返回余票结果。在补票过程中提示出现票号异常不能补票，到业务处理界面点击核验票号，核验成功即可补票。

9. 作为列车长，应如何预防餐车油垢未定期清理或清理不彻底的情形？

答：(1)餐车严格按照每餐、每趟、每月、每半年规定的清理范围进行油垢清理。

(2)油垢清理后，列车长、餐车主任对清理情况进行检查验收，未清理和清理不彻底盯控责任人员立即整改，合格后进行签认。

10. 旅客列车发生火灾、爆炸事故的拍发铁路电报包括哪些内容？

答：电文内容应包括：

(1)事故发生日期、时间、车次。

(2)事故发生地点(车站、区间、公里)。

(3)事故车厢在列车中的位置、种类及车号。

(4)事故原因(能判明时)和事故程度。

(5)简要处置过程。

11. 列车夜间运行发生车厢照明突然停电时，应如何处置？

答：(1)列车乘务员要稳定旅客情绪，维护车内秩序，同时立即通知相关人员和车辆乘务员到现场处理。

(2)列车长、乘警应及时到现场，维护车内秩序。

(3)停电车厢乘务员要坚守岗位，防止发生意外。

(4)严禁使用明火照明。

12. 如何处理在铁路乘车证票面上加添、涂改、转借、超过有效期或有效区间乘车，未持规定的有关证明、证件或持伪造证明、证件的情况？

答：违章使用乘车证，均按无票处理，要查扣其乘车证及有关证件，此外，单位还应追究其行政责任，对持用伪造乘车证者，一经发现，应立即查扣，并移交公安机关依法处理，超出规定条件使用乘车证者，也按违章使用处理。

13. 列车途中发现厕所集便箱满或厕所故障时，应如何处理？

答：途中发现厕所集便箱满时或其他厕所故障时，应及时锁闭厕所，悬挂“厕所故障停用牌”，避免旅客长时间等候，并联系前方吸污点吸污或及时通知车辆乘务员排除故障，尽力确保旅客的正常使用。残疾人厕所不得改作他用。

14. 对无票乘车又拒绝补票的人，应如何处理？

答：对无票乘车而又拒绝补票的人，列车长可责令其下车并应编制客运记录交前方三等以上车站或县、市所在地车站处理(其到站近于上述车站时应交到站处理)。车站对列车移交或本站发现的上述人员应追补应收和加收的票款。

15. 铁路运输企业进行实名制验票有哪些规定？

答：铁路运输企业按照国家有关规定对旅客所持车票和有效身份证件进行车票实名制查验。车站对进、出站的旅客和人员应当检票，列车对乘车旅客应验票。对应当持证购买的优惠票、优待票，铁路运输企业还需核验旅客相应证件。

16. 列车应健全哪些非正常情况应急处置预案？日常应组织培训演练有什么要求？

答：火灾爆炸、重大疫情、食物中毒、空调失效、设备故障和列车大面积晚点、停运、变更径路、变更车底等非正常情况下的应急处置预案健全有效，预案内容分工明确，流程清晰。日常组织培训，定期组织演练，培训演练有记录，有结果，有考核。

17. 持 e 卡通旅客越站

2023 年×月×日值乘 D×次，包头站开车，在 ZY4A 座位发现一持 e 卡通旅客(预约无选定乘车区间和席别)，应如何处理？处理依据是什么？

答：要求旅客办理补票手续，补收乘车区间 ZY 座与 ZE 差价。

依据：《中国铁路呼和浩特局集团有限公司“铁路 e 卡通”实施办法》第十九条使用 e 卡通仅适用于乘坐指定席别(该办法第十五条明确可乘二等座)，旅客乘坐高等级席别时，应在列车上办理补票手续。

18. 事故速报的内容有哪些？

答：(1)发生日期、时间、车次、地点、车站、区间里程。

(2)伤亡旅客的姓名、性别、年龄、国籍、民族、职业、单位、有效身份证号码、联系方式、住址及车票种类、号码、发站、到站、车厢、席位等基本情况。

(3)发生经过、旅客伤亡及现场处理简况。

19. 列车长在折返站应做好哪些工作？

答：(1)组织列车员协助保洁人员进行折返整备，并对折返整备情况进行鉴定。

(2)盯控列车值班员及时确认上水情况,确保辆辆满水。

(3)进行三乘检查,并加强与公安、车辆人员沟通,掌握列车基本情况。

(4)召开返乘会。

20. 动车组列车在什么情况下向旅客提供免费饮食品?

答:因铁路交通事故、设备故障、自然灾害等影响,造成动车组列车晚点1小时以上且逢餐点(11:30—13:00、17:30—19:00)的,列车向旅客提供免费饮食品。饮食品应为易于储存、保质期较长的预包装食品,不宜提供方便面等冲泡食品。每人成本不超过10元。具体办法另行规定。

21. 对发现的旅客携带、夹带的危险物品,列车应如何处理?

答:列车上查出的危险品,由值乘的公安人员妥善保管,移交最近前方停车站铁路公安派出所处理,车站不设铁路公安派出所的,则由列车长编制客运记录,移交车站处理。对发令纸、鞭炮类的危险品,应立即浸水处理。对携带危险品进站上车,造成事故时,按国家有关规定处理。

22. 如何确保调度命令的执行?

答:(1)列车长接到调度命令后要认真研读、领会调度命令内容,按照调度命令的工作要求做好工作部署,向相关人员传达调度命令的工作内容,工作开始前对准备情况进行全面检查,确保工作高质量完成。

(2)调度命令执行结束后,列车长要向段调度进行反馈执行情况。

23. 值乘中,遇视力残疾旅客携带导盲犬乘车时,在条件允许的情况下,为方便其旅行,尽量提供哪些方便条件?

答:列车工作人员应尽可能协调将旅客安排至较为宽敞的席位,以方便其乘车生活和照看导盲犬;有同行人时,还应尽可能协调将同行人安排至就近席位。协调更换座位时,原则上应为同等席别的席位;如因更换出现票价差额,应提前征得旅客本人同意,并按规定处理票价差额。

24. 车补电子客票,应如何进行操作?

答:根据程序界面及流程按规定输入信息,登记乘车旅客手机号码(国际区号+86),完成补票操作后将推送补票信息。补票程序在每笔补票业务完成后,将订单数据、补票存根等信息在终端存储并上传。票款收款账户保持不变,仍支持现金支付和第三方电子支付两种支付方式。

25. 列车出库时,列车长对人员、设备进行哪些必要的检查?

答:(1)各岗位乘务人员在岗在位,着装整齐、标志齐全、仪容整洁,精神饱满。

(2)厕所、乘务室、配电室、各柜门及车门锁闭,无漏锁(调车用车门除外)。列车出库前,列车长对全列进行全面检查。

(3)列车调车前,提前通知列车员确认车门状态,并立岗至列车达到站台。

26. 防控看车人员在车内吸烟、使用明火,应采取有哪些防控措施?

答:(1)加强典型案例教育,提高乘务人员火灾防范意识,主观上不触碰风险。

(2)加强列车安全监管,列车长、带班组长加大巡检频次,按规定查处车内火种、纠偏违规行为。

(3)严肃问题追责考核,库停期间车内违规吸烟、使用明火的行为要严格考核,追踪分析,定责定策,整改到位。

27. 列车应如何查验旅客电子客票?

答:旅客乘车时,应配合列车工作人员核验电子客票和实名制查验。动车组列车运行途中进行差异化查验;普速旅客列车在车门验票,遇客流较大等特殊情况,可让旅客先上车后再补验。对于乘坐卧铺的旅客,列车工作人员应通过手持终端为旅客办理卧铺使用登记和到站提醒业务,并根据需要做好录音备注。

28. 对厨房电器设备离人未断电,或使用完毕未归零的情形,应采取哪些防控措施?

答:(1)餐车人员上岗前必须培训合格,正确掌握并按规程实施厨房电器设备操作,使用中离人必须断电、使用完毕必须关闭至零档位,随后粘贴封条,确保旋钮始终处于零档位。

(2)列车长、餐车主任要加强对厨房作业情况的检查,电器设备使用完毕后重点盯控督导电器设备断电、归零、施封情况。

29. 普速旅客列车列车长交接班作业有哪些要求?

答:(1)交班时车容整齐,车内卫生洁净;工作预想全面,措施得当。

(2)票据填写规范、准确,确保票据、票款安全。

(3)不信誉交接,乘务人员在指定餐台用餐,不与旅客争抢座位。列车长总结本班乘务工作,指出不足,提出整改要求。

(4)认真交接,对车门状态、设备设施、重点旅客及其他事项做到心中有数。

30. 普速旅客列车停车时,列车长有哪些作业?

答:(1)办理站车交接。

(2)组织列车员做好旅客乘降组织、查验车票、乘车信息,核对票证,查堵危险品。

(3)开车铃响组织列车员站白线,铃止统一登车并立即关闭车门(高站台铃响撤警示带站线、铃止撤安全踏板登车),面向站台立岗至出站台为止。旅客乘降未结束或未上站台的车厢列车员旅客乘降完毕立即登车。

31. 普速旅客列车列车长交接作业有哪些要求？

答：(1)一名列车长排头、一名列车长排尾，全员排成两列纵队，首尾各有一人着防护服，拎包方向统一，按照规定行走路线进站接车，列队整齐、步调一致、行动统一，做好联控协防。

(2)逐项交接，不遗漏、不信用交接，认真填写交接簿，双方签字确认，明确责任。丢失、损坏的服务设施、备品用具做好登记，并及时补充或维修。

32. 处理持定期票越站情形

2023年×月×日值乘D1073次，乌兰察布站开车后，列车验票，乘坐在5车7F座位的旅客，持乌兰察布—呼和浩特定期票(本次列车为规定的列车)，要求到包头站下车，应如何处理？处理依据是什么？

答：补收乌兰察布—包头二等座票价，并开具恢复乘车次数的客运记录。

依据：《呼和浩特局集团公司定期票、计次票实施办法》第二十八条：越站补票。列车工作人员发现旅客使用产品越站、越席时，按实际乘坐席别、区间办理补票手续，并开具客运记录交旅客，在开通相应产品的车站办理取消进站记录、恢复乘车次数业务。

33. 哪些情况属于旅客人身伤害事故？

答：凡持有效乘车证票据的旅客，经检票口进站验票(手工加剪或自动检票机打印标志)开始，至到达目的地出站检验乘车票据时止(中转和中途下车的旅客自出站至进站期间除外)，在旅行中遭受到外来、剧烈、明显的意外伤害事故以及承运人等原因的过错，致使旅客人身受到伤害以至死亡、残废或丧失身体机能者，均属旅客人身伤害事故。

34. 列车使用的手持终端有哪些功能？有哪些使用要求？

答：旅客列车使用手持终端查验记录所购电子客票信息，帮助旅客进行席位查询引导。手持终端须于始发30分钟前启动站车无线交互系统完成身份注册和基础信息下载，途中到站前10分钟激活系统，开车后5分钟仍未自动接受信息时执行手动下载，本次列车终到后须注销身份退出系统。去向登记、交接簿中“重点旅客”的填记内容，使用手持终端完成。

35. 因列车终到晚点，旅客在列车上拒不下车时，应如何处理？

答：因终到晚点，旅客在列车上拒不下车时，列车长应当立即通知车站客运值班员，由车站立即转报铁路局集团公司调度所和公安部门，车站领导应及时协调公安干警到场解决。强占列车、车辆，危害铁路运输安全、扰乱铁路运输秩序的，有关部门应依法依规处置。

36. 如何使用电子票夹登记已检、补票、重点、未上车、提前下车旅客的信息？

答：在电子票夹主页面点击底部【业务功能】按钮，显示业务功能页面，点击【席位管理】按钮，点击或滑动屏幕进入【车厢定员】，点击数据行跳转对应车厢信息，点击【查看】进入席位信息界面，点击【旅客席位】，弹出席位复用窗，点击要登记的信息(已检旅客、补票旅客、重点旅客、未上旅客或提前下车旅客），该席位背景变成对应的颜色，既登记成功。

37. 站车无线交互系统如何进行登乘，登乘的项目有何注意事项？

答：(1)点击选择登乘日期，输入车次，选择职位、路局，然后选择所属客运段，人员信息处输入姓名和电话号码，再输入 ID 和密码，点击【登录】按钮即可进行登乘。

(2)非首次登录可点击车次右侧“>”按钮，选择历史登录车次；点击人员信息右侧“>”按钮或者点击用户 ID 下面人员名字，选择历史人员信息。

注意事项：登乘日期必须为列车始发时的日期，车次为列车始发时的车次。

38. 旅客投诉受理，哪些情形视为办结？

答：(1)被投诉单位与旅客之间达成一致意见，投诉问题得到妥善解决的。

(2)旅客不认可投诉处理结果或对投诉处理不满意的，但经铁路运输企业业务主管部门认定处理结果依法合规的。

(3)已受理但尚未流转，旅客自愿放弃投诉的。

(4)经调查核实，不属于投诉受理范围，或投诉不成立的。

(5)经调查核实，投诉事实不清，或属歪曲事实、诽谤、敲诈勒索、提出不合理要求的。

39. 旅客未乘降完毕，列车起动时，应采取哪些应急措施？

答：(1)站车工作人员应坚持“宁漏勿扒”的原则，立即劝阻疏散正在乘降的旅客到站台安全白线以内，列车员应尽可能及时撤下安全踏板。

(2)车站工作人员发现后应立即按规定通知司机停车。

(3)列车工作人员发现时应迅速呼叫车辆乘务员或站台工作人员通知司机停车，不具备呼叫条件时，使用对讲机呼叫列车上的工作人员；听到呼叫后，列车上的人员应立即使用紧急制动阀停车。

40. 值乘重联动车组列车，前后两组的乘务工作如何分工？

答：重联动车组列车应做好前后两组的乘务工作分工，明确列车长日常乘务管理工作职责；小号编组列车长负责广播开启、运行区间及车次的调整工作。两组列车长互相确认旅客乘降情况后，运行前方第一组的列车长负责通知司机（或随车机械师）。遇突发情况需要列车长与司机相互呼叫、应答以及向列车调度台汇报情况时，以司机操控端编组的列车长为主，前后两组列车长相互做好情况沟通。

41. 携带品中有代步折叠轮椅超重补收运费

2023 年×月×日，Z×次列车（包头—南宁），大同站开车后，发现同行的 2 名旅客，一名持当日当次大同—柳州全价票车票，一名持当日当次大同—柳州优待票，这 2 名旅客在大同站上车，随身携带代步折叠轮椅 1 辆，25 千克；提包 1 个，24.5 千克；旅行箱 1 个，18 千克；背包 2

件，19.6 千克，请按章办理。说明补收运费理由，按填写客运杂费收据要求写出计算过程。（已知条件：大同—柳州 2 622 千米，每千克行李运价 1.112 元）。

解：根据《国铁集团客规》[①]第五十五条、五十七条规定，残疾人旅行时代步的折叠式轮椅可免费携带。对超过免费重量的物品，其超重部分应自上车站至下车站补收行李运费。两位旅客携带品超重 24.5＋18＋19.6－40＝22.1（千克），补收 23 千克上车站至下车站行李运费。

（1）运价里程。

大同—柳州　2 622 千米。

（2）计算运费。

大同—柳州 23 千克运价。

23×1.112＝25.576≈25.60（元）

合计：25.60（元）

（3）记事栏：2 人携带物品重 62.1 千克，补收 23 千克行李运费。

42. 携带危险品补收运费

2023 年×月×日，×次列车（包头东—白云鄂博，经由：包头），昆都仑召站到站前，发现一名持当日当次包头东—西斗铺车票的旅客，携甲烷气罐 1 个，3 千克（据周围旅客证实该物品是包头西站有人送上车的）；背包 1 件，20 千克，请按章办理。说明补收运费理由，按填写客运杂费收据要求写出计算过程。（已知条件：包头东—昆都仑召　13 千米，每千克行李运价 0.012 元）。

解：根据《国铁集团客规》第五十七条、国家铁路局公安部第 1 号的规定，发现危险品或禁止、限制运输的物品，妨碍公共卫生的物品，损坏或污染车辆的物品，按该件全部重量加倍补收上车站至下车站行李运费。危险品交前方停车站处理；甲烷属于易燃气体。

（1）运价里程。

包头西—昆都仑召　13 千米。

（2）计算运费。

3×0.012×2＝0.72≈0.70（元）

行李、包裹票的起码运费为 1 元。运费不足 1 元按 1 元核收。

合计：1.00（元）

（3）记事栏：携带甲烷罐 1 个，3 千克，属于危险品，加倍补收自乘车站包头西站至下车站昆都仑召站间行李运费。

43. 外交人员与儿童携带超重补收运费

2023 年×月×日，Z×次列车（深圳东—临河）运行至南昌站前，发现一外交官旅客持当日当次惠州—九江车票，同行人为一名免费乘车儿童，随身携带皮箱 1 个，37 千克；背包 1 个，19

① 《中国国家铁路集团有限公司铁路旅客运输规程》的简称，下同。

千克,请按章办理。说明补收运费理由,按填写客运杂费收据要求写出计算过程。(已知条件:惠州—九江　943 千米,每千克行李运价 0.491 元)。

解:根据《国铁集团客规》第五十五条规定,外交人员可免费携带 35 千克物品;儿童可免费携带 10 千克物品,除两名旅客免费携带重量外还应补收 37+19−45=11(千克)行李运费。

(1)运价里程。

惠州—九江　943 千米

(2)计算运费:补收惠州至九江间 11 千克行李运费。

11×0.491=5.401≈5.40(元)

合计:5.40(元)

(3)记事栏:一名外交人员,一名其他旅客携带物品重 56 千克,补收行李运费 11 千克。

44. 携带品超过免费重量补收运费

2023 年×月×日,Z×次列车(包头—深圳东),包头站开车后,发现一名持当日当次呼和浩特东—菏泽的旅客,携带编织袋 1 件,内装西瓜,80 千克,请按章办理,说明补收运费理由,按填写客运杂费收据要求写出计算过程。(已知条件:呼和浩特东—菏泽　1 189 米,每千克行李运价 0.582 元)。

解:根据《国铁集团客规》五十七条规定,旅客违规携带的物品,在车内或下车站,对超过免费重量的物品,其超重部分应自上车站至下车站补收行李运费。

(1)运价里程。

呼和浩特东—菏泽　1 189 千米

(2)计算运费:补收呼和浩特东—菏泽 60 千克行李运费。

60×0.582=34.92≈34.90(元)

合计:34.90(元)

(3)记事栏:1 人携带 80 千克物品,应补收 60 千克行李运费。

45. 携带超大物品补收运费

2023 年×月×日,K×次列车(呼和浩特东—成都,经由包头、临河、兰州)运行至站临河前,发现一名成人旅客和 1 名 5 岁儿童,持一张当日当次呼和浩特—银川全价硬座票,携带热水器(圆柱体,半径 30 厘米,高 80 厘米)1 个,18.5 千克;背包,15 千克;手提箱,13.2 千克,请按章办理。说明补收运费理由,按填写客运杂费收据要求写出计算过程。(已知条件:呼和浩特—银川 676 千米;每千克行李运价 0.362 元)

解:根据《国铁集团客规》第五十五条规定,每件物品外部尺寸长、宽、高之和不超过 160 厘米,杆状物品不超过 200 厘米,但乘坐动车组列车均不超过 130 厘米;《国铁集团客规》五十七条规定,旅客违规携带的物品,在车内或下车站,对超过免费重量的物品,其超重部分应自上车站至下车站补收行李运费。热水器外部尺寸 30×2×2+80=200 厘米>160 厘米,补收 19 千克行李运费。

(1)运价里程。

呼和浩特—银川　676 千米

(2)计算运费:补收呼和浩特—银川间 19 千克行李运费。

19×0.362=6.878≈6.90(元)

合计:6.90(元)

(3)记事栏:携带超大物品,长、宽、高之和 200 厘米,19 千克,补收 19 千克行李运费。

46. 计算 CRH5A 型动车组列车允许超员运输人数

根据铁道部运输局通话记录〔2011〕第 223 号,旅客运输能力不足时,在确保安全、正点和服务质量的前提下,允许超员运输的规定。CRH5A 型动车组列车编组如下:1、7 车为 ZE,定员 74;2~5 车为 ZE,定员 93;6 车为 ZEC,定员 42;8 车为 ZY,定员 60,请规定计算出该列车允许超员运输多少名旅客并说明计算依据?

解:(1)该列车允许超员运输旅客人数。

(74×2+93×4+42)=562(人)

(74×2+93×4+42)×15%=84.3≈84(人)

562+84+60=706(人)

该列车按规定允许超员运输 706 人。

(2)计算依据:铁道部运输局通话记录〔2011〕第 223 号通话记录中第二条,300 千米/时动车组列车不超员;200~250 千米/时动车组列车,一等座不超员,二等座最高超员率为 15%。

47. 计算非空列车允许超员运输人数

根据铁道部运输局通话记录〔2011〕第 223 号 2 号和中国铁路总公司运输局通话记录〔2013〕第 175 号,旅客运输能力不足时,在确保安全、正点和服务质量的前提下,允许超员运输的规定。2023 年 7 月 8 日 L×列车编组 16 辆(25B 型车)其中 YW10 辆(每辆定员 66)(包括宿营车 1 辆,YW 代 YZ2 辆),CA1 辆(定员 48)、XL1 辆、RW1 辆(定员 36)、YZ3 辆(每辆定员 128)。请规定计算出该列车允许超员运输多少名旅客并说明计算依据?

解:(1)该列车允许超员运输旅客人数。

7×66+5×180+36=1 398(人)

该列车按规定允许超员运输 1 398 人。

(2)计算依据:铁道部运输局〔2011〕第 223 号 2 号通话记录中第二条第一项,中国铁路总公司运输局通话记录〔2013〕第 175 号,非空硬座车(22 型、25B 型)每车厢载客不超过 200 人,暑运期间(7 月 1 日—8 月 31 日)每车厢载客不超过 180 人。

48. 经由兰青线、青藏线,或兰新客专线,西宁—商丘的可能径路有哪些?

答:(1)兰青、青藏线—包兰线—陇海线。

(2)兰青、青藏线—兰新线—陇海线。

(3)兰青、青藏线—包兰线—陇海线。

(4)兰青、青藏线—陇海线。

(5)兰新客专线—徐兰高速线。

(6)兰新客专线—兰青、青藏线—包兰线—陇海线。

(7)兰新客专线—兰青、青藏线—陇海线。

(8)兰新客专线—兰新线—陇海线。

(9)兰新客专线—兰新线—包兰线—陇海线。

49. 经由湘桂线或柳南客专线,柳州—广州的可能径路有哪些?

答:(1)湘桂线—黎湛线—南广线—京广高速线—京广线。

(2)湘桂线—黎湛线—马玉线—益湛线永电段—广茂线。

(3)湘桂线—黎湛线—南广线—贵广客专线—京广高速线—京广线。

(4)柳南客专线—柳广联络线—南广线—京广高速线—京广线。

(5)柳南客专线—南广线—黎湛线—马玉线—益湛线永电段—广茂线。

(6)柳南客专线—南广线—贵广客专线—京广高速线—京广线。

50. 经由徐兰高速线或郑渝高速线郑襄段,郑州东—合肥的可能径路有哪些?

答:(1)徐兰高速线—京九线—宁西线西合段。

(2)徐兰高速线—京九线—宁西线西合段—合九线。

(3)徐兰高速线—京港高铁商合段—合蚌高速线。

(4)徐兰高速线—京港高铁商合段—淮南线。

(5)徐兰高速线—京九线—阜淮线—水张线—合蚌高速线。

(6)徐兰高速线—京九线—阜淮线—水张线—淮南线。

(7)郑渝高速线郑襄段—郑阜高速线—京港高铁商合段—合蚌高速线。

(8)郑渝高速线郑襄段—郑阜高速线—京港高铁商合段—淮南线。

51. 经由集通线或京通线,通辽—集宁南的可能径路有哪些?

答:(1)集通线—集二线。

(2)京通线—京包线—唐包线—京包线。

(3)京通线—京张高速线—京包客专线张包段—京包线。

(4)京通线—京包线—京包客专线张包段—京包线。

(5)京通线—京张高速线—京包线—唐包线—京包线。

(6)京通线—唐包京通联络线—唐包线—京包线。

52. 经由京沪线，蚌埠南—上海的可能径路有哪些？

答：(1)京沪线。

(2)京沪线—沪宁高速线。

(3)京沪线—宁启线—沪苏通线—京沪线。

(4)京沪线—宁启线—盐通高铁—沪苏通线—京沪线。

(5)京沪线—沪宁高速线—沪昆线。

(6)京沪线—沪昆线。

(7)京沪线—宁启线—沪苏通线—京沪线—沪昆线。

(8)京沪线—宁启线—盐通高铁—沪苏通线—京沪线—沪昆线。

53. 学生持失效车票乘车，办理学生优惠票

2023年×月×日，Z350次列车(青岛北—包头，新型空调)，聊城开车后，发现一名旅客持当日当次青岛北—潍坊全价硬座车票1张，其实际到站是衡水，在办理补票时该旅客出示学生证，乘车区间潍坊—衡水，优惠资质符合，请说明规章依据并按章办理。按填写代用票的内容写出计算过程，涉及加收尾数处理至5角，题中按已知条件给出的票价全部为联合票价。(已知条件：潍坊—衡水　486千米，全价硬座票价69.00元)。

解：根据《国铁集团客规》第四十一条规定，持失效票按无票处理。

(1)事由：无票。

(2)票价里程。

潍坊—衡水　486千米

(3)计算票价：补收潍坊—衡水学生优惠票票价。

69.00÷2=34.50(元)

合计：34.50(元)

54. 持硬席临时定期乘车证免费使用卧铺，夜间乘车不足6小时

2023年×月×日，K×列车(呼和浩特东—成都，新型空调)，运行至乌海(次日4:07到)站前，硬卧9车18号下铺旅客要求提前下车，该旅客自呼和浩特站上车，持呼和浩特(开车时间为22：20分)—银川的硬席临时定期乘车证，乘车证在有效期内，请说明规章依据并按章办理。按填写代用票的内容写出计算过程，涉及加收尾数处理至5角，题中按已知条件给出的票价全部为联合票价。(已知条件：呼和浩特—乌海　526千米，全价硬座、全价硬卧下铺(包括客快卧)票价分别是75.00元、142.00元)。

解：根据《铁路乘车证管理办法》第三十一条规定，使用卧铺中途不应下车。如必须下车，不足夜间乘车6小时或连续乘车12小时的，列车长应按章核收已乘区间的卧铺票价。

(1)事由：补卧。

(2)票价里程。

呼和浩特—乌海　526千米

(3)计算票价:补收呼和浩特—乌海站间硬卧下铺票价。

142.00－75.00＝67.00(元)

合计:67.00(元)

55. 持硬座变更乘坐软卧

2023年×月×日,K×次列车(呼和浩特—杭州,新型空调),延安站发现一名旅客持当日×次鄂尔多斯—芜湖硬座票,要求变更软卧,请说明规章依据并按章办理。按填写代用票的内容写出计算过程,涉及加收尾数处理至5角,题中按已知条件给出的票价全部为联合票价。(9车25号铺空余;已知条件:延安—芜湖实际径路里程　1 455千米,新丰镇—西安间往返运行70千米,延安—芜湖硬座票价、软卧下铺票价分别为168.50元、470.50元)。

解:根据《国铁集团客规》第三十三条规定,旅客在列车上办理席位变更时,变更后的票价高于原票价时,核收票价差额;变更后的票价低于原票价时,票价差额部分不予退还。

(1)事由:变座补卧。

(2)票价里程。

延安—芜湖　1 455千米(实际径路里程,新丰镇—西安间往返运行70千米)

(3)计算票价:延安—芜湖1 385千米软卧与硬座票价差。

470.50－168.50＝302.00(元)

合计:302.00(元)

56. 持新型空调普客错后乘坐直达快车并越席乘坐硬卧

2023年×月×日,Z×次列车(包头—南宁,新型空调,包头站8:55开车),呼和浩特到站前,列车员清铺,发现一名旅客持当日×次包头—呼和浩特(新型空调普客,包头站8:10开车)次硬座车票,躺卧在硬卧4号车厢6号下铺,请说明规章依据并按章办理。按填写代用票的内容写出计算过程,涉及加收尾数处理至5角,题中按已知条件给出的票价全部为联合票价。(已知条件:包头—呼和浩特　165千米,普快硬座、快速硬座票价、快速硬卧下铺票价分别是21.50元、24.50元、78.50元)。

解:根据《国铁集团客规》第三十三条规定,旅客在列车上办理席位变更时,变更后的票价高于原票价时,核收票价差额;变更后的票价低于原票价时,票价差额部分不予退还。《国铁集团铁路旅客运输规程》第四十一条,持低票价席别车票乘坐高票价席别时,补收所乘区间的票价差额。

(1)事由:无快越席。

(2)票价里程。

包头—呼和浩特　165千米

(3)计算票价。

①Z×次包头至呼和浩特快速加快票价。

(24.50－21.50)×2＝6.00(元)

②硬卧下铺票价。

78.50－24.50＝54.00(元)

③加收票款。

(6.00＋54.00)÷2＝30.00(元)

合计:6.00＋54.00＋30.00＝90.00(元)

57. 持硬座车票越席乘坐硬卧,并继续乘坐硬卧至到站

2023年×月×日,K×次列车(呼和浩特—昆明,新型空调),运行至六盘水站前,硬卧车厢10车列车员发现6号下铺有一名旅客持当日当次贵阳—昆明本列硬座票,旅客自称身体不适,自贵阳站开车后趁工作人员不注意找到该空铺休息,并要求继续使用至到站,列车确认此铺可发售,请按章处理。按填写代用票的内容写出计算过程,涉及加收尾数处理至5角,题中按已知条件给出的票价全部为联合票价。(已知条件:贵阳 $\xrightarrow{249\text{千米}}$ 六盘水 $\xrightarrow{389\text{千米}}$ 昆明;贵阳—昆明全价下铺硬卧、硬座票价分别是161.00元、86.00元,贵阳—六盘水全价下铺硬卧、硬座票价分别是94.50元、40.50元)。

解:(1)事由:越席。

(2)票价里程。

贵阳 $\xrightarrow{249\text{千米}}$ 六盘水 $\xrightarrow{389\text{千米}}$ 昆明

(3)计算票价。

①贵阳至昆明新型空调硬卧下铺票价。

161.00－86.00＝75.00(元)

②加收贵阳至六盘水新型空调硬卧下铺票价50%票款。

(94.50－40.50)×50%＝27.00(元)

合计:75.00＋27.00＝102.00(元)

58. 成人携带2名免费儿童,变更乘坐硬卧

2023年×月×日,K×次列车(南昌—包头,经由:武昌、郑州、石家庄、张家口,新型空调),南昌站开车时,一名旅客持当日当次南昌—郑州硬座全价、儿童优惠票各1张,找到列车长,要求办理硬卧去郑州,同行的有3岁、5岁儿童各一名,宿营车17车2号中、下、铺空闲可售。请按章处理。按填写代用票的内容写出计算过程,涉及加收尾数处理至5角,题中按已知条件给出的票价全部为联合票价。(已知条件:南昌—郑州　891千米,硬座、中铺、下铺硬卧票票价分别是115.00元、206.00元、214.00元)。

解:(1)事由:补卧。

(2)票价里程。

南昌—郑州　891千米

(3)计算票价:补收南昌—郑州新型空调硬卧中、下铺票价。

214.00－115.00＝99.00(元)

206.00－115.00＝91.00(元)

99.00＋91.00＝190.00(元)

合计:190.00(元)

59. 持硬座车票成人与同行的免费儿童,变更乘坐硬卧,免费儿童单独使用卧铺

2023年×月×日,Z×次列车(西宁—呼和浩特,经由:兰州、包头,新型空调),惠农站停时,一名旅客持当日当次银川—包头的全价硬座车票1张,同行有5岁的儿童一名,要求乘坐本次列车到呼和浩特站并补办两张硬卧,14车5、6号中铺空余,请按章处理。按填写代用票的内容写出计算过程,涉及加收尾数处理至5角,题中按已知条件给出的票价全部为联合票价。(已知条件:惠农—包头　409千米,包头—呼和浩特　165千米;惠农—呼和浩特全价硬座、硬卧中铺票票价分别是78.00元、144.00元,包头—呼和浩特硬座票价24.50元)。

解:(1)事由:越站、补卧。

(2)票价里程。

惠农 $\xrightarrow{409\text{千米}}$ 包头 $\xrightarrow{165\text{千米}}$ 呼和浩特

(3)计算票价。

①补收包头—呼和浩特新型空调硬座客快速票价:24.50元。

②补收惠农—呼和浩特新型空调硬座客快速儿童优惠票票价。

78.00×50%＝39.00(元)

③补收惠农—呼和浩特硬卧两个中铺票价。

(144.00－78.00)×2＝132.00(元)

合计:24.50＋39.00＋132.00＝195.50(元)

60. 持有儿童优惠票的旅客在列车上、出站前丢失购票证件时站车应如何处理?

答:持有儿童优惠票的旅客在列车上、出站前丢失购票证件时,如本人或同行成年人旅客可以提供儿童优惠票购票信息时,可按儿童优惠票先办理补票手续,具体验检和退票规则,比照现行丢失购票证件有关规定执行。如本人或同行成年人旅客无法提供儿童优惠票购票信息时,凭中华人民共和国居民身份证、居民户口簿等可判定年龄的有效身份证件信息补票时,按证件信息判定年龄后补票;凭护照、出入境通行证等无法判定年龄的有效身份证件信息补票时,按成人办理补票。到站后,退票时如核实旅客确实已购儿童优惠票,但后补车票与原票区间不一致时,可通过车站售票窗口人工办理退差手续,未退还票款开具退票报销凭证,其他比照现行丢失购票证件有关规定执行。

61. 处置持计次票乘车无进站检票记录情形

2023年×月×日值乘D×次,乌兰察布站开车后,列车验票,乘坐在5车7F座位的旅客持乌兰察布—呼和浩特计次票(本次列车为规定的列车)的旅客无进站检票记录,应如何处理?处理依据是什么?

答：如所持产品有效使用站车无线交互系统不填本次列车的电子记录，如所持产品无效补收乌兰察布至呼和浩特二等座票价。

依据《呼和浩特局集团公司定期票、计次票实施办法》第二十七条规定，列车工作人员查验车票发现乘车人无进站检票记录时，应确认乘车人所持产品有效性，产品有效的，使用站车无线交互系统，补填本次列车的电子乘车记录；产品无效的，按规定补票。

62. 作为列车长，应如何防控采购、加工、出售腐烂变质、伪劣和“三无”、过期食品的行为？

答：(1)在上料时，列车长、餐车长及上餐料人员同时对所上餐料进行“三检”制度，列车长使用音视频记录仪进行全程摄录，卡死卡严上料关口。

(2)列车运行中，列车长在开餐期间重点对餐车销售的饭菜价格、质量、品种等情况进行检查，发现质量问题一律要求停售。

(3)列车长每小时巡视餐车时，重点对餐料、商品情况进行检查。

(4)餐车、商品上料必须在指定地点采购，严禁私上餐料商品。

63. 作为列车长，列车在中途甩车，应做好哪些工作？

答：(1)拍发中途甩车的铁路电报时主送前方各停车站，抄送有关铁路局集团公司客运部、车辆部、客运调度及其所属客运段、车辆段、乘警队。直通列车还应抄报国铁集团客运营销处、客车处、客运调度。电文中应注明甩车原因、甩车站和被甩客车的种类、车号及编组顺序号等。

(2)因甩车造成持卧铺旅客乘低等级车厢时，列车长应分别编制客运记录交旅客，作为旅客在到站退还变更区间的票价差额的依据，不收退票费。

64. 旅客办理改签的条件有哪些？

答：旅客可办理一次改签，在铁路运输企业有运输能力的前提下，按下列规定办理：

(1)开车前48小时以上，可免费改签预售期内(15天预售期)的列车。

(2)开车前不足48小时，可免费改签车票载明的乘车日期以前的列车。

(3)开车前不足48小时，可改签车票载明的乘车日期之后预售期内列车，核收改签费。

(4)开车后，在当日24时之前，可免费改签当日其他列车。

(5)开车后，在当日24时之前，可改签车票载明的乘车日期之后预售期内列车，核收改签费。

(6)办理变更到站的改签时，应在开车前48小时以上，原车票已托运行李的，还应办理行李变更或取消业务。

65. 旅客列车在长大隧道内运行时发生火情或火灾，应如何进行应急处理？

答：长大隧道内发生火情或火灾，一般情况下不宜在隧道内停车(发生火灾后，隧道内的氧气会随大火燃烧迅速减少，烟雾不易排出，极易导致人员窒息死亡)。在长大隧道内或长大下坡道发生火灾时要做到：

(1)迅速判明列车所处位置,立即通知机车司机,使列车迅速停于安全地带。如来不及通知时,在安全地带使用紧急制动阀停车。

(2)迅速集中和使用灭火器进行扑救。同时向两端车厢疏散旅客,关闭起火车辆两端端门。

66. 发生服务质量问题如何进行罚款?

答:发生"服务质量严重问题"之一的,能够确定款额的对责任者处以发生款额的1~2倍罚款,责任单位处以2~4倍罚款;不能确定款额的对责任者处以1 000~2 000元罚款,责任单位处以4 000~10 000元罚款。发生"服务质量重大问题"之一的,能够确定款额的对责任者处以发生款额的1~2倍罚款,责任单位处以2~4倍罚款;不能确定款额的对责任者处以2 000~4 000元罚款,对责任单位处以8 000~20 000元罚款。两名以上责任者可累计处罚。

67. 旅客列车上发生旅客急病,应如何编制客运记录?

答:(1)旅客在列车上发生急病时,要立即设法组织治疗、抢救(广播找医生,发动旅客提供药品等)。旅客病情较重或找不到医生时,列车长要及时编制客运记录,将患病旅客送交有医院的市、县所在地车站或较大车站转送医院治疗。

(2)旅客病情严重不能自理,又无同行人时,列车长要会同乘警清点旅客车票、携带物品一并移交。编制客运记录时,应注明旅客姓名、性别、年龄、单位、住址、身份证号码以及携带物品的名称、件数(大写)等。

68. 如何处理旅客携带的具有危险性和生活用品属性的"饮食品类"物品?

答:(1)自家榨的(自制)无标识散装食用油(含花生油、胡麻油、菜籽油、香油)、酱油、醋等,现场安全检查确认无危险性且包装完好、密封不溢洒的,可以携带。

(2)中药装入矿泉水瓶(无标识)内,现场安全检查确认无危险性且包装完好、密封不溢洒的,可以携带。

(3)榴莲、臭豆腐、螺蛳粉等食品,可以携带,建议旅客不要在列车上食用。

69. 对发生哪些严重失信行为的旅客限制乘坐铁路旅客列车?

答:对发生下列严重失信行为的旅客限制乘坐铁路旅客列车:

(1)扰乱铁路站车运输秩序且危及铁路安全、造成严重社会不良影响的。

(2)在动车组列车上吸烟或者在其他列车的禁烟区域吸烟的。

(3)查处的倒卖车票、制贩假票的。

(4)冒用优惠(待)身份证件、使用伪造或无效优惠(待)身份证件购票乘车的。

(5)持伪造、过期等无效车票或冒用挂失补车票乘车的。

(6)无票乘车、越站(席)乘车且拒不补票的。

(7)依据相关法律法规应予以行政处罚的。

70. 哪些旅客伤害属于列车责任？

答：有下列情形之一的，属于列车责任：

（1）车门漏锁致使旅客坠车造成人身伤害的。

（2）列车工作人员过错致使旅客误下车、背门下车，在不办理乘降的车站（包括区间停车）下车、列车运行中开启车门造成人身伤害的。

（3）列车组织不当或列车工作人员违反作业标准，致使旅客乘降时造成人身伤害的。

（4）列车客运工作人员对设备管理不善造成旅客人身伤害的。

（5）列车客运工作人员违章作业、过失造成旅客人身伤害的。

（6）有理由认定属于列车责任的。

71. 旅客列车超员时如何进行应急处理？

答：（1）列车长对列车客流情况要亲自了解，超员时要及时拍发超员铁路电报，超员率计算要准确，不能臆测数字造成运能虚糜或超员恶性。

（2）如造成恶性超员，要及时电报前方站停售、停放本次列车旅客。发生弹簧压死时，千万不能开车运行。疏散旅客时，协助车站做好善后工作，协助车站组织旅客换乘其他接续列车。

（3）超员时要做好乘降组织和车内的疏导，特别是车内空气的调整。

（4）列车长要注意车内的巡视。发现因列车超员，旅客发生异常，要分析原因，及时采取抢救措施。

72. 车站、列车运输收入的进款如何结账？

答：车站、列车运输收入进款应遵守先交款后结账的原则，按日进行结账。结账时间除特定者外，统一规定为18：00。车站旅客售票结账时间为24：00，旅客列车结账时间为本次乘务工作终了。当月运输收入进款应在当月列账。实行计算机售票和制票的车站、列车，直接收款人员必须在办理交款手续后方可打印结账报表。现金交接必须当面清点，不准以支票套取现金。结账时发生多出款，应在当日列账上缴，严禁保留账外现金。短少款由责任者当时赔补，不准以运输收入进款或找零款顶数滚欠。

73. 出现哪些情形应定性为服务质量重大问题？

答：（1）旅客投诉或新闻媒体曝光，在社会上造成严重不良影响的；

（2）责任造成旅客重伤及以上伤害的；

（3）利用职权运输无票人员、货物，勒卡、索要旅客钱物，价值在200元及以上的；

（4）责任发生食物中毒事故造成人员死亡的；

（5）站、车工作人员在工作殴打旅客造成严重影响或轻伤及以上伤害的；

（6）责任造成旅客财产损坏、丢失、被盗价值在1 000元及以上的；

（7）违反国家和铁路有关收费标准、规定，乱收费、乱加价造成严重不良影响的。

74. 移交误降旅客编制客运记录

2023年×月×日,Z×次列车(包头—杭州),天津西开车后(前方停车站为徐州站),一名旅客赵×持当日当次包头—天津西持硬座车厢5车75号座席票向列车长声明,因困乏,在列车工作人员提示下车后又睡着,天津西站开车后才发现坐过了站。请按编制客运记录要求答题(题中条件不足部分自行合理补充)。

答:编制客运记录,见票例1-2-1。

×局集团公司　　客统—1

客　运　记　录

第　×　号

记录事由:移交误降旅客

记录内容:

徐州站:

2023年×月×日,我车天津西开车后,旅客赵×,持包头—天津西空调硬座客快票(票号B123506、身份证号码×),向列车声明,因困乏,在列车工作人员提示下车后又睡着,坐过了站,现交你站,请按章处理。

附:在免费送回区间,不得中途下车。如中途下车,对往返乘车的免费区间,按返程所乘列车等级分别核收往返区间的票款。

注:
1.站、车需要编制记录时均适用。
2.本记录不能作为乘车凭证。

×客运站段　编制人员　　　　(印)

站段　签收人员　Z×次列车长㊞(印)

2023年　×　月　×　日编制

票例1-2-1

75. 移交无票、拒绝补票旅客编制客运记录

2023 年×月×日，K×次列车（呼和浩特东—成都），包头站开车列车验票，发现一名无票旅客由包头东站乘车去乌海站，按章补票时，该无票人员自称无钱，拒绝按章补票（前方停车站为临河站）。请按编制客运记录要求答题（题中条件不足部分自行合理补充）。

答：编制客运记录，见票例 1-2-2。

×局集团公司　　　　客统—1

客　运　记　录

第　×　号

记录事由：移交无票、拒绝补票旅客

记录内容：

临河站：

2023年×月×日，我车包头站开车列车验票，发现一名无票旅客由包头东站乘车去乌海站，按章补票时，该无票人员自称无钱，拒绝按章补票，且不提供个人信息及身份证件，现交你站，请按章处理。

注：
1.站、车需要编制记录时均适用。
2.本记录不能作为乘车凭证。

×客运 站/段 编制人员 K×次列车长㊞（印）

站/段 签收人员　　　　（印）

2023 年　×　月　×　日编制

票例 1-2-2

76. 移交危险品编制客运记录

2023年×月×日，×次列车(大同—包头)，十八台站开车后，硬座车厢5车列车员在整理行李架上的携带品时，发现旅客钱×，持当日当次十八台—姑家堡的硬座票，携带汽油1升(列车前方停车站为马盖图站，无铁路公安派出所。请按编制客运记录要求答题(题中条件不足部分自行合理补充)。

答: 编制客运记录，见票例1-2-3。

×局集团公司　　　　客统—1

客　运　记　录

第　×　号

记录事由：移交危险品

记录内容：

马盖图站：

2023年×月×日，我车十八台站开车后5号车厢列车员在整理行李架上的携带品时，发现旅客钱×（身份证号码×），男，35岁，十八台乡的农民，持十八台—姑家堡硬座客票（票号B123508号），携带汽油1升，特编此记录，交你站请按章处理。

注：
1.站、车需要编制记录时均适用。
2.本记录不能作为乘车凭证。

×客运站段　编制人员　×次列车长㊞(印)

站段　签收人员　(印)

2023年　×　月　×　日编制

票例1-2-3

77. 移交突发疾病旅客编制客运记录

2023 年×月×日，K×次列车(呼和浩特—杭州)，14 车 5 号下铺旅客张×，持当日当次呼和浩特—杭州站硬卧车票，在西安站前因心脏病突发，列车通过广播寻医找药，在还没有找到医药的情况下，列车已进站。旅客不能继续乘车，需下车治疗。请按编制客运记录要求答题(题中条件不足部分自行合理补充)。

答：编制客运记录，见票例 1-2-4。

×局集团公司　　　　客统—1

客　运　记　录

第　×　号

记录事由：移交突发疾病旅客

记录内容：

西安站：

2023年×月×日，我车14车5号下铺旅客张×，男，45岁。家住呼和浩特市新城区×小区5栋16号，持呼和浩特—海拉尔硬座客快速卧车票（票号B123509），在西安前心脏病突发，列车通过广播寻找医生无果，病情无好转迹象，本人要求下车治疗。现特编此记录交你站，请按章处理。

附：(1)张平身份证号：×

(2)电话：×

注：

1.站、车需要编制记录时均适用。

2.本记录不能作为乘车凭证。

×客运站段　编制人员　K×次列车长㊞(印)

站段　签收人员　　(印)

2023 年　×　月　×　日编制

票例 1-2-4

78. 移交石击玻璃意外受伤旅客编制客运记录

2023年×月×日，×次列车(呼和浩特—兰州西)，临河站前约5分钟时，列车运行方向机后4位硬座车厢4车右侧38号座位处遭石击，将车窗玻璃击碎，并将包头市包钢无缝钢管场马×头部打伤，该旅客持当日当次包头—乌海硬座车票。请按编制客运记录要求答题(题中条件不足部分自行合理补充)。

答:编制客运记录，见票例1-2-5。

×局集团公司　　　　客统—1

客　运　记　录

第　×　号

记录事由：移交石击玻璃意外受伤旅客

记录内容：

临河站：

2023年×月×日，我车运行至临河站前约5分钟，列车运行方向机后4位硬座车厢4车右侧38号座位遭石击，将车窗玻璃击碎，并将该座位旅客马×（包头市包钢无缝钢管场职工，身份证号码×，男，30岁），头部打伤，额头破口约2厘米，列车通过广播寻找医生，车内已做简单包扎。该旅客持包头—乌海车票（票号B123510），现交你站，请按章处理。

附：(1)旁证材料2份。

(2)击碎玻璃的石块。

注：
1.站、车需要编制记录时均适用。
2.本记录不能作为乘车凭证。

×客运站段　编制人员　×次列车长㊞(印)

站段　签收人员　(印)

2023年　×　月　×　日编制

票例1-2-5

79. 石击玻璃造成旅客受伤拍发铁路电报

2023年×月×日22：05，K×次列车（东胜西—北京西），察素齐站开车后，列车运行方向左侧，机后第5位硬座车厢中部车窗玻璃遭石块击中，双层玻璃破碎，将该车厢64号座位旅客王×头部砸伤，有2厘米出血口，列车进行包扎后，编制客运记录交呼和浩特东站（题中给出的条件不足自行补充）。按铁路电报格式编写电报内容。

答：编写铁路电报，见票例1-2-6。

铁路传真电报

签　发：　　　　核　稿：　　　　拟稿人：

电　话：

发报所名	电报号码	等级	受理日	时　分	收到日	时　分	值机员

主送单位：察素齐站及驻站铁路公安派出所

抄送单位：呼和浩特局集团公司客运部、客调、车辆部、铁路公安局，×车辆段、×乘警支队，×客运段

报　　文：

2023年×月×日22:05，我车察素齐开车后4分钟，列车运行方向左侧，机后第5位硬座车厢中部车窗玻璃遭石块击中，双层玻璃破碎，将该车厢64号座位旅客王×（男，30岁，天津市滨海新区广州道，身份证号：×，持本次列车东胜西—北京西硬座票，票号A017054）头部砸伤，有2厘米出血口，列车进行包扎后，编制客运记录×号将旅客及石块交呼和浩特东站。特电告知。

×客运段东胜×组（2023）第×号

K×次列车长 ㊞

2023年×月×日于呼和浩特东站

第1页

票例1-2-6

80. 处理误购车票托运行李运往正当到站时拍发铁路电报

2023年×月×日，Z×次列车（杭州—包头），南京站前查验车票时，发现硬座车厢3车57号座位旅客误购了杭州—徐州的车票。其正当到站是铜九线的池州，误购了去徐州的车票，并误托运行李1件。经查找该件行李在本车装运，列车拍发铁路电报将行李送至正当到站（题中给出的条件不足自行补充）。按铁路电报格式编写铁路电报内容。

答：编写铁路电报，见票例1-2-7。

铁路传真电报

签　发：　　　　　　　　核　稿：　　　　　　　　拟稿人：

电　话：

发报所名	电报号码	等级	受理日	时　分	收到日	时　分	值机员

主送单位：徐州、杭州站

抄送单位：池州站、包头客运段

报　　文：

2023年×月×日，我车查票时发现旅客杜×正当到站为池州站，误购了杭州—徐州的车票，并误运送行李1件，45千克，行李票号C041757。其车票我车已按章处理，该旅客在南京站下车转车去池州，请接电后将误运送行李转送池州站。

×客运段包杭×组（2023）第×号
Z×次列车长㊞
2023年×月×日于南京站

第1页

票例1-2-7

81.旅客列车上发现传染病患者，应如何处置？

答：(1)立即报告地方卫生行政部门。

(2)对病人所在硬座、硬卧车厢的旅客，软卧同包厢的旅客，同行人员以及有关乘务人员应确定为密切接触者。

(3)在对密切接触者进行登记后(内容包括姓名、性别、年龄、身份证号码、联系方式等)，要联系其到达站的卫生防疫部门，由卫生防疫部门按照规定处理。

(4)对列车通风情况进行检查。

(5)规定对病人污染的车厢、隔离场所及可能污染的范围进行消毒。

(6)通知最近设有留验站所在地的车站，做好接收准备。将病人下交留验站时，将登记资料一并交卫生防疫部门。

82.铁路运送期间发生旅客人身损害，哪些情况需承担赔偿责任？哪些情况不承担赔偿责任？

答：在铁路运送期间旅客发生急病、分娩、遇险时，铁路运输企业应当尽力采取救助措施并做好记录。铁路运输企业应当对铁路运送期间发生的旅客人身损害承担赔偿责任；旅客自身健康原因造成的或者铁路运输企业证明伤亡是旅客故意、重大过失造成的，铁路运输企业不承担赔偿责任。在铁路运送期间因第三人原因造成旅客人身损害的，由第三人承担赔偿责任。铁路运输企业有过错的，应当在能够防止或者制止损害的范围内承担相应的补充赔偿责任。铁路运输企业承担补充赔偿责任后，有权向第三人追偿。

83. 列车运行中发现某车厢侧门未锁，但处于关闭状态，这种情况是否触及客运安全红线？依据是什么？被列入安全红线的还有哪些情形？

答：触及安全红线。

依据国铁集团客运部《客运安全红线管理办法》。

触及红线的情形还有：

(1)干部职工班中饮酒或酒后上岗。

(2)客车运行中边门未锁闭，塞拉门未锁闭隔离锁。

(3)站台客运相关作业人力推车(不含轮椅)未实施常态制动。

(4)临时停车擅自组织乘绛。

(5)看车人员在车内抽烟，使用明火照明。

(6)关闭、破坏直接关系生产安全的监控、报警、救生设备设施，或者篡改、隐瞒、销毁其相关数据、信息的行为。

其中客车车门因设备原因导致的，经客运、车辆部门确认后，不列入红线。

84. 开车后列车长有哪些作业？作业的要求是什么？

答：(1)作业：

①检查车门。

②卫生清扫。

③巡视车厢，组织各车厢列车员妥善安排旅客及行李物品，及时登记、完善旅客信息并上传。

(2)作业要求：

①复检全列车门，并检查各车厢车门管理办法执行情况。

②组织各车列车员扫拖地面，清理果皮盘、垃圾桶内杂物，对车内卫生进行清理，按规定开启厕所。

③全列巡视，处理巡视中发现的问题。卧车铺位核对准确，无闲杂人员。抽查车厢内旅客携带品，对矿山等重点区域车站上车旅客进行重点检查，特殊重点工作期间，按照规定区段加大检查力度，发现危险品交由乘警按章处理。

85. 列车长夜间有哪些作业？作业的要求是什么？

答：(1)作业：

①检查各岗位入夜整备作业情况。

②核对铺位,清理会客人员,检查卧车边座值岗情况。

③兼看车厢管理。

(2)作业要求:

①组织各车厢列车员进行入夜前卫生清扫,按需闭合窗帘,及时恢复卫生。卧车执行摆鞋制度,列车广播按规定播报夜间广播内容。

②组织列车值班员、列车员逐车核对卧车铺位,清理会客人员。并对卧车边座值岗情况进行检查。

③组织卧车夜间兼看车厢列车员在乘务室门窗上悬挂"我在×车值岗,有事请至该车找我"温馨提示卡,明确兼看车厢的出场位置、责任区域,并对列车员落实情况进行检查。

86. 应采取哪些措施防控存在安全风险的食品?

答:(1)站车单位从事食品经营的,应依法取得营业执照、食品经营许可证等有效经营资质,从事直接入口食品工作的从业人员应具有健康合格证明。

(2)餐饮服务经营应符合食品安全要求。熟食品加工中心温度应达到 70 ℃以上。

(3)餐车经营冷(热)藏快餐食品时,严格执行"四控一规范"制度,控制储藏温度、保质时间、食品标注和剩余食品,规范管理食品经营活动。保质期 24 小时以内的冷(热)藏盒饭生产日期应标注到年、月、日、时、分。

(4)餐车垃圾实行垃圾袋装,投放于指定站规定位置,餐厨垃圾定点存放,集中统一收集,投放固定位置。不得随意(违规)倾倒污水垃圾。

87.《中国铁路呼和浩特局集团有限公司客运系统车间、班组台账资料管理实施办法》对旅客列车班组应配备的业务资料有哪些要求?

答:班组应配备的业务资料,包括国铁集团、集团公司、站段三级客运相关规章文电(含运输技术规章)、管理制度,各乘务岗位作业指导书、非正常情况应急处置措施等,均应采用电子形式,在保证信息安全的前提下,由站段建立统一规范电子文件夹,在手持终端内分类保存;为办理补票补费业务,应配备电子或纸质《行李包裹运价表》和本趟列车简明《铁路客运运价里程表》。

88. 持学生优惠票乘车,资质核验有哪些规定?

答:学生每学年乘车前应到车站指定售票窗口或自动售票机办理一次本人居民身份证件与火车票学生优惠卡的优惠资质核验手续。未办理或未通过优惠资质核验购买学生优惠票乘车时,列车应先办理补收票价差额手续,开具客运记录。旅客到站后可凭车补车票、学生证和购票时所使用的有效身份证件(列车如开具纸质客运记录,还应携带纸质客运记录),30 日以内到车站售票窗口办理资质核验和退票手续。车站核实学生所购学生优惠票符合有关规定后,为其办理资质核验,扣减学生火车票优惠卡次数,退还车补车票票款,不收退票费。

华侨学生和港澳台学生可购买学校所在地车站至口岸城市车站间的学生优惠票。铁路运输企业另有规定的除外。

89. 普速旅客列车在区间被迫停车不能继续运行时，如遇自动制动机故障，客运乘务人员应如何配合司机、车辆乘务员进行列车制动、防溜？

答：(1)列车在区间被迫停车不能继续运行时，如遇自动制动机故障，动车组列车以外的旅客列车司机应通知车辆乘务员立即组织列车乘务人员拧紧全列人力制动机，以保证就地制动。

(2)动车组列车以外的旅客列车在区间被迫停车遇自动制动机失效等情况影响列车就地制动时，司机应通知车辆乘务员立即组织列车乘务人员拧紧全列人力制动机，以保证就地制动。列车恢复开行前或救援列车挂妥后，司机通知车辆乘务员，车辆乘务员立即组织列车乘务人员按照“谁拧紧、谁松开”的原则松开全列人力制动机。车辆乘务员应逐辆检查，确认全列车人力制动机均已松开后向司机报告。

90. 列车在管内运行时，旅客突发疾病需要在前方不停车车站进行紧急救治，应如何处理？

答：在管内旅客在列车运行途中突发疾病需要在前方不停车车站(三等及以上车站)临时停车进行紧急救治时，由列车长负责向铁路局集团公司客调汇报，汇报内容包括：旅客姓名、性别、年龄、病情、旅客在车内位置、列车采取的措施、临时停车站名、需要车站协助办理的事宜(动车组列车由列车长通知司机向列车调度员报告情况请求临时停车)。收到客调临时停车通知后，列车长负责做好临时停车准备工作，并告知突发疾病等特殊情况的旅客(及陪同人员)做好下车准备，列车临时停车后，由列车长组织人员将旅客护送下车，并与车站办理交接手续(动车组列车乘务员不下车参与处理)。车站应做好联系医护人员和车辆、畅通通道和旅客交接等工作，并将旅客护送出站或至医院。

91. 列车发现旅客区间坠车，应如何处理？

答：列车发现旅客在区间坠车时，应当立即停车处理，并通知就近车站或将受伤旅客移交就近车站。列车在区间停车需要防护时，按有关规定处理。不具备停车条件或者延迟发现的，列车长应当报告运行所在铁路局集团公司客运调度，客运调度员接到报告后立即通知值班主任，值班主任通知相关列车调度员和铁路公安局指挥中心，由列车调度员和铁路公安局指挥中心分别通知邻近车站及车站铁路公安派出所派人寻找。列车运行至前方停车站时，列车长应拍发铁路电报，向发生地和列车担当铁路局集团公司主管部门报告。在站内或区间线路上发现有坠车旅客时，发现或接到通知的车站应当迅速通报有关列车。有关列车接到通报后，应当立即调查。发生列车应当按照规定收集相关证据材料和旅客携带物品，并向处理单位移交。

92. 动车组列车商务座餐饮食品配置标准是什么？

答：(1)小食品。选用非油炸类点心、蜜饯类、坚果、肉制品(不宜使用猪肉制品)类等无壳、无核、无皮、无骨、少油的休闲小食品，独立、密封小包装，包装印有生产日期，且易于打开便于食用，商务座品种不少于 6 种。

(2)饮品。饮品分热茶和饮料，其中热茶配置绿茶、红茶等不少于 2 种，茶水不间断供应；饮料配置矿泉水、苏打水(弱碱性水)、碳酸饮料、果汁、咖啡等不少于 4 种，不宜选用功能性饮料。商务座饮品提供不少于 6 种。

(3)餐食。逢供餐时间的，免费供应餐食。早餐不少于 2 种(早 8:00 前提供 1 份)，包括豆浆或牛奶、面包或蛋糕，一次性餐具、餐巾纸。正餐(11:30—13:00、17:30—19:00 提供 1 份)以冷链为主，配用速溶汤，份量适中，可另行配备面点、菜品、佐餐料包等。品种不少于 3 种，配有清真餐食，定期调整。

93. 哪些易燃易爆物品，属于禁止托运和随身携带的物品？

答：(1)压缩气体和液化气体：氢气、甲烷、乙烷、环氧乙烷、二甲醚、丁烷、天然气、乙烯、氯乙烯、丙烯、乙炔(溶于介质的)、一氧化碳、液化石油气、氟利昂、氧气(供病人吸氧的袋装医用氧气除外)、水煤气等。

(2)易燃液体：汽油(包括甲醇汽油、乙醇汽油)、煤油、柴油、苯、酒精、酒精体积百分含量大于 70%或者标志不清晰的酒类饮品、1,2－环氧丙烷、二硫化碳、甲醇、丙酮、乙醚、油漆、稀料、松香油等。

(3)易燃固体：红磷、闪光粉、固体酒精、赛璐珞、发泡剂 H、偶氮二异庚腈等。

(4)自燃物品：黄磷、白磷、硝化纤维(含胶片)、油纸及其制品等。

(5)遇湿易燃物品：金属钾、钠、锂、碳化钙(电石)、镁铝粉等。

(6)氧化剂和有机过氧化物：高锰酸钾、氯酸钾、过氧化钠、过氧化钾、过氧化铅、过醋酸、双氧水、氯酸钠、硝酸铵等。

94. 哪些情形应定性为服务质量一般问题？

答：(1)旅客投诉或新闻媒体曝光，在社会上造成不良影响的；

(2)站、车设备、设施、备品未达到规定标准，影响服务质量或旅客提出批评意见的；

(3)站、车各项工作标准、基础管理未达到规定要求影响服务质量的；

(4)未按国家或铁道部有关规定对运价、杂费、商品实行明码标价的；

(5)站、车存在安全隐患，但尚未发生旅客伤害和责任事故的；

(6)站、车治安秩序差，但尚未发生旅客伤害事故的；

(7)站、车环境卫生、饮食卫生差，但尚未发生旅客伤害事故的；

(8)站、车工作人员在工作中与旅客发生争执造成不良影响的；

(9)责任造成旅客 10 人以下漏乘、误乘、误降、坐过站的；

(10)责任造成旅客列车晚点的；

(11)责任造成旅客财产损坏、丢失、被盗价值在500元以下的。

95. 旅客列车发现危险品时,应采取哪些应急处理?

答:(1)在站台发现旅客携带危险品时,乘务员应禁止旅客上车,并立即报告列车长及乘警到现场,由列车长通知车站值班员进行处理。

(2)如在列车上发现危险品时,乘务员应妥善看管,提醒旅客不要使用明火,并立即通知乘警、列车长进行处理,本人不得擅自处理。

(3)如属发令纸、鞭炮类的危险品时,乘务员应立即进行水浸处理后再通知乘警、列车长。

(4)对数量小、危险性低的危险品,由乘警保管,终到站后交车站铁路公安派出所处理。

(5)对数量大、危险性大和不能判明性质的危险品,列车长要及时与司机联系,司机向列车运行所在集团公司客调汇报。列车长服从客调的处理安排,妥善处理。

(6)处理完毕后,列车长会同乘警要详细登记携带危险品旅客的姓名、身份证号、工作单位或家庭住址,及危险品名、数量并向本段值班室汇报。

96. 持哪些有效身份证件可以在列车上购票、补票?

答:通过车站售票窗口、铁路车票销售代理人的售票处购票或列车上购票、补票时,可以使用的有效身份证件包括:中华人民共和国居民身份证(含中华人民共和国临时居民身份证),居民户口簿,中华人民共和国护照,中华人民共和国出入境通行证,中华人民共和国旅行证,新生儿出生医学证明,军官证、警官证、文职干部证、义务兵证、士官证、文职人员证,海员证,以及公安机关出具的临时乘车身份证明;中华人民共和国港澳居民居住证,中华人民共和国台湾居民居住证,港澳居民来往内地通行证,往来港澳通行证,大陆居民往来台湾通行证,台湾居民来往大陆通行证;外国人永久居留身份证,外国人护照,外国人出入境证,公安机关出具的外国人签证证件受理回执、护照报失证明,各国驻华使领馆签发的临时性国际旅行证件(应当附具公安机关签发的有效签证或者停留证件)。

97. 发生线路中断,列车应如何处理?

答:由于自然灾害、行车事故或者其他原因,致使线路中断,列车不能继续运行时,列车应采取下列应急措施:

(1)列车工作人员应将造成线路中断的灾害原因、事故概况、影响程度等情况调查了解清楚,并将采取的对策,一并详情上报。

(2)列车工作人员对掌握的灾害(事故)情况,应通过广播向旅客做好通报、解释、安抚工作,稳定旅客情绪,维护好车内秩序。

(3)列车长应及时召开三乘会议,分工负责,采取措施确保旅客人身及财物的安全。

(4)列车停运时,站车工作人员应热情周到地搞好服务,安排好旅客餐饮、食品供应以及帮助特殊旅客的解困工作。必要时,向地方政府报告请求援助。

(5)线路中断,预计不能及时修复通车时,事故发生局应向中国国家铁路集团请求命令后向全路发出停办到达和经过中断区段客运业务的铁路电报,以免大量客流的涌入,造成更大的被动。

98. 普速旅客列车站停时,遇到列车起动前车门无法关闭、车门无法关闭但列车已启动、旅客未乘降完毕列车起动等三种突发情况时,应如何处理?

答:(1)列车起动前发现车门无法关闭时,列车工作人员立即呼叫车辆乘务员(或站台工作人员)通知司机不得开车,同时迅速通知车辆乘务员到场处理;使用无线对讲设备、通过指定频率能够呼叫到司机时,也可直接通知司机。

(2)车门无法关闭但列车已起动时,列车工作人员应立即使用紧急制动阀停车,同时迅速通知车辆乘务员到场处理。

(3)旅客未乘降完毕列车起动时,车站工作人员发现后应立即按规定通知司机停车;列车工作人员发现时应迅速呼叫车辆乘务员或站台工作人员通知司机停车,不具备呼叫条件时,使用对讲机呼叫列车上工作人员,车上有值乘人员听到呼叫后,应立即使用紧急制动阀停车;使用无线对讲设备、通过指定频率能够呼叫到司机时,也可直接通知司机。站车工作人员应坚持"宁漏勿扒"的原则,立即劝阻疏散正在乘降的旅客到安全白线以内,列车员应尽可能及时撤下安全踏板。

99. 普速旅客列车列车长终到作业,有哪些要求?

答:(1)终到卫生达到"三不带"。对终到卫生、卧具备品逐项交接,对缺少的备品开具记录提前统计上报、进行补充。

(2)票据全面审核,票款结算清楚。一名列车长、一名乘警陪同值班员,到段缴款,退乘时一并交回移动补票机、票据。

(3)检查列车员扶老携幼、车门立岗情况,检查有无遗失物品。

(4)重点旅客、旅客遗失物品等做到有记录、有登记、有签收。

(5)小班终到旅客乘降完毕后由列车长组织一班乘务人员列队、点名、入寓,遵守公寓待乘纪律,不得私自外出,按时休息,严禁饮酒、娱乐。另一班乘务人员在车上看车、库内整备作业。

(6)退乘时,交接完毕后下车,由首尾车厢列车员带队向出站口方向集合,按指定线路统一列队到段参加退乘会。并收回手持终端、对讲机等设备,交回派班室,办理交接。

(7)退乘会总结趟乘务工作,对存在的问题要制定整改措施,发生严重违章违纪问题参会干部要对相关人员问责、分析。

100. 普速旅客列车列车长库内作业,有哪些要求?

答:(1)库内看车要保证人数,坚守岗位,按规定时间和项目巡视,做好防火、防盗等工作,严禁使用明火。

(2)备品上车时防护到位。对照出库标准,认真进行卫生鉴定,并填写列车(保洁)出库/折返卫生鉴定交接表及旅客列车餐车油垢趟车清理记录。卫生达到内外整洁，窗明几净，物见本色，无灰尘，无积垢，无卫生死角；蚊、蝇、蟑螂等病媒昆虫指数及鼠密度符合规定。

(3)卧具完整、清洁、折叠统一，褥单铺放平展、摆放一致；书报架内的报刊摆放整齐；备品齐全、清扫工具隐蔽定位，服务设施齐全、洁净，揭示牌干净正确，全列统一。

(4)列车始发前按照规定时间、职责范围分工分别对列车上部设备设施进行检查，掌握列车服务设施设备状态，发现问题及时向车辆部门反馈，并盯控修复情况，以保证旅客使用需求。

(5)餐料、商品按照规范组织上车，餐料、商品均由指定地点供货，无腐烂变质及过期，无私上餐料、商品行为，商品价签齐全有效。

S1 编写客运记录移交危险品

一、考场准备

要求：场地模拟列车环境，不具备条件时要提供笔试或口试条件。

二、材料工具准备

序号	名称	规格	数量	备注
1	客运记录	客统—1	1张	
2	蓝色或黑色碳素笔、圆珠笔、钢笔		1支	

三、考核要求

(1)被鉴定人入场后，首先由裁判告知题目，其次由被鉴定人检查准备备品，当被鉴定人告知裁判可以开始时，由裁判员开始计时。

(2)考核时间为10分钟。

(3)在被鉴定人编写客运记录期间，裁判可以向被鉴定人提问，发现危险品处置的相关程序和要求。

(4)考核过程中如果裁判向被鉴定人提问处置危险品程序时，被鉴定人未提及处置过程中应全程使用音视屏记录仪及列车运行前方最近停车站情况(是否有车站铁路公安派出所，有铁路公安派出所的由乘警向车站铁路公安派出所移交危险品)，再就是处置"三炮"(即摔炮、拉炮、砸炮)方法，视为0分。

(5)考核完毕后，由被鉴定人在评分表上签字确认。

四、考核评分

(1)考评人员3名以上。

(2)评分程序及规则：考评员根据考生操作情况对照计分标准在评分表上给予记录评分。

(3)算分方法：采用百分制，满分100分，60分及以上为及格。

五、铁道行业职业技能登记认定列车长高级工实作技能考核评分记录表

单位：_______ 姓名：_______ 性别：_______ 准考证号：_______ 工种：_______ 级别：_______

试题名称：编写客运记录移交危险品。

考核时间：10分钟。

操作开始时间： 时 分　　　　操作结束时间： 时 分

项目	考核内容及评分标准	扣分因素及扣分	得分
作业流程(60分)	1. 记录编号：按年编写		
	2. 记录事由：注明移交原因		

续上表

项目	考核内容及评分标准	扣分因素及扣分	得分
作业流程（60分）	3.受理站:站名要写全称		
	4.记录中应注明日期、车次		
	5.记录中应注明旅客携带危险品的品名及数量		
	6.记录中应注明旅客车票的发到站,票号		
	7.记录中应注明旅客姓名、性别、年龄、住址、单位、职业、身份证号、电话等		
	8.编写单位列车车次,年月日,加盖列车长名章		
	程序不对扣10分,每漏一项扣10分		
编写质量（30分）	1.使用语言精练,表达意思明确。(15分)		
	2.字体要清楚,不写自造简化字,编写字体潦草或有错别字。(15分)		
备品使用（10分）	用蓝或黑色笔编写(用不同颜色笔编写)。(10分)		
考核时间	作业在10分钟内完成。每超时1分钟扣5分,超过5分钟停止考核。用时 分钟		
合计得分			

考评员签名: 鉴定人: 年 月 日

S2 编写客运记录移交旅客遗失物品

一、考场准备

要求:场地模拟列车环境,不具备条件时要提供笔试或口试条件。

二、材料工具准备

序 号	名 称	规 格	数 量	备 注
1	客运记录	客统—1	1张	
2	蓝色或黑色碳素笔、圆珠笔、钢笔		1支	

三、考核要求

(1)被鉴定人入场后,首先由裁判告知题目,其次由被鉴定人检查准备备品,当被鉴定人告知裁判可以开始时,由裁判员开始计时。

(2)考核时间为10分钟。

(3)在被鉴定人编写客运记录期间,裁判可以向被鉴定人提问,发现旅客遗失物品处置的相关程序和要求。

(4)考核过程中如果裁判向被鉴定人提问处置旅客遗失物品程序时,被鉴定人未提及处置过程中应全程使用音视屏记录仪及积极寻找失主,视为0分。

(5)考核完毕后,由被鉴定人在评分表上签字确认。

四、考核评分

(1)考评人员 3 名以上。

(2)评分程序及规则:考评员根据考生操作情况对照计分标准在评分表上给予记录评分。

(3)算分方法:采用百分制,满分 100 分,60 分及以上为及格。

五、铁道行业职业技能登记认定列车长高级工实作技能考核评分记录表

单位:________ 姓名:________ 性别:________ 准考证号:________ 工种:________ 级别:________

试题名称:编写客运记录移交旅客遗失物品。

考核时间:10 分钟。

操作开始时间: 时 分 操作结束时间: 时 分

项目	考核内容及评分标准	扣分因素及扣分	得分
作业流程(60 分)	1.记录编号:按年编写		
	2.记录事由:注明移交原因		
	3.受理站:站名要写全称		
	4.记录中应注明日期、车次		
	5.记录中应注明旅客的下车站(无法确认旅客下车站的应写明)		
	6.记录中应注明发现旅客遗失物品车厢号,遗失物品在车厢的位置		
	7.记录中应描述物品外部形状及附遗失物品清单		
	8.编写单位列车车次,年月日,加盖列车长名章		
	程序不对扣 10 分,每漏一项扣 10 分		
编写质量(30 分)	1.使用语言精练,表达意思明确。(10 分)		
	2.字体要清楚,不写自造简化字,编写字体潦草或有错别字。(10 分)		
	3.旅客遗失物品中有现金应大写。(5 分)		
	4.旅客遗失物品中有贵重物品如手机、电脑类时应注明型号、新旧程度。(5 分)		
备品使用(10 分)	用蓝或黑色笔编写(用不同颜色笔编写)。(10 分)		
考核时间	作业在 10 分钟内完成。每超时 1 分钟扣 5 分,超过 5 分钟停止考核。用时 分钟		
合计得分			

考评员签名: 鉴定人: 年 月 日

S3 编写客运记录使用定期票、计次票越站补票后,恢复乘车次数

一、考场准备

要求:场地模拟列车环境,不具备条件时要提供笔试或口试条件。

二、材料工具准备

序　号	名　称	规　格	数　量	备　注
1	客运记录	客统—1	1张	
2	蓝色或黑色碳素笔、圆珠笔、钢笔		1支	

三、考核要求

(1)被鉴定人入场后，首先由裁判告知题目，其次由被鉴定人检查准备备品，当被鉴定人告知裁判可以开始时，由裁判员开始计时。

(2)考核时间为10分钟。

(3)在被鉴定人编写客运记录期间，裁判可以向被鉴定人提问，列车出现使用定期票、计次票越站处置的规定。

(4)考核过程中如果裁判向被鉴定人提问处置使用定期票、计次票越站的相关程序时，被鉴定人未提及处置过程中应全程使用音视屏记录仪及按实际乘坐席别、区间办理补票手续，视为0分。

(5)考核完毕后，由被鉴定人在评分表上签字确认。

四、考核评分

(1)考评人员3名以上。

(2)评分程序及规则：考评员根据考生操作情况对照计分标准在评分表上给予记录评分。

(3)算分方法：采用百分制，满分100分，60分及以上为及格。

五、铁道行业职业技能登记认定列车长高级工实作技能考核评分记录表

单位：_______　姓名：_______　性别：_______　准考证号：_______　工种：_______　级别：_______

试题名称：编写客运记录使用定期票、计次票越站补票后，恢复乘车次数。

考核时间：10分钟。

操作开始时间：　时　分　　　　操作结束时间：　时　分

项目	考核内容及评分标准	扣分因素及扣分	得分
作业流程 (60分)	1.记录编号：按年编写		
	2.记录事由：注明移交原因		
	3.受理站：开通的车站站名全称		
	4.记录中应注明日期、车次		
	5.记录中应注明车票的种类、进站记录情况		
	6.记录中应注明持票人姓名、购票身份证件信息		
	7.记录中应注明车补车票的发到站、票号		
	8.编写单位列车车次，年月日，加盖列车长名章		
	程序不对扣10分，每漏一项扣10分		

续上表

项目	考核内容及评分标准	扣分因素及扣分	得分
编写质量（30分）	1.使用语言精练，表达意思明确。（15分）		
	2.字体要清楚，不写自造简化字，编写字体潦草或有错别字。（15分）		
备品使用（10分）	用蓝或黑色笔编写（用不同颜色笔编写）。（10分）		
考核时间	作业在10分钟内完成。每超时1分钟扣5分，超过5分钟停止考核。用时 分钟		
合计得分			

考评员签名： 鉴定人： 年 月 日

S4 编写客运记录移交无票儿童（无儿童身份证号码）

一、考场准备

要求：场地模拟列车环境，不具备条件时要提供笔试或口试条件。

二、材料工具准备

序号	名称	规格	数量	备注
1	客运记录	客统—1	1张	
2	蓝色或黑色碳素笔、圆珠笔、钢笔		1支	

三、考核要求

（1）被鉴定人入场后，首先由裁判告知题目，其次由被鉴定人检查准备备品，当被鉴定人告知裁判可以开始时，由裁判员开始计时。

（2）考核时间为10分钟。

（3）在被鉴定人编写客运记录期间，裁判可以向被鉴定人提问，列车发现无票儿童且同行未能提供或故意不提供儿童有效身份证件时处置的规定。

（4）考核过程中如果裁判向被鉴定人提问处置无票儿童的相关程序时，被鉴定人未提及处置过程中应全程使用音视屏记录仪，视为0分。

（5）考核完毕后，由被鉴定人在评分表上签字确认。

四、考核评分

（1）考评人员3名以上。

（2）评分程序及规则：考评员根据考生操作情况对照计分标准在评分表上给予记录评分。

（3）算分方法：采用百分制，满分100分，60分及以上为及格。

五、铁道行业职业技能登记认定列车长高级工实作技能考核评分记录表

单位:________ 姓名:________ 性别:________ 准考证号:________ 工种:________ 级别:________

试题名称:编写客运记录移交列车上发现无票儿童,且同行未能提供或故意不提供儿童有效身份证件到站补票。

考核时间:10 分钟。

操作开始时间: 时 分 操作结束时间: 时 分

项目	考核内容及评分标准	扣分因素及扣分	得分
作业流程(60分)	1.记录编号:按年编写		
	2.记录事由:注明移交原因		
	3.受理站:站名或部门要写全称		
	4.记录中应注明日期、车次		
	5.记录中应注明同行成人车票的发到站、车票票号		
	6.记录中应注明成人未能提供儿童的有效证件		
	7.编写单位列车车次,年月日,加盖列车长名章		
	程序不对扣 10 分,每漏一项扣 10 分		
编写质量(30分)	1.使用语言精练,表达意思明确。(15 分)		
	2.字体要清楚,不写自造简化字,编写字体潦草或有错别字。(15 分)		
备品使用(10分)	用蓝或黑色笔编写(用不同颜色笔编写)。(10 分)		
考核时间	作业在 10 分钟内完成。每超时 1 分钟扣 5 分,超过 5 分钟停止考核。用时 分钟		
合计得分			

考评员签名: 鉴定人: 年 月 日

S5 编写客运记录移交违章使用铁路乘车证

一、考场准备

要求:场地模拟列车环境,不具备条件时要提供笔试或口试条件。

二、材料工具准备

序 号	名 称	规 格	数 量	备 注
1	客运记录	客统—1	1 张	
2	蓝色或黑色碳素笔、圆珠笔、钢笔		1 支	

三、考核要求

(1)被鉴定人入场后,首先由裁判告知题目,其次由被鉴定人检查准备备品,当被鉴定人告知裁判可以开始时,由裁判员开始计时。

(2)考核时间为 10 分钟。

(3)在被鉴定人编写客运记录期间,裁判可以向被鉴定人提问,发现违章使用铁路乘车证处置的相关程序和要求。

(4)考核过程中如果裁判向被鉴定人提问处置违章使用铁路乘车证程序时,被鉴定人未提及处置过程中应全程使用音视屏记录仪及按规定补收票款,视为 0 分。

(5)考核完毕后,由被鉴定人在评分表上签字确认。

四、考核评分

(1)考评人员 3 名以上。

(2)评分程序及规则:考评员根据考生操作情况对照计分标准在评分表上给予记录评分。

(3)算分方法:采用百分制,满分 100 分,60 分及以上为及格。

五、铁道行业职业技能登记认定列车长高级工实作技能考核评分记录表

单位:________　姓名:________　性别:________　准考证号:________　工种:________　级别:________

试题名称:编写客运记录移交违章使用铁路乘车证。

考核时间:10 分钟。

操作开始时间:　时　分　　　　操作结束时间:　时　分

项目	考核内容及评分标准	扣分因素及扣分	得分
作业流程(60 分)	1.记录编号:按年编写		
	2.记录事由:注明移交原因		
	3.受理站:站名或部门要写全称		
	4.记录中应注明日期、车次		
	5.记录中应注明违章使用人姓名、单位及乘车区间		
	6.记录中应注明所持乘车证填写的姓名、单位乘车证种类、票号有效期间和有效区间及证件名称等		
	7.记录中应注明是否已按章补票,补收车票号码		
	8.编写单位列车车次,年月日,加盖列车长名章		
	程序不对扣 10 分,每漏一项扣 10 分		
编写质量(30 分)	1.使用语言精练,表达意思明确。(10 分)		
	2.字体要清楚,不写自造简化字,编写字体潦草或有错别字。(10 分)		
	3.初步判定违章的行为(在票面上加添、涂改、转借超过有效期,未持规定的有关证明、证件或伪造证明、证件)。(10 分)		
备品使用(10 分)	用蓝或黑色笔编写(用不同颜色笔编写)。(10 分)		
考核时间	作业在 10 分钟内完成。每超时 1 分钟扣 5 分,超过 5 分钟停止考核。用时　分钟		
合计得分			

考评员签名:　　　　鉴定人:　　　　年　月　日

S6 编写铁路电报临客列车中途补煤

一、考场准备

要求:场地模拟列车环境,不具备条件时要提供笔试或口试条件。

二、材料工具准备

序 号	名 称	规 格	数 量	备 注
1	铁路电报	《铁路电报电话管理规则》附件一	1张	
2	蓝色或黑色碳素笔、圆珠笔、钢笔		1支	

三、考核要求

(1)被鉴定人入场后,首先由裁判告知题目,其次由被鉴定人检查准备备品,当被鉴定人告知裁判可以开始时,由裁判员开始计时。

(2)考核时间为10分钟。

(3)在被鉴定人编写客运记录期间,裁判可以向被鉴定人提问,遇冬季值乘非空临客列车出现燃煤告罄急需补充燃煤的相关规定。

(4)考核过程中如果裁判向被鉴定人提问,遇冬季值乘非空临客列车出现燃煤告罄急需补充燃煤的相关规定时,被鉴定人未提及报文中应写明经由区间及列车在发报站开车时间,视为0分。

(5)考核完毕后,由被鉴定人在评分表上签字确认。

四、考核评分

(1)考评人员3名以上。

(2)评分程序及规则:考评员根据考生操作情况对照计分标准在评分表上给予记录评分。

(3)算分方法:采用百分制,满分100分,60分及以上为及格。

五、铁道行业职业技能登记认定列车长高级工实作技能考核评分记录表

单位:________ 姓名:________ 性别:________ 准考证号:________ 工种:* ________ 级别:________

试题名称:编写铁路电报临客列车中途补煤。

考核时间:10分钟。

操作开始时间: 时 分　　　　操作结束时间: 时 分

项目	考核内容及评分标准	扣分因素及扣分	得分
作业流程(60分)	1.主送:列车运行前方有条件补充燃煤的客运段或车站		
	2.抄送:补充燃煤的客运段或车站所属的铁路局集团公司客运部(跨局列车)、客调及列车所属铁路局集团公司客运部、客调及本段		
	3.电文中应载明日期、车次		

续上表

项目	考核内容及评分标准	扣分因素及扣分	得分
作业流程（60分）	4. 电文中应载明需补充燃煤的车厢位置（一般为机后第几位）		
	5. 电文中应载明补充燃煤的数量		
	6. 编写单位、车次、拍发铁路电报人的职务、拍发铁路电报的车站、加盖名章，年月日		
	程序不对扣10分，每漏一项扣10分		
编写质量（30分）	1. 使用规定的文字、符号、记号。收电单位明确、电文通顺，文字力求简练、字迹清晰。（10分）		
	2. 主送单位以"："号结束，中间不得使用冒号；抄送单位以"。"号结束，中间不得使用句号。（10分）		
	3. 抄送一般先上级后下级依次排列，本单位列最后。（10分）		
备品使用（10分）	用蓝或黑色笔编写（用不同颜色笔编写）。（10分）		
考核时间	作业在10分钟内完成。每超时1分钟扣5分，超过5分钟停止考核。用时　分钟		
合计得分			

考评员签名：　　　　　　　　　　鉴定人：　　　　　　　　　　年　月　日

S7　编写铁路电报列车误运行李

一、考场准备

要求：场地模拟列车环境，不具备条件时要提供笔试或口试条件。

二、材料工具准备

序　号	名　称	规　格	数　量	备　注
1	铁路电报	《铁路电报电话管理规则》附件一	1张	
2	蓝色或黑色碳素笔、圆珠笔、钢笔		1支	

三、考核要求

（1）被鉴定人入场后，首先由裁判告知题目，其次由被鉴定人检查准备备品，当被鉴定人告知裁判可以开始时，由裁判员开始计时。

（2）考核时间为10分钟。

（3）在被鉴定人编写客运记录期间，裁判可以向被鉴定人提问，发生误售、误购误运行李的相关规定。

（4）考核过程中如果裁判向被鉴定人提问，发生误售、误购误运行李的相关规定时，被鉴定人未提及办理行李变更的到站、中止站必须是行李办理站，视为0分。

(5)考核完毕后,由被鉴定人在评分表上签字确认。

四、考核评分

(1)考评人员3名以上。

(2)评分程序及规则:考评员根据考生操作情况对照计分标准在评分表上给予记录评分。

(3)算分方法:采用百分制,满分100分,60分及以上为及格。

五、铁道行业职业技能登记认定列车长高级工实作技能考核评分记录表

单位:________　姓名:________　性别:________　准考证号:________　工种:________　级别:________

试题名称:编写铁路电报列车误运行李。

考核时间:10分钟。

操作开始时间:　时　分　　　　操作结束时间:　时　分

项目	考核内容及评分标准	扣分因素及扣分	得分
作业流程(60分)	1.主送:误运行李的原到站和发站		
	2.抄送:误运行李的正当到站、列车所属段		
	3.电文中应载明日期、车次		
	4.电文中应注明旅客姓名、行李的件数、重量、票号		
	5.电文中应注明行李的正当到站		
	6.编写单位、车次、拍发铁路电报人的职务、拍发铁路电报的车站、加盖名章,年月日		
	程序不对扣10分,每漏一项扣10分		
编写质量(30分)	1.使用规定的文字、符号、记号。收电单位明确、电文通顺,文字力求简练、字迹清晰。(15分)		
	2.主送单位以":"号结束,中间不得使用冒号;抄送单位以"。"号结束中间,不得使用句号。(15分)		
备品使用(10分)	用蓝或黑色笔编写(用不同颜色笔编写)。(10分)		
考核时间	作业在10分钟内完成。每超时1分钟扣5分,超过5分钟停止考核。用时　分钟		
合计得分			

考评员签名:　　　　鉴定人:　　　　年　月　日

S8　填写客运运价杂费收据处置携带品整件超重、超大

一、考场准备

要求:场地模拟列车环境,不具备条件时要提供笔试或口试条件。

二、材料工具准备

序　　号	名　　称	规　　格	数　　量	备　　注
1	客运运价杂费收据		1张	
2	铁路客运运价里程表		1册	(最新)
3	行李包裹运价表		1册	(最新)
4	蓝色或黑色碳素笔、圆珠笔、钢笔		1支	

三、考核要求

(1)被鉴定人入场后,首先由裁判告知题目,其次由被鉴定人检查准备备品,当被鉴定人告知裁判可以开始时,由裁判员开始计时。

(2)考核时间为10分钟。

(3)在被鉴定人编写客运记录期间,裁判可以向被鉴定人提问,处置旅客携带品整件超大相关规定。

(4)考核过程中如果裁判向被鉴定人提问,处置旅客携带品整件超大相关规定时,被鉴定人未提及处置过程中应全程使用音视屏记录仪及携带物品整件不可分拆,视为0分。

(5)考核完毕后,由被鉴定人在评分表上签字确认。

四、考核评分

(1)考评人员3名以上。

(2)评分程序及规则:考评员根据考生操作情况对照计分标准在评分表上给予记录评分。

(3)算分方法:采用百分制,满分100分,60分及以上为及格。

五、铁道行业职业技能登记认定列车长高级工实作技能考核评分记录表

单位:________　姓名:________　性别:________　准考证号:________　工种:________　级别:________

试题名称:填写客运运价杂费收据处置携带品整件超重、超大。

考核时间:10分钟。

操作开始时间:　时　分　　　　操作结束时间:　时　分

项目	考核内容及评分标准	扣分因素及扣分	得分
作业流程(60分)	1.填写年月日		
	2.填写核收区间发到站		
	3.填写核收人数		
	4.记事栏应注明携带品件数、重量、整件超重携带品的重量、整件超大携带品长、宽、高之和及重量、杆状物品长度		
	5.记事栏应注明补收运费重量		
	6.核收费用栏内收费种别、件数、重量填写正确,运价计算、尾数处理准确符合规章,填写在款额栏内		

续上表

项目	考核内容及评分标准	扣分因素及扣分	得分
作业流程（60分）	7.正确填写办理车次、办理人职名，加盖办理人名章		
	程序不对扣10分，每漏一项扣10分		
编写质量（30分）	1.发到站站名不简化，字体要清楚，不写自造简化字。（10分）		
	2.票据无涂改。（10分）		
	3.未使用的各栏斜线划消。（10分）		
备品使用（10分）	用蓝或黑色笔编写（用不同颜色笔编写）。（10分）		
考核时间	作业在10分钟内完成。每超时1分钟扣5分，超过5分钟停止考核。用时　分钟		
合计得分			

考评员签名：　　　　　　　　鉴定人：　　　　　　　　年　　月　　日

S9　填写客运运价杂费收据处置携带危险物品

一、考场准备

要求：场地模拟列车环境，不具备条件时要提供笔试或口试条件。

二、材料工具准备

序　号	名　称	规　格	数　量	备　注
1	客运运价杂费收据		1张	
2	铁路客运运价里程表		1册	（最新）
3	行李包裹运价表		1册	（最新）
4	蓝色或黑色碳素笔、圆珠笔、钢笔		1支	

三、考核要求

（1）被鉴定人入场后，首先由裁判告知题目，其次由被鉴定人检查准备备品，当被鉴定人告知裁判可以开始时，由裁判员开始计时。

（2）考核时间为10分钟。

（3）在被鉴定人编写客运记录期间，裁判可以向被鉴定人提问，处置携带危险物品相关规定。

（4）考核过程中如果裁判向被鉴定人提问，处置旅客携带品整件超大相关规定时，被鉴定人未提及处置过程中应全程使用音视屏记录仪及携带危险物品按该件全部重量加倍补收上车站至下车站行李运费，视为0分。

（5）考核完毕后，由被鉴定人在评分表上签字确认。

四、考核评分

(1)考评人员3名以上。

(2)评分程序及规则:考评员根据考生操作情况对照计分标准在评分表上给予记录评分。

(3)算分方法:采用百分制,满分100分,60分及以上为及格。

五、铁道行业职业技能登记认定列车长高级工实作技能考核评分记录表

单位:________ 姓名:________ 性别:________ 准考证号:________ 工种:________ 级别:________

试题名称:填写客运运价杂费收据处置携带危险品。

考核时间:10分钟。

操作开始时间: 时 分　　　　操作结束时间: 时 分

项目	考核内容及评分标准	扣分因素及扣分	得分
作业流程(60分)	1.填写年月日		
	2.填写核收区间发到站(危险品运输起止站)		
	3.填写核收人数		
	4.记事栏应注明携带品品名、重量、件数		
	5.记事栏应注明补收运费重量		
	6.核收费用栏内收费种别、件数、重量填写正确,运价计算、尾数处理准确符合规章,正确填写在款额栏		
	7.记事栏应注明携带品性质、实际收费标准		
	8.正确填写办理车次、办理人职名,加盖办理人名章		
	程序不对扣10分,每漏一项扣10分		
编写质量(30分)	1.发到站站名不简化,字体要清楚,不写自造简化字。(10分)		
	2.票据无涂改。(10分)		
	3.未使用的各栏斜线划消。(10分)		
备品使用(10分)	用蓝或黑色笔编写(用不同颜色笔编写)。(10分)		
考核时间	作业在10分钟内完成。每超时1分钟扣5分,超过5分钟停止考核。用时 分钟		
合计得分			

考评员签名:　　　　鉴定人:　　　　年 月 日

S10 应急开启动车组列车车门操作方法

一、考场准备

要求:场地模拟列车环境,不具备条件时要提供笔试或口试条件。

二、材料工具准备

序　　号	名　　称	规　　格	数　　量	备　　注
1	无线对讲设备	频率 467.200 MHz	1个	列车长专用
2	音视频记录仪		1个	列车长专用
3	列车车门钥匙		1把	列车专用

三、考核要求

(1)被鉴定人入场后，首先由裁判告知题目，其次由被鉴定人检查准备备品，当被鉴定人告知裁判可以开始时，由裁判员开始计时。

(2)考核时间为 10 分钟。

(3)在被鉴定人处置过程中，裁判可以向被鉴定人提问动车组列车车型对应的应急开门操作。

(4)考核过程中被鉴定人未提及组织乘务人员做好防护，成绩为 0 分。

(5)考核完毕后，由被鉴定人在评分表上签字确认。

四、考核评分

(1)考评人员 3 名以上。

(2)评分程序及规则：考评员根据考生操作情况对照计分标准在评分表上给予记录评分。

(3)算分方法：采用百分制，满分 100 分，60 分及以上为及格。

五、铁道行业职业技能登记认定列车长高级工实作技能考核评分记录表

单位：________　姓名：________　性别：________　准考证号：________　工种：________　级别：________

试题名称：应急开启动车组列车车门操作方法。

考核时间：10 分钟。

操作开始时间：　时　分　　　　操作结束时间：　时　分

项目	考核内容及评分标准	扣分因素及扣分	得分
作业流程(60 分)	1. CRH1A/CRH1B/CRH6A/CRH6F 型动车组列车：通过“紧急解锁装置”打开对应车门		
	2. CRH1E/(CRH1A、CRHA)/CRH380D 型动车组列车：隔离对应车门脚踏，断开车门电源，通过“紧急解锁装置”打开车门		
	3. CRH2/CRH380A 型动车组列车(除本条明确的 CRH2E 和 CRH2G 型动车列车组)：操作对应车门“紧急开门阀”排风后打开车门		
	4. CRH2E(2461～2465)/CRH2G、CRH3A/3C、CRH5A/5G/5E、CRH380B/BL/BG/CL、CR400AF/BF 型动车组列车：乘务人员隔离对应车门站台补偿器，断开车门电源，通过“紧急解锁拉手”打开车门		
	5. 列车长应组织列车乘务人员做好防护。全程使用音视频记录仪录制		
	6. 列车长应使用无线对讲设备与动车组列车司机、随车机械师做好联控防护		
	车型与操作程序不对应扣 20 分，每漏一项扣 10 分		

续上表

项目	考核内容及评分标准	扣分因素及扣分	得分
作业质量（20分）	1. 未对车型进行说明。（10分）		
	2. 未按照规定进行联控防护。（10分）		
备品使用（20分）	1. 未使用无线对讲设备与动车组列车司机、随车机械师联控。（5分）		
	2. 未使用音视频记录仪。（5分）		
	3. 损坏设备。（10分）		
考核时间	作业在10分钟内完成。每超时1分钟扣5分，超过5分钟停止考核。用时　　分钟		
合计得分			

考评员签名：　　　　　　　　鉴定人：　　　　　　　　年　　月　　日

S11　学生优惠票核验补票流程

一、考场准备

要求：场地模拟列车环境，不具备条件时要提供笔试或口试条件。

二、材料工具准备

列车长专用手持终端，1个。

三、考核要求

(1)被鉴定人入场后，首先由裁判告知题目，其次由被鉴定人检查准备备品，当被鉴定人告知裁判可以开始时，由裁判员开始计时。

(2)考核时间为10分钟。

(3)在被鉴定人处置过程中，裁判可以向被鉴定人提问学生优惠票优惠资质查询成功后续进行哪些操作(进行核验，修改学生优惠票核验状态，并扣减次数)。

(4)考核过程中被鉴定人人为关机，成绩为0分。

(5)考核完毕后，由被鉴定人在评分表上签字确认。

四、考核评分

(1)考评人员3名以上。

(2)评分程序及规则：考评员根据考生操作情况对照计分标准在评分表上给予记录评分。

(3)算分方法：采用百分制，满分100分，60分及以上为及格。

五、铁道行业职业技能登记认定列车长高级工实作技能考核评分记录表

单位:________ 姓名:________ 性别:________ 准考证号:________ 工种:________ 级别:________

试题名称:学生优惠票核验补票流程。

考核时间:10 分钟。

操作开始时间: 时 分 操作结束时间: 时 分

项目	考核内容及评分标准	扣分因素及扣分	得分
作业流程（60 分）	1. 开机,点击【客运站车无线交互系统】图标启动程序,进入欢迎界面		
	2. 成功启动后进入登录界面,点击选择登乘日期、输入车次、选择职位、选择路局和客运段、输入姓名和电话号码、用户 ID、客管密码,点击【登录】按钮进入主界面		
	3. 登乘成功后,点击界面底部【数据下载】按钮进入数据下载界面,自动下载基础数据及业务数据		
	4. 点击【核验补票】按钮,进入核验补票界面,默认显示资质无效的学生信息,可选择查询条件精确查询学生优惠票信息		
	5. 点击要核验的学生信息进行查询,查询成功会有弹窗提示,点击【核验】,按钮进行核验		
	6. 在查询不到优惠资质和无法采集资质的情况下需要先进行学生优惠票补票,并开补票客运记录。点击【开具客运记录】按钮,会弹窗提示输入补票票号,点击【确定】即可登记记录成功		
	程序不对扣 20 分,每漏一项扣 10 分		
作业质量（20 分）	1. 未成功登录。(10 分)		
	2. 未成功核验。(10 分)		
备品使用（20 分）	1. 未完成登录全部信息。(5 分)		
	2. 未对需要查询核验的学生优惠票进行操作。(5 分)		
	3. 损坏设备。(10 分)		
考核时间	作业在 10 分钟内完成。每超时 1 分钟扣 5 分,超过 5 分钟停止考核。用时 分钟		
合计得分			

考评员签名: 鉴定人: 年 月 日

S12 移动补票终端补无原票操作流程

一、考场准备

要求:场地模拟列车环境,不具备条件时要提供笔试或口试条件。

二、材料工具准备

列车长专用移动补票终端,1 个。

三、考核要求

(1)被鉴定人入场后,首先由裁判告知题目,其次由被鉴定人检查准备备品,当被鉴定人告知裁判可以开始时,由裁判员开始计时。

(2)考核时间为10分钟。

(3)在被鉴定人处置过程中,裁判可以向被鉴定人提问列车班组每次出乘前要确认哪些内容(一定要确认票号是否顺号,才可补票)。

(4)考核过程中被鉴定人人为关机,成绩为0分。

(5)考核完毕后,由被鉴定人在评分表上签字确认。

四、考核评分

(1)考评人员3名以上。

(2)评分程序及规则:考评员根据考生操作情况对照计分标准在评分表上给予记录评分。

(3)算分方法:采用百分制,满分100分,60分及以上为及格。

五、铁道行业职业技能登记认定列车长高级工实作技能考核评分记录表

单位:________ 姓名:________ 性别:________ 准考证号:________ 工种:________ 级别:________

试题名称:移动补票终端补无原票操作流程。

考核时间:10分钟。

操作开始时间: 时 分　　　　操作结束时间: 时 分

项目	考核内容及评分标准	扣分因素及扣分	得分
作业流程(60分)	1. 开机,打开移动补票终端应用进入出乘界面,选择【路局】后,点击【出乘】,会根据该终端的"设备ID"联网获取初始化信息,跳转到登乘界面并显示可用电子票据等基本信息,即表示出乘成功		
	2. 选择补票员工号,输入密码(初始密码:12345678),点击【登乘】按钮即登乘成功。登陆成功后,进入班组交路界面,首次登陆需添加交路车次。交路车次维护完毕,点击"车次下载"按钮更新车次数据,建议将本趟值乘的车次均下载更新至客票系统当前最新有效的运行图		
	3. 点击补票车次进入补票作业界面,补无原票:顺序选择发站,到站,票种,席别,铺别,事由等信息后选择支付方式,在票面信息界面选择只上传存根数据。上传成功后即可在地面管理应用查询到该条存根信息		
	4. 补票时将身份证贴在补票设备的二代证模块上,点右侧圆形按钮读取证件号码和证件姓名。如不能读取,则输入身份证号码,使用姓名查询辅助功能		
	5. 选择支付方式【微信付款】【支付宝付款】【现金付款】之一,点击【确定】,生成票面信息		
	6. 票面信息检查无误后,点击【上传车票数据】按钮,弹窗提示输入旅客电话号码,输入后点击【确定】,支付成功完成补票操作		
	程序不对扣20分,每漏一项扣10分		

续上表

项目	考核内容及评分标准	扣分因素及扣分	得分
作业质量（20 分）	1.未登乘成功。（10 分）		
	2.未生成完整票面信息。（10 分）		
备品使用（20 分）	1.未更新车次数据。（5 分）		
	2.未完成旅客身份证件号码和姓名读取。（5 分）		
	3.损坏设备。（10 分）		
考核时间	作业在 10 分钟内完成。每超时 1 分钟扣 5 分，超过 5 分钟停止考核。用时　　分钟		
合计得分			

考评员签名：　　　　　　　　　　　鉴定人：　　　　　　　　　　　年　　月　　日

S13　站车无线交互系统席位统计流程

一、考场准备

要求：场地模拟列车环境，不具备条件时要提供笔试或口试条件。

二、材料工具准备

列车长专用手持终端，1 个。

三、考核要求

（1）被鉴定人入场后，首先由裁判告知题目，其次由被鉴定人检查准备备品，当被鉴定人告知裁判可以开始时，由裁判员开始计时。

（2）考核时间为 10 分钟。

（3）在被鉴定人处置过程中，裁判可以向被鉴定人提问“非首次登录”如何操作（点击车次右边小箭头，弹出历史车次列表选择窗，方便选择要登录的车次。【登录】按钮上方有历史人员信息，点击选择对应的人员，该人员信息会显示出来，点击【登录】按钮即可进行登乘进入主界面）。

（4）考核过程中被鉴定人人为关机，成绩为 0 分。

（5）考核完毕后，由被鉴定人在评分表上签字确认。

四、考核评分

（1）考评人员 3 名以上。

（2）评分程序及规则：考评员根据考生操作情况对照计分标准在评分表上给予记录评分。

（3）算分方法：采用百分制，满分 100 分，60 分及以上为及格。

五、铁道行业职业技能登记认定列车长高级工实作技能考核评分记录表

单位：________ 姓名：________ 性别：________ 准考证号：________ 工种：________ 级别：________

试题名称：站车无线交互系统席位统计流程。

考核时间：10 分钟。

操作开始时间： 时 分　　　　操作结束时间： 时 分

项目	考核内容及评分标准	扣分因素及扣分	得分
作业流程（60分）	1. 开机，点击【客运站车无线交互系统】图标启动程序，进入欢迎界面		
	2. 成功启动后进入登录界面，点击选择登乘日期、输入车次、选择职位、选择路局和客运段、输入姓名和电话号码、用户 ID、客管密码，点击【登录】按钮进入主界面		
	3. 登乘成功后，点击界面底部【数据下载】按钮进入数据下载界面，自动下载基础数据及业务数据		
	4. 点击标题栏中【基础数据】、【业务数据】按钮，或左右滑动页面，切换基础数据、业务数据界面，查看下载状况		
	5. 下载完成后，返回主界面，点击上方【席位统计】，进入统计界面，可查看×站的通知单、车内人数、密度表		
	6. 点击【保存】按钮，把界面显示的信息以工作表的文件格式保存到手机本地		
	程序不对扣 20 分，每漏一项扣 10 分		
作业质量（20分）	1. 未成功登录。（10 分）		
	2. 未下载完成基础数据、业务数据。（10 分）		
备品使用（20分）	1. 未成功进入欢迎界面。（5 分）		
	2. 未保存工作表。（5 分）		
	3. 损坏设备。（10 分）		
考核时间	作业在 10 分钟内完成。每超时 1 分钟扣 5 分，超过 5 分钟停止考核。用时　分钟		
合计得分			

考评员签名：　　　　鉴定人：　　　　年　月　日

S14　使用站车无线交互系统查看车厢空闲席位的作业流程

一、考场准备

要求：场地模拟列车环境，不具备条件时要提供笔试或口试条件。

二、材料工具准备

列车长专用手持终端，1 台，配备专门的 SIM 卡。

三、考核要求

(1)被鉴定人入场后，首先由裁判告知题目和交互系统的登乘日期、车次、职位、人员信息

及用户 ID,并需提供一张真实公免票;其次由被鉴定人检查准备备品,当被鉴定人告知裁判可以开始时,由裁判员开始计时。

(2)考核时间为 10 分钟。

(3)在被鉴定人操作期间,裁判可以向被鉴定人提问,以确认被鉴定人是否掌握交互系统操作使用流程。

(4)考核过程中被鉴定人无法开启设备或操作过程中关闭设备电源的,终止考试,成绩为 0 分。

(5)考核完毕后,由被鉴定人在评分表上签字确认。

四、考核评分

(1)考评人员 3 名以上。

(2)评分程序及规则:考评员根据考生操作情况对照计分标准在评分表上给予记录评分。

(3)算分方法:采用百分制,满分 100 分,60 分及以上为及格。

五、铁道行业职业技能等级认定列车长高级工实作技能考核评分记录表

单位:________　　姓名:________　　性别:________　　准考证号:________　　工种:________　　级别:________

试题名称:使用站车无线交互系统查看车厢空闲席位的作业流程。

考核时间:10 分钟。

操作开始时间:　时　分　　　　　　　　　　　　操作结束时间:　时　分

项目	考核内容及评分标准	扣分因素及扣分	得分
作业流程(60 分)	1. 开机		
	2. 登乘。点击客运【站车无线交互系统】,点击选择登乘日期,输入"车次",选择"职位"(值班员)、选择"路局"和"客运段",输入"人员信息"(包括姓名和电话号码),输入"用户 ID"(包括 ID 号和密码),点击【登录】按钮即可进行登乘进入主界面		
	3. 下载数据。点击【数据下载】,进入数据下载界面自动下载基础数据,及当前时间内的业务数据,点击【基础数据】【业务数据】按钮,查看下载状况		
	4. 空闲席位。点击【业务功能】主界面,点击【席位管理】,进入席位管理界面,选择车站【包头站】,默认显示车厢定员信息,点击【配置】,进入去向登记配置界面,设置【岗位】、【负责车厢】、【宿营车】、【到站提醒席位】和【到站前提醒时间】,点击【保存】,点击【车厢号】与【空闲】栏交叉格,进入空闲席位界面,查询该车厢及当前站的所有空闲席位信息,向评委展示空闲席位信息		
	5. 退乘。点击【我的】,点击信息区域,将弹出用户退乘对话框,点击【确定】,执行退乘并退出到登录界面,点击返回、进行关机。(注:如果直接点击【退出系统】,是退出客运站车无线交互系统,但会保留登录状态和登录信息,下次打开站车程序直接进入主界面)		
	程序不对扣 10 分,每漏一项扣 10 分		
作业质量(20 分)	1. 操作流程不熟悉,操作步骤重复。(10 分)		
	2. 普通话不标准。(10 分)		

续上表

项目	考核内容及评分标准	扣分因素及扣分	得分
备品使用（20分）	1. 操作中关机。（15分）		
	2. 损坏设备。（5分）		
考核时间	作业在10分钟内完成。每超时1分钟扣5分，超过5分钟停止考核。用时　　分钟		
合计得分			

考评员签名：　　　　鉴定人：　　　　年　　月　　日

S15　持本列硬座车票主动越站办理流程

一、考场准备

要求：场地模拟列车环境，不具备条件时要提供笔试或口试条件。

二、材料工具准备

移动补票终端，1台。

三、考核要求

(1)被鉴定人入场后，首先由裁判告知题目、补票机的登乘密码(12345678)和补票机的退乘校验码(0000)，并提供一张真实有效的车票及购买人信息；其次由被鉴定人检查准备备品，当被鉴定人告知裁判可以开始时，由裁判员开始计时。

(2)考核时间为10分钟。

(3)在被鉴定人操作期间，裁判可以向被鉴定人提问，以确认被鉴定人是否掌握补票机操作使用流程。

(4)考核过程中被鉴定人无法开启设备或操作过程中关闭设备电源的，终止考试，成绩为0分。

(5)考核完毕后，由被鉴定人在评分表上签字确认。

四、考核评分

(1)考评人员3名以上。

(2)评分程序及规则：考评员根据考生操作情况对照计分标准在评分表上给予记录评分。

(3)算分方法：采用百分制，满分100分，60分及以上为及格。

五、铁道行业职业技能等级认定列车长高级工实作技能考核评分记录表

单位：________ 姓名：________ 性别：________ 准考证号：________ 工种：________ 级别：________

试题名称：持本列硬座车票主动越站办理流程。

考核时间：10 分钟。

操作开始时间： 时 分 操作结束时间： 时 分

项目	考核内容及评分标准	扣分因素及扣分	得分
作业流程（60 分）	1. 开机		
	2. 登乘。点击【铁科院补票系统】，选择【呼和浩特局集团公司】，点击【出乘】，输入密码，点击【登乘】		
	3. 下载数据。点击【添加交路车次】，输入车次信息和始发日期；点击下载图标，【确认】更新车次数据		
	4. 查验车票。旅客主动补票，列车长说："请出示您的有效身份证件。"		
	5. 补票作业。先退出【车次文件下载】界面，点击车次，进入【补票作业】界面。点击【开始补票】，点击【本列票】，选择证件类型【居民身份证】，输入证件号码，或点击【照相机】图标自动识别身份信息，点击【查找】图标，显示旅客购票信息，选择本列车票信息；选择发站【呼和浩特】，选择到站【东胜西】，选择票种【全】，选择席别【新型空调硬座】，选择事由【越站】，选择席位【无座】，点击【计算票价】，选择支付方式，点击【确定】，在收款二维码界面，点击【支付完成】，核对车票和旅客身份信息，点击【确定】，身份无误后，点击【继续】，向考评人员展示票面信息		
	6. 退出补票作业。返回【补票作业】界面，点击【业务处理】，点击【退乘】，输入校验码、关机。		
	程序不对扣 10 分，每漏一项扣 10 分		
作业质量（20 分）	1. 操作流程不熟悉，操作步骤重复。（10 分）		
	2. 普通话不标准。（10 分）		
备品使用（20 分）	1. 操作中关机。（10 分）		
	2. 损坏设备。（10 分）		
考核时间	作业在 10 分钟内完成。每超时 1 分钟扣 5 分，超过 5 分钟停止考核。用时 分钟		
合计得分			

考评员签名： 鉴定人： 年 月 日

S16 动车组列车车内烟感器报警应急处置流程

一、考场准备

要求：场地模拟列车环境，不具备条件时要提供笔试或口试条件。

二、材料工具准备

序号	名称	规格	数量	备注
1	无线对讲设备	频率 467.200 MHz	1个	列车长专用
2	G网手机		1个	列车长专用
3	音视频记录仪		1个	列车长专用

三、考核要求

(1)被鉴定人入场后,首先由裁判告知题目,其次由被鉴定人检查准备备品,当被鉴定人告知裁判可以开始时,由裁判员开始计时。

(2)考核时间为10分钟。

(3)在被鉴定人处置过程中,裁判可以向被鉴定人提问对吸烟旅客的处罚由谁实施(乘警)。

(4)考核过程中被鉴定人未使用音视频记录仪,成绩为0分。

(5)考核完毕后,由被鉴定人在评分表上签字确认。

四、考核评分

(1)考评人员3名以上。

(2)评分程序及规则:考评员根据考生操作情况对照计分标准在评分表上给予记录评分。

(3)算分方法:采用百分制,满分100分,60分及以上为及格。

五、铁道行业职业技能登记认定列车长高级工实作技能考核评分记录表

单位:________ 姓名:________ 性别:________ 准考证号:________ 工种:________ 级别:________

试题名称:动车组列车车内烟感器报警应急处置流程。

考核时间:10分钟。

操作开始时间: 时 分　　　　操作结束时间: 时 分

项目	考核内容及评分标准	扣分因素及扣分	得分
作业流程(60分)	1.根据司机通知立即到报警车厢查实确认,查看指定车厢的客室、卫生间		
	2.列车长到达现场后发现厕所烟雾报警为锁闭状态,应敲门并警告旅客迅速掐灭烟头离开厕所。旅客开门后首先核对厕所内是否有吸烟痕迹,若确认旅客在厕所内吸烟,应保持厕所门开启,空气流通,同时立即用无线对讲设备联系司机,说明现场情况,请司机恢复正常运行		
	3.列车长应对吸烟旅客车票及购票乘车证件进行登记,留有处置过程的影像资料,及时按照规定录入旅客征信系统		
	4.如确有火情,列车长立即使用无线对讲设备通知司机先减速慢行,同时会同乘警、随车机械师迅速赶往报警地点,判断火情后启动"动车组列车发生火灾、爆炸事故应急处置程序"		

续上表

项目	考核内容及评分标准	扣分因素及扣分	得分
作业流程（60分）	5.险情处理完毕，列车长10分钟内向所在（所属）铁路局集团公司客运（客服）调度员、客运部、段综合指挥中心报告。报告内容：车次、运行区间、报警原因，停车时间、处理情况等重点内容		
	6.列车长应通过广播及人工宣传的方式对车内旅客进行禁烟宣传，劝告旅客请勿在车厢内吸烟		
	程序不对扣20分，每漏一项扣10分		
作业质量（15分）	1.未留存处置过程影像资料。（10分）		
	2.未按照规定进行报告。（10分）		
备品使用（20分）	1.未使用无线对讲设备与动车组列车司机、随车机械师联系。（5分）		
	2.未使用音视频记录仪。（5分）		
	3.损坏设备。（10分）		
考核时间	作业在10分钟内完成。每超时1分钟扣5分，超过5分钟停止考核。用时 分钟		
合计得分			

考评员签名： 鉴定人： 年 月 日

S17 普速旅客列车发生职工人身伤害应急处置流程

一、考场准备

要求：场地模拟列车环境，不具备条件时要提供笔试或口试条件。

二、材料工具准备

列车长专用G网电话，1个。

三、考核要求

（1）被鉴定人入场后，首先由裁判告知题目，其次由被鉴定人检查准备备品，当被鉴定人告知裁判可以开始时，由裁判员开始计时。

（2）考核时间为10分钟。

（3）在被鉴定人处置过程中，裁判可以向被鉴定人提问列车长收集事故的内容（发生事故的车次、时间、地点、伤者（涉及肇事者的也应一并记录）的姓名、性别、年龄、职名、工龄、接受安全教育情况、出事当天的工作情况）。

（4）考核过程中被鉴定人未使用音视频记录仪及G网电话设备向段综合指挥中心、本车队报告，成绩为0分。

（5）考核完毕后，由被鉴定人在评分表上签字确认。

四、考核评分

(1)考评人员3名以上。
(2)评分程序及规则:考评员根据考生操作情况对照计分标准在评分表上给予记录评分。
(3)算分方法:采用百分制,满分100分,60分及以上为及格。

五、铁道行业职业技能登记认定列车长高级工实作技能考核评分记录表

单位:________ 姓名:________ 性别:________ 准考证号:________ 工种:________ 级别:________
试题名称:普速旅客列车发生职工人身伤害应急处置流程。
考核时间:10分钟。
操作开始时间: 时 分 操作结束时间: 时 分

项目	考核内容及评分标准	扣分因素及扣分	得分
作业流程(60分)	1.列车长应立即赶赴事故现场,指挥抢救。组织班组红十字救护员携带列车红十字药箱赶到现场,依所掌握急救知识采取措施;使用音视频记录仪记录整个救治过程		
	2.列车长根据职工伤情,广播寻找医生,对伤者进行抢救,并判断其伤害程度		
	3.列车长对伤情较重的,指派专人进行护理,并使用G网手机联系前方有抢救条件的车站,同时做好伤者移交前的准备工作;对伤情较轻的,要随时注意其伤情变化		
	4.列车长要对事情经过进行调查登记,并采集两份以上现场证人证言材料(涉及治安事件时由乘警负责收集证明材料,班组留存上报)		
	5.列车长使用G网电话将事故概况上报段综合指挥中心、本车队		
	6.必要时列车长应告知铁路局集团公司劳卫部、社保中心		
	程序不对扣20分,每漏一项扣10分		
作业质量(15分)	未按规定收集现场证人证言。(15分)		
备品使用(25分)	1.未使用G网电话报告。(15分)		
	2.损坏设备。(10分)		
考核时间	作业在10分钟内完成。每超时1分钟扣5分,超过5分钟停止考核。用时 分钟		
合计得分			

考评员签名: 鉴定人: 年 月 日

S18 普速旅客列车发生旅客食物中毒应急处置流程

一、考场准备

要求:场地模拟列车环境,不具备条件时要提供笔试或口试条件。

二、材料工具准备

序　　号	名　　称	规　　格	数　　量	备　　注
1	G网电话		1个	列车长专用
2	音视频记录仪		1个	列车长专用

三、考核要求

(1)被鉴定人入场后，首先由裁判告知题目，其次由被鉴定人检查准备备品，当被鉴定人告知裁判可以开始时，由裁判员开始计时。

(2)考核时间为10分钟。

(3)在被鉴定人处置过程中，裁判可以向被鉴定人提问发现旅客食物中毒的处置原则，判明情况、及时报告、及时救治、保护现场、办理交接、协助调查。

(4)考核过程中被鉴定人未提及下交食物中毒病人与车站办理交接时应编制客运记录的，成绩为0分。

(5)考核完毕后，由被鉴定人在评分表上签字确认。

四、考核评分

(1)考评人员3名以上。

(2)评分程序及规则：考评员根据考生操作情况对照计分标准在评分表上给予记录评分。

(3)算分方法：采用百分制，满分100分，60分及以上为及格。

五、铁道行业职业技能登记认定列车长高级工实作技能考核评分记录表

单位：________　姓名：________　性别：________　准考证号：________　工种：________　级别：________

试题名称：普速旅客列车发生旅客食物中毒应急处置流程。

考核时间：10分钟。

操作开始时间：　时　分　　　　操作结束时间：　时　分

项目	考核内容及评分标准	扣分因素及扣分	得分
作业流程（60分）	1.列车长应根据现场情况利用广播或乘务员口头宣传寻找医生到场，判明病人情况		
	2.列车长要向前方下交站、下交站所属客调、前方卫生防疫部门、应急办报告，报告的内容包括日期、车次、发病时间、地点、病人主要症状、发病人数、旅客到站、所在车厢、餐饮食物名称等		
	3.采取催吐等初级抢救措施，与有关站办理交接；对中毒较严重危及生命需立即停车急救时，申请在就近有医疗条件的停车站临时停车，办理旅客下交工作		
	4.列车长采集呕吐物、排泄物样品，封闭被污染的厕所，等待卫生检疫人员查验		
	5.列车长编制客运记录，重点注明旅客姓名、性别、国籍、民族、年龄、职业、住址、单位、身份证号码、联系方式、所持车票发到站及票号、席别、所在车厢位置等详细情况，与车站办理交接，并使用音视频记录仪记录完整处置过程		

续上表

项目	考核内容及评分标准	扣分因素及扣分	得分
作业流程（60分）	6.列车长要协助收集证据材料。被取证人包括发病人、周围旅客及有关人员		
	程序不对扣20分，每漏一项扣10分		
作业质量（20分）	1.未使用音视频记录仪。（10分）		
	2.未编制客运记录办理交接。（10分）		
备品使用（20分）	1.未使用G网电话设备报告。（10分）		
	2.损坏设备。（10分）		
考核时间	作业在10分钟内完成。每超时1分钟扣5分，超过5分钟停止考核。用时　　分钟		
合计得分			

考评员签名：　　　　　　　　　　鉴定人：　　　　　　　　　　年　　月　　日

S19　接触网停电导致动车组列车空调失效应急处置流程

一、考场准备

要求：场地模拟列车环境，不具备条件时要提供笔试或口试条件。

二、材料工具准备

序　号	名　　称	规　　格	数　　量	备　　注
1	无线对讲设备	频率467.200 MHz	1个	列车长专用
2	G网电话		1个	列车长专用
3	音视频记录仪		1个	列车长专用
4	车门防护网		1套	

三、考核要求

（1）被鉴定人入场后，首先由裁判告知题目，其次由被鉴定人检查准备备品，当被鉴定人告知裁判可以开始时，由裁判员开始计时。

（2）考核时间为10分钟。

（3）在被鉴定人处置过程中，裁判可以向被鉴定人提问安装车门防护网的时机（视车内温度和旅客舒适度做出打开车门的决定）。

（4）考核过程中被鉴定人未使用设备了解或汇报列车情况，成绩为0分。

（5）考核完毕后，由被鉴定人在评分表上签字确认。

四、考核评分

（1）考评人员3名以上。

(2)评分程序及规则:考评员根据考生操作情况对照计分标准在评分表上给予记录评分。

(3)算分方法:采用百分制,满分 100 分,60 分及以上为及格。

五、铁道行业职业技能登记认定列车长高级工实作技能考核评分记录表

单位:________　姓名:________　性别:________　准考证号:________　工种:________　级别:________

试题名称:接触网停电导致动车组列车空调失效应急处置流程。

考核时间:10 分钟。

操作开始时间:　时　分　　　　操作结束时间:　时　分

项目	考核内容及评分标准	扣分因素及扣分	得分
作业流程(60 分)	1. 列车长接到接触网停电的报告后,视车内温度和旅客舒适度做出打开车门的决定,使用无线对讲设备通知动车组列车司机报告列车调度员		
	2. 列车长要组织列车乘务人员按规定安装防护网、打开运行方向左侧(非会车侧)车门,安排列车乘务人员对打开的车门做好防护值守		
	3. 列车长通过广播进行宣传和安全提醒		
	4. 接触网供电恢复正常,列车长要组织列车乘务人员关闭车门并使用无线对讲设备报告动车组列车司机,动车组列车司机确认动车组列车车门关闭良好后,报告列车调度员并请求恢复正常运行		
	5. 列车长应组织列车乘务人员在车门关闭后适时撤除防护网		
	6. 列车长应使用 G 网手机向段综合指挥中心汇报列车现场处置情况,报告内容:时间、地点、车次、原因、采取的措施、有无不良影响等		
	程序不对扣 20 分,每漏一项扣 10 分		
作业质量(20 分)	1. 未使用音视频记录仪。(10 分)		
	2. 未按照规定使用车门防护网。(10 分)		
备品使用(20 分)	1. 未使用无线对讲设备与动车组列车司机联系。(5 分)		
	2. 未使用 G 网电话设备报告。(5 分)		
	3. 损坏设备。(10 分)		
考核时间	作业在 10 分钟内完成。每超时 1 分钟扣 5 分,超过 5 分钟停止考核。用时　分钟		
合计得分			

考评员签名:　　　　鉴定人:　　　　年　　月　　日

S20　普速旅客列车发生初起火情使用灭火器扑救的应急处置流程

一、考场准备

要求:场地模拟列车环境,不具备条件时要提供笔试或口试条件。

二、材料工具准备

序　号	名　称	规　格	数　量	备　注
1	G网电话		1个	列车长专用
2	音视频记录仪		1个	列车长专用
3	灭火器		1具	

三、考核要求

(1)被鉴定人入场后,首先由裁判告知题目,其次由被鉴定人检查准备备品,当被鉴定人告知裁判可以开始时,由裁判员开始计时。

(2)考核时间为10分钟。

(3)在被鉴定人处置过程中,裁判可以向被鉴定人提问乘务人员“四懂四会”的内容(懂得本岗位的火灾危险性、懂得预防火灾的措施、懂得扑救火灾的方法、懂得逃生的方法;会使用消防器材、会报警、会扑救初起火灾、会组织疏散逃生)。

(4)考核过程中被鉴定人为未使用灭火器,成绩为0分。

(5)考核完毕后,由被鉴定人在评分表上签字确认。

四、考核评分

(1)考评人员3名以上。

(2)评分程序及规则:考评员根据考生操作情况对照计分标准在评分表上给予记录评分。

(3)算分方法:采用百分制,满分100分,60分及以上为及格。

五、铁道行业职业技能登记认定列车长高级工实作技能考核评分记录表

单位:________　姓名:________　性别:________　准考证号:________　工种:________　级别:________

试题名称:普速旅客列车发生初起火情使用灭火器扑救的应急处置流程。

考核时间:10分钟。

操作开始时间:　时　分　　　　操作结束时间:　时　分

项目	考核内容及评分标准	扣分因素及扣分	得分
作业流程(60分)	1. 列车发生火情,能够立即扑灭时,就地取材或使用就近的灭火器(在火情还没有扩大前及时予以扑灭)		
	2. 取下灭火器,手提压把迅速赶到现场,拔下保险销,将喷嘴对准火焰根部,由近而远,左右扫射,快速推进,直至将火焰全部扑灭		
	3. 列车长使用视频记录仪记录完整过程		
	4. 火情扑灭后,列车长、乘警长、车辆乘务长要对起火部位进行全面检查,确认火已完全熄灭后,保护现场,调查取证		
	5. 列车长应积极协助公安机关保护现场,调查事故原因,提供线索。及时了解火灾事故情况,调查取证(列车长要收集不少于2份的现场旅客证言)		

续上表

项目	考核内容及评分标准	扣分因素及扣分	得分
作业流程（60 分）	6. 列车长应使用 G 网手机向段综合指挥中心报告，报告内容：时间、地点、车次、车种、车体号、车厢号、部位、起火原因、采取的措施、有无不良影响等		
	程序不对扣 20 分，每漏一项扣 10 分		
作业质量（20 分）	1. 未按规定正确使用灭火器。（10 分）		
	2. 未按照规定进行报告。（10 分）		
备品使用（20 分）	1. 未使用音视频记录仪录制。（5 分）		
	2. 未按规定使用 G 网手机。（5 分）		
	3. 损坏设备。（10 分）		
考核时间	作业在 10 分钟内完成。每超时 1 分钟扣 5 分，超过 5 分钟停止考核。用时　　分钟		
合计得分			

考评员签名：　　　　　　　　　　鉴定人：　　　　　　　　　　年　　月　　日

第三部分　技　师

1. 应如何受理旅客投诉?

答:在处理旅客纠纷和投诉过程中,必须坚持"有礼有节,不亢不卑"的原则,既要眼睛向内分析问题,承认不足,弥补过失,又要坚持原则,分清责任,不能对旅客的无理和过分诉求无原则让步。

2. 在免费送回区间发生旅客误乘、误降,中途下车或未按铁路运输企业指定的席别乘坐,应如何处理?

答:在免费送回区间,旅客不得中途下车。如中途下车,对往返乘车的免费区间,按返程所乘列车等级分别核收往返区间的票款。免费送回区间,旅客应按照铁路运输企业指定的席别乘坐,旅客如提出乘坐高票价席别时,应重新支付高票价席别票款。

3. "车补"电子票时,遇网络信号盲区,应如何操作?

答:列车运行途中存在网络信号盲区可能性较大,工作人员需在列车开车前登录补票程序完成数据下载;如列车运行区段网络条件持续较差,可利用全功能站车无线交互终端(集成补票功能)办理脱机补票,向旅客提供列车补票行程信息凭条,旅客下车后持该凭条与补票证件检票出站。

4. 乘务班组对新职乘务员在安全方面应培训哪些内容?

答:段、车队级安全培训合格后,接收新职列车乘务人员,应经过8学时安全培训,安全培训内容包括:

(1)列车员岗位劳动安全风险点、防控措施及有关事故案例。

(2)列车员岗位安全操作规程、岗位之间工作衔接配合的安全与职业卫生事项。

(3)现场实地安全培训。

(4)其他需要培训的内容。

5. 在灾害多发季节,列车应储备哪些应急物资,以备途中应急使用(普速直通列车)?

答:客运段应在灾害多发季节,为普速旅客列车增备餐料、易于保存的食品、饮用水和应急药品,以备应急使用;一是直通旅客列车每趟配备25公斤重的大米5袋、方便面10箱、矿泉水10箱和一定数量的压缩饼干、馍片、干脆面、火腿肠、榨菜等方便食品,确保500人应急两天4餐的需求量;在汛期途径高风险区段的普速旅客列车,结合普速旅客列车运行时长、线路特点等,应急食品储备需满足滞留不少于24小时全列旅客定员标准的供应能力。应急物资循环使用,保证储备数量,以备途中应急使用。

6. 普速旅客列车车门自检、复检的流程和要求是什么？

答：运行区间超过 2 小时时，每 2 小时左右列车长对全列车门采取压拉把手的方式，进行一次自检、复检；列车始发、交接班和运行每 4 小时左右自检、复检时，采取使用钥匙对上下锁试锁后压拉把手的方式，确认锁闭情况，防止运行中因震动等原因导致车门锁自行开启（跳锁）。车门复检作业时，列车长应使用工作记录仪对全过程进行视频记录。

7. 铁路旅客列车使用手持终端查验车票主要进行哪些作业，有哪些注意事项？

答：旅客列车使用手持终端查验记录所购电子客票信息，帮助旅客进行席位查询引导。手持终端须于始发 30 分钟前启动站车无线交互系统完成身份注册和基础信息下载，途中到站前 10 分钟激活系统，开车后 5 分钟仍未自动接受信息时执行手动下载，本次列车终到后须注销身份退出系统。去向登记、和交接簿中“重点旅客”的填记内容，使用列车手持终端完成。

8. 值乘动车组列车遇高铁快运集装件装车，应指定装在何位置？

答：高铁快运集装件要装在列车指定位置。载客动车组列车可将集装件装在大件行李存放处、二等车厢最后一排座椅后空当处、集装件专用存放柜等位置。码放在车厢内最后一排座椅后的空当处时，不影响座椅后倾，不得污损座椅或铺位。高度不超过座椅；个别方向列车运能不足时，可利用二等座车预留座位处的空当装载集装件（不得码放在座椅上）。

9. 针对列车乘务人员电气化安全培训，应如何制定培训计划？

答：列车乘务人员电气化安全培训应不少于 2 学时，应安排不少于 2 学时的培训学习内容。具体应覆盖以下培训内容：

（1）相关规章：《铁路技术管理规程》相关内容，《电气化铁路有关人员电气安全规则》，《劳动安全学习手册》中涉及电气化安全内容，《铁路劳动安全》中涉及电气化安全内容。

（2）电气化典型事故案例、电气化火灾事故案例及相关应急预案和应急处置办法。

10. 站车无线交互系统如何进行登乘？登乘时有哪些注意事项？

答：（1）点击选择登乘日期，输入车次，选择职位、路局，然后选择所属客运段，人员信息处输入姓名和电话号码，再输入 ID 和密码，点击【登录】按钮即可进行登乘。

（2）非首次登录可点击车次右侧“＞”按钮，选择历史登录车次；点击人员信息右侧“＞”按钮或者点击用户 ID 下面人员名字，选择历史人员信息。

注意事项：登乘日期必须为列车始发时的日期，车次为列车始发时的车次。

11. 列车发现无票儿童，且同行成人未能提供或故意不提供儿童有效身份证件时，应如何处理？

答：列车发现无票儿童，且同行成人未能提供或故意不提供儿童有效身份证件时，列车应编写客运记录交到站处置；到站后，车站可协助旅客通过公安制证口开具临时乘车证明后补票，如旅客无法开具或拒绝办理，则开具代用票按车票全价办理补票或按无票旅客交铁路公安部门处置。

12. 对采购、加工、出售腐烂变质、伪劣和“三无”、过期食品，列车长应如何防控？

答：(1)在上料时，列车长、餐车长及上餐料人员同时对所上餐料进行“三检”制度，列车长使用音视频记录仪进行全程摄录，卡死卡严上料关口。

(2)列车运行中，列车长在开餐期间重点对餐车销售的饭菜价格、质量、品种等情况进行检查，发现质量问题一律要求停售。

(3)列车长每小时巡视餐车时，重点对餐料、商品情况进行检查。

(4)餐车、商品上料必须在指定地点采购，严禁私上餐料商品。

13. 旅客列车发生治安案件时，应采取哪些应急处置措施？

答：(1)列车上发生旅客治安案件时，乘务员应立即报告列车长及乘警赶到现场。

(2)到达事发现场后，要控制事态，了解情况，耐心劝解，化解矛盾。

(3)迅速开展调查取证，保护现场，劝离无关人员靠近。

(4)列车长、乘警分别向有关领导和上级公安机关进行报告。

(5)乘警采取必要的控制措施，并向列车前方停车站所在铁路公安派出所报告，到站后由乘警移交铁路公安派出所处理。

14. 如何编制铁路责任造成旅客10人以下漏乘、误乘、误降、越站等管控措施？

答：加强安全风险管理，增强安全风险防范意识，提高安全风险防控能力；严格落实列车乘降组织工作，日常加大监督检查力度，卡控现场作业，及时纠偏，不断规范作业标准。严格执行车门口验票上车，核实票面信息，途中严格去向登记与铺位核对，卡控去向，到站前提前做好通报，到站前30分钟为旅客做好换票工作并做好提示工作，到站按规定开门组织乘降。严防漏乘、误乘、误降、越站等现象。

15. 违反铁路乘车管理规定的常见行为有哪些？

答：违反铁路乘车管理规定行为情况复杂、种类繁多，常见多发行为主要包括：强占他人座位；无票、越站或越席乘车拒不补票或下车；因不文明行为不听劝阻，或其他原因与其他旅客发生冲突；故意用身体或者物品阻挡列车车门关闭；在非紧急情况下，故意损毁列车设施设备，或擅自开启列车车门和操纵列车紧急制动设备；殴打、辱骂列车工作人员；在动车组列车上吸烟或在其他列车的禁烟区域吸烟等。

16. 列车在中途甩车时有哪些注意事项？

答：(1)拍发中途甩车的铁路电报时主送前方各停车站，抄送有关铁路局集团公司客运部、车辆部、客运调度及其所属客运段、车辆段、乘警队。直通列车还应抄报国铁集团客运营销处、客车处、客运调度。电文中应注明甩车原因、甩车站和被甩客车的种类、车号及编组顺序号等。

(2)因甩车造成持卧铺旅客乘低等级车厢时，列车长应分别编制客运记录交旅客，作为旅客在到站退还变更区间的票价差额的依据，不收退票费。

17. 有哪些严重失信行为的旅客，会被限制乘坐铁路旅客列车？

答：(1)扰乱铁路站车运输秩序且危及铁路安全、造成严重社会不良影响的。

(2)在动车组列车上吸烟或者在其他列车的禁烟区域吸烟的。

(3)查处的倒卖车票、制贩假票的。

(4)冒用优惠(待)身份证件、使用伪造或无效优惠(待)身份证件购票乘车的。

(5)持伪造、过期等无效车票或冒用挂失补车票乘车的。

(6)无票乘车、越站(席)乘车且拒不补票的。

(7)依据相关法律法规应予以行政处罚的。

18. 发生服务质量问题，应如何进行罚款？

答：发生“服务质量严重问题”之一的，能够确定款额的对责任者处以发生款额的 1～2 倍罚款，责任单位处以 2～4 倍罚款；不能确定款额的对责任者处以 1 000～2 000 元罚款，责任单位处以 4 000～10 000 元罚款。发生“服务质量重大问题”之一的，能够确定款额的对责任者处以发生款额的 1～2 倍罚款，责任单位处以 2～4 倍罚款；不能确定款额的对责任者处以 2 000～4 000 元罚款，对责任单位处以 8 000～20 000 元罚款。两名以上责任者可累计处罚。

19. 针对列车乘务人员消防安全培训，应如何制定培训计划？

答：列车乘务人员消防安全培训应不少于 2 学时，应安排不少于 2 学时的培训学习内容。具体应覆盖以下培训内容：

(1)相关文件：当年国铁集团、铁路局集团公司、客运段发的消防文件。

(2)相关规章：《铁路旅客消防安全管理规定》、《铁路消防管理办法》、《铁路旅客运输服务质量规范》相关消防知识、《电气化铁路有关人员电气安全规则》相关消防知识、《铁路安全管理条例》有关消防知识等。

(3)列车火灾典型事故案例、应急预案及火灾应急处置办法。

20. 乘务中，遇哪些情况要求使用视频记录仪进行记录？

答：(1)旅客意外伤害、伤病旅客救助的处理过程和取证。

(2)受理旅客投诉、旅客纠纷、严重失信旅客行为的处理过程和取证。

(3)非正常情况处理、突发事件处置等应急情况处置过程。

(4)办理旅客、遗失物品、行包等站车交接业务和行包异常情况记录。

(5)重点部位、设备、客车车门巡检、确认等规定的巡检过程。

(6)乘降组织、车门复查、客车上水等重点作业环节。

(7)其他需要录制的事项,由本单位根据实际情况自定。

21. 持外宾乘车证人员要求免费使用软卧,应如何办理?

K×次列车,×站开车(5:30),遇持外宾乘车证人员要求免费使用软卧到达×站(18:50,持证人符合乘车条件),软、硬均卧有空余,应如何办理?办理的依据是什么?

答:按照乘车人的要求安排至空余软卧乘坐。

依据:《外宾乘车证管理办法》第五条持外宾乘车证准乘软席,包括:普速旅客列车软座、软卧,动车组列车一等座、卧铺及以下等级席位,不包含普速旅客列车高级软卧、动车组列车高级软卧、动车组列车商务座、动车组列车特等座。第十七条使用卧铺的规定。持用外宾乘车证,以本人开始乘坐本次列车开车时刻计算,从22:00至次日7:00之间,在车上过夜6小时(含6小时)或连续乘车超过12小时(含12小时)以上的,准予免费使用卧铺。

22. 哪些旅客伤害属于列车责任?

答:有下列情形之一的,属于列车责任:

(1)车门漏锁致使旅客坠车造成人身伤害的。

(2)列车工作人员过错致使旅客误下车、背门下车,在不办理乘降的车站(包括区间停车)下车、列车运行中开启车门造成人身伤害的。

(3)列车组织不当或列车工作人员违反作业标准,致使旅客乘降时造成人身伤害的。

(4)列车客运工作人员对设备管理不善造成旅客人身伤害的。

(5)列车客运工作人员违章作业、过失造成旅客人身伤害的。

(6)有理由认定属于列车责任的。

23. 站车工作人员应采集哪些严重失信行为证据?如何进行采集?

答:(1)站车现场采集严重失信行为的证据包括:失信人本人书面证明或音视频记录或2名以上旅客证人证言。

(2)站车工作人员应使用客运记录详细记录失信人的姓名、有效身份证件类型及号码、住址、联系方式、乘车日期、车次、区间、失信行为、处理情况等信息,并由站车工作人员和失信人本人签字。失信人拒绝签字时应当注明。

(3)站车工作人员应采用音视频记录仪、视频监控系统记录处置全过程。不具备音视频记录条件时应收集2名以上旅客的证人证言。

24. 旅客列车超员时,应如何进行应急处理?

答:(1)列车长对列车客流情况要亲自了解,超员时要及时拍发超员的铁路电报,超员率计算要准确,不能臆测数字造成运能虚糜或超员恶性。

(2)如造成恶性超员,要及时电报前方站停售、停放本次列车旅客。发生弹簧压死时,千万不能开车运行。疏散旅客时,协助车站做好善后工作,协助车站组织旅客换乘其他接续列车。

(3)超员时要做好乘降组织和车内的疏导,特别是车内空气的调整。

(4)列车长要注意车内的巡视。发现因列车超员,旅客发生异常,要分析原因,及时采取抢救措施。

25. 三乘检查的时间如何安排?三乘检查发现的问题应如何处理?

答:三乘检查时间原则上为列车开车前 2 小时;折返站停留时间不足 2 小时(包括因晚点等原因列车立折)的列车,视情况于列车终到后 30 分钟内或在开车后 1 小时内进行三乘检查。

三乘检查发现的问题,车辆部门应及时修复、更换到位,车内设施设备达到《铁路客车运用维修规程》及铁路局集团公司有关规定。特殊情况暂时无法修复、更换的设备设施问题,车辆部门必须采取防范措施,客运部门予以配合,确保客车运用及旅客人身安全。

26. 根据《客运系统作业指导书编制及管理办法》的规定,非空调列车列车员始发站作业的作业标准有哪些?

答:(1)整理仪容,做好始发作业准备。提前 30 分钟登录站车无线交互系统。

(2)听广播指挥放行,高站台放置安全踏板(低站台卡牢翻板)、高站台悬挂安全警示带。

(3)守门立岗。

(4)车门口组织旅客,扶老携幼,查验车票(证),安全宣传。加强车门口的口头安全和引导宣传。

(5)做好车内作业,引导旅客按排就坐,整理行李架、衣帽钩等。

(6)开车前 5 分钟通告。

(7)铃响面向列车,站白线。

(8)铃止两步登车,收取安全警示带、安全踏板(低站台放下翻板),注意车门口旅客和站台人员动态,做好关门准备。

27. 站车运输收入的进款如何结账?

答:车站、列车运输收入进款应遵守先交款后结账的原则,按日进行结账。结账时间除特定者外,统一规定为 18:00。车站旅客售票结账时间为 24:00,旅客列车结账时间为本次乘务工作终了。当月运输收入进款应在当月列账。实行计算机售票和制票的车站、列车,直接收款人员必须在办理交款手续后方可打印结账报表。现金交接必须当面清点,不准以支票套取现金。结账时发生多出款,应在当日列账上缴,严禁保留账外现金。短少款由责任者当时赔补,不准以运输收入进款或找零款顶数滚欠。

28. 旅客列车上发现传染病患者,应如何处理?

答:(1)立即报告地方卫生行政部门。

(2)对病人所在硬座、硬卧车厢的旅客,软卧同包厢的旅客,同行人员以及有关乘务人员应确定为密切接触者。

(3)在对密切接触者进行登记后(内容包括姓名、性别、年龄、身份证号码、联系方式等),要联系其到达站的卫生防疫部门,由卫生防疫部门按照规定处理。

(4)按列车通风情况进行检查。规定对病人污染的车厢、隔离场所及可能污染的范围进行消毒。

(5)通知最近设有留验站所在地的车站,做好接收准备。将病人下交留验站时,将登记资料一并交卫生防疫部门。

29. 发生旅客人身伤害,应如何进行赔偿?

答:在铁路运送期间旅客发生急病、分娩、遇险时,铁路运输企业应当尽力采取救助措施并做好记录。铁路运输企业应当对铁路运送期间发生的旅客人身损害承担赔偿责任;旅客自身健康原因造成的或者铁路运输企业证明伤亡是旅客故意、重大过失造成的,铁路运输企业不承担赔偿责任。

在铁路运送期间因第三人原因造成旅客人身损害的,由第三人承担赔偿责任。铁路运输企业有过错的,应当在能够防止或者制止损害的范围内承担相应的补充赔偿责任。铁路运输企业承担补充赔偿责任后,有权向第三人追偿。

30. 根据《客运系统作业指导书编制及管理办法》的规定,非空调列车列车员中途作业的作业标准有哪些?

答:(1)检查车门、车窗锁闭。

(2)对茶桌和烟灰盒进行清理,及时回收硬质包装物品。

(3)对洗面间、通过台、面镜、垃圾箱、茶炉、地面等部位进行擦抹。

(4)对行李架、衣帽钩、座席套进行整理。

(5)列车经过桥梁、临时停车、会让、待避时。

(6)盯控列车上水,认真做好记录。

(7)宣传巡视、劝阻吸烟旅客到指定位置吸烟。

(8)列车运行期间,加强排水、排便管孔的疏通。

(9)消耗品补充及时。

(10)列车开车后5分钟电子票夹信息未更新时需手动更新。

(11)采暖期做好"取暖锅炉"焚烧工作。

31. 按相关规定,对在列车上违规使用大功率电器,私拉电线,应如何管控?

答:加强作业人员安全教育,提高安全意识和安全风险防控能力,加强日常管理,落实标准化作业;严格落实《铁路消防安全管理办法》及铁路局集团公司"安全红线"管理办法等相关规定,严格执行安全用电规范,加强电线路检查,不准私拉乱接电线,禁止违规行为。严格落实旅客列车三乘检查规定,加强对自备电源、电热器具和取暖情况的安全检查,对邮政车、行李车、发电车、宿营车、库停车底等重点车厢加强监控，发现违规行为及时制止；厨房电器符合规定数量、规格和额定功率，规范使用，使用中操作人员不得离开操作区域，用后及时断电、清洁。

32. 发生哪些情况，可被定性为服务质量重大问题？

答：(1)旅客投诉或新闻媒体曝光，在社会上造成严重不良影响的；

(2)责任造成旅客重伤及以上伤害的；

(3)利用职权运输无票人员、货物，勒卡、索要旅客钱物，价值在 200 元及以上的；

(4)责任发生食物中毒事故造成人员死亡的；

(5)站、车工作人员在工作殴打旅客造成严重影响或轻伤及以上伤害的；

(6)责任造成旅客财产损坏、丢失、被盗价值在 1000 元及以上的；

(7)违反国家和铁路有关收费标准、规定，乱收费、乱加价造成严重不良影响的。

33. 如何受理旅客使用畅行码提交的补票申请并补票？

答：(1)旅客提交需求：旅客在畅行码小程序填写并提交补票需求。

(2)车长查看：点击【补票作业】中【自助补票】进入旅客需求列表界面，自动查询并显示本趟车旅客提交的补票需求列表，每个需求包含车次、发到站、乘车日期、席别、证件类型、证件号、旅客位置以及订单状态。

(3)受理并补票：点击【受理】按钮，受理成功后自动跳转到【补票作业】界面，并带有旅客提交的补票信息。核对旅客信息，信息有误可点击修改，没有问题可继续操作进行补票。

(4)完成订单：补票完成后订单即为完成状态，票机需求订单列表和旅客小程序旅客提交记录都会显示完成状态。

34. 列车发生行包事故，应如何处理？

答：(1)列车发生被盗、丢失重大行包事故时，事故速报应主送与事故相关的有关车站和驻站铁路公安派出所。抄送国铁集团有关铁路局集团公司及铁路公安局(处)和相关乘警队。

(2)发生火灾构成行包重大事故时，事故速报主送发生事故地点和列车所属铁路局集团公司、安全监察室，有关公安处以及乘警队。抄送国铁集团和有关铁路局集团公司客运部、安全监察室，以及有关铁路公安局。

(3)其他原因，如列车紧急制动造成的行包毁损等构成行包重大事故时，事故速报主送有关车站，抄送国铁集团和有关铁路局集团公司客运主管部门。

35. 针对列车乘务人员劳动人身安全培训如何制定培训计划？

答：列车乘务人员劳动人身安全培训应不少于 8 学时，应安排不少于 8 学时的培训学习内容。具体应覆盖以下培训内容：

(1)劳动安全知识,以集团公司发《劳动安全学习手册》与铁路职工培训教材《铁路劳动安全》为主,大分为铁路企业(站段)规章制度、常见机车车辆伤害、预防触电等相关安全知识。

(2)其他相关安全知识:《客运安全红线管理办法》相关文件(客管函〔2020〕10 号、〔2022〕22 号);《中国铁路呼和浩特局集团有限公司安全红线管理办法》(呼铁安监〔2020〕127 号);《关于客运系统开展"敬畏规章、执行标准、夯实基础"专项教育活动的通知》(客运函〔2020〕11 号)中有关安全的内容。

36. 动车组列车超员影响运行,应如何处理?

答:动车组列车超员影响运行时,列车应停止办理无票、越站补票业务,向客运(客服)调度员报告,并立即通过客运管理信息系统通知相关车站。设置有超员预警、报警功能的动车组列车,发生超员预警时,列车长应加强预警车厢巡视,关注车厢内无座人员数量,有条件的可适当向其他车厢均衡疏散。发生超员报警时,司机或发现超员报警信息的列车工作人员应立即通知列车长、随车机械师,遇部分车厢报警时,列车工作人员组织报警车厢无座旅客有序疏散至其他车厢;遇全列车厢报警时,站车会同公安部门共同宣传组织无票、越站旅客下车,处置完毕后,由随车机械师确认报警消除后通知司机。

37. 旅客在列车上发生意外伤害,处置要点是什么?

答:(1)发生列车遭受外部击打导致旅客重伤或死亡、旅客在区间坠车(停车处理时已经死亡)和旅客在区间坠车后未能及时停车处理三种情况时,事故速报主送事故发生地点相邻近的车站、驻站铁路公安派出所。抄送有关铁路局集团公司客运部、铁路公安局、事故发生地点所属车务段(中心站)和担当客运段、乘警队。必要时抄送国铁集团有关部门等。

(2)发生由于列车紧急制动,在列车内,旅客携带品坠落等原因导致旅客重伤或死亡以及旅客因区间坠车受重伤(及时停车处理时)两种情况,事故速报主送接受站所属车务段(中心站)。抄送有关铁路局集团公司客运部、客调和担当客运段。

38. 如何管理列车充电接线板?

答:(1)明确充电设备使用。旅客列车充电接线板由客运段购置,编号管理。充电设备的使用不得超过对讲机、移动补票机、G 网手机、餐车 POS 机、音视频记录仪、办公用笔记本电脑、平板电脑、手持安检查危仪及相关手持终端范围。

(2)列车充电接线板本着"谁使用,谁巡视、谁负责"的要求,加强充电时的安全巡视检查管理。

(3)乘务担当单位在出乘前要保证工作用相关电子设备充满电,途中只作应急补充充电。

(4)除指定位置外,其他车厢各部位不得使用充电接线板,不得超范围扩大充电设备。充电过程中,遇有插头松动或接触不良等插线板故障时应及时停用。充电完毕后设备要及时撤出插线板。

39. 旅客列车突发大客流或旅客列车大面积晚点时，列车如何做好宣传解释和秩序维护工作？

答：突发大客流或发生旅客列车大面积晚点时，列车长负责列车突发应急事件协调组织，统一指挥工作，组织三乘人员分工负责，安抚旅客情绪，准确了解各车厢旅客动态。

(1)宣传解释。旅客列车严格落实晚点道歉制度，并根据所在局客调通报的情况，如实向旅客公布晚点原因和大约时间，深入车厢做好宣传解释工作。

(2)秩序维护。列车三乘人员要加强巡视，安抚旅客情绪，维护车内秩序、搞好治安防范，列车长要及时了解和掌握车内旅客动态，及时处置各类应急突发事件；乘警要搞好治安防范，防止治安事件发生。

40. 持 e 卡通旅客不按席位号乘车的情况

2023 年×月×日值乘 D6754 次，包头站开车后，在 4 车(ZE)5B 座位(包头东预留)发现一持 e 卡通旅客(预约无选定乘车区间和席别)，应如何处理？处理依据是什么？

答：将旅客引导至 6 车 8A—8F 座位乘坐。

依据(1)：《关于呼包乌鄂管内动车组列车开通“铁路 e 卡通”业务通知》(客票电〔2021〕71 号)第三项规定管内“D6”字头动车组列车预留 6 车 8A～8F 席位供 e 卡通旅客使用。

(2)《中国铁路呼和浩特局集团有限公司“铁路 e 卡通”实施办法》第二十条规定，铁路部门在开通 e 卡通业务列车预留部分席位供持卡旅客使用。列车乘务人员应引导 e 卡通旅客在指定预留席位乘坐，e 卡通旅客不得占用其他持有座席车票旅客的席位。预留席位数量作为闸机控制扫码乘车人数的上限。列车要加强对预留席位的管理，发现预留席位被占用，影响持 e 卡通旅客使用时，要耐心做好解释、引导工作。

41. 经由南昆线或南昆客专线，百色—汕头间可能的径路有哪些？

答：(1)南昆线—湘桂线—黎湛线—南广线—广深港高速线—杭深线—梅汕线。

(2)南昆线—湘桂线—南广线—黎湛线—马玉线—益湛线永电段—广茂线—广九线—京九线—漳龙线—梅汕线。

(3)南昆线—湘桂线—南广线—黎湛线—马玉线—益湛线永电段—广茂线—广九线—京九线—漳龙线—畲龙线—梅汕线。

(4)南昆客专线—柳南客专线—南广线—黎湛线—马玉线—益湛线永电段—广茂线—广九线—京九线—漳龙线—畲龙线—梅汕线。

(5)南昆客专线—南广线—黎湛线—马玉线—益湛线永电段—广茂线—广九线—京九线—漳龙线—畲龙线—梅汕线。

(6)南昆客专线—南广线—黎湛线—马玉线—益湛线永电段—广茂线—广九线—京九线—漳龙线—梅汕线。

(7)南昆客专线—湘桂线—黎湛线—马玉线—益湛线永电段—广茂线—广九线—平湖联络线—杭深线—梅汕线。

(8)南昆客专线—湘桂线—黎湛线—南广线—京广高速线—京广线—广九线—京九线—

漳龙线—畲龙线—梅汕线。

(9)南昆客专线—湘桂线—黎湛线—南广线—京广高速线—京广线—广九线—京九线—漳龙线—梅汕线。

42.经由京广高速线或京广线或石德线或石济客专线,石家庄—连云港间可能的径路有哪些?

答:(1)京广高速线—徐兰高速线—陇海线。

(2)京广线—陇海线。

(3)京广线—新石线—京沪线—陇海线。

(4)京广线—新石线—青盐线。

(5)京广高速线—徐兰高速线—徐州东联络线—徐连高铁。

(6)石德线—京沪线—陇海线。

(7)石德线—京沪线—新石线—青盐线。

(8)石济客专线—京沪高速线—徐连高铁。

(9)石济客专线—济青高速线—青盐线。

(10)石济客专线—北辛店联络线—胶济客专线—青盐线。

(11)石济客专线—北辛店联络线—胶济客专线—胶济线—青盐线。

(12)石济客专线—北辛店联络线—胶济客专线—胶济线—胶新线—陇海线。

43.经由京哈线或京哈高速线沈哈段,哈尔滨—丹东间可能的径路有哪些?

答:(1)京哈线—沈大高速线—沈丹客专线。

(2)京哈线—沈大高速线—沈丹客专线—沈丹线。

(3)京哈线—沈吉线—沈丹线。

(4)京哈线—四梅线—梅集线—通灌线—凤上线—沈丹线。

(5)京哈线—四梅线—梅集线—通灌线—本恒线—沈丹线。

(6)京哈线—四梅线—梅集线—通灌线—本恒线—沈丹客专线。

(7)京哈线—长图线—沈吉线—梅集线—通灌线—凤上线—沈丹线。

(8)京哈线—长图线—沈吉线—梅集线—通灌线—本恒线—沈丹线。

(9)京哈线—长图线—沈吉线—梅集线—通灌线—本恒线—沈丹客专线。

(10)京哈线—长珲城际线—沈吉线—梅集线—通灌线—凤上线—沈丹线。

(11)京哈线—长珲城际线—沈吉线—梅集线—通灌线—本恒线—沈丹线。

(12)京哈线—长珲城际线—沈吉线—梅集线—通灌线—本恒线—沈丹客专线。

(13)京哈线—长珲城际线—沈吉线—抚顺线—沈大线—辽溪线—沈丹线。

(14)京哈线—长珲城际线—沈吉线—抚顺线—沈丹线。

(15)京哈线—长珲城际线—龙泉联络线—长双烟线—双白线—四梅线—梅集线—通灌线—凤上线—沈丹线。

(16)京哈高速线沈哈段—沈大高速线—沈丹客专线。

(17)京哈高速线沈哈段—沈大高速线—沈丹客专线—沈丹线。

(18)京哈高速线沈哈段—沈大线—辽溪线—沈丹线。

(19)京哈高速线沈哈段—沈大线—辽溪线—沈丹客专线。

(20)京哈高速线沈哈段—沈吉线—沈丹线。

44. 经由兰新客专线或哈密联络线,哈密—广元间可能的径路有哪些?

答:(1)兰新客专线—兰青、青藏线—包兰线—兰渝线兰渭段。

(2)兰新客专线—兰新线—包兰线—兰渝线兰渭段。

(3)兰新客专线—兰新线—陇海线—兰渝线兰渭段。

(4)兰新客专线—兰青、青藏线—陇海线—兰渝线兰渭段。

(5)兰新客专线—兰青、青藏线—包兰线—陇海线—宝成、成渝线。

(6)兰新客专线—兰青、青藏线—陇海线—宝成、成渝线。

(7)兰新客专线—兰新线—陇海线—宝成、成渝线。

(8)哈密联络线—兰新线—陇海线—宝成、成渝线。

(9)哈密联络线—兰新线—包兰线—兰渝线兰渭段。

(10)哈密联络线—兰新线—陇海线—兰渝线兰渭段。

45. 经由衢九线或京九线或昌九城际线,九江—莆田间所有可能的径路?

答:(1)衢九线—衢宁线—杭深线。

(2)衢九线—合福高速线—福平铁路—杭深线。

(3)衢九线—合福高速线—南平北联络线—南龙线—昌福线—永莆线。

(4)京九线—昌福线—永莆线。

(5)昌九城际线—沪昆高速线—合福高速线—福平铁路—杭深线。

(6)昌九城际线—沪昆高速线—沪昆线—峰福线—昌福线—永莆线。

(7)京九线—向张线—沪昆线—鹰厦线—昌福线—永莆线。

(8)京九线—向张线—沪昆线—鹰厦线—外南线—峰福线—昌福线—永莆线。

(9)京九线—向张线—沪昆线—沪昆高速线—合福高速线—福平铁路—杭深线。

(10)京九线—向张线—沪昆线—沪昆高速线—合福高速线—昌福线—永莆线。

46. 乘坐动车组列车携带品超大补收运费

2023年×月×日,D×次列车,一名旅客持当日当次包头—乌兰察布车票,携带品2件,其中,提包1个,13千克,内装2件相同的工艺品,长750毫米、宽352毫米、厚392毫米,纸箱1个,15千克,内装电视机一台,长950毫米,宽570毫米,厚75毫米,说明办理规章依据补收运费理由,按填写客运杂费收据要求写出计算过程。(已知条件:包头—乌兰察布 300千米,每千克行李运价0.165元)。请按章办理。

解:《铁路客运运价规则》第五条规定,国家铁路的行李、包裹运价及客运杂费的尾数保留至角。《国铁集团客规》第五十五条规定,乘坐动车组列车携带品外部尺寸长、宽、高之和不超过130厘米之规定及五十七条对不可分拆的整件超重、超大物品、活动物,按该件全部重量补收上车站至下车站行李运费。电视机不可分拆,外部尺寸95+57+7.5=159.5>130(厘米),整件超大,按该件全部重量补收行李运费。补收15千克计算运费。

(1)运价里程。

包头—乌兰察布　300千米

(2)计算运费:补收包头—乌兰察布15千克行李运费。

15×0.165=2.475≈2.50(元)

合计:2.50(元)

(3)记事栏:乘动车组列车携带超大物品,长、宽、高之和159.5厘米,15千克,补收15千克行李运费。

47. 携带危险品乘车补收运费

2021年3月8日,K1674次列车(西安—呼和浩特经由新丰镇、绥德),延安开车后(列车前方停车站为绥德站)列车发现两名旅客持当日当次西安—包头车票,随身携带行李4件:1件爆竹,5.7千克;1件书籍,24.6千克;另2件为衣物,每件重13千克。请按章办理。说明办理规章依据补收运费理由,按填写客运杂费收据要求写出计算过程。(已知条件:西安$\xrightarrow{\text{493千米}}$绥德$\xrightarrow{\text{406千米}}$包头;西安—包头每千克行李运价0.454元,西安—绥德每千克行李运价0.278元)。

解:根据《铁路旅客禁止、限制携带和托运物品目录》规定,鞭炮(又称爆竹)为禁止携带的危险品。《铁路客运运价规则》第五条规定,国家铁路的行李、包裹运价及客运杂费的尾数保留至角。《国铁集团客规》第五十五条规定,除儿童、外交官外,其他旅客可免费携带20千克。《国铁集团客规》第五十七条规定,对超过免费携带品重量的物品其超重部分应补收行李运费,发现危险品或国家禁止、限制运输的物品,按该件全部重量加倍补收乘车站至下车站行李运费。危险物品交前方停车站处理。《行李包裹运价表》使用说明中规定,行李、包裹以千克为单位,不足1千克按1千克计算。两人超过免费携带品重量13×2+24.6−40=10.6≈11(千克),鞭炮5.7千克按6千克计算。

(1)运价里程。

西安$\xrightarrow{\text{493千米}}$绥德$\xrightarrow{\text{406千米}}$包头

(2)计算运费。

①补收西安—包头11千克行李运费。

11×0.454=4.994≈5.00(元)

②加倍补收西安—绥德6千克行李运费。

6×0.278=1.668≈1.70(元)

1.70×2=3.40(元)

合计:5.00+3.40=8.40(元)

③记事栏:2人携带爆竹(鞭炮)重5.7千克物品,属于危险品,加倍补收自乘车站西安站至下车站绥德站间行李运费;其他物品重50.6千克,补收11千克行李运费。

48. 成人与儿童携带限制随身携带品补收运费

2023年×月×日,K××次列车(南昌西—包头),石家庄站(列车运行的前方停车站为保定站)开车后发现一旅客与同行的一名儿童持本次列车瑞昌—保定全价硬座票1张,儿童优惠票1张,儿童年龄13岁。两名旅客随身携带品共计3件,1件15千克,为木工用斧、锤、凿等工具;1件书籍,18千克;1件日用品,24千克。请按章办理。说明办理规章依据补收运费理由,按填写客运杂费收据要求写出计算过程。(已知条件:瑞昌—保定 1 289千米,每千克行李运价0.623元)。

解:根据《铁路旅客禁止、限制携带和托运物品目录》规定,斧、锤、凿属禁止随身携带的物品。《铁路客运运价规则》第五条规定国家铁路的行李、包裹运价及客运杂费的尾数保留至角。《国铁集团客规》第五十七条规定,发现危险品或禁止、限制运输的物品,按该件全部重量加倍补收上车站至下车站行李运费。加倍补收15千克行李运费。《国铁集团客规》第五十五条规定,每名成人携带品重量为20千克,儿童为10千克。应补收18+24-20-10=12千克补收行李运费。

(1)运价里程。

瑞昌—保定 1289千米

(2)计算运费。

①加倍补收瑞昌—保定间15千克行李运费。

15×0.623=9.345≈9.5×2=19.00(元)

②瑞昌—保定间12千克行李运费。

12×0.623=7.476≈7.50(元)

合计:19.00+7.50=26.50(元)

③记事栏:一名成人一名儿童携带斧、锤、凿等工具15千克,属于限制携带物品,加倍补收行李运费;其他携带品重42千克,补收12千克行李运费

49. 携带宠物狗补收运费

2023年×月×日,K896次列车(包头—赤峰南),呼和浩特站开车后发现一名持当日当次萨拉齐—林东车票的旅客,携带纸箱1件,内装宠物狗,6千克,背包1个,18千克。请按章办理。说明办理规章依据补收运费理由,按填写客运杂费收据要求写出计算过程。(已知条件:萨拉齐—林东 974千米,每千克行李运价0.491元)。

解:根据《铁路客运运价规则》第五条规定,国家铁路的行李、包裹运价及客运杂费的尾数保留至角。《国铁集团客规》第五十七条规定,在车内或下车站,对超过免费重量的物品,其超重部分应自上车站至下车站补收行李运费。对不可分拆的整件超重、超大物品、活动物,按该件全部重量补收上车站至下车站行李运费。

(1)运价里程。

萨拉齐—林东　974 千米

(2)计算运费:萨拉齐—林东 6 千克运价。

6×0.491=2.946≈2.90(元)

合计:2.90(元)

(3)记事栏:携带小狗一只,6 千克,补收 6 千克行李运费。

50. 外交人员与外籍人员携带品超重补收运费

2023 年×月×日,K×次列车(呼和浩特—杭州),东胜西开车后发现两名持当日当次包头东—西安车票的同行旅客,携带背包 4 件,分别为 16 千克、17 千克、18 千克、20 千克,在补收运费时,旅客出示证件,证明一名旅客为中国驻菲律宾大使馆武官,另一名为持菲律宾护照的菲律宾人。请按章办理。说明办理规章依据补收运费理由,按填写客运杂费收据要求写出计算过程。(已知条件:包头东—西安　916 千米,每千克行李运价 0.472 元)。

解:根据《铁路客运运价规则》第五条规定,国家铁路的行李、包裹运价及客运杂费的尾数保留至角。《国铁集团客规》第五十五条规定,外交人员可免费携带 35 千克,其他旅客可免费携带 20 千克。《国铁集团客规》第五十七条规定,在车内或下车站,对超过免费重量的物品,其超重部分应自上车站至下车站补收行李运费。两名旅客除免费携带品重量外超重 16+17+18+20−20−35=16 千克。

(1)运价里程。

包头东—西安　916 千米

(2)计算运费:包头东—西安 16 千克运费。

16×0.472=7.552≈7.60(元)

合计:7.60(元)

(3)记事栏:一名外交人员,一名其他旅客,携带物品重 71 千克,补收行李运费 16 千克。

51. 持优待票与同行购买硬座儿童优惠票的儿童乘车,变更乘坐硬卧

2023 年×月×日,Z×次列车(呼和浩特—西宁,新型空调),经由:包头、白银西、兰州 ,包头站一名持本次列车票包头—西宁硬座优待票的旅客,同行的还有一名 8 岁儿童持硬座儿童优惠票,要求变更使用硬卧至到站,12 车 1～3 号下铺可售。请按章办理。说明规章依据并按章办理。按填写代用票的内容写出计算过程,涉及加收尾数处理至 5 角,题中按已知条件给出的票价全部为联合票价。(已知条件:包头—西宁　1 195 千米,全价硬座票价、硬卧下铺票价分别是 148.50 元、272.50 元)。

解:根据《国铁集团客规》第三十三条规定,旅客在列车上办理席位变更时,变更后的票价高于原票价时,核收票价差额;变更后的票价低于原票价时,票价差额部分不予退还。《铁路客运运价规则》第十六条规定,儿童优惠票可享受客票、加快票和空调票的优惠,儿童优惠票票价按相应客票和附加票票价的 50%计算。残疾军人票可享受客票和附加票的优惠,残疾军人票票价按相应客票和附加票票价的50%计算。

(1)事由:变座补卧。

(2)票价里程。

包头—西宁 1 195千米

(3)计算票价。

①补收包头—西宁硬座优待票与硬卧下铺优待票差额。

148.50÷2=74.25≈74.50(元)

272.50÷2==136.25≈136.50(元)

136.50−74.50=61.75≈62.00(元)

②补收呼和浩特—肃宁硬卧下铺票价(单独的硬卧票价不含硬座、加快、空调票价)。

272.50−148.50=124.00(元)

合计:62.00+124.00=186.00(元)

52. 持硬座优待票携带购买硬座儿童优惠票的儿童乘车,变更乘坐软卧

2023年×月×日,Z×次列车(包头—青岛,新型空调),呼和浩特站,一名旅客持当日当次呼和浩特—肃宁硬座优待票的旅客,要求变更使用软卧,同行的还有一名10岁儿童,持硬座儿童优惠票至到站,6车23、25、27号可售。请说明规章依据并按章办理。按填写代用票的内容写出计算过程,涉及加收尾数处理至5角,题中按已知条件给出的票价全部为联合票价。(已知条件:呼和浩特—肃宁 807千米,呼和浩特—肃宁全价硬座票价、软座票价、软卧下铺票价分别是105.00元、165.00元、297.00元)。

解:根据《国铁集团客规》第三十三条规定,旅客在列车上办理席位变更时,变更后的票价高于原票价时,核收票价差额;变更后的票价低于原票价时,票价差额部分不予退还。《铁路客运运价规则》第十六条规定,儿童优惠票可享受客票、加快票和空调票的优惠,儿童优惠票票价按相应客票和附加票票价的50%计算。残疾军人票可享受客票和附加票的优惠,残疾军人票票价按相应客票和附加票票价的50%计算。

(1)事由:变座补卧。

(2)票价里程。

呼和浩特—肃宁 807千米。

(3)计算票价。

①补收呼和浩特—肃宁硬座优待票与软卧下铺优待票差额。

105.00÷2=52.50(元)

297.00÷2=148.50(元)

148.50−52.50=96.00(元)

②补收呼和浩特—肃宁硬座儿童优惠票与软座儿童优惠票差额。

165.00÷2=82.50(元)

105.00÷2=52.50(元)

82.50－52.50＝30.00(元)

③补收呼和浩特—肃宁软卧下铺票价(单独的软卧票价不含软座、加快、空调票价)。

297.00－165.00＝132.00(元)

合计:96.00＋30.00＋132.00＝258.00(元)

53. 无票乘车无法证明上车站

2023年×月×日,×次列车(呼和浩特—兰州西,新型空调普快),运行至包头站前,列车验票发现硬座车厢一名旅客无票,自称上车站为包头东站,但无法判明,到临河站下车。请说明规章依据并按章办理。按填写代用票的内容写出计算过程,涉及加收尾数处理至5角,题中按已知条件给出的票价全部为联合票价。(已知条件:呼和浩特 $\xrightarrow{165千米}$ 包头 $\xrightarrow{218千米}$ 临河,呼和浩特—临河全价硬座票价48.50元,包头—呼和浩特全价硬座票价21.50元)。

解:根据《国铁集团客规》第四十一条规定,无票乘车时,补收自乘车站(不能判明时自始发站)起至到站止车票票价,铁路运输企业按规定补票,并加收已乘区间应补票价50%的票款。

(1)事由:无票。

(2)票价里程。

呼和浩特 $\xrightarrow{165千米}$ 包头 $\xrightarrow{218千米}$ 临河

(3)计算票价。

①补收呼和浩特—临河硬座车票票价48.50元。

②加收呼和浩特—包头硬座车票50%票款。

21.50×50%＝10.75≈11.00(元)

合计:48.50＋11.00＝59.50(元)

54. 列车上发现丢失购票时使用的有效证件

2023年×月×日,K×次列车(呼和浩特开—昆明,新型空调)西安南站开车后列车核验车票,一名旅客声称不慎将本人购票时使用的身份证丢失,旅客称购买当日当次西安南—贵阳硬座5车19号车票,列车通过站车无线交互系统核实购票信息无误。请说明规章依据并按章办理。按填写代用票的内容写出计算过程,涉及加收尾数处理至5角,题中按已知条件给出的票价全部为联合票价。(已知条件:西安南—贵阳　1 128千米,全价硬座票价141.50元)。

解:根据《国铁集团客规》第四十条规定,旅客在列车上、出站前丢失证件的,须先办理补票手续,凭后补车票检票出站。在列车上办理时,列车核验席位使用正常的,开具客运记录。

(1)事由:丢失。

(2)票价里程。

西安南—贵阳　1 128千米

(3)计算票价:补收西安—贵阳硬座票价141.50元。

合计:141.50元

55. 持硬卧学生优惠票未通过优惠资质核验

2023 年×月×日，Z×次列车（上海—呼和浩特，新型空调），衡水站开车 20 分钟后发现，一名旅客持衡水—鄂尔多斯 8 车 16 号中铺，经列车电子票夹查验该旅客所持车票为学生减价优惠票，未通过优惠资质核验。请说明规章依据并按章办理。按填写代用票的内容写出计算过程，涉及加收尾数处理至 5 角，题中按已知条件给出的票价全部为联合票价。（已知条件：衡水—鄂尔多斯　902 千米，全价硬座票价是 119.00 元）。

解：根据《国铁集团客规》第十六条规定，未办理或未通过优惠资质核验购买学生优惠票乘车时，列车应先办理补收票价差额手续，开具客运记录。

（1）事由：补价。

（2）票价里程。

衡水—鄂尔多斯　902 千米

（3）计算票价：补收衡水—鄂尔多斯硬卧学生优惠票与全价硬卧票差额。

119.00÷2＝59.50（元）

119.00－59.50＝59.50（元）

合计：59.50 元

56. 持失效学生优惠票且未办理优惠资质核验乘车

2023 年×月×日，×次列车（兰州西—呼和浩特，经由：包头，新型空调），在乌海站前列车验票，发现一名旅客持当日当次兰州—银川硬座学生优惠票，要求到包头下车，未通过优惠资质核验。请说明规章依据并按章办理。按填写代用票的内容写出计算过程，涉及加收尾数处理至 5 角，题中按已知条件给出的票价全部为联合票价。（已知条件：兰州 $\xrightarrow{468\text{千米}}$ 银川 $\xrightarrow{150\text{千米}}$ 乌海 $\xrightarrow{361\text{千米}}$ 包头；兰州—银川全价硬座票价 61.00 元，银川—乌海全价硬座票价 20.50 元，银川—包头全价硬座票价 63.00 元）。

解：《国铁集团客规》第十六条、第四十一条规定，未办理或未通过优惠资质核验购买学生优惠票乘车时，列车应先办理补收票价差额手续，开具客运记录。持失效车票乘车按无票处理。无票乘车时，补收自乘车站（不能判明时自始发站）起至到站止车票票价，并须加收已乘区间应补票价 50％的票款。

（1）事由：补价、过期。

（2）票价里程。

兰州 $\xrightarrow{468\text{千米}}$ 银川 $\xrightarrow{150\text{千米}}$ 乌海 $\xrightarrow{361\text{千米}}$ 包头

（3）计算票价。

①兰州—银川新型空调硬座普快学生优惠票票价。

61.00×50％＝30.50（元）

②补收兰州—银川新型空调硬座普快全半价票票价差。

61.00－30.50＝30.50（元）

③补收银川—包头新型空调硬座普快票价 63.00 元。

④加收银川—乌海新型空调硬座普快票价 50%票款。

20.50×50%=10.25≈10.50(元)

合计:30.50+63.00+10.50=104.00(元)

57. 持硬座车票越席乘坐软卧,后越站变更乘坐硬卧

2023 年×月×日,Z×次(呼和浩特—上海,新型空调),东胜西站站停时发现一名旅客持当日当次包头—鄂尔多斯硬座车票在软卧 7 车 23 号铺休息(东胜西预留),处理时该旅客要求到站改为吕梁站并使用卧铺,15 车 12 号中铺空余。请说明规章依据并按章办理。按填写代用票的内容写出计算过程,涉及加收尾数处理至 5 角,题中按已知条件给出的票价全部为联合票价。(已知条件:包头 $\overline{111\text{千米}}$ 东胜西 $\overline{20\text{千米}}$ 鄂尔多斯 $\overline{364\text{千米}}$ 吕梁,包头—东胜西硬座票价、软卧下铺票价分别是 18.50 元、103.50 元;鄂尔多斯—吕梁硬座票价 53.50 元,东胜西至吕梁硬座票价、硬卧中铺票价分别是 54.50 元、105.50 元)。

解:根据《国铁集团客规》第四十一条、第三十三条、第三十五条规定,持用低等级的车票乘坐高等级列车、铺位、座席时,补收所乘区间的票价差额,并须加收已乘区间应补票价 50%的票款。旅客在列车上要求变更座席、铺位、越站时,在有能力的情况下应予以办理。办理时先办理越站后补卧。

(1)事由:越席、越站、补卧。

(2)票价里程。

包头 $\overline{111\text{千米}}$ 东胜西 $\overline{20\text{千米}}$ 鄂尔多斯 $\overline{364\text{千米}}$ 吕梁

(3)计算票价。

①补收包头至东胜西软卧、硬座票价差。

103.50−18.50=85.00(元)

②加收包头至东胜西区间越席应补票价 50%票款。

85.00×50%=42.50(元)

③补收鄂尔多斯至吕梁新型空调客快速硬座票价:53.50 元。

④补收东胜西—吕梁新型空调硬卧中铺票价。

104.50−53.50=51.00(元)

合计:85.00+42.50+53.50+51.00=232.00(元)

58. 成人携带免费儿童超过一名与持儿童优惠票超龄的儿童、变更乘坐软卧

2023 年×月×日,K×次列车(新型空调),包头—赤峰(经由:集宁南),呼和浩特站开车后,发现一名旅客携带 3 名儿童,持当日当次—包头—大板 1 张硬座全价票、1 张硬座儿童优惠票,儿童年龄分别为 4 岁、5 岁、15 岁,补收票价时旅客提出乘坐卧铺,7 车 21、23、25 号铺可售。请说明规章依据并按章办理。按填写代用票的内容写出计算过程,涉及加收尾数处理至 5 角,题中按已知条件给出的票价全部为联合票价。(已知条件:包头 $\overline{165\text{千米}}$ 呼和浩特 $\overline{778\text{千米}}$ 大板,包头—大阪硬座票价 124.00;呼和浩特—大板全价硬座票价、软座票价、软卧下铺票价

分别为 102.00 元、159.00 元、285.00 元)

解:根据《国铁集团客规》第十五条、第四十二条、第三十三条规定,随同成年人乘车的儿童,年满 6 周岁且未满 14 周岁的应当购买儿童优惠票;年满 14 周岁,应当购买全价票。每一名持票成年人旅客可免费携带一名未满 6 周岁且不单独占用席位的儿童乘车。儿童优惠票的乘车日期、车次及席别应与同行成年人所持车票相同。旅客在列车上办理席位变更时,变更后的票价高于原票价时,核收票价差额。

(1)事由:超龄、变座补卧。

(2)票价里程。

包头 $\xrightarrow{165\text{ 千米}}$ 呼和浩特 $\xrightarrow{778\text{ 千米}}$ 大板

(3)计算票价。

①补收包头—大板快速新型空调全半价票价差。

124.00÷2=62.00(元)

124.00-62.00=62.00(元)

②补收包头—大板快速新型空调硬座儿童优惠票票价。

124.00÷2=62.00(元)

③补收呼和浩特—大板两张软卧下铺与硬座票差额。

258.00×2-102.00×2=312.00(元)

④补收呼和浩特—大板一张软卧儿童优惠票与硬座儿童优惠票票价差额。

159.00÷2-102.00÷2+(258.00-159)=127.50(元)

合计:62.00+62.00+312.00+127.50=663.50(元)

59. 持硬卧学生优惠车票变更乘坐软卧

2023 年×月×日,K×次列车(呼和浩特东—成都西,新型空调),包头站开车时,乘坐在 8 车 16 号上铺旅客,持当日当次包头—成都西本列学生优惠票,要求改乘软卧至到站,软卧 9 车 5 号铺位空余可售。请说明规章依据并按章办理。按填写代用票的内容写出计算过程,涉及加收尾数处理至 5 角,题中按已知条件给出的票价全部为联合票价。(已知条件:包头—成都西 1 820 千米,兰州东—兰州间往返运行 10 千米;硬座票价、硬卧上铺票价、软卧下铺票价分别为 206.00 元、353.00 元、582.00 元)。

解:根据《国铁集团客规》第十六条规定,《铁路客运运价规则》第十六条规定,学生优惠票可享受硬座客票、加快票和空调票的优惠,学生优惠票票价按相应客票和附加票票价的 50% 计算。持学生优惠票乘车的学生使用硬卧时,应另收全价硬卧票价。学生使用软座、软卧时,客票和附加票均为全价。

(1)事由:变铺。

(2)票价里程。

包头—成都西 1 820 千米(实际径路里程),兰州东—兰州间往返运行 10 千米,计算运价票价里程为 1 810 千米。

(3)计算票价。

①计算原票硬卧上铺学生优惠票票价。

206÷2＝103.00(元)

353.00－206.00＝147.00(元)

②计算包头—成都西全价软卧下铺与硬卧上铺学生优惠票票价差。

582.00－(103.00＋147.00)＝332.00(元)

合计:332.00元

60. 持借用通勤乘车证乘坐直达快车

2023年2月1日,Z×次列车(包头—南宁,新型空调),集宁南站前查验车票,在硬座车厢发现1名到大同的旅客持本年度呼和浩特—大同通勤乘车证(DTa546783),经查证属借用,请说明规章依据并按章办理。按填写代用票的内容写出计算过程,涉及加收尾数处理至5角,题中按已知条件给出的票价全部为联合票价。(已知条件:呼和浩特 $\xrightarrow{139\text{千米}}$ 集宁南 $\xrightarrow{127\text{千米}}$ 大同;呼和浩特—大同硬座票价为41.50元,呼和浩特—集宁南硬座票价为21.50元—100千米非空客快票价7.50元)

解:根据《国铁集团客规》第四十一条、《铁路乘车证管理办法》第四十四条规定,违章使用乘车证要按所乘列车的等级、席别、铺别、区间(单程或往返)及票面填写人数按照《国铁集团客规》的规定补收和加收票款。通勤乘车证,从有效日期(过期的从有效期终了的次日)至发现违章日期止,票面填写的乘车区间在一个铁路局集团公司以内的,按每日乘车50公里计算票价;乘车区间跨铁路局集团公司的,按每日乘车100公里计算票价,计算后低于50元的按50元核收。

(1)事由:借用。

(2)票价里程。

呼和浩特 $\xrightarrow{139\text{千米}}$ 集宁南 $\xrightarrow{127\text{千米}}$ 大同

(3)计算票价。

①呼和浩特—大同快速硬座票价41.50元。

②加收呼和浩特—集宁南应补票价50%票款。

21.50×50%＝10.75≈11.00(元)

③罚款:自2021年1月1日至2月1日共计32天,呼和浩特、大同分属呼和浩特局集团公司和太原局集团公司,按每天100千米计算非空客快票价。

32×(6.50＋1.00)＝240.00(元)

合计:41.50＋11.00＋240.00＝292.50(元)

61. 列车在外局运行时,列车运行途中旅客突发疾病,需要在前方不停车车站进行紧急救治,应如何处理?

答:我局担当旅客列车在外局区段运行遇旅客突发疾病需临时停车时,由列车长通过电话向停车站所属铁路局集团公司调度汇报，汇报内容包括：旅客姓名、性别、年龄、病情、旅客在车内位置、列车采取的措施、临时停车站名、需要车站协助办理的事宜，同时向本局客调、客运段汇报，请求协助处理。局客调应积极与相关局客调联系，协助组织处理（动车组列车由列车长通知司机向列车调度员报告情况请求临时停车）。列车收到客调临时停车通知后，由列车长负责做好临时停车准备工作，并告知突发疾病等特殊情况的旅客（及陪同人员）做好下车准备，列车临时停车后，由列车长组织人员将旅客护送下车，并与车站办理交接手续。

62. 属于禁止随身携带但可以托运的物品有哪些？

答：（1）锐器：菜刀、水果刀、剪刀、美工刀、雕刻刀、裁纸刀等日用刀具（刀刃长度超过 60 毫米）；手术刀、刨刀、铣刀等专业刀具；刀、矛、戟等器械。

（2）钝器：棍棒、球棒、桌球杆、曲棍球杆等。

（3）工具农具：钻机、凿、锥、锯、斧头、焊枪、射钉枪、锤、冰镐、耙、铁锹、镢头、锄头、农用叉、镰刀、铡刀等。

（4）其他：反曲弓、复合弓等非机械弓箭类器材，消防灭火枪，飞镖、弹弓，不超过 50 毫升的防身喷剂等。

（5）持有检疫证明、装于专门容器内的小型活动物，铁路运输企业应当向旅客说明运输过程中通风、温度条件。但持工作证明的导盲犬和作为食品且经封闭箱体包装的鱼、虾、蟹、贝、软体类水产动物可以随身携带。

63. 计算编组中有餐车 1 辆，软、硬卧 10 辆，硬座 5 辆的空调列车，车底看守人员最低应配置多少人？依据是什么？

答：最低配置 4 人。

依据《呼和浩特局集团有限公司关于普速客车车底看守工作的补充通知》第二条，其内容为：停留车底编组 8 辆及其以下看车客运乘务员最低保证 2 人；编组 8 辆以上看车客运乘务员最低保证 3 人。车底编组中挂有餐车时增加 1 人，有邮政车时增加 1 人。冬季焚火期间采暖客车（餐车、行李车、邮政车除外）超过 8 辆的，每增加 3 辆增加 1 人。餐车看守人员在餐车前台进行看守，客运看守人员除定时巡视外，分别在客车车底的首、中、尾部车厢进行看守（8 辆及其以下在首尾车看守），具体位置为：软卧车在 15 号铺位、硬卧车在 10 号下铺、软（硬）座车在车厢中部座席，看守负责人原则在列车中部车厢适当位置。

64. 根据《客运系统作业指导书及管理办法》的规定，空调列车硬卧车列车员库内作业内容有哪些？

答：作业内容如下：

（1）与洗涤车间送站组进行新、旧遮光帘、卧铺套、边座套交接。

（2）盯控保洁作业，督促、配合保洁人员作业，包括：三间一室、车厢内行李架（包括行李架）一下部位，风挡连接处、通过台等，座便消毒。

(3)摆放消耗品及其他备品。

(4)检查列车粘贴式外顺牌、方向牌使用情况。

(5)列车长验收卫生、出库整备前先对本车厢保洁情况进行初步检查,对于车长验收提出不足之处及时配合保洁弥补。

(6)全体人员在办公席车厢集合,由列车长召开库内小班会。

(7)听取列车长总结当日库内整备情况,布置小班重点工作。

(8)锁闭本车四个车门隔离锁、门止锁,车窗。

(9)根据列车长安排看车。

65. 根据《铁路交通事故调查处理规则》撰写事故报告,主要包括哪些内容?

答:(1)事故发生的时间、地点、区间(线名、公里、米)、线路条件、事故相关单位和人员。

(2)发生事故的列车种类、车次、机车型号、部位、牵引辆数、吨数、计长及运行速度。

(3)旅客人数,伤亡人数、性别、年龄以及救助情况,是否涉及境外人员伤亡。

(4)货物品名、装载情况,易燃、易爆等危险货物情况。

(5)机车车辆脱轨辆数、线路设备损坏程度等情况。

(6)对铁路行车的影响情况。

(7)事故原因的初步判断,事故发生后采取的措施及事故控制情况。

(8)应当立即报告的其他情况。

66. 列车发现旅客区间坠车,应如何处理?

答:列车发现旅客在区间坠车时,应当立即停车处理,并通知就近车站或将受伤旅客移交就近车站。列车在区间停车需要防护时,按有关规定处理。不具备停车条件或者延迟发现的,列车长应当报告运行所在铁路局集团公司客运调度,客运调度员接到报告后立即通知值班主任,值班主任通知相关列车调度员和铁路公安局指挥中心,由列车调度员和铁路公安局指挥中心分别通知邻近车站及车站铁路公安派出所派人寻找。列车运行至前方停车站时,列车长应拍发铁路电报,向发生地和列车担当铁路局集团公司主管部门报告。在站内或区间线路上发现有坠车旅客时,发现或接到通知的车站应当迅速通报有关列车。有关列车接到通报后,应当立即调查。发生列车应当按照规定收集相关证据材料和旅客携带物品,并向处理单位移交。

67. 动车组列车隧道内换乘流程是什么?

答:(1)救援动车组列车到达指定位置后,司机和列车长配合对准换乘车门。故障动车组列车和救援动车组列车长组织列车员或随车机械师手动打开换乘车门,相互配合放置渡板或应急梯,并做好安全防护,组织旅客有序换乘。无法对准换乘车门时应使用应急梯换乘。

(2)隧道内应急照明装置应实施远动开关,在隧道内换乘时,列车长通知司机向列车调度员申请开启应急照明,设有应急照明远程控制终端的单位接到列车调度员开启应急照明通知后,在第一时间开启隧道内应急照明。遇远动开关无法开启的,可通过控制箱就地开启应急照明。遇双洞单线隧道，本线换乘时要防止旅客误入邻线隧道，邻线隧道换乘时列车长组织列车员或随车机械师手动打开邻近疏散通道侧车门，有序引导旅客通过横通道进入邻线隧道组织换乘。

68. 动车组列车发生故障需要区间换乘时，应如何组织旅客换乘？

答：采取区间换乘时，应首先判明动车组列车区间换乘条件，还需执行以下要求：

（1）铁路局集团公司指定的现场救援指挥负责人要率领客运、公安等足够应急力量随车登乘救援动车组列车赴区间换乘现场进行指挥。

（2）在换乘前，列车调度员要扣停有关列车，封锁邻线区间。

（3）救援动车组列车到达指定位置，由现场救援指挥负责人统一指挥，司机和列车长负责对准故障动车组列车车门，救援动车组列车与被救援动车组列车长组织乘务组人员手动打开指定车厢车门（随车机械师配合），放置好过渡板，会同公安、客运等应急人员共同做好防护、组织旅客有序换乘。对由于线路、动车组重联等无法实现各车厢车门对位时，应使用应急梯。换乘过程中，动车组列车禁止移动。

（4）在隧道内换乘时，列车调度员通知设备管理单位或部门操作开启隧道内的应急照明装置。

69. 根据《客运系统作业指导书编制及管理办法》的规定，空调列车硬座车列车员到站前作业标准有哪些？

答：（1）地面扫墩干净，无杂物。及时清倒果皮盘、烟缸，及时冲刷厕所，无异味、无积便，地面无积水。车容整齐。

（2）到站前 5 分钟按先己车、后邻车的顺序通报，位置站在过道第三排座席处，背靠短座席，面向长座席，用语规范、清晰，避免旅客坐过站。

（3）需锁闭厕所时，中途停车站提前 5 分钟、终到站提前 10 分钟，按照先己车、后邻车，锁闭厕所。对特殊情况急需使用厕所的旅客，应提供方便（集便器厕所未供电时、吸污时、换挂机车，双改单、试验制动机时锁闭厕所，其他站停时可不锁厕所）。

（4）提前疏通车内通道及开启车门处风挡，组织下车旅客到车门口等候下车。

（5）帮助重点旅客提前到车门口等候，协助做好下车准备。

（6）试开时开启车门缝不超过 10 厘米，确认车门状态良好后立即关闭。

70. 值乘中遇路内人员持铁路局集团公司发给的携带器材乘车凭证，携带煤油 800 克，应如何处理？处理依据是什么？

答：将携带品放在列车尾部，保证安全，并不影响车内秩序。

处置依据为《铁路旅客运输管理规则》第 228 条。该条规定，铁路电务等维修人员乘坐管内旅客列车到各站检查、维修设备，凭铁路局集团公司发给的携带器材乘车凭证，可携带蓄电池（6 伏组）8 组，蓄电池和电池的电解液药 40 包，防腐油 10 千克，机油 1 千克，煤油 1 千克，变压器油 2 千克，调合漆 5 千克，汽油（密封）0.5 千克。乘车时应服从列车长安排，将携带品放在列车尾部，保证安全，并不影响车内秩序和运转车长作业。铁路衡器管理所检修工作人员，持证明到各站检定、修理衡器时，准许随身携带小型配件、调合漆 5 千克和标准砝码 200 千克。也可凭书面证明免费托运砝码和衡器配件。车站填发包裹票，在记事栏内注明“衡器检修”，收回书面证明报铁路局集团公司。

71. 根据铁路特有工种技能培训规范要求，应如何编拟列车值班员高级工（Ⅲ）的实作专业技能培训内容及要求？

答：列车值班员高级工专业技能培训包括：拍发铁路电报、编制客运记录和受理投诉。

（1）拍发铁路电报培训内容为 3 项：一是拍发铁路电报的情形；二是拍发铁路电报的注意事项；三是拍发铁路电报的格式要求。

通过培训掌握拍发铁路电报的技能。

（2）编制客运记录培训内容为 3 项，一是拍编制客运记录的情形；二是编制客运记录的注意事项；三是编制客运记录的格式要求。

通过培训掌握拍发铁路电报的技能。

（3）受理投诉培训内容为四项，一是处理旅客对旅行中车内温度、供水、卧具、卫生和服务态度等问题的投诉；二是记录旅客投诉内容；三是分析旅客投诉意见；四是提出投诉整改措施。

（4）通过培训掌握处理旅客投诉的方法，能够记录并分析投诉内容。

培训应脱产，采取实践性形式，拍发铁路电报培训 24 学时，编制客运记录培训 16 学时，受理投诉培训 8 学时。

72. 根据餐车发生的火灾事故调查报告，撰写事故分析，整改报告

2023 年×月×日 11:15，T×次客运列车，运行至郑州局京广线小李庄站，因车辆、客运工作人员对餐车排烟道及防雨帽内油垢清理不及时，遇火被引燃，造成明火外窜，经救援灭火后，14:12 开车，构成铁路交通一般 C 类事故。请编写整改报告。整改报告按照分析事故发生原因、从中吸取教训、指出风险关键项点顺序进行撰写。

答：（1）导致该事故发生的原因：餐车排烟道及防雨帽内油垢没有清理，是导致列车火灾事故的直接原因。

（2）从该事故中应吸取教训：列车作业人员安全责任意识不强，餐车油垢未按规定及时清理，大大增加了列车发生火灾的风险，为列车发生火灾事故留下隐患。

（3）该事故发生的风险关键项点：油垢清理不彻底。

73. 根据列车库停乘务员库内作业从车门口掉下，坠落地面的事故调查报告，撰写事故分析，整改报告

2023 年×月×日，×次在×车辆段 5 道停留，×组全体乘务人员对承包车厢进行卫生突击,列车员刘×在打开车门擦拭车厢二位端四位车门边框,不慎脚下踩空滑倒,从车门口掉下、坠落至库内地面。经送医检查治疗,诊断为刘×右手桡骨远端粉碎性骨折、左手手腕软组织挫伤。构成职工责任轻伤事故。请编写整改报告。整改报告按照分析事故发生原因、从中吸取教训、指出风险关键项点顺序进行撰写。

答:(1)导致该事故发生的原因:当事人作业时注意力不集中,且踩脚处有少量积水未及时清理,造成滑倒坠落摔伤(车底入库停留时,客车风挡地板与库内地面高差已超过 2 米)。

(2)从该事故中应吸取的教训:作业人员安全意识薄弱,登高作业时未做好安全防护。

(3)该事故发生的风险关键项点:安全意识淡薄;安全防护不力。

74. 根据列车运行途中发生车门未关闭构成铁路交通一般 D 类事故调查报告,撰写事故分析,整改报告

2023 年×月×日,×京广线 K×次旅客列车(×客运段担当客运乘务)在坪石站开车时,因 15 号车厢列车员违反作业标准,站停时间擅自离岗,导致列车开车后车门未及时关闭;坪石站开车后,助理值班员发现机后第 15 位车(YZ25G354974)运行前端左侧边门未关闭,立即呼叫车辆乘务人员处理并报告车站值班员,车站值班员及时呼停列车处理。构成铁路交通一般 D10 类事故。请编写整改报告。整改报告按照分析事故发生原因、从中吸取教训、指出风险关键项点顺序进行撰写。

答:(1)导致该事故发生的原因:列车乘务员严重违反作业标准,列车站停时间擅自离岗、不守门验票,列车开车后车门未及时关闭。

(2)从该事故中应吸取的教训:站停时间列车长未按规定在站台上巡视检查乘务人员作业情况,车厢列车员未严格执行值乘区域车门复查等自控、互控制度。

(3)该事故发生的风险关键项点:车门作业漏项;擅自离岗;车长巡视不认真。

75. 根据非空列车库停车底发生的火灾事故调查报告,撰写事故分析,整改报告

2023 年×月×日 1:55 巡视人员发现,×车辆段库内 4 道停留的 K×次列车车底 3 号车厢(YZ25B342332)发生火灾,3:30,将火扑灭。经查独立采暖锅炉室地板与墙板有缝隙,煤灰掉落缝隙造成火灾。请编写整改报告。整改报告按照分析事故发生原因、从中吸取教训、指出风险关键项点顺序进行撰写。

答:(1)导致该事故发生的原因:一是锅炉室地板与墙板出现缝隙,车辆部门时未采取措施封堵;二是列车员违章作业,未熄灭的炉灰掉入壁板下方缝隙,导致过道下方保温层和木质地板阴燃,继而蔓延形成火灾。

(2)从该事故中吸取的教训:一是列车员未严格按照规定清除煤灰,未将煤灰进行浸水处理;二是设备管理部门未按照相关文件要求对客车各种孔洞进行认真检查并采取封堵措施,车厢独立采暖锅炉间壁板和地板间存在缝隙,留下火灾隐患。

(3)该事故发生的风险关键项点:设备排查不认真;违章操作。

76. 移交旅客遗失物品编制客运记录

2023 年×月×日，K×次列车(呼和浩特—昆明)在达州站停车时，车站客运值班员通知列车长，安康站来电话称旅客黄×在安康站下车时，将一蓝色双肩包遗失在硬座车厢 6 车座位下。由于列车达州站停车时间较短，开车前未找到。开车后，查找到该双肩包交广安站转送。请编制客运记录(题中条件不足部分自行合理补充)。

答：编制客运记录 见票例 1-3-1。

×局集团公司　　客统—1

客 运 记 录

第 × 号

记录事由：移交旅客遗失物品

记录内容：

广安站：

2023年×月×日，达州站值班员告知我车安康站下车的旅客黄×将一蓝色双肩包遗失在硬座车厢6车座位下，因达州站停时间有限未找到，达州站开车后找到该包，现按章交由你站，请你站按章办理。

附：(1) 双肩包内物品清单；

(2) 苹果手机一部（八成新）；

(3) 人民币壹佰捌拾捌元整； 洗漱用具一套。

注：

1.站、车需要编制记录时均适用。

2.本记录不能作为乘车凭证。

×客运 站/段 编制人员 K×次列车长㊞（印）

站/段 签收人员 （印）

2023 年 × 月 × 日编制

票例 1-3-1

77. 持计次票旅客越站乘车按规定补票后编制客运记录恢复乘车次数

2023年×月×日，D×次列车（包头—乌兰察布），旅客韩×（持包头—呼和浩特区间的计次票（在包头站开通计次票）乘车，呼和浩特到站前要求到乌兰察布下车。请按编制客运记录（题中条件不足部分自行合理补充）。

答：编制客运记录，见票例1-3-2。

×局集团公司　　客统—1

客　运　记　录

第　×　号

记录事由：持计次票越站

记录内容：

包头站：

2023年×月×日，乘坐在4车3A座位的旅客韩×（身份证号码为×）持你站开通的计次票乘车，指定乘车区间为包头—呼和浩特，指定席位为二等座，我车到达呼和浩特站前该旅客提出到乌兰察布站下车，我车按规定补收了包头—乌兰察布站车票（票号×）。我车按规定编此记录交旅客，请你站按章办理。

注：

1.站、车需要编制记录时均适用。

2.本记录不能作为乘车凭证。

×客运站段　编制人员　D×次列车长㊞（印）

站段　签收人员　（印）

2023年　×　月　×　日编制

票例1-3-2

78. 在列车上丢失购票有效证件补票，核验席位使用正常，到站退票（特殊情况无法开具电子记录）

2023年×月×日，K×次列车呼和浩特开车后，列车验票时，旅客张×无法出示购票时有效证件，声称丢失，站车无线交互系统显示该旅客购买当日当次呼和浩特—北京硬卧车票8车12号下铺，列车按章补收票价。请编制客运记录（题中条件不足部分自行合理补充）。

答：编制客运记录，见票例1-3-3。

×局集团公司　　　　客统—1

客　运　记　录

第　×　号

记录事由：在列车上丢失购票有效证件补票、核验席位使用正常

记录内容：

K×次经停站：

2023年×月×日，K×次列车呼和浩特站开车后列车核验电子车票，乘坐在硬卧8车12号下铺旅客张×声称丢失购票有效证件，我车按章为其补办了呼和浩特—北京车票(注：后补车票票号A12345679)，席位使用正常。请按章处理。

持此记录在乘车日期之日起30日内，凭该有效身份证件发证机构办理的身份证明和后补车票，到列车的经停站退票窗口办理后补车票与原票乘车区间一致部分的退票手续。如核查丢失证件所购原票有出站记录的，后补车票不予退票；无出站记录的，办理退票。

注：
1.站、车需要编制记录时均适用。
2.本记录不能作为乘车凭证。

×客运站/段　编制人员　K×次列车长㊞(印)

站/段　签收人员　　　　(印)

2023年　×　月　×　日编制

票例1-3-3

79. 持学生优惠票未通过优惠资质核验,补收票价差额,到站退票(特殊情况无法开具电子记录)

2023 年×月×日,K×次列车呼和浩特开车后,列车验票,发现旅客王×持当日当次呼和浩特—石家庄学生优惠票,未通过优惠资质核验,列车补收差额,到站退票。请编制客运记录(题中条件不足部分自行合理补充)。

答:编制客运记录,见票例 1-3-4。

×局集团公司　　　　客统—1

客　运　记　录

第　×　号

记录事由：持学生优惠票未通过优惠资质核验，补收票价差额，到站退票

记录内容：

车站营业窗口：

2023年×月×日，K×次列车呼和浩特站开车后核验电子车票，旅客王×持呼和浩特—石家庄学生优惠票（6车89号），未通过优惠资质核验，我车为其补收了票价差额。请按章处理。

注：①后补车票票号A12345678。购票时所用有效身份证为身份证：证号编码为×。

②持此记录30日以内到车站售票窗口办理资质核验和退票手续。车站核实符合有关规定后，办理资质核验，扣减学生火车票优惠卡次数，退还车补车票票款。

注：
1.站、车需要编制记录时均适用。
2.本记录不能作为乘车凭证。

×客运站段　编制人员　K×次列车长㊞(印)

站段　签收人员　(印)

2023 年　×　月　×　日编制

票例 1-3-4

80. 旅客纠纷发生伤害，将受伤者、死亡者移交有关车站处理

2023年×月×日，K×次列车(成都—呼和浩特东)在广元—陇南运行，硬座车厢5车63号座位的旅客张×与64号座位的王×因在行李架上放置物品发生口角导致斗殴，王×将张×头部打伤，张×要求下车治疗。请编制客运记录(题中条件不足部分自行合理补充)。

答：编制客运记录，见票例1-3-5。

×局集团公司　　客统—1

客　运　记　录

第　×　号

记录事由：移交斗殴受伤下车治疗旅客

记录内容：

陇南站：

2023年×月×日，乘坐在我车5号车厢63号座位的旅客张×（身份证号码×）持广元—银川硬座车票（票号：B123511），与乘坐在该车64号座位的王×（身份证号码×）持硬座车票（票号：S123454），因在行李架上放置物品发生口角导致斗殴，王×将张×头部打伤，不能继续旅行需下车治疗，现编此记录交你站，请你站按章处理。

另：王×已由我车乘警交你站铁路公安派出所处理问题。

附：(1)我车收集的两份证人，证言。

(2)旅客张×携带提包一个，内有衣物。

注：

1.站、车需要编制记录时均适用。

2.本记录不能作为乘车凭证。

×客运站/段　编制人员　K×次列车长㊞(印)

站/段　签收人员　(印)

2023年　×　月　×　日编制

票例1-3-5

81. 根据铁路特有工种技能培训规范要求，应如何编拟动车组列车列车员初级工（Ⅴ）的实作专业技能培训内容及要求？

答：动车组列车列车员初级工基本技能培训包括：旅行服务和车容整备。

(1)旅行服务培训内容如下：

①语言服务、文明用语的相关规定，基本通告用语要求，旅行常识介绍相关要求。

②重点旅客服务的相关规定。

③作业流程基本要求。

④指导旅客使用服务设施和识别乘车凭证相关要求。

通过培训掌握文明服务基本技能。

(2)车容整备培训内容为如下：

①卫生清洁，对车内各部位进行卫生清扫、擦拭及处理垃圾方法。

②整理车容，整理行李架、大件行李存放处。

③备品、清扫工具等定位摆放。

④更换、折叠、摆放卧具及管理规定。

通过培训掌握动车组列车出库、途中、到站立即折返和终到整备标准，掌握整理行李架、备品工具定位和保管、使用服务备品相关要求。

(3)培训应脱产，采取师带徒形式，旅行服务培训 24 学时，车容整备培训 16 学时。

82. 根据《客运系统作业指导书编制及管理办法》的规定，应如何编制空调列车硬座车列车员停车时作业标准？

答：(1)列车停稳后，将车门完全打开；折页门门卡与风挡卡座卡牢，塞拉门顺滑道平移到位。

(2)遇低站台时，将翻板打开，翻板卡与车门框处卡槽卡牢；遇高站台时，将翻板扳手放置在止卡槽内，使用安全踏板(中途停车站 4 分钟以下不使用)。使用安全踏板时执行段相关规定，旅客上下时注意固定踏板，加强安全宣传，确保人身安全。

(3)遇高站台时，不擦手把杆，在两车连接空挡处悬挂安全警示带、放稳安全踏板。

(4)面向车站旅客放行方向立岗；遇高站台时在车厢侧立岗。帮扶重点旅客，组织旅客先下后上，加强本列车车次、车厢号告知宣传，避免旅客上错车、下错站。

(5)垃圾袋在指定站扎口投放，无渗漏(渗漏的必须套袋投放)，有垃圾箱的放在垃圾箱内，无垃圾箱的放在就近风雨棚立柱下，无风雨棚的放在相应位置。严禁向车外抛扔杂物。

83. 列车应如何向车站移交伤害旅客？

答：列车向车站移交伤害旅客时，列车应当编制客运记录和旅客携带物品清单一式 2 份，1 份由列车存查，1 份连同车票、证明材料、相关证人的证词及其联系方式等资料一并移交。客运记录应载明日期、车次、旅客姓名、性别、年龄、国籍、民族、职业、单位、有效身份证件号码、联系方式、住址、车票种类、号码、发站、到站、车厢、席位、受伤地点、受伤原因、受伤部位、处理简况以及证据材料清单等内容。因时间来不及记明上述内容时，可在客运记录中简要记明日期、车次、下交原因，并必须在3日内向处理单位补交有关材料。特殊情况来不及编制客运记录时，列车长或其指定的专人应随同伤害旅客下车办理交接。涉及第三人时，应将第三人同时交站处理。对已经控制的违法、犯罪嫌疑人，应当及时移交车站铁路公安派出所。列车向车站移交伤害旅客时，车站不得拒绝接收。

84. 根据铁路特有工种技能培训规范要求，应如何编拟动车组列车长高级工（Ⅲ）的实作基本技能培训内容及要求？

答：动车组列车长高级工基本技能培训包括：非正常情况应急处置程序、服务礼仪、班组管理。

(1)非正常情况应急处置程序培训内容如下：

①火灾爆炸、重大疫情、食物中毒、空调失效、设备故障和列车大面积晚点、停运、变更径路、启用热备车底等非正常情况下的应急处置演练。

②撰写事故概况报告。

通过培训掌握突发事件的应急处置办法，并能对事故概况进行判别、撰写报告。

(2)服务礼仪培训内容如下：

①重点运输服务相关规定。

②涉外服务礼仪相关内容。

通过培训掌握重点运输、涉外等情况下的服务礼仪要求。

(3)班组管理培训内容如下：

①出退乘及途中班组管理。

②班组台账资料填写、统计、录入。

通过培训掌握班组管理的基本流程。

(4)培训应脱产，采取实践性形式，非正常情况应急处置程序培训16学时，服务礼仪培训16学时，班组管理培训8学时。

85. 旅客列车遇发生线路中断时，应如何处理？

答：由于自然灾害、行车事故或者其他原因，致使线路中断，列车不能继续运行时，列车应采取下列应急措施：

(1)列车工作人员应将造成线路中断的灾害原因、事故概况、影响程度等情况调查了解清楚，并将采取的对策，一并详情上报。

(2)列车工作人员对掌握的灾害（事故）情况，应通过广播向旅客做好通报、解释、安抚工作，稳定旅客情绪，维护好车内秩序。

(3)列车长应及时召开三乘会议，分工负责，采取措施确保旅客人身及财物的安全。

(4)列车停运时，站车工作人员应热情周到地搞好服务，安排好旅客餐饮、食品供应以及帮助特殊旅客的解困工作。必要时，向地方政府报告请求援助。

(5)线路中断，预计不能及时修复通车时，事故发生局应向国铁集团请求命令后向全路发出停办到达和经过中断区段客运业务的铁路电报，以免大量客流的涌入，造成更大的被动。

86. 普速旅客列车站停时，遇到列车起动前车门无法关闭、车门无法关闭但列车已起动、旅客未乘降完毕列车起动等三种突发情况时，应如何处理？

答：(1)列车起动前发现车门无法关闭时，列车工作人员立即呼叫车辆乘务员(或站台工作人员)通知司机不得开车，同时迅速通知车辆乘务员到场处理；使用无线对讲设备、通过指定频率能够呼叫到司机时，也可直接通知司机。

(2)车门无法关闭但列车已起动时，列车工作人员应立即使用紧急制动阀停车，同时迅速通知车辆乘务员到场处理。

(3)旅客未乘降完毕列车起动时，车站工作人员发现后应立即按规定通知司机停车；列车工作人员发现时应迅速呼叫车辆乘务员或站台工作人员通知司机停车，不具备呼叫条件时，使用对讲机呼叫列车上工作人员，车上有值乘人员听到呼叫后，应立即使用紧急制动阀停车；使用无线对讲设备、通过指定频率能够呼叫到司机时，也可直接通知司机。站车工作人员应坚持“宁漏勿扒”的原则，立即劝阻疏散正在乘降的旅客到安全白线以内，列车员应尽可能及时撤下安全踏板。

87. 根据《客运系统作业指导书编制及管理办法》的规定，应如何编制空调列车硬座车列车员终到作业内容及标准？

答：(1)作业内容：

①列车终到卫生清扫，整理车容。

②终到征求意见。

③清点工具备品。

④做好旅客到站前组织工作。

⑤与接车班组办理终到交接。

(2)作业标准：

①“三间一室”、风挡，车厢内扫、墩。卫生清扫、收果皮盘的同时擦窗台、窗框、茶桌。保持车内卫生清洁，做到“三不带”，备品定位摆放.到站前按规定锁闭厕所。

②态度诚恳，语言规范，虚心接受旅客意见。

③对车厢工具、备品进行认真清点，破损、丢失的工具、备品及时向列车长报告，并在电子票夹台账项下记录。

④按照电子票夹旅客信息帮扶重点，提前组织旅客，疏散通道。车内组织帮助旅客，检查遗失物品，提醒旅客带好随身携带物品。列车终到站车无线交互系统退乘。

⑤交接重点旅客情况，清扫工具、备品用具、服务设施等。做到面对面交接，数量清点正确，设备设施作用良好。表簿、资料填写齐全，交接完毕双方签字确认。

88. 动车组列车商务座餐饮品服务标准有哪些？

答：列车始发、途中应采取定时推车到座位边旅客自选服务方式，观光区内商务座服务时，可将饮品放在托盘上为旅客服务；服务人员行走途中托盘的高度基本与自身的腰线平齐；避免从旅客身后或头顶上方递送饮料，提供热饮(茶水、咖啡)时须提醒旅客小心烫手；送咖啡时，杯子边放茶匙、糖包、伴侣(采用速溶咖啡的除外);原则上茶水、饮料均应使用一次性硬质塑料杯按需提供服务;茶或咖啡要以杯子七成满为标准,用请的手势请旅客随意;茶水应根据红茶、绿茶配以适温开水;递送饮品时,应拿杯子的下 1/3 处;上饮品时,要提醒旅客注意,服务结束后,离开时应自然地后退两步再转身离开,以示尊重;须及时为旅客续加茶水或饮料;茶水续水时,热水瓶壶嘴不得对着客人并不能接触杯具。续加饮料时,须手持盛有各种已开启的饮料推车向旅客提供服务;旅客下车或更换饮料品种时,须将不用的杯子及时收回。

89. 列车运行中,车门开启无法正常关闭时,应如何处理?

答:(1)列车工作人员发现或旅客通报有车门开启时,按照“谁发现、谁锁闭”的原则,由发现者或接到通报的人员立即锁闭车门,并及时向列车长通报情况。

(2)车站助理值班员发现车门开启时,应呼叫列车车辆乘务员(或呼叫司机通知车辆乘务员),车辆乘务员应及时就近锁闭或通知列车长指派就近列车员锁闭。

(3)上述(1)(2)款情形中,如车辆乘务员现场确认车门无法正常关闭的,列车长、车辆乘务员分别向所在地客运调度、车辆调度汇报,在前方站停车处理,期间应由列车长指派工作人员做好防护。如遇车门口有人员难以疏散、扒车、坠落等严重危及人身、行车安全时,列车上首先到达车门现场的工作人员应迅速果断使用紧急制动阀停车。

(4)列车运行中发现车门开启时,三乘人员应及时赶到现场,共同对车门状态进行确认;并对车门周围旅客了解情况;各车厢乘务员立即核实本车厢乘车人数,如有异常立即通知列车长和乘警,迅速组织开展调查、核实、处理。

90. 根据铁路特有工种技能培训规范要求,应如何编拟普速旅客列车列车员初级工(Ⅴ)的实作基本技能培训内容及要求?

答:普速旅客列车列车员初级工基本技能培训包括:安全管理和非正常情况应急处置程序。

(1)安全管理培训内容为如下:

①车门管理,培训内容为车门验票,识别各种乘车凭证的有效性,查验上车旅客车票及身份证件;组织乘降,维护旅客乘降秩序;按规定开启、锁闭、检查车门。

②宣传安全乘车规定。

③查堵危险品,发现、识别、处理危险品。

④使用灭火器、安全锤、紧急制动阀、人力制动机和电器设备操作方法和安全规定。

通过安全管理培训掌握车门管理制度;掌握查堵危险品相关知识;掌握识别处理常见危险品的方法;掌握灭火器、安全锤、紧急制动阀、人力制动机和电器设备实际操作技能和安全操作规定。

(2)非正常情况应急处置程序培训内容为,本岗位非常情况下应急处置职责及处置流程。

通过非正常情况应急处置程序培训,达到熟悉本岗位非正常情况应急处置职责及处理流程。

(3)培训应脱产,采取师带徒形式,安全管理和非正常情况应急处置程序培训每项 20 学时。

91. 列车上收到上级部门传送的“行程冲突举报信息”后，应如何处理？

答：（1）相关列车长收到信息后，及时将举报信息传达至相关车厢值乘列车员。

（2）列车员在车门口立岗（动车组列车员尽量在被举报席位集中的车厢立岗）时，应逐个查验上车旅客车票，对被举报的席位，要核实票、证、人的一致性，按以下三种情况做好记录：票、证、人一致的记录为“假举报”，不一致的记录为“被冒用”，未发现持举报车票乘车的记录为“未查到”。发现票、证、人不一致的，按照国务院颁布的《铁路安全管理条例》有关实名制乘车的规定，拒绝乘车，交车站处理。

（3）列车员对车门立岗时未发现的举报车票，应在列车上对被举报的席位进行重点查验，查验结果的记录与车门立岗时相同。发现票、证、人不一致的，由列车乘务人员向旅客公告《铁路安全管理条例》有关实名制乘车的规定，记录旅客信息并按有关规定处置后，交由乘警依法处置，无乘警时，列车交前方最近停站或旅客到站按有关规定处理。

（4）值乘列车长要将记录为“假举报”和“被冒用”的举报信息及时报告本段派班室。

92. 旅客列车疾病防治有哪些措施？

答：（1）站车单位发现传染病病人或者疑似传染病病人时，应按规定及时向铁路疾控机构报告，铁路疾控机构应按照工作程序，报告地方政府卫生行政部门。旅客列车上发现根据国家规定需要采取应急控制措施的传染病病人、疑似传染病病人，应当以最快的方式通知前方停靠站和上级营运单位。接报后，应按规定逐级上报。

（2）对患有传染病或疑似传染病的旅客，站车单位应组织现场应急处置，在铁路疾控机构指导下，采取必要的隔离控制患病旅客的临时性措施，落实消毒等措施，并在指定站或目的地车站下交，同时，按照传染病相关处置要求，采取有效防控措施。

（3）出现疫情时，铁路疾控机构要指导站车单位控制传染病疫情，同时应委派专人赶赴现场，开展流行病学调查，控制传染源，切断传播途径，保护易感人群，做好终末消毒，并采取必要的防控措施。

（4）旅客列车应配备急救药箱，培训红十字救护员，对旅客在乘车中突发疾病、创伤，能够提供及时的紧急救助和简易救护治疗，保障旅客身体健康和生命安全。

93. 出现哪些情况，站车均可拒绝其进站、上车或责令其下车，对责令其下车的，其未使用至到站的票款不予退还，即行终止运输合同？

答：对下列旅客，站车均可拒绝其进站、上车或责令其下车；对责令其下车的，其未使用至到站的票款不予退还，运输合同即行终止。

（1）无票乘车且未主动补票时，补收自乘车站（不能判明时自始发站）起至到站止的车票票款。持失效车票乘车或在车票到站后不下车继续乘车，拒不支付应补票款和加收票款的。

（2）持用变造、伪造或涂改的乘车凭证乘车时，除按无票处理外并送交公安部门处理。

（3）票、证、人不一致的，按无票处理拒不支付应补票款和加收票款的。

（4）持用低票价席别车票乘坐高票价席别时，补收所乘区间的票价差额，拒不支付应补票款和加收票款的。

(5)旅客持优惠票、优待票,没有规定的减价凭证或不符合减价条件时,按照全价票价补收票价差额,拒不支付应补票款和加收票款的。

(6)不接受安全检查的,坚持携带或者夹带禁止、限制物品的。

(7)不接受车票实名制查验的。

(8)在站车内寻衅滋事、扰乱公共秩序,患有烈性传染病、严重精神障碍和醉酒等有可能危及列车安全或者其他旅客以及铁路站车工作人员人身安全的。

(9)国家规定的其他情况。

94. 值乘中遇无票、越站或越席乘车拒不补票,或下车的情形时,应如何处理?

答:(1)列车工作人员劝阻制止。列车工作人员发现或接旅客反映列车上发生违反乘车管理规定的行为后,迅速到达现场,开展劝阻、制止工作,依据相关法律法规和《国铁集团客规》等规定,有针对性地宣传旅客乘车的权利和义务,告知行为人其行为性质以及可能造成的后果,劝告行为人停止相关行为,同时将情况报告列车长。

(2)列车工作人员报告警情。列车工作人员对违反乘车管理规定行为应进行劝阻、制止;对劝阻、制止无效的,或乘车人行为已经涉嫌违反治安管理、涉嫌危害铁路安全的,应立即向乘警报警。列车无乘警的,由列车长向列车运行前方就近停靠站所属铁路公安处指挥中心报警(可通过手持终端查询电话号码),报警时应讲明违法的行为、涉事人员以及车上劝阻制止等情况,接报的铁路公安处指挥中心应指导列车工作人员做好相关取证工作。

(3)铁路公安机关现场处置。由列车乘警或按指令登车处警的民警依法开展处置,必要时,将违法行为人强制带离下车,列车工作人员配合协同做好制止、带离、取证等事项。违法行为人被交站处理、强制下车或自称患病予以下车救治的,列车长开具客运记录,同时移交先行处置中收集的证据,下车地车站同步办理站车交接,并配合铁路公安机关落实相关工作措施,治疗费用由违法行为人个人负担。

95. 根据铁路特有工种技能培训规范要求,应如何编拟普速旅客列车列车长中级工(Ⅳ)的实作专业技能培训内容及要求?

答:普速旅客列车列车长中级工专业技能培训包括:服务质量管理、票务处理、拍发铁路电报和编制客运记录、客运站车无线交互系统的使用。

(1)服务质量管理培训内容如下:

①是受理旅客咨询、求助、投诉相关规定。

②是客运人员服务语言、服务行为、重点旅客服务、供水服务、环境卫生等文明服务相关内容。

(2)票务处理培训内容如下:

①是移动补票机的使用方法。

②是票据填写、审核相关规定。

③是乘车凭证识别及违章乘车处理相关规定。

④是车票实名制、互联网购票及挂失补、相关规定。

⑤是违章携带物品处理相关规定。

⑥是处理无票乘车的规定。

⑦是处理票、证、人不一致的规定。

⑧是处理越席乘车的规定。

⑨是处理减价不符乘车、无法判别优惠(待)资质的规定。

(3)拍发铁路电报及编制客运记录培训内容如下:

①拍发铁路电报的相关规定。

②编制客运记录的相关规定。

③站车交接的相关规定。

(4)客运站车无线交互系统的使用培训内容如下:

①客运站车无线交互系统相关查询功能。

②客运站车无线交互系统相关的业务处理功能。

(5)客运管理信息系统的使用培训内容如下:

①客运管理信息系统相关查询功能。

②客运管理信息系统相关的业务处理功能。

(6)培训应脱产,采取师带徒形式,服务质量管理培训 4 学时,票务处理培训 4 学时,拍发铁路电报及编制客运记录培训 4 学时,站车无线交互系统的使用培训 2 学时,客运管理信息系统的使用培训 2 学时。

96. 发生石击列车造成旅客意外伤害事故拍发铁路电报

2023 年×月×日 22:50,×次列车(呼和浩特—兰州西)正点运行在进入乌海西站前,列车运行方向机后第四位硬座车右侧遭石击,将第 6 个车窗两层玻璃击碎,并将内蒙古×公司职员王×打伤,已编制客运记录×号交乌海西站处理。叙述处理过程,按铁路电报格式编写电报内容(题中条件不足部分自行合理补充)。

答:(1)列车上受伤旅客需交车站处理时,必要时应提前通知车站做好救护准备工作。将受伤旅客移交三等以上车站(在区间停车处理时为就近有医院的车站)处理。列车向车站办理移交手续时,编制客运记录一式 2 份(1 份存查,1 份办理站车交接),连同车票、旅客随身携带品清单、证据材料一起移交。

(2)发生旅客人身伤害时,要在第一时间拍发事故速报,主送责任单位或发生单位(正常意外伤害主送事故处理站、段),抄送局客运部,发生无票人员伤亡时还要抄送局安监室。事故速报内容包括:

①事故种类。

②发生日期、时间、车次。

③发生地点、车站、区间里程(线别、站名、区间、公里、米)。

④伤亡旅客姓名、性别、国籍、民族、年龄、职业、单位、住址、身份证号码、车票种类、发到站和票号。

⑤事故及伤亡简况(描述直观伤害程度)。

(3)石击列车造成旅客伤害

①发生石击的车厢列车员应立即记录事发时间,区段和遭受石击部位,同时维护车内秩序,稳定旅客情绪,协助救治。

②石击列车造成旅客受伤时,拍发铁路电报(票例 1-3-6),主送:负责管辖石击列车区段的铁路公安派出所;抄送:处理站,双方铁路局集团公司客运部,×客运段(注:因石击列车造成玻璃破碎,抄×车辆段)。

铁路传真电报

签　发:　　　　核　稿:　　　　拟稿人:

电　话:

发报所名	电报号码	等级	受理日	时　分	收到日	时　分	值机员

主送单位:　乌海西站及驻站铁路公安派出所

抄送单位:　呼和局集团公司车辆部、客运部,呼和浩特铁路公安局、集团公司护路办乌海护路所,×铁路公安处,呼和乘警支队,乌海车务段、×车辆段、×客运段

报　　文:

2023年×月×日22:50,×次运行在进入乌海西站前,列车机后第四位硬座车厢4车(车号YZ412063)运行方向右侧第六个车窗被石击、双层玻璃破碎,将旅客王×[男、36岁,身份证号码×,持呼和浩特—兰州客快票,票号B123522(没有购买乘意险),系内蒙古伊利公司职员]头部打伤,额头破口2厘米。列车寻医找药、对受伤旅客进行了简单包扎止血,编制客运记录35号交乌海西站。特电告知。

客运段广州×组(2023)第×号

K×次列车长印

2023年×月×日于乌海西站

第1页

票例 1-3-6

③拍发石击铁路电报时列车必须准确描述石击列车车厢的位置,如"一车下飞石将机后几位几号车厢运行方向(左右)侧第几块(单双)玻璃击碎"。

(4)处理全程使用音视频记录仪,记录抢救、处理、交接全过程。

97. 特殊情况列车途中餐料不足拍发铁路电报

2023 年×月×日,K×次列车(包头—深圳东),运行至亳州(到站时间 11:15),有一行 28 人的比

利时游客乘车去深圳东，要求用在列车用晚餐并提出用餐标准，餐车缺少部分餐料饮品，请求在前方停车站补充部分餐料。前方停车站为阜阳(12:15)、九江(15:20)、南昌(16:13)吉安(17:24)等站，叙述处置依据及流程，按铁路电报格式编写电报内容(题中条件不足部分自行合理补充)。

答：依据《中国铁路总公司劳卫部运输局关于依法查处无证经营食品补货点的通知》(劳卫防电〔2016〕17 号)：

1. 我铁路局集团公司担当的旅客列车餐车除属地本单位指定上料点外，原则上不得到市场上采购食品原料。特殊情况下确需采购原料时，需经单位主管领导批准，同时要将经营单位《食品经营许可证》(影印件)、产品合格证、购货发票等票证一并索取留存，同时报铁路局集团公司卫生监督所备案。

2. 我铁路局集团公司担当的旅客列车在途中及折返站因餐料不足需应急补料时，应选择有客运段所在地的车站，在兄弟局集团公司客运段餐饮后勤部门支援下补料。补料地无客运段时，请示单位主管领导批准，选择有资质的食品经营商超，同时要将补料点《食品经营单位经营许可证》(影印件)、《产品合格证》、购货发票等票证一并索取留存，返段后上交段业务管理部门存档备查。

(1)列车遇有特殊情况，途中发生餐料不足时，由列车长根据实际需要，向前方列车(客运)段拍发铁路电报(票例 1-3-7)，请求补充餐料，接报段应予解决。

铁路传真电报

签 发： 核 稿： 拟稿人：

电 话：

发报所名	电报号码	等级	受理日	时 分	收到日	时 分	值机员

主送单位： 郑州客运段

抄送单位： 郑州、呼和浩特局集团公司客运部、客调，×客运段。

报 文：

2023年×月×日，一行28人比利时游客旅行团自亳州乘车去深圳，要求在列车用晚餐，用餐标准中部分餐料列车没有储备，请你段协助在南昌站补充菲力牛排28份（标准为每份0.4千克）、黑胡椒一瓶、青岛啤酒40罐（标准为500毫升）、橄榄油一瓶1千克为盼。餐车在机后12位7号车厢。

郑州客运段广州×组（2023）第×号

K×次列车长印

2023年×月×日于阜阳站

第 1 页

票例 1-3-7

(2)铁路电报主送前方列车(客运)段,抄报有关铁路局集团公司客运部、列车客运班组所属段。

(3)铁路电报中应具体注明所需补充的餐料品名、数量,以便接报段准备餐料。

98. 超员铁路电报(特殊情况纸质电报)

2023年×月×日,K×次列车(呼和浩特东—成都,使用25G型车底),银川站开车,硬座实际定员572人,由于端午节放假,大批旅客到成都旅游,致使列车严重超员,车内现员达1 003人,列车现已超员75%。其中,到广元站18人,广元已远897人。前方停车站依次为中卫、白银西等站,题中条件不足部分自行合理补充。叙述处理过程,按铁路电报格式编写电报内容。

答:(1)超员铁路电报的依据是列车旅客的实际人数,因此,必须写清楚列车。实际定员和车内现有人数及超员率,以便收报单位见报后清楚地知道列车上的超员现状。

(2)现行超员相关规定。

①铁道部运输局通话记录〔2011〕第223号。

为加强旅客运输组织工作,确保旅客列车安全,根据车辆安全技术条件,现将旅客列车超员率规范如下:

a. 动车组列车。

(a)时速300千米/时动车组列车不超员。

(b)时速200~250千米/时动车组列车商务、特等、一等座不超员,CRH2C型动车组列车及CRH380A型动车组列车6号车厢不超员,其他二等座超员不大于15%。

b. 普速旅客列车。

(a)非空硬座车(22型、25B型)每车厢载客不超过200人。

(b)双层硬座车每车厢载客不超过200人。

(c)空调硬座车(25G、25K、25T型)每车厢载客不超180人。

(d)25T型硬卧车不代座,其他硬卧车代硬座每节车厢载客不超过160人或(120人)。

②中国铁路总公司运输局通话记录〔2013〕第175号。

为加强旅客运输组织工作,确保旅客列车安全,提高铁路服务质量,现对前发铁道部运输通话记录〔2011〕223号第二项第1条非空硬座车超员率规定修改如下:

非空硬座车(22型、25B型)每车厢载客不超过200人,暑运期间(7月1日—8月31日)每车厢载客不超过180人。

(3)拍发超员铁路电报时,不应把铁路电报发至终点站。

拍发铁路电报,见票例1-3-8。

铁路传真电报

签 发: 核 稿: 拟稿人:
电 话:

发报所名	电报号码	等级	受理日	时 分	收到日	时 分	值机员

主送单位: 白银西至广元K×次列车各停车站

抄送单位: 国铁集团客运部、客调，兰州、成都、呼和局集团公司客运部、客调，×客运段

报 文:

2023年×月×日K×次银川站开车后，列车硬座车厢超员，实际定员572人，现员1 003人，超员75%，请接报站严格控制票额，以确保列车安全正点。

客运段成都×组（2023）第×号
K×次列车长印
2023年×月×日于中卫站

第1页

票例 1-3-8

99. 发生旅客食物中毒，向所属铁路局集团公司或前方铁路卫生监督所报告时拍发电报

2023年×月×日，K×次列车(北京—乌海西)运行至卓资东—呼和浩特间，硬座车厢4车有8名旅客出现呕吐腹泻现象，经向这8人了解，他们都曾在集宁南站前一个名叫“天地源”的餐馆就餐，其中5人病情较重。已编制客运记录将旅客及旅客呕吐物交呼和浩特站(题中条件不足部分自行合理补充)。叙述处理过程，按铁路电报格式编写电报内容。

答:(1)及时报告。列车发生3名以上旅客食物中毒时，列车长应向有关部门及时拍发铁路电报(票例1-3-9)，主送处理站所属铁路疾病控制中心(或疾控所)，抄送有关及本铁路局集团公司劳卫部、客运部、铁路公安局，铁路公安处、乘警队及本段。如中毒人数较多并严重时还应抄送国铁集团劳卫部、疾控中心、客运部。报告内容:旅客发病时间、地点、人数、食(饮)用食物名称，要求派员处理。

(2)安置病人。立即广播寻医找药，积极救治旅客，同时列车长编制客运记录移交车站，及时将病人送当地有救治能力的医院进行抢救。

(3)保护现场。稳定旅客情绪，封存可疑食物、呕吐物样品，停止销售可疑食物，追回售出可疑食物，等待卫生监督人员到现场查验。

铁路传真电报

签　发：　　　　　　核　稿：　　　　　　拟稿人：

电　话：

发报所名	电报号码	等级	受理日	时　分	收到日	时　分	值机员

主送单位：呼和浩特卫生监督所

抄送单位：呼和浩特铁路公安局，呼和浩特局集团公司劳卫部、客运部，×铁路公安处，×乘警支队、×客运段

报　　文：

×月×日，K×次运行在卓资东至呼和浩特站间，硬座车厢4车有8名旅客出现呕吐、腹泻现象，经了解，他们均在集宁南站站前一个名叫“天地源”的餐馆就过餐，列车积极寻医找药，其中5人病情较重，疑似食物中毒，列车已编制客运记录×号将旅客及收集的呕吐物交呼和浩特站。特此电告。

客运段乌京组（2023）第×号

K×次列车长印

2023年×月×日于呼和浩特站

第1页

票例 1-3-9

(4)调查取证。调查发病原因及其餐饮食物，取得被取证人包括发病人证明材料，多人发病时取证发病人材料2份以上、同行人或周围旅客材料2份、有关工作人员材料1份。

(5)在运行途中列车长根据掌握的情况及时向上级有关部门汇报，听取指示要求；返乘后写出书面报告，连同有关取证材料一并上交。

(6)注意事项：

①不论食物中毒责任在谁，首先要积极救治旅客。

②采取措施保证其他旅客免受伤害或传染。

③了解情况，掌握证据要全面、准确。

④发现或发生传染人，要注意隔离，防止传染的扩大，同时要宣传注意个人保护意识，稳定旅客情绪。

⑤请求防疫站上车，要电告车厢位置。

⑥全程使用音视频记录仪，记录抢救、处理、交接全过程。

100. 列车缺乏燃料需补煤拍发铁路电报

2023 年×月×日，L×次列车（兰州—呼和浩特）由于白银西—景泰区段线路故障造成列车晚点 20 小时 15 分钟，中卫站开车后，车厢采暖锅炉用煤告罄。列车长拍发铁路电报请求补煤（前方停车站青铜峡站可拍发铁路电报，最近前方客运段为银川客运段，本次列车银川站停车 20 分钟）。叙述处理过程，按铁路电报格式编写铁路电报内容（题中条件不足部分自行合理补充）。

答：（1）专运列车或旅客列车遇临时情况在中途临时需要补煤时，列车长应向前方列车（客运）段拍发铁路电报（票例 1-3-10），由接报段负责补煤。

铁路传真电报

签　发：　　　　核　稿：　　　　拟稿人：
　　　　　　　　　　　　　　　　电　话：

发报所名	电报号码	等级	受理日	时　分	收到日	时　分	值机员

主送单位：银川客运段

抄送单位：兰州、呼和局集团公司客运部、客调，×客运段

报　　文：

2023年×月×日，L×次列车于中卫站开车后，机后3、4、7、11、15位共5节车厢采暖锅炉用煤告罄，急需补煤共计1.5吨，请协助在银川站为上述车厢补煤为盼。

×客运段临客×组（2023）第×号
L×次列车长印
2023年×月×日于青铜峡站

第 1 页

票例 1-3-10

（2）列车（客运）段或车站前来补煤时，列车长或专运列车的乘务员应在补料单上签认，以便双方清算费用。

（3）铁路电报主送前方列车（客运）段或车站，抄报有关铁路局集团公司客运部，客调和列车客运班组所属段。军用专运列车拍发中途补煤铁路电报时，还应抄报有关铁路局集团公司军调。电文中应注明补煤数量和欠煤车厢在列车中的编挂位置。

S1 编写客运记录移交急病旅客

一、考场准备

要求：场地模拟列车环境，不具备条件时要提供笔试或口试条件。

二、材料工具准备

序号	名称	规格	数量	备注
1	客运记录票样	客统—1	1张	
2	蓝色或黑色碳素笔、圆珠笔、钢笔		1支	

三、考核要求

(1)被鉴定人入场后，首先由裁判告知题目，其次由被鉴定人检查准备备品，当被鉴定人告知裁判可以开始时，由裁判员开始计时。

(2)考核时间为10分钟。

(3)在被鉴定人编写客运记录期间，裁判可以向被鉴定人提问，遇突发疾病旅客处置相关的程序。

(4)考核过程中如果裁判向被鉴定人提问处置旅客突发急病程序时，被鉴定人未提及处置过程中应全程使用音视屏记录仪及尽力采取救助措施(广播找医生、发动旅客提供药品、必要时可请求在前方所在地有医疗条件的车站临时停车处置等)，视为0分。

(5)考核完毕后，由被鉴定人在评分表上签字确认。

四、考核评分

(1)考评人员3名以上。

(2)评分程序及规则：考评员根据考生操作情况对照计分标准在评分表上给予记录评分。

(3)算分方法：采用百分制，满分100分，60分及以上为及格。

五、铁道行业职业技能登记认定列车长技师实作技能考核评分记录表

单位：________ 姓名：________ 性别：________ 准考证号：________ 工种：________ 级别：________

试题名称：编写客运记录移交急病旅客。

考核时间：10分钟。

操作开始时间： 时 分　　　　操作结束时间： 时 分

项目	考核内容及评分标准	扣分因素及扣分	得分
作业流程(60分)	1. 记录编号：按年编写		
	2. 记录事由：注明移交原因		
	3. 受理站：站名要写全称		

续上表

项目	考核内容及评分标准	扣分因素及扣分	得分
作业流程（60分）	4.记录中应注明日期、车次		
	5.记录中应注明旅客发病区间及情况		
	6.记录中应注明旅客车票的发到站，票号		
	7.记录中应注明旅客姓名、性别、年龄、住址、单位、职业、身份证号，电话		
	8.编写单位列车车次，年月日，加盖列车长名章		
	程序不对扣10分，每漏一项扣10分		
编写质量（30分）	1.使用语言精练，表达意思明确。（15分）		
	2.字体要清楚，不写自造简化字，编写字体潦草或有错别字。（15分）		
备品使用（10分）	用蓝或黑色笔编写（用不同颜色笔编写）。（10分）		
考核时间	作业在10分钟内完成。每超时1分钟扣5分，超过5分钟停止考核。用时　　分钟		
合计得分			

考评员签名：　　　　　　　　　　鉴定人：　　　　　　　　　　年　　月　　日

S2　编写客运记录移交石击列车意外伤害旅客

一、考场准备

要求：场地模拟列车环境，不具备条件时要提供笔试或口试条件。

二、材料工具准备

序　　号	名　　称	规　　格	数　　量	备　　注
1	客运记录票样	客统—1	1张	
2	蓝色或黑色碳素笔、圆珠笔、钢笔		1支	

三、考核要求

（1）被鉴定人入场后，首先由裁判告知题目，其次由被鉴定人检查准备备品，当被鉴定人告知裁判可以开始时，由裁判员开始计时。

（2）考核时间为10分钟。

（3）在被鉴定人编写客运记录期间，裁判可以向被鉴定人提问，发生意外伤害旅客处置的相关程序和要求。

（4）考核过程中如果裁判向被鉴定人提问处置发生意外伤害旅客的相关程序时，被鉴定人未提及处置过程中应全程使用音视屏记录仪及尽力采取救助措施（广播找医生、发动旅客提供药品、必要时可请求在前方所在地有医疗条件的车站临时停车处置等），视为0分。

（5）考核完毕后，由被鉴定人在评分表上签字确认。

四、考核评分

(1)考评人员 3 名以上。

(2)评分程序及规则:考评员根据考生操作情况对照计分标准在评分表上给予记录评分。

(3)算分方法:采用百分制,满分 100 分,60 分及以上为及格。

五、铁道行业职业技能登记认定列车长技师实作技能考核评分记录表

单位:________ 姓名:________ 性别:________ 准考证号:________ 工种:________ 级别:________

试题名称:编写客运记录移交石击列车意外伤害旅客。

考核时间:10 分钟。

操作开始时间: 时 分　　　　操作结束时间: 时 分

项目	考核内容及评分标准	扣分因素及扣分	得分
作业流程(60 分)	1. 记录编号:按年编写		
	2. 记录事由:注明移交原因		
	3. 受理站:站名或部门要写全称		
	4. 记录中应注明日期、车次		
	5. 记录中应注明发生的石击时列车运行的区间、时间(具体到分)		
	6. 记录中应注明石击车厢的位置(包括车厢位于机后几位、左侧或右侧、座位号)		
	7. 记录中应注明旅客的受伤情况		
	8. 记录中应注明对旅客救助情况及旅客的姓名、性别、年龄、单位		
	9. 记录中应注明取获取旁证材、证物等情况		
	10. 编写单位列车车次,年月日,加盖列车长名章		
	程序不对扣 10 分,每漏一项扣 10 分		
编写质量(30 分)	1. 使用语言精练,表达意思明确。(15 分)		
	2. 字体要清楚,不写自造简化字,编写字体潦草或有错别字。(15 分)		
备品使用(10 分)	用蓝或黑色笔编写(用不同颜色笔编写)。(10 分)		
考核时间	作业在 10 分钟内完成。每超时 1 分钟扣 5 分,超过 5 分钟停止考核。用时 分钟		
合计得分			

考评员签名:　　　　鉴定人:　　　　年 月 日

S3 编写客运记录移交跳车受伤旅客

一、考场准备

要求:场地模拟列车环境,不具备条件时要提供笔试或口试条件。

二、材料工具准备

序 号	名 称	规 格	数 量	备 注
1	客运记录票样	客统—1	1 张	
2	蓝色或黑色碳素笔、圆珠笔、钢笔		1 支	

三、考核要求

(1)被鉴定人入场后，首先由裁判告知题目，其次由被鉴定人检查准备备品，当被鉴定人告知裁判可以开始时，由裁判员开始计时。

(2)考核时间为 10 分钟。

(3)在被鉴定人编写客运记录期间，裁判可以向被鉴定人提问，发生旅客跳车受伤处置的相关程序和要求。

(4)考核过程中如果裁判向被鉴定人提问处置跳车受伤旅客的相关程序时，被鉴定人未提及处置过程中应全程使用音视屏记录仪及尽力采取救助措施(广播找医生、发动旅客提供药品、必要时可请求在前方所在地有医疗条件的车站临时停车处置等)，视为 0 分。

(5)考核完毕后，由被鉴定人在评分表上签字确认。

四、考核评分

(1)考评人员 3 名以上。

(2)评分程序及规则：考评员根据考生操作情况对照计分标准在评分表上给予记录评分。

(3)算分方法：采用百分制，满分 100 分，60 分及以上为及格。

五、铁道行业职业技能登记认定列车长技师实作技能考核评分记录表

单位:________ 姓名:________ 性别:________ 准考证号:________ 工种:________ 级别:________

试题名称:编写客运记录移交跳车受伤旅客。

考核时间:10 分钟。

操作开始时间: 时 分 操作结束时间: 时 分

项目	考核内容及评分标准	扣分因素及扣分	得分
作业流程(60 分)	1. 记录编号:按年编写		
	2. 记录事由:注明移交原因		
	3. 受理站:站名或部门要写全称		
	4. 记录中应注明日期、车次		
	5. 记录中应注明旅客跳车的时间(具体到分)、运行区间		
	6. 记录中应注明发生旅客跳车的车厢位置(包括车厢位于机后几位、左侧或右侧、座位号或其他部位)		
	7. 记录中应注明发现旅客跳车的时机(发生跳车当时发现、还是其他)发生跳车后采取的措施(立即使用紧急制动装置停车等)		

续上表

项目	考核内容及评分标准	扣分因素及扣分	得分
作业流程（60分）	8.记录中应注明旅客车票发到站及车票票号		
	9.记录中应注明旅客的受伤情况、对旅客救助情况及旅客的姓名、性别、年龄、单位		
	10.记录中应注明取获取旁证材、证物料情况		
	11.编写单位列车车次，年月日，加盖列车长名章		
	程序不对扣10分，每漏一项扣10分		
编写质量（30分）	1.使用语言精练，表达意思明确。（15分）		
	2.字体要清楚，不写自造简化字，编写字体潦草或有错别字。（15分）		
备品使用（10分）	用蓝或黑色笔编写（用不同颜色笔编写）。（10分）		
考核时间	作业在10分钟内完成。每超时1分钟扣5分，超过5分钟停止考核。用时　　分钟		
合计得分			

考评员签名：　　　　　　　　　　鉴定人：　　　　　　　　　　年　　月　　日

S4　编写客运记录移交旅客遗失物品

一、考场准备

要求：场地模拟列车环境，不具备条件时要提供笔试或口试条件。

二、材料工具准备

序　号	名　称	规　格	数　量	备　注
1	客运记录票样	客统—1	1张	
2	蓝色或黑色碳素笔、圆珠笔、钢笔		1支	

三、考核要求

（1）被鉴定人入场后，首先由裁判告知题目，其次由被鉴定人检查准备备品，当被鉴定人告知裁判可以开始时，由裁判员开始计时。

（2）考核时间为10分钟。

（3）在被鉴定人编写客运记录期间，裁判可以向被鉴定人提问，发现旅客遗失物品处置的相关程序和要求。

（4）考核过程中如果裁判向被鉴定人提问处置旅客遗失物品程序时，被鉴定人未提及处置过程中应全程使用音视屏记录仪及积极寻找失主，视为0分。

（5）考核完毕后，由被鉴定人在评分表上签字确认。

四、考核评分

(1)考评人员 3 名以上。

(2)评分程序及规则:考评员根据考生操作情况对照计分标准在评分表上给予记录评分。

(3)算分方法:采用百分制,满分 100 分,60 分及以上为及格。

五、铁道行业职业技能登记认定列车长技师实作技能考核评分记录表

单位:________　姓名:________　性别:________　准考证号:________　工种:________　级别:________

试题名称:编写客运记录移交旅客遗失物品。

考核时间:10 分钟。

操作开始时间:　时　分　　　　操作结束时间:　时　分

项目	考核内容及评分标准	扣分因素及扣分	得分
作业流程(60 分)	1. 记录编号:按年编写		
	2. 记录事由:注明移交原因		
	3. 受理站:站名要写全称		
	4. 记录中应注明日期、车次		
	5. 记录中应注明旅客的下车站(无法确认旅客下车站的应写明)		
	6. 记录中应注明发现旅客遗失物品车厢号,遗失物品在车厢的位置		
	7. 记录中应描述物品外部形状及附遗失物品清单		
	8. 编写单位列车车次,年月日,加盖列车长名章		
	程序不对扣 10 分,每漏一项扣 10 分		
编写质量(30 分)	1. 使用语言精练,表达意思明确。(10 分)		
	2. 字体要清楚,不写自造简化字,编写字体潦草或有错别字。(10 分)		
	3. 旅客遗失物品中有现金应大写。(5 分)		
	4. 旅客遗失物品中有贵重物品如手机、电脑类时应注明型号、新旧程度。(5 分)		
备品使用(10 分)	用蓝或黑色笔编写(用不同颜色笔编写)。(10 分)		
考核时间	作业在 10 分钟内完成。每超时 1 分钟扣 5 分,超过 5 分钟停止考核。用时　分钟		
合计得分			

考评员签名:　　　　鉴定人:　　　　年　月　日

S5　编写客运记录使用定期票、计次票越站补票后,恢复乘车次数

一、考场准备

要求:场地模拟列车环境,不具备条件时要提供笔试或口试条件。

二、材料工具准备

序号	名称	规格	数量	备注
1	客运记录票样	客统—1	1张	
2	蓝色或黑色碳素笔、圆珠笔、钢笔		1支	

三、考核要求

(1)被鉴定人入场后,首先由裁判告知题目,其次由被鉴定人检查准备备品,当被鉴定人告知裁判可以开始时,由裁判员开始计时。

(2)考核时间为10分钟。

(3)在被鉴定人编写客运记录期间,裁判可以向被鉴定人提问,列车发现使用定期票、计次票越站处置的规定。

(4)考核过程中如果裁判向被鉴定人提问处置发现使用定期票、计次票越站的相关程序时,被鉴定人未提及处置过程中应全程使用音视屏记录仪及按实际乘坐席别、区间办理补票手续,视为0分。

(5)考核完毕后,由被鉴定人在评分表上签字确认。

四、考核评分

(1)考评人员3名以上。

(2)评分程序及规则:考评员根据考生操作情况对照计分标准在评分表上给予记录评分。

(3)算分方法:采用百分制,满分100分,60分及以上为及格。

五、铁道行业职业技能登记认定列车长技师实作技能考核评分记录表

单位:________ 姓名:________ 性别:________ 准考证号:________ 工种:________ 级别:________

试题名称:编写客运记录使用定期票、计次票越站补票后,恢复乘车次数。

考核时间:10分钟。

操作开始时间: 时 分　　　　操作结束时间: 时 分

项目	考核内容及评分标准	扣分因素及扣分	得分
作业流程(60分)	1.记录编号:按年编写		
	2.记录事由:注明移交原因		
	3.受理站:开通的车站站名全称		
	4.记录中应注明日期、车次		
	5.记录中应注明车票的种类、进站记录情况		
	6.记录中应注明持票人姓名、购票身份证件信息		
	7.记录中应注明车补车票的发到站、票号		
	8.编写单位列车车次,年月日,加盖列车长名章		
	程序不对扣10分,每漏一项扣10分		

续上表

项目	考核内容及评分标准	扣分因素及扣分	得分
编写质量（30分）	1.使用语言精练，表达意思明确。（15分）		
	2.字体要清楚，不写自造简化字，编写字体潦草或有错别字。（15分）		
备品使用（10分）	用蓝或黑色笔编写（用不同颜色笔编写）。（10分）		
考核时间	作业在10分钟内完成。每超时1分钟扣5分，超过5分钟停止考核。用时　　分钟		
合计得分			

考评员签名：　　　　　　　　　　鉴定人：　　　　　　　　　　年　　月　　日

S6 编写铁路电报铁路责任造成旅客伤害

一、考场准备

要求：场地模拟列车环境，不具备条件时要提供笔试或口试条件。

二、材料工具准备

序　号	名　称	规　格	数　量	备　注
1	铁路电报票样	《铁路电报电话管理规则》附件一	1张	
2	蓝色或黑色碳素笔、圆珠笔、钢笔		1支	

三、考核要求

（1）被鉴定人入场后，首先由裁判告知题目，其次由被鉴定人检查准备备品，当被鉴定人告知裁判可以开始时，由裁判员开始计时。

（2）考核时间为10分钟。

（3）在被鉴定人编写客运记录期间，裁判可以向被鉴定人提问，发生铁路责造成任伤害处置程序及规定。

（4）考核过程中如果裁判向被鉴定人提问处置发生铁路责任造成旅客伤害的相关程序时，被鉴定人未提及处置过程中应全程使用音视屏记录仪及尽力采取救助措施（广播找医生、发动旅客提供药品、必要时可请求在前方所在地有医疗条件的车站临时停车处置等），视为0分。

（5）考核完毕后，由被鉴定人在评分表上签字确认。

四、考核评分

（1）考评人员3名以上。

（2）评分程序及规则：考评员根据考生操作情况对照计分标准在评分表上给予记录评分。

（3）算分方法：采用百分制，满分100分，60分及以上为及格。

五、铁道行业职业技能登记认定列车长技师实作技能考核评分记录表

单位:________　姓名:________　性别:________　准考证号:________　工种:________　级别:________

试题名称:编写铁路电报铁路责任造成旅客伤害。

考核时间:10 分钟。

操作开始时间:　时　分　　　　操作结束时间:　时　分

项目	考核内容及评分标准	扣分因素及扣分	得分
作业流程 (60 分)	1. 主送:处理车站		
	2. 抄送:处理站所在铁路局集团公司的客运主管部门、非直属站的上级部门、列车所属客运段		
	3. 电文中应载明造成旅客伤害的日期、时间、车次		
	4. 电文中应载明造成旅客伤害原因		
	5. 电文中应载明被伤害旅客的相关信息(姓名、性别、身份证号码、家庭住址等)		
	6. 电文中应载明伤害情况(受伤部位、伤害程度)		
	7. 电文中应载明处置被伤害旅客的情况(列车处置、编制客运记录交站情况)		
	8. 电文中应载明被伤害旅客车票发到站、票号		
	9. 编写单位、车次、拍发铁路电报人的职务、拍发铁路电报的车站、加盖名章,年月日		
	程序不对扣 10 分,每漏一项扣 10 分		
编写质量 (30 分)	1. 使用规定的文字、符号、记号。收电单位明确、电文通顺,文字力求简练、字迹清晰。(10 分)		
	2. 主送单位以冒号结束,中间不得使用冒号;抄送单位以句号结束,中间不得使用句号。(10 分)		
	3. 抄送一般先上级后下级依次排列,本单位列最后。(10 分)		
备品使用 (10 分)	用蓝或黑色笔编写(用不同颜色笔编写)。(10 分)		
考核时间	作业在 10 分钟内完成。每超时 1 分钟扣 5 分,超过 5 分钟停止考核。用时　分钟		
合计得分			

考评员签名:　　　　鉴定人:　　　　年　月　日

S7　编写铁路电报列车发生 3 人以上食物中毒

一、考场准备

要求:场地模拟列车环境,不具备条件时要提供笔试或口试条件。

二、材料工具准备

序　号	名　称	规　格	数　量	备　注
1	铁路电报票样	《铁路电报电话管理规则》附件一	1 张	
2	蓝色或黑色碳素笔、圆珠笔、钢笔		1 支	

三、考核要求

(1)被鉴定人入场后,首先由裁判告知题目,其次由被鉴定人检查准备备品,当被鉴定人告知裁判可以开始时,由裁判员开始计时。

(2)考核时间为10分钟。

(3)在被鉴定人编写客运记录期间,裁判可以向被鉴定人提问,发生3人以上食物中毒处置程序及规定。

(4)考核过程中如果裁判向被鉴定人提问处置发生3人以上食物中毒处置的相关程序时,被鉴定人未提及处置过程中应全程使用音视屏记录仪及尽力采取救助措施(广播找医生、发动旅客提供药品、必要时可请求在前方所在地有医疗条件的车站临时停车处置等),视为0分。

(5)考核完毕后,由被鉴定人在评分表上签字确认。

四、考核评分

(1)考评人员3名以上。

(2)评分程序及规则:考评员根据考生操作情况对照计分标准在评分表上给予记录评分。

(3)算分方法:采用百分制,满分100分,60分及以上为及格。

五、铁道行业职业技能登记认定列车长技师实作技能考核评分记录表

单位:________　姓名:________　性别:________　准考证号:________　工种:________　级别:________

试题名称:编写列车电报发生3人以上食物中毒。

考核时间:10分钟。

操作开始时间:　时　分　　　　操作结束时间:　时　分

项目	考核内容及评分标准	扣分因素及扣分	得分
作业流程(60分)	1.主送:处理车站及处理站所属铁路监督所(或分所)		
	2.抄送:国铁集团劳卫部、客运部(跨局列车或中毒人数较多并严重时),处理站所属铁路局集团公司劳卫、客运部、铁路公安局;列车所属铁路局集团公司劳卫、客运部、铁路公安局,列车所属客运段		
	3.电文中应载明日期、车次		
	4.电文中应载明食物中毒旅客人数、中毒旅客症状		
	5.电文中应载明了解中毒过程情况		
	6.电文中应载明收集疑似造成旅客中毒食物及中毒旅客呕吐物情况		
	7.电文中应载明处置物中毒旅客的情况(列车处置、编制客运记录交站情况)		
	8.电文中应载明未尽事宜		
	9.编写单位、车次、拍发铁路电报人的职务、拍发铁路电报的车站、加盖名章,年月日		
	程序不对扣10分,每漏一项扣10分		
编写质量(30分)	1.使用规定的文字、符号、记号。收电单位明确、电文通顺,文字力求简练、字迹清晰。(10分)		

续上表

项目	考核内容及评分标准	扣分因素及扣分	得分
编写质量（30分）	2.主送单位以冒号结束，中间不得使用冒号；抄送单位以句号结束，中间不得使用句号。（10分）		
	3.抄送一般先上级后下级依次排列，本单位列最后。（10分）		
备品使用（10分）	用蓝或黑色笔编写(用不同颜色笔编写)。（10分）		
考核时间	作业在10分钟内完成。每超时1分钟扣5分，超过5分钟停止考核。用时　　分钟		
合计得分			

考评员签名：　　　　　　　　　鉴定人：　　　　　　　　　年　　月　　日

S8　编写铁路电报列车事故速报(列车发生火灾、爆炸)

一、考场准备

要求：场地模拟列车环境，不具备条件时要提供笔试或口试条件。

二、材料工具准备

序　　号	名　　称	规　　格	数　　量	备　　注
1	铁路电报票样	《铁路电报电话管理规则》附件一	1张	
2	蓝色或黑色碳素笔、圆珠笔、钢笔		1支	

三、考核要求

(1)被鉴定人入场后，首先由裁判告知题目，其次由被鉴定人检查准备备品，当被鉴定人告知裁判可以开始时，由裁判员开始计时。

(2)考核时间为10分钟。

(3)在被鉴定人编写客运记录期间，裁判可以向被鉴定人提问，发生列车发生火灾、爆炸处置程序及规定。

(4)考核过程中如果裁判向被鉴定人提问处置发生列车发生火灾、爆炸的相关程序时，被鉴定人未提及处置过程中应全程使用音视屏记录仪及关于处置旅客列车爆炸、火灾事故的应急方案(其要点是立即停车、疏散旅客、迅速扑救、切断火源、车辆分离、报告救援、抢救伤员、保护现场、协助查访、认真取证)的要求，视为0分。

(5)考核完毕后，由被鉴定人在评分表上签字确认。

四、考核评分

(1)考评人员3名以上。

(2)评分程序及规则：考评员根据考生操作情况对照计分标准在评分表上给予记录评分。

(3)算分方法：采用百分制，满分 100 分，60 分及以上为及格。

五、铁道行业职业技能登记认定列车长技师实作技能考核评分记录表

单位：________　　姓名：________　　性别：________　　准考证号：________　　工种：________　　级别：________

试题名称：编写铁路电报列车事故速报(列车发生火灾、爆炸)。

考核时间：10 分钟。

操作开始时间：　时　分　　　　操作结束时间：　时　分

项目	考核内容及评分标准	扣分因素及扣分	得分
作业流程 (60 分)	1. 主送：收报单位为有关铁路局集团公司客运部、客调、安全监察室、铁路公安局、车辆部，车辆所属段、值乘乘警队、值乘客运		
	2. 抄送：根据事故的程度和性质还应抄报国铁集团客运部、客调、安全监督局、铁路公安局		
	3. 电文中应载明事故发生日期、时间、车次		
	4. 电文中应载事故发生的地点(车站、区间、公里)		
	5. 电文中应载明事故车厢在列车中的位置、车种及车号		
	6. 电文中应载明事故原因(能判明时)和事故造成损失情况(包括伤亡、车辆等)		
	7. 电文中应载明简要处置过程		
	8. 电文中应载明未尽事宜		
	9. 编写单位、车次、拍发铁路电报人的职务、拍发铁路电报的车站、加盖名章，年月日		
	程序不对扣 10 分，每漏一项扣 10 分		
编写质量 (30 分)	1. 使用规定的文字、符号、记号。收电单位明确、电文通顺，文字力求简练、字迹清晰。(10 分)		
	2. 主送单位以冒号结束，中间不得使用冒号；抄送单位以句号结束，中间不得使用句号。(10 分)		
	3. 抄送一般先上级后下级依次排列，本单位列最后。(10 分)		
备品使用 (10 分)	用蓝或黑色笔编写(用不同颜色笔编写)。(10 分)		
考核时间	作业在 10 分钟内完成。每超时 1 分钟扣 5 分，超过 5 分钟停止考核。用时　　分钟		
合计得分			

考评员签名：　　　　鉴定人：　　　　年　　月　　日

S9　填写客运运价杂费收据处置携带品整件超重、超大

一、考场准备

要求：场地模拟列车环境，不具备条件时要提供笔试或口试条件。

二、材料工具准备

序号	名称	规格	数量	备注
1	客运运价杂费收据票样		1张	
2	铁路客运运价里程表		1册	(最新)
3	行李包裹运价表		1册	(最新)
4	蓝色或黑色碳素笔、圆珠笔、钢笔		1支	

三、考核要求

(1)被鉴定人入场后,首先由裁判告知题目,其次由被鉴定人检查准备备品,当被鉴定人告知裁判可以开始时,由裁判员开始计时。

(2)考核时间为10分钟。

(3)在被鉴定人编写客运记录期间,裁判可以向被鉴定人提问,处置旅客携带品整件超大相关规定。

(4)考核过程中如果裁判向被鉴定人提问,处置旅客携带品整件超大相关规定时,被鉴定人未提及处置过程中应全程使用音视屏记录仪及携带物品整件不可分拆,视为0分。

(5)考核完毕后,由被鉴定人在评分表上签字确认。

四、考核评分

(1)考评人员3名以上。

(2)评分程序及规则:考评员根据考生操作情况对照计分标准在评分表上给予记录评分。

(3)算分方法:采用百分制,满分100分,60分及以上为及格。

五、铁道行业职业技能登记认定列车长技师实作技能考核评分记录表

单位:________ 姓名:________ 性别:________ 准考证号:________ 工种:________ 级别:________

试题名称:填写客运运价杂费收据处置携带品整件超重、超大。

考核时间:10分钟。

操作开始时间: 时 分　　　　操作结束时间: 时 分

项目	考核内容及评分标准	扣分因素及扣分	得分
作业流程(60分)	1. 填写年月日		
	2. 填写核收区间发到站		
	3. 填写核收人数		
	4. 记事栏应注明携带品件数、重量、整件超重携带品的重量、整件超大携带品长、宽、高之和及重量、杆状物品长度		
	5. 记事栏应注明补收运费重量		
	6. 核收费用栏内收费种别、件数、重量填写正确,运价计算、尾数处理准确符合规章,填写在款额栏内		

续上表

项目	考核内容及评分标准	扣分因素及扣分	得分
作业流程（60分）	7.正确填写办理车次、办理人职名，加盖办理人名章		
	程序不对扣10分，每漏一项扣10分		
编写质量（30分）	1.发到站站名不简化，字体要清楚，不写自造简化字。（10分）		
	2.票据无涂改。（10分）		
	3.未使用的各栏斜线划消。（10分）		
备品使用（10分）	用蓝或黑色笔编写（用不同颜色笔编写）。（10分）		
考核时间	作业在10分钟内完成。每超时1分钟扣5分，超过5分钟停止考核。用时　分钟		
合计得分			

考评员签名：　　　　　　　　　　　鉴定人：　　　　　　　　　年　　月　　日

S10　普速旅客列车因洪灾受阻应急处置流程

一、考场准备

要求：场地模拟列车环境，不具备条件时要提供笔试或口试条件。

二、材料工具准备

序　号	名　称	规　格	数　量	备　注
1	无线对讲设备	频率467.200 MHz	1个	列车长专用
2	G网电话		1个	列车长专用

三、考核要求

（1）被鉴定人入场后，首先由裁判告知题目，其次由被鉴定人检查准备备品，当被鉴定人告知裁判可以开始时，由裁判员开始计时。

（2）考核时间为10分钟。

（3）在被鉴定人处置过程中，裁判可以向被鉴定人提问列车受阻后车内情况，以确认被鉴定人是否掌握车内实际情况。

（4）考核过程中被鉴定人未使用无线对讲设备与车站、司机、所在地集团公司客调了解列车受阻原因的，成绩为0分。

（5）考核完毕后，由被鉴定人在评分表上签字确认。

四、考核评分

（1）考评人员3名以上。

（2）评分程序及规则：考评员根据考生操作情况对照计分标准在评分表上给予记录评分。

（3）算分方法：采用百分制，满分100分，60分及以上为及格。

五、铁道行业职业技能登记认定列车长技师实作技能考核评分记录表

单位：________ 姓名：________ 性别：________ 准考证号：________ 工种：________ 级别：________

试题名称：普速旅客列车因洪灾受阻应急处置流程。

考核时间：10 分钟。

操作开始时间： 时 分 操作结束时间： 时 分

项目	考核内容及评分标准	扣分因素及扣分	得分
作业流程（60 分）	1. 列车长使用无线对讲机了解受阻原因、开车时间		
	2. 列车长写出列车受阻后车内情况，内容包括：安全、客流、旅客动态、各车厢供水、饮食供应、车辆设备、发电车燃油使用情况以及行包装载等方面的情况		
	3. 列车长使用 G 网电话设备将列车受阻情况及采取的措施向当地和所属集团公司客调、段总调度室汇报		
	4. 列车长召开三乘会议，布置任务，明确职责，分工负责。加强车厢巡视，保证车内治安秩序良好，车门锁闭，确保旅客绝对安全		
	5. 列车长通过广播向旅客解释列车受阻原因，预计晚点时间，并代表铁路部门向旅客表示歉意		
	6. 列车长要及时掌握列车用水及餐料和发电车用油等情况。预计不足时要立即报告段总调度室，并请求当地车站或地方政府支持、协助。恢复运行时列车长应使用 G 网电话设备向段总调度室汇报列车开行时间，晚点时间		
	程序不对扣 20 分，每漏一项扣 10 分		
作业质量（20 分）	1. 汇报内容不全。（10 分）		
	2. 未召开三乘会议布置任务。（10 分）		
备品使用（20 分）	1. 无线对讲设备了解内容不对。（扣 5 分）		
	2. G 网电话汇报内容不对的。（5 分）		
	3. 损坏设备。（10 分）		
考核时间	作业在 10 分钟内完成。每超时 1 分钟扣 5 分，超过 5 分钟停止考核。用时 分钟		
合计得分			

考评员签名： 鉴定人： 年 月 日

S11 普速旅客列车发生火灾在长大隧道、桥梁被迫停车应急处置流程

一、考场准备

要求：场地模拟列车环境，不具备条件时要提供笔试或口试条件。

二、材料工具准备

序 号	名 称	规 格	数 量	备 注
1	G 网电话		1 个	列车长专用
2	音视频记录仪		1 个	列车长专用

三、考核要求

(1)被鉴定人入场后,首先由裁判告知题目,其次由被鉴定人检查准备备品,当被鉴定人告知裁判可以开始时,由裁判员开始计时。

(2)考核时间为 10 分钟。

(3)在被鉴定人处置过程中,裁判可以向被鉴定人提问在长大隧道内或桥梁上的应急通信系统是什么设备(G 网电话)。

(4)考核过程中被鉴定人未提及使用音视频记录仪记录的,成绩为 0 分。

(5)考核完毕后,由被鉴定人在评分表上签字确认。

四、考核评分

(1)考评人员 3 名以上。

(2)评分程序及规则:考评员根据考生操作情况对照计分标准在评分表上给予记录评分。

(3)算分方法:采用百分制,满分 100 分,60 分及以上为及格。

五、铁道行业职业技能登记认定列车长技师实作技能考核评分记录表

单位:________ 姓名:________ 性别:________ 准考证号:________ 工种:________ 级别:________

试题名称:普速旅客列车发生火灾在长大隧道、桥梁被迫停车应急处置流程。

考核时间:10 分钟。

操作开始时间: 时 分 操作结束时间: 时 分

项目	考核内容及评分标准	扣分因素及扣分	得分
作业流程 (60 分)	1. 列车长应根据现场情况组织起火车厢乘务员找准火源,使用灭火器进行灭火。并使用音视频记录仪全程摄录		
	2. 列车长要立即与机车司机取得联系确定停车地点、时间,然后使用 G 网通信设备向所在地(所属局)客调、段综合指挥中心报告列车受阻情况。报告内容为列车编组、起火车种、车厢号、起火部位、原因、人员伤亡情况、旅客人数、去向、重点旅客,行包、邮件、煤、水、餐料数量及是否与就近车站取得联系等		
	3. 列车长要采取广播宣传或口头宣传,稳定旅客情绪		
	4. 列车长应迅速组织起火车厢旅客向邻近未失火车厢或安全地带疏散。如车厢内浓烟弥漫时,要指导被困旅客用湿毛巾、手帕、衣物等捂住口鼻,采取低姿行走的方式疏散到安全车厢		
	5. 列车长要向目击旅客询问火灾原因,协助乘警进行调查,找出火灾肇事者或说明情况		
	6. 列车恢复运行后,列车长要将列车受损情况及时向有关部门进行反馈,拍发铁路电报,编制客运记录		
	程序不对扣 20 分,每漏一项扣 10 分		
作业质量 (20 分)	1. 未采取正确方式组织旅客疏散。(10 分)		
	2. 未详细汇报列车情况。(10 分)		

续上表

项目	考核内容及评分标准	扣分因素及扣分	得分
备品使用（20 分）	1.未正确使用音视频记录仪。（5 分）		
	2.未使用 G 网电话设备报告。（5 分）		
	3.损坏设备。（10 分）		
考核时间	作业在 10 分钟内完成。每超时 1 分钟扣 5 分，超过 5 分钟停止考核。用时　　分钟		
合计得分			

考评员签名：　　　　鉴定人：　　　　年　　月　　日

S12　动车组列车空调失效无法修复但列车可以维持运行应急处置流程

一、考场准备

要求：场地模拟列车环境，不具备条件时要提供笔试或口试条件。

二、材料工具准备

序　号	名　称	规　格	数　量	备　注
1	无线对讲设备	频率 467.200 MHz	1个	列车长专用
2	G 网电话		1个	列车长专用
3	音视频记录仪		1个	列车长专用
4	车门防护网		1套	

三、考核要求

(1)被鉴定人入场后，首先由裁判告知题目，其次由被鉴定人检查准备备品，当被鉴定人告知裁判可以开始时，由裁判员开始计时。

(2)考核时间为 10 分钟。

(3)在被鉴定人处置过程中，裁判可以向被鉴定人提问动车组列车在停车站安装好防护网、打开部分车门后，限速运行的规定(列车调度员向司机(救援时还包括救援司机)及沿途各站发布打开车门限速 60 公里/时(通过临靠高站台的线路时限速 40 公里/时)运行的调度命令)。

(4)考核过程中被鉴定人未使用音视频记录仪，成绩为 0 分。

(5)考核完毕后，由被鉴定人在评分表上签字确认。

四、考核评分

(1)考评人员 3 名以上。

(2)评分程序及规则：考评员根据考生操作情况对照计分标准在评分表上给予记录评分。

(3)算分方法:采用百分制,满分100分,60分及以上为及格。

五、铁道行业职业技能登记认定列车长技师实作技能考核评分记录表

单位:________　姓名:________　性别:________　准考证号:________　工种:________　级别:________

试题名称:动车组列车空调失效无法修复但列车可以维持运行应急处置流程。

考核时间:10分钟。

操作开始时间:　时　分　　　　操作结束时间:　时　分

项目	考核内容及评分标准	扣分因素及扣分	得分
作业流程（60分）	1.列车长根据车内实际情况作出打开车门的决定,并使用无线对讲设备通知动车组列车司机		
	2.列车长组织列车乘务人员在停车站安装好防护网、打开部分车门后,列车限速开门运行		
	3.防护网安装位置为运行方向左侧(非会车侧)车门处。车门开启数量应根据车内情况及列车乘务人员数量决定		
	4.列车长通过广播进行宣传和安全提醒		
	5.防护网安装完毕,打开车门后,由列车长组织列车乘务人员按照“一人一门”值守,直到车门关闭,严禁旅客靠近防护网和自行下车		
	6.列车长应使用G网手机向段综合指挥中心汇报列车现场处置情况,报告内容:时间、地点、车次、原因、采取的措施、有无不良影响等		
	程序不对扣20分,每漏一项扣10分		
作业质量（20分）	1.未使用音视频记录仪。(10分)		
	2.未按照规定使用车门防护网。(10分)		
备品使用（20分）	1.未使用无线对讲设备与动车组列车司机联系。(5分)		
	2.未按规定正确安全车门防护网。(5分)		
	3.损坏设备。(10分)		
考核时间	作业在10分钟内完成。每超时1分钟扣5分,超过5分钟停止考核。用时　分钟		
合计得分			

考评员签名:　　　　鉴定人:　　　　年　月　日

S13　普速旅客列车发生遇有双管供风总风管漏风或失效应急处置流程

一、考场准备

要求:场地模拟列车环境,不具备条件时要提供笔试或口试条件。

二、材料工具准备

列车长专用音视频记录仪,1个。

三、考核要求

(1)被鉴定人入场后,首先由裁判告知题目,其次由被鉴定人检查准备备品,当被鉴定人告知裁判可以开始时,由裁判员开始计时。

(2)考核时间为10分钟。

(3)在被鉴定人处置过程中,裁判可以向被鉴定人提问锁闭厕所数量最多不超过多少(最多不超过全列1/2)。

(4)考核过程中被鉴定人未使用音视频记录仪,成绩为零0分。

(5)考核完毕后,由被鉴定人在评分表上签字确认。

四、考核评分

(1)考评人员3名以上。

(2)评分程序及规则:考评员根据考生操作情况对照计分标准在评分表上给予记录评分。

(3)算分方法:采用百分制,满分100分,60分及以上为及格。

五、铁道行业职业技能登记认定列车长技师实作技能考核评分记录表

单位:________ 姓名:________ 性别:________ 准考证号:________ 工种:________ 级别:________

试题名称:普速旅客列车发生遇有双管供风总风管漏风或失效应急处置流程。

考核时间:10分钟。

操作开始时间: 时 分 操作结束时间: 时 分

项目	考核内容及评分标准	扣分因素及扣分	得分
作业流程(60分)	1.列车长接到车辆乘务员关于列车总风系统漏风的通知后,组织列车员锁闭全列1/3厕所,厕所锁闭后通知车辆乘务员。使用音视频记录仪记录完整过程		
	2.锁闭全列1/3厕所后,列车长接到车辆乘务员关于机车总风缸压力依然无法保持在750~900千帕的通知时,组织列车员增加锁闭厕所数量(最多不超过全列1/2),厕所锁闭后通知车辆乘务员		
	3.列车长在接到车辆乘务员关于前方站停车处理的通知后,组织列车员提前做好前方站停车锁闭全列厕所准备		
	4.列车长在组织列车员锁闭厕所时应采取隔车锁闭或选择旅客较少的车厢锁闭,对旅客做好宣传解释工作。厕所锁闭车厢的列车员对需使用厕所的旅客要及时引导,告知旅客正常使用的车厢号和具体位置。但对因特殊情况急需使用厕所的旅客要提供方便。厕所开启车厢的列车员要增加厕所冲刷、清扫次数,保证旅客正常使用		
	5.旅客列车运行中双风管失效需要紧急制动时,乘务人员在车辆乘务员的指挥下,全列拧紧手制动机,保证就地制动		
	6.相关作业完毕后,列车长组织列车员逐一打开锁闭的厕所		
	程序不对扣20分,每漏一项扣10分		

续上表

项目	考核内容及评分标准	扣分因素及扣分	得分
作业质量（20分）	1.未按规定区别不同情况锁闭相应数量厕所。（10分）		
	2.未做好旅客特殊情况下服务工作。（10分）		
备品使用（20分）	1.未使用音视频记录仪录制。（5分）		
	2.未按规定使用手制动机。（5分）		
	3.损坏设备。（10分）		
考核时间	作业在10分钟内完成。每超时1分钟扣5分，超过5分钟停止考核。用时 分钟		
合计得分			

考评员签名： 鉴定人： 年 月 日

S14 普速旅客列车列车长始发站作业流程

一、考场准备

要求：场地模拟列车环境，不具备条件时要提供笔试或口试条件。

二、材料工具准备

列车长专用音视频记录仪，1个。

三、考核要求

(1)被鉴定人入场后，首先由裁判告知题目，其次由被鉴定人检查准备备品，当被鉴定人告知裁判可以开始时，由裁判员开始计时。

(2)考核时间为10分钟。

(3)在被鉴定人处置过程中，裁判可以向被鉴定人提问接待重点旅客有哪些要求(接待认真，态度和蔼，安排到位)。

(4)考核过程中被鉴定人未使用音视频记录仪，成绩为0分。

(5)考核完毕后，由被鉴定人在评分表上签字确认。

四、考核评分

(1)考评人员3名以上。

(2)评分程序及规则：考评员根据考生操作情况对照计分标准在评分表上给予记录评分。

(3)算分方法：采用百分制，满分100分，60分及以上为及格。

五、铁道行业职业技能登记认定列车长技师实作技能考核评分记录表

单位:________ 姓名:________ 性别:________ 准考证号:________ 工种:________ 级别:________

试题名称:普速旅客列车列车长始发站作业流程。

考核时间:10 分钟。

操作开始时间: 时 分 操作结束时间: 时 分

项目	考核内容及评分标准	扣分因素及扣分	得分
作业流程（60 分）	1.列车长要组织软、硬卧车列车员提前 30 分钟登录站车无线交互系统,及时下载信息;组织各车厢乘务员加强车门口安全宣传,三危品查堵工作		
	2.列车长要按照规定时间或根据车站检票时间组织始发放行,了解客流情况及临时任务		
	3.列车长要盯组织引导旅客乘车,组织验票,防止旅客误乘,做好乘降组织及禁带危险品乘车安全宣传。使用文明语言,避免与旅客发生语言冲突		
	4.列车长要接待安排重点旅客		
	5.列车长要处理各类问题及突发事件		
	6.列车长要在指定位置与车站值班员进行交接。使用音视频记录仪摄录		
	程序不对扣 20 分,每漏一项扣 10 分		
作业质量（20 分）	1.未按规定提前组织登录站车无线交互系统。(10 分)		
	2.未做好乘降组织。(10 分)		
备品使用（20 分）	1.未使用音视频记录仪录制。(5 分)		
	2.未在指定位置办理交接。(5 分)		
	3.损坏设备。(10 分)		
考核时间	作业在 10 分钟内完成。每超时 1 分钟扣 5 分,超过 5 分钟停止考核。用时 分钟		
合计得分			

考评员签名: 鉴定人: 年 月 日

S15 普速旅客列车列车长终到作业流程

一、考场准备

要求:场地模拟列车环境,不具备条件时要提供笔试或口试条件。

二、材料工具准备

序 号	名 称	规 格	数 量	备 注
1	音视频记录仪		1 个	列车长专用
2	手持终端		1 个	列车长专用

三、考核要求

(1)被鉴定人入场后,首先由裁判告知题目,其次由被鉴定人检查准备备品,当被鉴定人告

知裁判可以开始时，由裁判员开始计时。

（2）考核时间为10分钟。

（3）在被鉴定人处置过程中，裁判可以向被鉴定人提问与对班班组交接哪些内容（车厢备品、对电茶炉等供水设备设施交接清楚）。

（4）考核过程中被鉴定人未使用音视频记录仪，成绩为0分。

（5）考核完毕后，由被鉴定人在评分表上签字确认。

四、考核评分

（1）考评人员3名以上。

（2）评分程序及规则：考评员根据考生操作情况对照计分标准在评分表上给予记录评分。

（3）算分方法：采用百分制，满分100分，60分及以上为及格。

五、铁道行业职业技能登记认定列车长技师实作技能考核评分记录表

单位：________ 姓名：________ 性别：________ 准考证号：________ 工种：________ 级别：________

试题名称：普速旅客列车列车长终到作业流程。

考核时间：10分钟。

操作开始时间： 时 分　　　　操作结束时间： 时 分

项目	考核内容及评分标准	扣分因素及扣分	得分
作业流程（60分）	1.列车长要组织乘务员做好车内卫生清扫和车容整理，督促不达标车厢进行整改。办理交接		
	2.列车长要按照规定审核票据，结算票款，交票据、票款。填写电子乘务工作日志		
	3.列车长要检查乘务员终到立岗工作，组织旅客下车		
	4.列车长要组织各车厢乘务员终到站前退出站车无线交互系统。向站方移交重点旅客，有旅客遗失物品按规定向站方、对班交接，处理旅客旅行未尽事宜		
	5.列车长要与接车班组办理终到交接。使用音视频记录仪摄录		
	6.列车长要组织在指定地点集合，统一列队整齐退乘。召开退乘会及时总结趟乘务工作		
	程序不对扣20分，每漏一项扣10分		
作业质量（20分）	1.未按规定验收车内卫生。（10分）		
	2.未移交重点旅客等事项。（10分）		
备品使用（20分）	1.未使用音视频记录仪录制。（5分）		
	2.未按规定集合列队。（5分）		
	3.损坏设备。（10分）		
考核时间	作业在10分钟内完成。每超时1分钟扣5分，超过5分钟停止考核。用时 分钟		
合计得分			

考评员签名：　　　　鉴定人：　　　　年 月 日

S16 普速旅客列车列车长折返站作业流程

一、考场准备

要求：场地模拟列车环境，不具备条件时要提供笔试或口试条件。

二、材料工具准备

序 号	名 称	规 格	数 量	备 注
1	音视频记录仪		1个	列车长专用
2	三乘检查记录		1册	

三、考核要求

(1)被鉴定人入场后，首先由裁判告知题目，其次由被鉴定人检查准备备品，当被鉴定人告知裁判可以开始时，由裁判员开始计时。

(2)考核时间为10分钟。

(3)在被鉴定人处置过程中，裁判可以向被鉴定人提问验收整备工作的具体内容(必须达到出库标准。对保洁质量进行鉴定，有记载。检查卧具更换情况。按规定更换全部乙种卧具(折返站整备不足1小时按段规定更换卧具)。

(4)考核过程中被鉴定人未使用音视频记录仪，成绩为0分。

(5)考核完毕后，由被鉴定人在评分表上签字确认。

四、考核评分

(1)考评人员3名以上。

(2)评分程序及规则：考评员根据考生操作情况对照计分标准在评分表上给予记录评分。

(3)算分方法：采用百分制，满分100分，60分及以上为及格。

五、铁道行业职业技能登记认定列车长技师实作技能考核评分记录表

单位：________ 姓名：________ 性别：________ 准考证号：________ 工种：________ 级别：________

试题名称：普速旅客列车列车长折返站作业流程。

考核时间：10分钟。

操作开始时间： 时 分 操作结束时间： 时 分

项目	考核内容及评分标准	扣分因素及扣分	得分
作业流程(60分)	1.列车长要安排看车人员，按规定时间巡视检查看车人员在岗在位情况，严格执行请销假制度，及时解决存在问题		
	2.列车长要检查折返站列车卫生		
	3.折返站列车长要向车队汇报单程乘务工作情况，请示返程重点工作。与公安、车辆人员及时沟通情况，按时召开会议		

续上表

项目	考核内容及评分标准	扣分因素及扣分	得分
作业流程（60分）	4.列车长要检查返程饮食供应准备工作。验收各车厢整备工作，对整备质量进行鉴定		
	5.列车长要组织召开返乘会总结单程工作，部署返乘工作重点		
	6.列车长要对全列设施设备进行检查，对发现的车辆设施设备问题按规定在三乘检查记录上进行记载并通知车辆乘务员。餐车油垢检查。使用音视频记录仪摄录		
	程序不对扣20分，每漏一项扣10分		
作业质量（20分）	1.未按规时间巡视检查看车人员在岗在位情况。（10分）		
	2.未召开返乘会。（10分）		
备品使用（20分）	1.未使用音视频记录仪录制。（5分）		
	2.未向车队汇报单程工作情况。（5分）		
	3.损坏设备。（10分）		
考核时间	作业在10分钟内完成。每超时1分钟扣5分，超过5分钟停止考核。用时　分钟		
合计得分			

考评员签名：　　　　　　　　　　鉴定人：　　　　　　　　　　年　　月　　日

S17　普速旅客列车发生大面积晚点应急处置流程

一、考场准备

要求：场地模拟列车环境，不具备条件时要提供笔试或口试条件。

二、材料工具准备

序　号	名　称	规　格	数　量	备　注
1	无线对讲设备	频率467.200 MHz	1个	列车长专用
2	G网电话		1个	列车长专用
3	音视频记录仪		1个	列车长专用

三、考核要求

（1）被鉴定人入场后，首先由裁判告知题目，其次由被鉴定人检查准备备品，当被鉴定人告知裁判可以开始时，由裁判员开始计时。

（2）考核时间为10分钟。

（3）在被鉴定人处置过程中，裁判可以向被鉴定人提问旅客列车晚点30分钟及以上时，列车长应及时向旅客公告列车晚点时间，做好哪些工作（宣传解释和客运服务工作，落实晚点道歉制度）。

(4)考核过程中被鉴定人未使用设备了解或汇报列车情况,成绩为0分。

(5)考核完毕后,由被鉴定人在评分表上签字确认。

四、考核评分

(1)考评人员3名以上。

(2)评分程序及规则:考评员根据考生操作情况对照计分标准在评分表上给予记录评分。

(3)算分方法:采用百分制,满分100分,60分及以上为及格。

五、铁道行业职业技能登记认定列车长技师实作技能考核评分记录表

单位:________ 姓名:________ 性别:________ 准考证号:________ 工种:________ 级别:________

试题名称:普速旅客列车发生发生大面积晚点应急处置流程。

考核时间:10分钟。

操作开始时间: 时 分 操作结束时间: 时 分

项目	考核内容及评分标准	扣分因素及扣分	得分
作业流程(60分)	1.及时向有关上级主管部门请示、汇报情况		
	2.列车长应及时向旅客公告列车晚点时间,已确定原因的要说明晚点原因,并做好宣传解释和客运服务工作		
	3.严格落实晚点道歉制度。每30分钟内广播通报一次,并根据所在地集团公司客调通报的情况,如实向旅客公布晚点原因和大约时间		
	4.列车长要加强巡视,及时了解和掌握车内旅客动态,及时处置各类应急突发事件		
	5.遇中途站被困时间较长,造成物资、食品、饮用水、发电车燃油不足和需要吸污、补水时,列车长要及时向所在地集团公司客调或主管部门汇报,在附近车站补充		
	6.旅客列车采取绕道运行时,列车长根据调度命令提前向旅客公告;告知旅客通过12306网站、手机客户端自助免费办理改签、退票、退差手续		
	程序不对扣20分,每漏一项扣10分		
作业质量(20分)	1.未使用音视频记录仪。(10分)		
	2.未按规定的列车晚点通告、宣传用语。(10分)		
备品使用(20分)	1.未使用G网电话设备报告。(10分)		
	2.损坏设备。(10分)		
考核时间	作业在10分钟内完成。每超时1分钟扣5分,超过5分钟停止考核。用时 分钟		
合计得分			

考评员签名: 鉴定人: 年 月 日

S18 普速旅客列车遇非法拦截列车应急处置流程

一、考场准备

要求：场地模拟列车环境，不具备条件时要提供笔试或口试条件。

二、材料工具准备

序 号	名 称	规 格	数 量	备 注
1	无线对讲设备	频率 467.200 MHz	1个	列车长专用
2	G网电话		1个	列车长专用
3	音视频记录仪		1个	列车长专用

三、考核要求

(1)被鉴定人入场后，首先由裁判告知题目，其次由被鉴定人检查准备备品，当被鉴定人告知裁判可以开始时，由裁判员开始计时。

(2)考核时间为10分钟。

(3)在被鉴定人处置过程中，裁判可以向被鉴定人提问组织乘务人员加强巡视重点做好哪些工作(检查车门、车窗锁闭情况)。

(4)考核过程中被鉴定人未使用设备汇报列车情况，成绩为0分。

(5)考核完毕后，由被鉴定人在评分表上签字确认。

四、考核评分

(1)考评人员3名以上。

(2)评分程序及规则：考评员根据考生操作情况对照计分标准在评分表上给予记录评分。

(3)算分方法：采用百分制，满分100分，60分及以上为及格。

五、铁道行业职业技能登记认定列车长技师实作技能考核评分记录表

单位:________ 姓名:________ 性别:________ 准考证号:________ 工种:________ 级别:________

试题名称：普速旅客列车遇非法拦截列车应急处置流程。

考核时间：10分钟。

操作开始时间： 时 分 操作结束时间： 时 分

项目	考核内容及评分标准	扣分因素及扣分	得分
作业流程 (60分)	1.列车长应立即使用无线对讲机通知各车厢乘务员，临时停车原因，要求坚守岗位，加强巡视，检查车门、车窗锁闭情况，维护好车内秩序，做好服务工作		
	2.列车长要加强巡视，及时了解和掌握车内旅客动态，及时处置各类应急突发事件。全程使用音视频记录仪录制		

续上表

项目	考核内容及评分标准	扣分因素及扣分	得分
作业流程（60分）	3. 列车长使用G网手机向段综合指挥中心报告，报告内容：车次、时间、地点、临时停车原因，现场情况，列车晚点情况等		
	4. 列车长要通过广播宣传或口头宣传，稳定旅客情绪，解答旅客问询		
	5. 列车长应与车站和公安部门保持联系，做好开车准备		
	6. 列车恢复运行后，列车长应使用G网电话向段综合指挥中心报告，报告内容：时间、车次、列车恢复运行时间、晚点时间、有无人员伤亡、现场处置情况等信息		
	程序不对扣20分，每漏一项扣10分		
作业质量（20分）	1. 未组织乘务人员检查车门、车窗锁闭情况。(10分)		
	2. 未落实晚点道歉制度。(10分)		
备品使用（20分）	1. 未使用无线对讲设备布置工作内容。(5分)		
	2. 未使用G网电话设备报告。(5分)		
	3. 损坏设备。(10分)		
考核时间	作业在10分钟内完成。每超时1分钟扣5分，超过5分钟停止考核。用时　分钟		
合计得分			

考评员签名：　　　　　　　　　　鉴定人：　　　　　　　　　　年　　月　　日

S19　普速旅客列车发生初起火情使用灭火器扑救的应急处置流程

一、考场准备

要求：场地模拟列车环境，不具备条件时要提供笔试或口试条件。

二、材料工具准备

序　　号	名　　称	规　　格	数　　量	备　　注
1	G网电话		1个	列车长专用
2	音视频记录仪		1个	列车长专用
3	灭火器		1具	

三、考核要求

(1)被鉴定人入场后，首先由裁判告知题目，其次由被鉴定人检查准备备品，当被鉴定人告知裁判可以开始时，由裁判员开始计时。

(2)考核时间为10分钟。

(3)在被鉴定人处置过程中，裁判可以向被鉴定人提问乘务人员“四懂四会”的内容(懂得本岗位的火灾危险性、懂得预防火灾的措施、懂得扑救火灾的方法、懂得逃生的方法；会使用消防器材、会报警、会扑救初起火灾、会组织疏散逃生)。

(4)考核过程中被鉴定人为未使用灭火器,成绩为 0 分。

(5)考核完毕后,由被鉴定人在评分表上签字确认。

四、考核评分

(1)考评人员 3 名以上。

(2)评分程序及规则:考评员根据考生操作情况对照计分标准在评分表上给予记录评分。

(3)算分方法:采用百分制,满分 100 分,60 分及以上为及格。

五、铁道行业职业技能登记认定列车长技师实作技能考核评分记录表

单位:________　姓名:________　性别:________　准考证号:________　工种:________　级别:________

试题名称:普速旅客列车发生初起火情使用灭火器扑救的应急处置流程。

考核时间:10 分钟。

操作开始时间:　时　分　　　　　　　　　　操作结束时间:　时　分

项目	考核内容及评分标准	扣分因素及扣分	得分
作业流程(60 分)	1. 列车发生火情,能够立即扑灭时,就地取材或使用就近的灭火器(在火情还没有扩大前及时予以扑灭)		
	2. 取下灭火器,手提压把迅速赶到现场,拔下保险销,将喷嘴对准火焰根部,由近而远,左右扫射,快速推进,直至将火焰全部扑灭		
	3. 列车长使用视频记录仪记录完整过程		
	4. 火情扑灭后,列车长、乘警长、车辆乘务长要对起火部位进行全面检查,确认火已完全熄灭后,保护现场,调查取证		
	5. 列车长应积极协助公安机关保护现场,调查事故原因,提供线索。及时了解火灾事故情况,调查取证(列车长要收集不少于两份的现场旅客证言)		
	6. 列车长应使用 G 网手机向段综合指挥中心报告,报告内容:时间、地点、车次、车种、车体号、车厢号、部位、起火原因、采取的措施、有无不良影响等		
	程序不对扣 20 分,每漏一项扣 10 分		
作业质量(20 分)	1. 未按规定正确使用灭火器。(10 分)		
	2. 未按照规定进行报告。(10 分)		
备品使用(20 分)	1. 未使用音视频记录仪录制。(5 分)		
	2. 未按规定使用 G 网手机。(5 分)		
	3. 损坏设备。(10 分)		
考核时间	作业在 10 分钟内完成。每超时 1 分钟扣 5 分,超过 5 分钟停止考核。用时　分钟		
合计得分			

考评员签名:　　　　　　　　　　鉴定人:　　　　　　　　　　年　月　日

S20 动车组列车车内烟感器报警应急处置流程

一、考场准备

要求：场地模拟列车环境，不具备条件时要提供笔试或口试条件。

二、材料工具准备

序号	名称	规格	数量	备注
1	无线对讲设备	频率 467.200 MHz	1个	列车长专用
2	G网手机		1个	列车长专用
3	音视频记录仪		1个	列车长专用

三、考核要求

(1)被鉴定人入场后，首先由裁判告知题目，其次由被鉴定人检查准备备品，当被鉴定人告知裁判可以开始时，由裁判员开始计时。

(2)考核时间为 10 分钟。

(3)在被鉴定人处置过程中，裁判可以向被鉴定人提问对吸烟旅客的处罚由谁实施(乘警)。

(4)考核过程中被鉴定人未使用音视频记录仪，成绩为 0 分。

(5)考核完毕后，由被鉴定人在评分表上签字确认。

四、考核评分

(1)考评人员 3 名以上。

(2)评分程序及规则：考评员根据考生操作情况对照计分标准在评分表上给予记录评分。

(3)算分方法：采用百分制，满分 100 分，60 分及以上为及格。

五、铁道行业职业技能登记认定列车长技师实作技能考核评分记录表

单位：________ 姓名：________ 性别：________ 准考证号：________ 工种：________ 级别：________

试题名称：动车组列车车内烟感器报警应急处置流程。

考核时间：10 分钟。

操作开始时间： 时 分 操作结束时间： 时 分

项目	考核内容及评分标准	扣分因素及扣分	得分
作业流程(60分)	1.根据司机通知立即到报警车厢查实确认，查看指定车厢的客室、卫生间		
	2.列车长到达现场后发现厕所烟雾报警为锁闭状态，应敲门并警告旅客迅速掐灭烟头离开厕所。旅客开门后首先核对厕所内是否有吸烟痕迹，若确认旅客在厕所内吸烟，应保持厕所门开启，空气流通，同时立即用无线对讲设备联系司机，说明现场情况，请司机恢复正常运行		

续上表

项目	考核内容及评分标准	扣分因素及扣分	得分
作业流程（60分）	3.列车长应对吸烟旅客车票及购票乘车证件进行登记，留有处置过程的影像资料，及时按照规定录入旅客征信系统		
	4.如确有火情，列车长立即使用无线对讲设备通知司机先减速慢行，同时会同乘警、随车机械师迅速赶往报警地点，判断火情后启动“动车组列车发生火灾、爆炸事故应急处置程序”		
	5.险情处理完毕，列车长10分钟内向所在（所属）局集团公司客运（客服）调度员、客运部、段综合指挥中心报告。报告内容：车次、运行区间、报警原因，停车时间、处理情况等重点内容		
	6.列车长应通过广播及人工宣传的方式对车内旅客进行禁烟宣传，劝告旅客请勿在车厢内吸烟		
	程序不对扣20分，每漏一项扣10分		
作业质量（20分）	1.未留存处置过程影像资料。（10分）		
	2.未按照规定进行报告。（10分）		
备品使用（20分）	1.未使用无线对讲设备与动车组列车司机、随车机械师联系。（5分）		
	2.未使用音视频记录仪。（5分）		
	3.损坏设备。（10分）		
考核时间	作业在10分钟内完成。每超时1分钟扣5分，超过5分钟停止考核。用时　　分钟		
合计得分			

考评员签名：　　　　　　　　鉴定人：　　　　　　　　年　　月　　日

餐 车 长

第一部分　中 级 工

1. 中餐台布铺设常用哪几种方法？注意事项有哪些？

答：(1)常用的有推拉式、撒网式、抖铺式三种方法。

(2)注意事项。

①台布不能接触地面，台布中间的折纹的交叉点应正好在餐台的中心处。

②铺好的台布应正面朝上，平整无褶皱。

2. 托盘轻托时，装盘的注意事项有哪些？

答：(1)重物、较高的物品摆在托盘里档，轻物、低矮物放在外档。

(2)先取用先上桌的物品在上、在前，后取用后上桌的物品在下、在后。

(3)盘内的物品要重量分布均衡，摆放整齐、紧凑。

3. 依据《空调列车服务质量规范》规定，对餐车炉灶的清理有何要求？

答：空调列车服务质量规范中规定，定期对餐车炉灶(台面)、器具进行油垢清理。餐车炉灶台面一餐一清，炉灶墙壁、抽油烟机、排烟罩和烟道的表面可见部位一趟一清。

4. 依据《铁路食品安全管理基本规范》规定，对储存有何要求？

答：食品储存场所应保持清洁，无霉斑、鼠迹、苍蝇、蟑螂等，不得存放有毒、有害物品及个人生活用品。食品储存应实行专库(位)管理，分类分架存放，距墙壁、地面 10 厘米以上。保持通风换气，有防尘防潮措施，实行进货、出货、回库盘点等动态监控。

5. 依据《空调列车服务质量规范》规定，发现行为、神情异常旅客时，应如何处理？

答：空调列车服务质量规范中规定，发现行为、神情异常旅客时，重点关注，配备乘警的列车通知乘警到场处理；未配备乘警的列车由列车长处理，情形严重时交列车运行前方停车站处理。

6. 依据《空调列车服务质量规范》规定，发现旅客携带品可疑及无人认领的物品时，应如何处理？

答：发现旅客携带品可疑及无人认领的物品时，配备乘警的列车通知乘警到场处理；未配备乘警的列车由列车长处理，对危险品做好登记、保管及现场处置，并交前方停车站(公安部门)处理。

7. 托盘轻托的操作要领是什么?

答:用左手托盘。端托时大臂自然下垂,小臂向上弯曲与大臂呈 90 度垂直状,左手掌伸平,掌心向上,五指分开伸直,以大拇指指端到手掌根部和四指拖住盘底,手掌自然形成凹形,掌心不与盘底接触。

8. 列车餐厅西餐便餐的摆台步骤是什么?

答:列车餐厅西餐便餐的摆台步骤是:

(1)铺台布。

(2)摆放展示盘。

(3)摆放刀、叉、汤勺。

(4)摆放面包盘、黄油刀。

(5)摆放咖啡杯。

(6)折叠餐巾花。

(7)摆放用具。

9. 列车餐厅西餐便餐摆台中,铺台布、摆放展示盘有何要求?

答:(1)铺台布的要求:站在餐车过道一侧铺台布,台布正面朝上,中凸线居中,两侧下垂均匀称。

(2)摆放展示盘的要求:将展示盘放在餐位正中,距桌边 1 厘米,手法规范、一次到位。

10. 列车餐厅西餐便餐摆台中,摆放折叠餐巾花有何要求?

答:折叠餐巾花的要求:折叠餐巾花折法正确,注意口布正反面,要求一次成型,造型逼真,口布挺括,符合最后成型要求,注意操作卫生,不能用嘴咬口布,摆放时将餐巾花放在展示盘中央,使最佳观赏面正对客人。

11. 餐巾有哪些用途?

答:餐巾的用途包括:

(1)餐巾是餐饮服务中的一种卫生用品。

(2)餐巾可以装饰美化餐台。

(3)餐巾花型可以烘托就餐气氛。

(4)餐巾花型的摆放可标出宾主的席位。

12. 列车餐厅西餐便餐摆台中,摆放面包盘、黄油刀、黄油碟有何要求?

答:列车餐厅西餐便餐摆台中,摆放面包盘、黄油刀、黄油碟的要求:餐叉左侧 1 厘米处放面包盘,盘心与展示盘心在同一直在线。黄油刀放在面包盘中轴线右侧 1/2 处,黄油碟放在黄油刀的上方。

13. 餐巾折花的质量要求是什么？

答：餐巾折花的质量要求是：餐具摆放要相对集中，各种餐酒具配套齐全，距离相等。图案花纹要对正，整齐划一，符合规范标准，做到既清洁又卫生，又有艺术性，并方便宾客使用。

14.《铁路食品安全管理基本规范》规定，对储存食品设备和容器工具有何要求？

答：储存食品设备和容器工具，应当安全、无毒，保持清洁，防止食品污染。冷藏、冷冻柜（库）符合食品安全温度等特殊要求，有明显区分标识，定期除霜、清洁和维修，校验温度（指示）计。

15. 餐饮服务中，为客人做"离桌分让式"的分菜服务时，有何要求？

答：先将菜在转台向客人展示，由服务员端至备餐台，将菜分派到客人的餐盘中，并将各个餐盘放入托盘中，托送至宴会桌边，用右手从客位的右侧放到客人的面前。一般用于宴会。

16. 餐盘撤换的时机有哪些？

答：(1)客人在用完冷菜之后，餐厅准备上热菜之前。

(2)荤菜与素菜交替食用之时。

(3)上甜点与水果之前。

(4)当客人吃过汤汁较为浓厚的菜后。

17. 接待少数民族客人用餐有哪些注意事项？

答：接待少数民族客人用餐应注意：

(1)平等相待、不盯视、窃笑少数民族客人。

(2)友好热情，尊重少数民族客人的礼节、礼貌习惯。

(3)满足需要，依照少数民族客人的口味、嗜好备餐。

18. 如何预防食物中毒？

答：(1)食品原料要新鲜。

(2)食品要烧熟、煮透。

(3)饭菜要现烧现吃。

(4)要注意操作卫生，防止食物污染。

(5)生冷拌菜更要注意操作卫生。

19. 旅客列车餐车的任务有哪些？

答：(1)满足旅客在旅行中吃、住、行、购、娱等方面不同消费水平的需求。

(2)满足列车工作人员的用餐需求。

20. 商品是怎样保管与销售的?

答:商品的领退保管由餐车长负责,商品销售应按先进先出的原则,必须执行国家价格政策,不得私自调、涨价,出售的商品必须保质保量,符合卫生条件,不得出售三无商品。

21. 菜单设计需考虑的因素有哪些?

答:(1)市场需求。

(2)食物的花色品种。

(3)食品原料供应情况。

(4)使用时限。

(5)餐饮工作人员的能力。

(6)餐饮设备设施。

(7)食品原料成本及菜肴盈利能力。

22. 托盘重托的操作要领是什么?

答:用左手托盘。伸开手掌,掌心向上,平托住托盘底部的中心,在托起的同时转动托盘,使托盘在向左旋转过程中送至左肩外上方,左手指尖向后,托盘距肩 2 厘米。手指指尖向前伸、向左伸均属端托不到位。

23. 西餐台布铺设前的准备工作有哪些?

答:铺台布之前,首先应按人数摆放餐椅,要求椅子面的前沿与桌子的边沿相切,检查台布有无残破、油渍和皱褶。在根据餐厅装饰、布局定席位。操作时,餐台服务员站立于餐台长侧边,将选好的台布放于餐台上。

24. 对餐车后厨人员工作质量重点检查的内容及质量标准是什么?

答:(1)检查内容。

①检查后厨原材料分类、保管、定位摆放。

②检查原材料餐前准备加工情况。

③检查菜品烹调制作程序。

④检查投料标准、菜质质量。

(2)质量标准:刀工精细、火候适宜,菜品口味适中。

25.《空调列车服务质量规范》对首问首诉负责制有何要求?

答:旅客列车服务实行首问首诉负责制。受理旅客咨询、求助、投诉,及时回应,热情处置,有问必答,回答准确;对旅客提出的问题不能解决时,指引到相应岗位,并做好耐心解释。

26. 依据《空调列车服务质量规范》规定，应如何回答旅客问讯？

答：旅客问讯时，面向旅客站立（列车办公席工作人员办理业务时除外），目视旅客，有问必答，回答准确，解释耐心。遇有失误时，向旅客表示歉意。对旅客的配合与支持，表示感谢。

27.《空调列车服务质量规范》对乘务人员的立岗姿势有何要求？

答：立岗姿势规范，精神饱满。站立时，挺胸收腹，两肩平衡，身体自然挺直，双臂自然下垂，手指并拢贴于裤线上，脚跟靠拢，脚尖略向外张呈"V"字形。女性可双手四指并拢，交叉相握，右手叠放在左手之上，自然垂于腹前；左脚靠在右脚内侧，夹角为45度呈"丁"字形。

28.《空调列车服务质量规范》对垃圾桶管理有何要求？

答：每节车厢垃圾箱不少于一个，与垃圾袋配套使用。内嵌式垃圾箱正常启用，不封闭或挪作他用，内胆采用不锈钢材质，与垃圾箱体空间适应，与箱体内壁间隙不超过1厘米，箱体四壁封闭，垃圾投放进口有漏斗。外置式垃圾箱有盖，放置位置不占用通道或影响其他服务设施使用。

29. 列车餐厅中餐摆台中，铺台布及放置花瓶、调味用具和牙签盅有何要求？

答：（1）铺台布的要求：站在餐车过道一侧台面中心线居中，台布正面朝上，台面平整，两侧下垂长度相等。

（2）放置花瓶、调味用具和牙签盅的要求：花瓶放在靠窗一侧中心、调味工具和牙签盅分放花瓶两侧。

30. 列车餐厅座席顺序安排有何要求？

答：由于餐厅两头均有出门处，以中间餐桌为首席桌，每桌的席位以列车运行方向规定，面对前进方向靠窗户里座第一号主宾座。对面为二号座，主人座。第一座席并排为第三号座席，第二号座席并排为第四号座席。

31. 依据《铁路食品安全管理基本规范》规定，普速旅客列车餐车烹饪加工有何要求？

答：烹饪前应认真检查待加工食品，发现有腐败变质或其他感官性异常的，不得进行烹饪加工。熟食品加工应做到即时制作，即时食用，少量多次，存放时间不超过2小时。剩余熟食品应冷藏保存，需再次使用的，应充分加热，中心温度不低于70度，再加热次数不得超过1次。

32. 鱼的出肉方法如何具体操作？

答：（1）用刀先从背鳍处贴着脊骨横剞一刀，然后片进去，从鳃盖至尾部将肉徐徐片下，形成软硬两扇。

（2）将鱼肉皮面朝下，用刀从中横切至鱼皮，反刀剔下鱼皮，即成没有刺骨的净鱼肉，根据烹调需要改刀备用。

33. 餐车服务中,对上菜有何要求?

答:餐车上餐具、上饭菜、撤餐具要托盘化。上菜时应报菜名,服务动作不要过大,不准探身过远、隔人递送物品,动作要轻、稳、准、快,手指切忌触摸碗口、碟口的上边,也不能碰及菜肴。

34. 蔬菜初步加工有何要求?

答:(1)蔬菜中的老根、黄叶以及枯皮等不能食用的部位必须除净。

(2)蔬菜必须先洗后切,一些先切后洗的做法,必须予以纠正,因很多的营养成分经洗涤后容易流失。

35. 原料初加工的要求是什么?对水产品如何进行初步加工?

答:(1)原料初加工的要求是:

①保证原料的清洁卫生。

②保持原料中的营养成分不受损失。

③合理用料,减少损耗。

(2)水产品的种类很多,在初步加工时大体可分为宰杀、刮鳞、褪沙、剥皮、泡烫、摘洗等。

36. 餐车服务中,对迎接旅客有何要求?

答:旅客进入餐车时,餐车服务人员要主动热情问候,如“您好”“欢迎您来用餐”等,并问清就餐人数,做到表情自然、和蔼可亲。由于餐车空间狭窄,用餐量大并且用餐时间集中,确实非常忙,每位员工都忙忙碌碌,应接不暇,但不可以此为不问候的理由。

37. “三乘”检查的时间如何安排?

答:三乘"检查时间原则上为列车开车前 2 小时;折返站停留时间不足 2 小时(包括因晚点等原因列车立折)的列车,视情况于列车终到后 30 分钟内或在开车后 1 小时内进行"三乘"检查。

38. 餐车值班有何要求?

答:库内、折返站、运行中餐车必须有专人值班,不准离岗,严禁饮酒;并严禁新职人员和雇人看车。凡被牵引入暖库的餐车,餐车炉灶和茶炉必须灭火,冬季为防止冻车,被牵引入暖库外的餐车,冬季执行压火规定(夏季灭火)。

39. 泡沫灭火器的使用范围有哪些?

答:适用于扑救一般 B 类火灾,如油制品、油脂等火灾,也可适用于 A 类火灾,但不能扑救 B 类火灾中的水溶性可燃、易燃液体的火灾,如醇、酯、醚、酮等物质火灾;也不能扑救带电设备及 C 类和 D 类火灾。

40. 列车晚点时，餐饮供应有何要求？

答：(1)在列车晚点时，要搞好餐车饮食供应工作，严禁以任何理由哄抬物价，影响铁路部门形象。

(2)根据列车晚点的具体情况，按时开餐，合理安排饮食供应，照顾重点旅客，满足旅客需求。

41. 计算菜品售价

红焖鱼一条，鲤鱼 1.5 千克，单价 8.00 元/千克；调配料 1.50 元。加成率 55%，求该菜售价。

解：售价＝成本÷(1－加成率)

＝(8.00×1.5＋1.50)÷(1－55%)

＝13.50÷45%

＝30.00(元)

答：红烧鱼的售价是 30.00 元。

42. 计算餐料成本

某旅行团在餐车用午餐，每人标准 25.00 元，共 8 人，加成率 50%，应用餐料成本是多少？

解：成本＝售价×(1－加成率)

＝25.00×8×(1－50%)

＝200.00×50%

＝100.00(元)

答：这个旅行团午餐的成本是 100.00 元。

43. 计算自制品加成率

某餐车往返自制品进款 6 000.00 元，所用餐料 3 120.00 元，自制品加成率是多少？

解：加成率＝(售价－成本)÷售价×100%

＝(6 000.00－3 120.00)÷6 000.00×100%

＝48%

答：这个餐车组往返自制品加成率是 48%。

44. “四率”的计算公式是什么？

答：折净率(毛折净)＝净料÷毛料

出品率(生变熟)＝熟料÷生料

泡发率＝湿品÷干料

出水率＝吃水量÷主食用粮数

45. 计算圆白菜净料价格

圆白菜进价 0.60 元/千克，经过加工处理后损失 20%，求圆白菜净料价格。

解：折净率＝净料÷毛料

＝0.60÷(1－20%)

＝0.75(元)

答：圆白菜的净料价格是 0.75(元)。

46. 计算海参净料价格

海参单价是 2 400.00 元/千克，500 克干海参经过泡发整理后为 3 千克，求海参泡发后的净料价格。

解：泡发率＝湿品÷干料

＝3÷(500÷1 000)

＝6

泡发后净料价格＝干料单价÷泡发率

＝2 400.00÷6

＝400.00(元/千克)

答：泡发后的海参单价是 400.00 元千克。

47. 计算净虾肉净料单价

某餐车班组过节上毛虾 10 千克，单价 36.00 元/千克，计价 360.00 元，经过加工处理后出净虾肉 6 千克，求净虾肉单价。

解：折净率＝净料÷毛料

＝6.00÷10

＝60%

净虾肉单价＝36.00÷60%＝60.00(元/千克)

答：净虾肉单价是 60.00 元/千克。

48. 计算餐料成本价

去骨牛后腿肉 20 千克，每千克 16.00 元，加工分档，得到肉丝 5.7 千克；肉片 7 千克，作价每千克 18.00 元；肉块 4 千克，作价每千克 16.00 元；碎肉 2 千克，作价每千克 8.00 元。损耗 1.30 千克，求肉丝每 100 克成本价。

解：5.7 千克肉丝成本＝总成本－其余成本

＝16.00×20－18.00×7－16.00×4－8.00×2＝114.00(元)

1 千克肉丝成本价＝114.00÷5.7＝20.00(元)

100 克肉丝成本价＝20.00÷10＝2.00(元)

答:100 克肉丝成本价是 2.00 元。

49. 消毒灭菌的方法有几种?

答:消毒灭菌的方法有物理方法、化学方法 2 种。

(1)物理方法包括煮沸消毒、蒸汽消毒、干烤灭菌、红外线灭菌、巴氏消毒法等。

(2)化学方法包括使用含氯制剂、过氧化物制剂、醇类消毒剂等。

50. 使用含氯制剂进行消毒灭菌有何要求?

答:可将原液配制成 3‰~5‰的溶液,用于餐具、酒具、茶具,直接入口的共用具容器,浸泡 3~5 分钟。用 3‰浓度的溶液进行果蔬消毒,浸泡 10 分钟,清水冲净。含氯制剂须凉水配制避光保存。

51. 使用蒸汽进行消毒灭菌时,有何要求?

答:蒸汽消毒灭菌是使用 100 ℃以上的高温蒸汽杀灭微生物繁殖体,常用于企业的管道、容器、设备及食品的消毒,方法简便实用,但热能消耗大。高压蒸汽灭菌,由于有较高的压力和温度,灭菌效果比较好。

52.《空调列车服务质量规范》对乘务人员的坐姿、走姿有哪些要求?

答:坐立、行走姿态端正,步伐适中,轻重适宜。在旅客多的地方,先示意后通行;与旅客走对面时,要主动侧身面向旅客让行,不与旅客抢行。列队出(退)勤(乘)时,按规定线路行走,步伐一致,箱(包)在同一侧。

53. 招待有宗教信仰的旅客用餐时,有何要求?

答:(1)了解旅客信仰的是哪种宗教,都有什么忌讳。

(2)在点菜单上要特别注明,交代厨师在用餐时不可冒犯旅客的忌讳并注意烹饪用具与厨具的清洁。

(3)上菜前还应认真检查一下,以免搞错。

54. 零点餐厅早餐开餐前,服务员的准备工作有哪些?

答:(1)开餐前做好餐厅的环境卫生工作,以符合卫生要求。

(2)按早餐摆台要求摆台,桌椅横竖对齐。

(3)准备好各种早餐所需用具。

(4)检查台面上的调味品,各种调味品瓶口无污迹,分量符合要求。

(5)仪容仪表检查。

55.《铁路食品安全管理基本规范》对普速旅客列车餐车冷餐管理有何要求?

答:冰箱冷餐温度应控制在0～10 ℃。旅客列车餐车(餐吧)折返或入库时,应保持餐车供电。无法供电时,折返或入库餐车电冰箱,应使用冰排等控温措施;使用冰排后,仍然无法达到10 ℃以下时,冰箱内禁止储存食品。放置于冰箱内的冰排应有专用洁净垫布,不得直接接触食品。一旦发现冰排泄露,于冰冻液直接接触食品原料一律不得使用。

56. 现金、餐券保管应做到哪五不准?

答:(1)不准私自挪用公款。

(2)不准延误上缴营业进款。

(3)不准携带现金外出。

(4)不准临时制作餐券出售。

(5)长短款不准用餐券找齐,商品不准自制抬价变价,账面、单据填写要清楚正确,原始单据齐全。

57. 车容整理有哪些要求?

答:餐车椅子有套(异型椅子除外);台面铺台布,放压台酒(有酒架)或花,调味用具、牙签盅;餐、茶、酒具齐全、无破损,备有餐巾纸,有清真餐具和席位牌;陈列柜布置艺术美观;悬挂餐饮服务许可证、时钟窗帘挂放、地毯铺设整齐。

58. 餐厅卫生整备的内容有哪些?

答:(1)按先上后下、先里后外的清扫法进行卫生整备,擦天棚、通风窗、墙壁上下及窗框。

(2)勾座席缝、暖气罩,扫地面通过台,刷座席、凳腿、桌腿暖管及管下。

(3)擦餐桌、座席三角区墙壁各储藏室、配电室、陈列柜里外,墩地面。

59. 客运安全红线有哪些?

答:(1)干部职工班中饮酒或酒后上岗。

(2)客车运行中边门未锁闭上下锁,塞拉门未锁闭隔离锁。

(3)站台客运相关作业人力推车(不含轮椅)未实施常态制动。

(4)临时停车擅自组织乘降。

(5)看车人员在车内抽烟、使用明火照明。

(6)关闭、破坏直接关系生产安全的监控、报警、防护、救生设备设施,或者篡改、隐瞒、销毁其相关数据、信息的行为。

其中客车车门因设备原因导致的,经客运、车辆部门确认后,不列入红线。

60. 依据《空调列车服务质量规范》规定,遇火灾爆炸、重大疫情、食物中毒、空调失效、设备故障和列车大面积晚点、停运、变更径路、变更车底等非正常情况时,应如何处理?

答:遇火灾爆炸、重大疫情、食物中毒、空调失效、设备故障和列车大面积晚点、停运、变更径路、变更车底等非正常情况时，及时启动应急预案，掌握车内旅客人数及到站情况，维持车内秩序，准确通报信息，做好咨询、解释、安抚、生活保障等善后工作。

61. 列车餐厅中餐摆台中，摆放餐碟，放置汤碗、汤勺、味碟有何要求？

答：(1)摆放餐碟要求：餐碟距桌边 1 厘米，相互间距相等，定位准，餐碟的铁路标识标志对准客人。

(2)放置汤碗、汤勺、味碟要求：汤碗在餐碟的左上侧距餐碗 1 厘米，汤勺放在汤碗内，汤勺柄朝左；味碟在餐碟的右上侧与汤碗在一条直线上并相距 1 厘米。

62. 餐巾折花时的注意事项有哪些？

答：操作前要洗手消毒。

(1)在干净的餐盘或台面上操作。

(2)操作时不允许用嘴咬。

(3)放花入杯时，要注意卫生，手指不允许接触杯口，杯身不允许留下指纹。

(4)餐巾折花插入杯内的部分要整齐，深度要适当。一般插入杯中的深度以 2/3 为宜。

63. 列车餐厅布置及橱窗陈列商品有何要求？

答：(1)列车餐厅帘、套、靠、罩齐全，铺放整齐，拉合对称。台面物品摆放整齐、美观、一致。

(2)橱窗陈列商品前应先用干净毛巾擦抹光亮，高大置后，短小放前，互相搭配。

质量标准：色调搭配适宜，无破损、开线、平整无褶皱。

64. 各种酒杯使用范围是什么？

答：(1)啤酒杯、汽水、苏打水、矿泉水等使用玻璃杯。

(2)香槟酒用香槟高脚杯。

(3)各类果汁酒适用于大型高脚杯。

(4)高浓度酒适用于小型高脚杯。

(5)绍兴酒、黄酒、状元酒等适用于大酒盅。

(6)各种白酒适用于小的酒盅。

65. 餐厅服务员站立于餐台长侧边时，应如何铺台布？

答：铺台布时，餐厅服务员站立于餐台长侧边，将台布横向打开，双手捏住台布一侧边，将台布送到餐台另一侧，然后将餐台布从餐台另一侧向身体一侧慢慢拉，台布的正面向上，台布折叠线的凸线向上置于餐台的中心位置，四周下垂部分匀称。

66. 依据《旅客投诉处理管理实施细则》规定，哪些情形视为旅客投诉处理办结？

答：具有下列情形之一的，视为办结：

(1)被投诉单位与旅客之间达成一致意见,投诉问题得到妥善解决的。

(2)旅客不认可投诉处理结果或对投诉处理不满意的,但经铁路运输企业业务主管部门认定处理结果依法合规的。

(3)已受理但尚未流转,旅客自愿放弃投诉的。

(4)经调查核实,不属于投诉受理范围,或投诉不成立的。

(5)经调查核实,投诉事实不清,或属歪曲事实、诽谤、敲诈勒索、提出不合理要求的。

67. 中餐摆台中,在操作顺序、托盘姿势、仪容仪表与卫生方面的注意事项有哪些?

答:(1)操作顺序:摆台从主位开始,按列车运行方向依次摆放。

(2)托盘姿势:托盘姿势正确,操作时托盘要拉开、端稳,行走轻松自然。

(3)仪容仪表与卫生:服务员穿规定服饰,化淡妆,操作时动作轻盈、神态自然看,面带微笑,手法卫生。

68. 旅客按菜谱点菜而厨房没有时,应如何处理?

答:(1)表示歉意征求旅客的意见,询问是否可以更换与这道菜价格、味道相似的菜品,如旅客表示同意以最快的速度将菜送上(注意:推荐的菜一定要有,否则会引起旅客不耐烦感)。

(2)如旅客坚持要原来的菜品,服务员应做好解释工作并表示歉意。

69. 轻托服务的注意事项是什么?

答:(1)轻托时要用左手(除了在起、落台时右手扶托外)。端托时需注意安全。

(2)轻托时,所托物品要避开自己的鼻口部位,也不可将所托物品置于胸下。

(3)轻托时掌握正确姿势。做到站稳、端平、托举到位、高低适中。

(4)卸盘时,要注意保持平衡。不可在没有放好托盘之前急于取下物品,以免翻盘。

70. 重托的注意事项是什么?

答:(1)重托时,端托姿势要正确,托举到位,不能将所托物品贴靠自己的头、颈部位。端托时要注意卫生。

(2)重托时掌握正确姿势。做到站稳、端平、托举到位、高低适中。

(3)卸盘时,要注意保持平衡,右手应扶住盘边。不要在没有放好托盘之前急于取下物品,以免翻盘。

71. 依据《空调列车服务质量规范》规定,确使用电器设备有哪些规定?

答:正确使用电器设备,安全用电。电器元件安装牢固,接线及插座无松动,紧急断电按钮护盖施封良好,按钮开关、指示灯作用良好;不乱接电源和增加电器设备,不超过允许负载。配电室(箱)人离锁闭,门锁良好,配电箱、控制箱内及上部不得放置物品;可燃物品不得贴靠电采暖装置。不用水冲刷地板、墙板、电器设备及带有电伴热塞拉门乘降梯。

72. 白酒的保管有哪些注意事项?

答:(1)白酒中酒精含量高,易燃,要严格注意防火。

(2)瓶装白酒应选择在比较干燥、清洁、光亮和通风较好的地方,要严格防潮湿,避免瓶盖生锈、商标霉变。

(3)定期检查,防止霉变损坏,影响酒的质量。

73.《铁路旅客运输规程》,对旅客携带品有何规定?

答:每人免费携带品的重量和规格是:儿童 10 千克,外交人员 35 千克,其他旅客 20 千克。每件物品外部尺寸长,宽、高之和不超过 160 厘米,杆状物品不超过 200 厘米;但乘坐动车组列车均不超过 130 厘米;每件重量不超过 20 千克。平衡车、滑行器等轮式代步工具须使用硬质包装物妥善包装。

依靠辅助器具才能行动的老、幼、病、残、孕等特殊重点旅客旅行时代步的折叠式轮椅,以及随行婴儿使用的折叠婴儿车,可免费携带并不计入上述范围。

74. 列车餐厅中餐摆台中,放置筷架、筷子,放置水杯,摆放餐巾花有何要求?

答:(1)放置筷架、筷子的要求:筷架放在味碟右侧相距 1 厘米,筷子距筷头 1/3 处,搁在筷架上,筷尾距桌边 1 厘米。

(2)放置水杯的要求:水杯放在汤碗和味碟的正上方,距汤碗、味碟 1 厘米。

(3)摆放餐巾花的要求:按照餐巾花的摆放原则,从主位开始依次摆放。

75. 借助分菜工具为客人做"叉勺分菜法"的分菜服务,有何要求?

答:借助分菜工具叉和汤勺,一般还借助托盘,左手托菜盘(菜盘下垫口布),右手拿分菜用的叉勺,从主宾左侧开始,按顺时针方向绕台进行,动作姿势为左腿在前,上身微前倾。分菜时做到一勺准,不允许将一勺菜或汤分给两位客人,数量要均匀,可将菜剩余部分再装小盘然后上桌,以示富余。

76. 借助分菜工具为客人做"转台式分菜法"的分菜服务,有何要求?

答:提前将与宾客人数相等的餐碟有序地摆放在转台上,并将分菜用具放在相应位置;用长柄汤勺、筷子或叉、汤勺分菜,全部分完后,将分菜用具放在空盘里,迅速撤身,从主宾右侧开始,按顺时针方向绕台进行,撤前一道菜的餐碟后,从转盘上取菜端给宾客;最后将空盘和分菜用具一同撤下。

77. 客人餐后离座服务要点有哪些?

答:(1)宾客离座后,服务员应及时检查是否有尚未熄灭的烟头,是否有遗留物品。

(2)收拾餐桌,先整理好餐椅,然后收席巾,香巾,最后收水杯、酒杯及其他餐具。

(3)重新布置餐桌,等候迎接下一批宾客。

78.《空调列车服务质量规范》对乘务人员的立岗姿势有哪些要求?

答:立岗姿势规范,精神饱满。站立时,挺胸收腹,两肩平衡,身体自然挺直,双臂自然下垂,手指并拢贴于裤线上,脚跟靠拢,脚尖略向外张呈“V”字形。女性可双手四指并拢,交叉相握,右手叠放在左手之上,自然垂于腹前;左脚靠在右脚内侧,夹角为45°呈“丁”字形。

79. 餐料的保管有何要求?

答:蔬菜要整齐码放在菜柜内,并留有一定的间隙,定期清理,确保食品原料无腐烂、变质;肉禽、半成品必须及时冷藏,并严格执行生熟分开、定位存放的制度。后厨的立、卧式冰箱在清洁卫生应有专人负责,随时了解和检查冰箱的制冷效果是否良好,一旦发生故障要及时通知检修人员修理,对食品也要采取相应措施。

80. 对餐具的使用有何要求?

答:(1)使用餐具时必须轻拿轻放,在餐车要注意车身摇晃,要站稳拿牢,以减少破损。

(2)餐具(筷、刀、汤勺、叉、酒、茶具)每餐后必须冲净消毒,在地下(面)餐厅可使蒸气消毒。餐车由于条件所限,可用药物消毒,坚持一用(客)一消毒。西餐叉必须将叉缝内不洁之物擦掉,然后洗刷消毒,擦干后方能使用。

81.《铁路食品安全管理基本规范》对采购进货有何要求?

答:采购进货时,应索取并查验供货者的相关许可证、营业执照和产品合格证明等文件,掌握食品、食品原料、食品添加剂和食品相关产品的安全质量状况。招标采购、进货检验、定期检查时,应当如实记录产品名称、规格、数量、生产批号、保质期、进货日期、供货者名称及联系方式等内容,保留进货票据等。建档应“一品一档”或“一户一档”,记录、票据保存期限不少于产品保质期满后六个月;无保质期的,保存期限不得少于两年。

82. 餐巾花的摆放要求有哪些?

答:(1)高大、美观、醒目的主花应摆放在主人位,突出主人座席。

(2)造型一般的餐巾花摆放在其他宾客席上。

(3)不同品种的花型同桌摆放时要位置适当,将形状相似的花型错开并对称摆放。

(4)摆放餐巾花时,要将观赏面朝向宾客席位,适合正面观赏的花型要将头部朝向宾客,适合侧面观赏的花型要选择一个最佳观赏角度摆放。

(5)各种餐巾花之间的距离要均匀,整齐一致。

(6)餐巾花不能遮挡台上用品,不能影响服务操作。

(7)摆放好餐巾花后,要仔细检查一遍,发现问题及时纠正。

83. 在西餐中每上一道菜都要跟有一种酒,上主菜或肉类菜、上副菜时的跟酒有何要求?

答:(1)上主菜或肉类菜时跟香槟酒,用香槟杯。香槟酒是随菜酒中的主酒,酒中有充分的气体,开瓶时能发出清脆的响声。

(2)上副菜时跟红葡萄酒,用红酒杯。冬天喝这种酒,有些宾客喜欢用温水烫热。遇红葡萄酒沉淀物较多时,应在开餐前先将酒过滤后再灌入专门酒瓶,斟酒时要尽量避免摇动。

84. 餐车监督检查中,重点项目有哪些?

答:(1)无有效食品卫生许可证。

(2)无有效健康合格证明。

(3)食品腐败变质。

(4)食品超过保质期限。

(5)食品无出场日期、保质期限。

(6)待加工与直接入口食品交叉污染。

(7)餐具未消毒。

(8)餐具洗净度不合格。

(9)违章倾倒垃圾污水。

85. 餐厅服务员站立在主人席前时,应如何铺台布?

答:餐厅服务员将主人餐椅拉至右侧,站立在主人席前,距餐台约 30 厘米,将选好的台布放于餐台上,用双手将台布打开后,贴着餐台平行推出去再拉回来。台布的正面向上,台布折叠线的凸线向上置于餐台的中心位置,四周下垂部分匀称。最后将主人位的餐椅送回原位。

86. 服务员未听清旅客所点的菜而上错菜,旅客不要时,应如何处理?

答:(1)先向旅客表示歉意,若旅客还没有动筷应及时撤掉。

(2)若旅客已开始吃则不必再撤,尽量用打折的方法向旅客推销这道菜。

(3)若旅客坚持不要,不要勉强旅客,可通知餐车长同意作为赠送菜。

(4)通知厨师优先做出旅客想要的菜。

(5)旅客点完菜,服务员应向旅客复述一遍,以避免此类情况的发生。

87. 列车餐厅西餐便餐摆台中、午、晚餐摆台有何要求?

答:展示盘放在席位的中间,展示盘左边放叉,右边放刀。刀刃向左,叉尖向上。餐叉左侧摆面包盘和黄油刀,黄油刀放在面包盘中轴线右侧 1/2 处,刀口朝盘心。黄油碟放在黄油刀的上方。水杯放在餐刀的上方。汤勺放于餐刀的右侧。将折好的餐巾花放于盘中。花瓶、调味用具放在靠窗一侧。

88. 列车餐厅西餐便餐摆台中,摆放刀、叉、勺以及咖啡杯有何要求?

答:(1)摆放刀、叉、汤勺的要求:展示盘左右两侧 1 厘米处方餐叉、餐刀,刀口朝盘,餐刀右侧 1 厘米处放长把汤勺。刀叉手柄距桌边 1 厘米。

(2)摆放咖啡杯的要求:咖啡杯放在餐刀的右侧,咖啡杯倒扣于垫碟中,用时翻过来,咖啡杯和汤勺把朝后。

89. 在中餐里,一般餐点的上菜方法是什么?

答:(1)仔细核对台号、品名和风量,避免上错菜。

(2)报菜名,特色菜点应作简单介绍。

(3)刚上桌的菜点应旋转至主宾前面。

(4)注意菜肴摆放布局看,应将最佳观赏面朝向主宾。

(5)凡配调料的菜肴,应先上调料、配料再上菜肴。

(6)及时整理台面,留出空间上菜,切忌盘子叠压。

90. 列车餐厅中餐便餐摆台要求有哪些?

答:(1)摆早餐餐具时,先放餐碟,餐碟距桌边1厘米,餐碟的左上方放汤碗,汤碗与餐碟相距1厘米,碗内放汤勺,汤勺柄朝左,餐碟的右上方放水杯(果汁杯),汤碗与水杯相距1厘米,水杯的右侧放筷架和筷子,要求汤碗的碗心、水杯的杯心、筷架在一条直线上并且平行于桌边,筷子垂直于筷架,筷尾距桌边1厘米。早餐餐巾叠盘花。

(2)列车上餐台为长方台,花瓶摆放靠窗一侧,调味用具、牙签杯放在花瓶两侧。

91. 列车餐厅西餐便餐摆台中,早餐摆台的要求有哪些?

答:展示盘放在席位的中间,展示盘左边放叉,右边放刀,刀刃向左,叉尖向上。餐叉左侧摆面包盘和黄油刀,黄油刀放在面包盘中轴线右侧1/2处,刀口朝盘心。黄油碟放在黄油刀的上方。咖啡杯放在餐刀的右侧,咖啡杯倒扣于垫碟中,用时翻转过来,咖啡杯柄和汤勺把朝后。将折好的餐巾花放于盘中。花瓶、调味用具放在靠窗一侧。

92. "撒网式"铺设中餐台布有何要求?

答:用双手将台布打开,平行打折,站立姿势为右脚在前,左脚在后,双手将打开的台布提拉起来在胸前,双臂与肩平行,上身向左转体,下肢不动并在右臂与身体回转时,台布斜着向前撒出去,将台布抛掷前方时,上身转体回位并恢复至正位站立,这时台布应平铺于餐台上。抛撒时,动作应自然潇洒。这种铺台布方法多用于宽大场地或技术比赛场合。

93. 旅客用餐时发现菜品中有异物时,应如何处理?

答:(1)立即将该菜品撤下餐桌,不要再餐桌上再次检验是否存在异物。

(2)餐车长应立即到客人餐桌旁,向客人致歉,并征求客人意见,但无需为此事作出任何解释。

(3)如果旅客同意换菜,应该立即与厨房联系以最快的速度满足旅客的要求。

(4)事后要认真分析原因,杜绝类似事件的再次发生。

(5)如遇旅客坚持要求赔偿,应由餐车长出面解决。

94. 编制预制计划有何要求？

答：(1)厨师在乘务终到后，根据客流和季节性的变化向餐车长提出下趟乘务用料计划。

(2)餐车长根据厨师提供用料的品种、数量，向地下食品库提出上料计划。

(3)地下食品库根据各餐售班组提出上料计划，组织采购及半成品的加工，保证数量及质量。

(4)餐车长和厨师根据食品库提供的原料(半成品)的品种、数量、价格进行预制计划编制。

95.《关于印发铁路旅客列车消防安全管理规定的通知》对餐车人员有何要求？

答：(1)餐车长负责餐车的防火工作，其他人员做好本岗位的防火工作。

(2)出库前认真检查炉灶、电气设备安全状况及灭火器材是否齐全有效，发现隐患及时通知有关人员处理。

(3)按规定清除餐车油垢。

(4)严格按操作规程使用炉灶。

(5)严格执行食品加工安全操作规定，落实值班看守制度。

(6)列车发生火灾时，按预案做好应急处置。

96. 列车西餐摆台的注意事项有哪些？

答：(1)注意操作顺序：从主位开始，按列车运行方向依次摆放。

(2)注意托盘姿势，保持姿势正确，操作时托盘要拉开、端稳，随列车晃动，行走轻松自然。

(3)注意仪容仪表与卫生，服务员穿规定服饰，化淡妆，操作时动作、神态自然，面带微笑，手法卫生。

(4)注重整体效果，台面清洁卫生，整体布局合理，美观大方。

97. 菜肴的摆放应注意哪些方面？

答：(1)要根据菜的颜色、形状、菜种、盛具、原材料等因素，讲究一定的艺术造型。

(2)一般将大菜中的头菜或砂锅、炖盆之类的汤菜摆放到餐桌中间位置。

(3)摆菜时要使与客人的距离保持适中。

(4)注意菜点最适宜观赏一面位置的摆放。

(5)上头菜或风味特色菜时，应首先考虑将菜放到主宾与主人的前面，然后在上下一道菜时再移放餐桌的其他地方。

98. 餐饮服务中，为客人做“临桌分让式”的分菜服务时有何要求？

答：(1)临桌独立分让式：服务员站在客人的左侧，左手托盘，右手拿叉和汤勺，将菜在客人的左边派给客人。

(2)临桌二人合作式：由两名服务员配合操作，一名服务员右手持公用筷，左手持长把公用汤勺，另一名服务员将每一位客人的餐碟移到分菜服务员近处，由分菜服务员分派，另一位服务员为客人送菜。

99. 中餐分菜的注意事项有哪些？

答：(1)分菜时要心中有数，分菜均匀，并将菜肴中最优质的部分让给主宾。

(2)分让有卤汁的菜时要带上卤汁。

(3)头、尾、残骨等不宜分给宾客。

(4)叉勺不要在盘上刮出声响。

(5)不能把菜、汤滴到桌上或客人身上。

(6)分菜时动作要协调，速度要快。

(7)采取转台分菜法分菜时，分完一位客人后，应绕过客人身体，再为下一位客人分菜。

100. 撤换餐盘有什么操作要求？

答：(1)撤换餐盘时应注意礼貌，站在客人的右侧用右手将餐盘撤回放到托盘中。

(2)撤盘时不拖拽，不能当着客人的面刮擦脏盘或将汤水及菜洒到客人身上。

(3)如果客人还要食用餐盘中的菜，应将餐盘留下或在征得客人的意见后将菜并到另一个餐盘中。

(4)撤盘时，应将吃剩的菜或汤在客人右边用碗或盘装起来，然后将同品种、同规格的盘按直径有大到小的顺序自下而上摆放整齐。

S1　干粉灭火器使用方法

一、考场准备

要求:场地模拟列车环境,不具备条件时要提供笔试或口试条件。

二、材料工具准备

干粉灭火器,1个。

三、考核要求

(1)被鉴定人入场后,首先由裁判告知题目,其次由被鉴定人检查准备备品,当被鉴定人告知裁判可以开始时,由裁判员开始计时。

(2)考核时间为5分钟。

(3)在被鉴定人操作期间,裁判可以向被鉴定人提问,以确认被鉴定人是否掌握灭火器使用方法。

(4)考核过程中被鉴定人灭火不彻底即离开的,终止考试,成绩为0分。

(5)考核完毕后,由被鉴定人在评分表上签字确认。

四、考核评分

(1)考评人员3名以上。

(2)评分程序及规则:考评员根据考生操作情况对照计分标准在评分表上给予记录评分。

(3)算分方法:采用百分制,满分100分,60分及以上为及格。

五、铁道行业职业技能登记认定餐车长中级工实作技能考核评分记录表

单位:________　姓名:________　性别:________　准考证号:________　工种:________　级别:________

试题名称:干粉灭火器使用方法

考核时间:5分钟。

操作开始时间:　时　分　　　　操作结束时间:　时　分

项目	考核内容及评分标准	扣分因素及扣分	得分
作业流程(80分)	1.检查灭火器有效期和压力表是否在绿区		
	2.站在燃烧物5米左右		
	3.室外要站在上风口		
	4.使用前先把灭火器颠倒数次		
	5.开启压把上的保险销拔掉,然后一只手握住喷射软管前喷嘴根部,另一只手将开启把下压		
	6.迅速对准火焰根部以扇形喷出干粉灭火。要平扫,左右摆动,由近及远快速推进		

续上表

项目	考核内容及评分标准	扣分因素及扣分	得分
作业流程 (80分)	7. 检查是否灭火彻底,清理现场		
	程序不对扣 20 分,每漏一项扣 10 分		
作业质量 (20分)	1. 仪容仪表不规范。(10分)		
	2. 普通话不标准。(10分)		
考核时间	作业在 5 分钟内完成。每超时 1 分钟扣 5 分,超过 5 分钟停止考核。用时　分钟		
合计得分			

考评员签名:　　　　鉴定人:　　　　年　月　日

S2　旅客列车餐车后厨发生火情处置流程

一、考场准备

要求:场地模拟列车环境,不具备条件时要提供笔试或口试条件。

二、材料工具准备

干粉或水基型灭火器,1 个。

三、考核要求

(1)被鉴定人入场后,首先由裁判告知题目,其次由被鉴定人检查准备备品,当被鉴定人告知裁判可以开始时,由裁判员开始计时。

(2)考核时间为 10 分钟。

(3)在被鉴定人操作期间,裁判可以向被鉴定人提问,以确认被鉴定人是否掌握餐车后厨发生火情处置流程。

(4)考核过程中被鉴定人未关闭设备电源即开始灭火的,终止考试,成绩为 0 分。

(5)考核完毕后,由被鉴定人在评分表上签字确认。

四、考核评分

(1)考评人员 3 名以上。

(2)评分程序及规则:考评员根据考生操作情况对照计分标准在评分表上给予记录评分。

(3)算分方法:采用百分制,满分 100 分,60 分及以上为及格。

五、铁道行业职业技能登记认定餐车长中级工实作技能考核评分记录表

单位:________　姓名:________　性别:________　准考证号:________　工种:________　级别:________

试题名称:旅客列车餐车后厨发生火情处置流程。

考核时间:10 分钟。

操作开始时间:　时　分　　　　操作结束时间:　时　分

项目	考核内容及评分标准	扣分因素及扣分	得分
作业流程（80 分）	1.餐车后厨发生火情时,工作人员应立即关闭电源		
	2.炉灶油锅起火应立即使用防火毯覆盖火源。电器设备或其他部位起火,应使用灭火器进行扑救		
	3.及时封闭靠前台一侧的后厨门,防止冒烟串到餐厅,避免引起旅客恐慌		
	4.关闭餐车靠车体一侧边门,避免火势风势		
	5.餐车长第一时间通知列车长、车辆乘务员		
	6.火情扑灭后,进行全面检查,确认火已完全熄灭后,保护现场,调查取证		
	程序不对扣 20 分,每漏一项扣 10 分		
作业质量（20 分）	1.仪容仪表不规范。(10 分)		
	2.普通话不标准。(10 分)		
考核时间	作业在 10 分钟内完成。每超时 1 分钟扣 5 分,超过 5 分钟停止考核。用时　分钟		
合计得分			

考评员签名:　　　　鉴定人:　　　　年　月　日

S3　计算菜品售价

一、考场准备

要求:场地模拟列车环境,不具备条件时要提供笔试或口试条件。

二、材料工具准备

电子计算器,1 个。

三、考核要求

(1)被鉴定人入场后,首先由裁判告知题目,其次由被鉴定人检查准备备品,当被鉴定人告知裁判可以开始时,由裁判员开始计时。

(2)考核时间为 5 分钟。

(3)在被鉴定人操作期间,裁判可以向被鉴定人提问,以确认被鉴定人是否掌握菜品售价过程。

(4)考核过程中被鉴定人在限定时间内未计算出结果的，终止考试，成绩为 0 分。

(5)考核完毕后，由被鉴定人在评分表上签字确认。

四、考核评分

(1)考评人员 3 名以上。

(2)评分程序及规则：考评员根据考生操作情况对照计分标准在评分表上给予记录评分。

(3)算分方法：采用百分制，满分 100 分，60 分及以上为及格。

五、铁道行业职业技能登记认定餐车长中级工实作技能考核评分记录表

单位:________ 姓名:________ 性别:________ 准考证号:________ 工种:________ 级别:________

试题名称：计算菜品售价。

试题内容：制作 200 克芫爆肉丝，猪里脊进价每千克 22.00 元，加工成丝净料率为 80%；下脚碎肉每千克作价 10.00 元；净香菜 75 千克，每千克 6.00 元；调料及小料共计 1.75 元。销售毛利率 40%，求盖菜售价。

考核时间：5 分钟。

操作开始时间： 时 分　　操作结束时间： 时 分

项目	考核内容及评分标准	扣分因素及扣分	得分
作业流程(80 分)	1. 猪里脊重量=200÷1 000÷80%=0.25(千克)		
	2. 下脚料碎肉重量=0.25−0.2=0.05(千克)		
	3. 净猪里脊肉丝成本=22.00×0.25−10.00×0.05=5.50−0.50=5.00(元)		
	4. 净香菜成本=0.075×6=0.45(元)		
	5. 该菜成本价 5.00+0.45+1.75=7.20(元)		
	6. 售价=成本÷(1−毛利率)=7.20÷(1−40%)=7.20÷60%=12.00(元)		
	7. 该菜品售价为 12.00 元		
	结果不对扣 20 分，每漏一项扣 10 分		
作业质量(20 分)	1. 仪容仪表不规范。(10 分)		
	2. 普通话不标准。(5 分)		
考核时间	作业在 5 分钟内完成。每超时 1 分钟扣 5 分，超过 3 分钟停止考核。用时 分钟		
合计得分			

考评员签名：　　鉴定人：　　年 月 日

S4 计算配料成本

一、考场准备

要求：场地模拟列车环境，不具备条件时要提供笔试或口试条件。

二、材料工具准备

电子计算器,1 个。

三、考核要求

(1)被鉴定人入场后,首先由裁判告知题目,其次由被鉴定人检查准备备品,当被鉴定人告知裁判可以开始时,由裁判员开始计时。

(2)考核时间为 5 分钟。

(3)在被鉴定人操作期间,裁判可以向被鉴定人提问,以确认被鉴定人是否掌握配料成本计算过程。

(4)考核过程中被鉴定人在限定时间内未计算出结果的,终止考试,成绩为 0 分。

(5)考核完毕后,由被鉴定人在评分表上签字确认。

四、考核评分

(1)考评人员 3 名以上。

(2)评分程序及规则:考评员根据考生操作情况对照计分标准在评分表上给予记录评分。

(3)算分方法:采用百分制,满分 100 分,60 分及以上为及格。

五、铁道行业职业技能登记认定餐车长中级工实作技能考核评分记录表

单位:________　姓名:________　性别:________　准考证号:________　工种:________　级别:________

试题名称:计算配料成本。

试题内容:冬笋肉丝一盘,用肉丝 200 克,每千克 20.00 元;冬笋 100 克,每千克 12.00 元;配料 0.70 元。求该菜配料成本。

考核时间:5 分钟。

操作开始时间:　时　分　　　　操作结束时间:　时　分

项目	考核内容及评分标准	扣分因素及扣分	得分
作业流程(80 分)	1. 肉丝成本=20.00×200÷1 000=4.00(元)		
	2. 冬笋成本=100÷1 000×12.00=1.20(元)		
	3. 该菜成本=4.00+1.20+0.70=5.90(元)		
	4. 该配料成本 5.90 元		
	结果不对扣 20 分,每漏一项扣 10 分		
作业质量(20 分)	1. 仪容仪表不规范。(10 分)		
	2. 普通话不标准。(5 分)		
考核时间	作业在 5 分钟内完成。每超时 1 分钟扣 5 分,超过 3 分钟停止考核。用时　分钟		
合计得分			

考评员签名:　　　　鉴定人:　　　　年　月　日

S5　计算配料成本价一

一、考场准备

要求:场地模拟列车环境,不具备条件时要提供笔试或口试条件。

二、材料工具准备

电子计算器,1个。

三、考核要求

(1)被鉴定人入场后,首先由裁判告知题目,其次由被鉴定人检查准备备品,当被鉴定人告知裁判可以开始时,由裁判员开始计时。

(2)考核时间为5分钟。

(3)在被鉴定人操作期间,裁判可以向被鉴定人提问,以确认被鉴定人是否掌握配料成本计算过程。

(4)考核过程中被鉴定人在限定时间内未计算出结果的,终止考试,成绩为0分。

(5)考核完毕后,由被鉴定人在评分表上签字确认。

四、考核评分

(1)考评人员3名以上。

(2)评分程序及规则:考评员根据考生操作情况对照计分标准在评分表上给予记录评分。

(3)算分方法:采用百分制,满分100分,60分及以上为及格。

五、铁道行业职业技能登记认定餐车长中级工实作技能考核评分记录表

单位:________　姓名:________　性别:________　准考证号:________　工种:________　级别:________

试题名称:计算配料成本价。

试题内容:猪后腿肉20千克,每千克16.00元,加工分档,得到肉丝5.7千克;肉片7千克,作价每千克18.00元;肉块4千克,作价每千克16.00元,碎肉2千克,作价每千克8.00元;损耗1.3千克。求肉丝每100克成本价。

考核时间:5分钟。

操作开始时间:　时　分　　　　操作结束时间:　时　分

项目	考核内容及评分标准	扣分因素及扣分	得分
作业流程(80分)	1.5.7千克肉丝成本=总成本—其余成本=16.00×20−18.00×7−16.00×4−8.00×2=114.00(元)		
	2.1千克肉丝成本价=114.00÷5.7=20.00(元)		
	3.100克肉丝成本价=20.00÷10=2.00(元)		
	4.肉丝每100克成本价2.00元		

续上表

项目	考核内容及评分标准	扣分因素及扣分	得分
作业流程（80分）	结果不对扣20分，每漏一项扣10分		
作业质量（20分）	1.仪容仪表不规范。（10分）		
	2.普通话不标准。（5）		
考核时间	作业在5分钟内完成。每超时1分钟扣5分，超过3分钟停止考核。用时　　分钟		
合计得分			

考评员签名：　　　　　　　　　　鉴定人：　　　　　　　　　　年　　月　　日

S6　计算配料成本价二

一、考场准备

要求：场地模拟列车环境，不具备条件时要提供笔试或口试条件。

二、材料工具准备

电子计算器，1个。

三、考核要求

（1）被鉴定人入场后，首先由裁判告知题目，其次由被鉴定人检查准备备品，当被鉴定人告知裁判可以开始时，由裁判员开始计时。

（2）考核时间为5分钟。

（3）在被鉴定人操作期间，裁判可以向被鉴定人提问，以确认被鉴定人是否掌握餐料净料价格过程。

（4）考核过程中被鉴定人在限定时间内未计算出结果的，终止考试，成绩为0分。

（5）考核完毕后，由被鉴定人在评分表上签字确认。

四、考核评分

（1）考评人员3名以上。

（2）评分程序及规则：考评员根据考生操作情况对照计分标准在评分表上给予记录评分。

（3）算分方法：采用百分制，满分100分，60分及以上为及格。

五、铁道行业职业技能登记认定餐车长中级工实作技能考核评分记录表

单位：________ 姓名：________ 性别：________ 准考证号：________ 工种：________ 级别：________

试题名称：计算餐料净料价格。

试题内容：三等海参单价是 2 400.00 元/千克，500 克干海参经过泡发整理后为 3 千克，求海参泡发后的净料价格。

考核时间：5 分钟。

操作开始时间： 时 分　　操作结束时间： 时 分

项目	考核内容及评分标准	扣分因素及扣分	得分
作业流程（80 分）	1. 泡发率＝湿品÷干料		
	2. 泡发率＝湿品÷干料＝3÷（500÷1 000）＝6		
	3. 泡发后净料单价＝2 400.00÷6＝400.00（元/千克）		
	4. 泡发后海参单价是 400.00 元/千克		
	结果不对扣 20 分，每漏一项扣 10 分		
作业质量（20 分）	1. 仪容仪表不规范。（10 分）		
	2. 普通话不标准。（10 分）		
考核时间	作业在 5 分钟内完成。每超时 1 分钟扣 5 分，超过 3 分钟停止考核。用时 分钟		
合计得分			

考评员签名：　　鉴定人：　　年 月 日

S7 预制计划编制流程

一、考场准备

要求：场地模拟列车环境，不具备条件时要提供笔试或口试条件。

二、材料工具准备

无。

三、考核要求

（1）被鉴定人入场后，首先由裁判告知题目，其次由被鉴定人检查准备备品，当被鉴定人告知裁判可以开始时，由裁判员开始计时。

（2）考核时间为 10 分钟。

（3）在被鉴定人操作期间，裁判可以向被鉴定人提问，以确认被鉴定人是否掌握预制计划编制流程。

（4）考核过程中被鉴定人作答时未考虑乘务餐的，终止考试，成绩为 0 分。

（5）考核完毕后，由被鉴定人在评分表上签字确认。

四、考核评分

(1)考评人员 3 名以上。
(2)评分程序及规则:考评员根据考生操作情况对照计分标准在评分表上给予记录评分。
(3)算分方法:采用百分制,满分 100 分,60 分及以上为及格。

五、铁道行业职业技能登记认定餐车长中级工实作技能考核评分记录表

单位:________ 姓名:________ 性别:________ 准考证号:________ 工种:________ 级别:________

试题名称:预制计划编制流程。

考核时间:10 分钟。

操作开始时间: 时 分　　　　操作结束时间: 时 分

项目	考核内容及评分标准	扣分因素及扣分	得分
作业流程(80 分)	1. 掌握接班、库存、途中补原材料品种,以便确定预制份数		
	2. 所担当列车餐数,线路,客流,旅客生活习惯和要求,结合早、午、晚餐,盒饭饮食规律与低、中、高档菜品种比例,有个全盘估计。根据不同车次情况,可以按趟、按日或分餐编制		
	3. 途中补料差价,质量、定量、定价表,不得照抄作业标准,应结合主、配料价格变化,可采取平均价格计价出售。计算方法是:平均价格等于接、上、补同一品种原材料金额之和除以数量之和		
	4. 对不好保管的原材料,虽然原则上采取先上的原材料先用,但是有些原材料不宜保管,如豆制品等,为了防止腐坏变质,必须有计划优先处理		
	5. 乘务餐的预制和旅客餐预制,每餐必须据实编制		
	6. 保证原材料新鲜,菜品味道鲜美		
	程序不对扣 20 分,每漏一项扣 10 分		
作业质量(20 分)	1. 仪容仪表不规范。(10 分)		
	2. 普通话不标准。(10 分)		
考核时间	作业在 10 分钟内完成。每超时 1 分钟扣 5 分,超过 5 分钟停止考核。用时 分钟		
合计得分			

考评员签名:　　　　鉴定人:　　　　年 月 日

S8 列车餐厅中餐摆台流程

一、考场准备

要求:场地模拟列车环境,不具备条件时要提供笔试或口试条件。

二、材料工具准备

序号	名称	规格	数量	备注
1	台布	长 120 厘米，宽 60 厘米	1	
2	花瓶	个	1	
3	餐碟	套	2	
4	汤碗、汤勺	套	2	
5	餐巾花	块	2	
6	筷子	双	2	
7	筷架	个	2	
8	水杯	个	2	
9	牙签盒	个	1	
10	调味瓶	套	1	

三、考核要求

(1)被鉴定人入场后，首先由裁判告知题目，其次由被鉴定人检查准备备品，当被鉴定人告知裁判可以开始时，由裁判员开始计时。

(2)考核时间为 10 分钟。

(3)在被鉴定人操作期间，裁判可以向被鉴定人提问，以确认被鉴定人是否掌握中餐摆台流程。

(4)考核过程中被鉴定人造成考试用具损坏的，终止考试，成绩为 0 分。

(5)考核完毕后，由被鉴定人在评分表上签字确认。

四、考核评分

(1)考评人员 3 名以上。

(2)评分程序及规则：考评员根据考生操作情况对照计分标准在评分表上给予记录评分。

(3)算分方法：采用百分制，满分 100 分，60 分及以上为及格。

五、铁道行业职业技能登记认定餐车长中级工实作技能考核评分记录表

单位：________ 姓名：________ 性别：________ 准考证号：________ 工种：________ 级别：________

试题名称：列车餐厅中餐摆台流程。

考核时间：10 分钟。

操作开始时间： 时 分　　　　操作结束时间： 时 分

项目	考核内容及评分标准	扣分因素及扣分	得分
作业流程 (80 分)	1. 铺台布：站在餐车过道一侧台面中心线居中，台布正面朝上，台面平整，两侧下垂长度相等		
	2. 放置花瓶、调味用具和牙签盅：花瓶放在靠窗一侧中心、调味用具和牙签盅分放花瓶两侧		

续上表

项目	考核内容及评分标准	扣分因素及扣分	得分
作业流程（80分）	3.摆放餐碟：餐碟距桌边1厘米，相互间距相等，定位准，餐碟的店徽对准客人		
	4.放置汤碗、汤勺、味碟；汤碗在餐碟的左上侧距餐碗1厘米，汤勺放在汤碗内，勺柄朝左；味碟在餐碟的右上侧与汤碗一条直线上并相距1厘米		
	5.放置筷架、筷子；筷架放在味碟右侧相距1厘米，筷子距筷头1/3处搁在筷架上，筷尾距桌边1厘米		
	6.放置水杯：水杯放在汤碗和味碟的正上方，距汤碗、味碟1厘米		
	7.摆放餐巾花：按照餐巾花的摆放原则，从主位开始依次摆放		
	程序不对扣20分，每漏一项扣10分		
作业质量（20分）	1.仪容仪表不规范。（10分）		
	2.普通话不标准。（10分）		
考核时间	作业在10分钟内完成。每超时1分钟扣5分，超过5分钟停止考核。用时　分钟		
合计得分			

考评员签名：　　　　　　　　　　鉴定人：　　　　　　　　　　年　　月　　日

S9　列车餐厅西餐摆台流程

一、考场准备

要求：场地模拟列车环境，不具备条件时要提供笔试或口试条件。

二、材料工具准备

序　号	名　称	规　格	数　量	备　注
1	台布	长120厘米宽60厘米	1	
2	花瓶	个	1	
3	展示盘	套	2	
4	刀、叉、勺	套	2	
5	餐巾花	块	2	
6	黄油刀	双	2	
7	面包盘	个	2	
8	咖啡杯、咖啡勺	套	2	
9	牙签盒	个	1	
10	调味瓶	套	1	
11	黄油碟	个	2	

三、考核要求

(1)被鉴定人入场后,首先由裁判告知题目,其次由被鉴定人检查准备备品,当被鉴定人告知裁判可以开始时,由裁判员开始计时。

(2)考核时间为10分钟。

(3)在被鉴定人操作期间,裁判可以向被鉴定人提问,以确认被鉴定人是否掌握西餐摆台流程。

(4)考核过程中被鉴定人造成考试用具损坏的,终止考试,成绩为0分。

(5)考核完毕后,由被鉴定人在评分表上签字确认。

四、考核评分

(1)考评人员3名以上。

(2)评分程序及规则:考评员根据考生操作情况对照计分标准在评分表上给予记录评分。

(3)算分方法:采用百分制,满分100分,60分及以上为及格。

五、铁道行业职业技能登记认定餐车长中级工实作技能考核评分记录表

单位:________ 姓名:________ 性别:________ 准考证号:________ 工种:________ 级别:________

试题名称:列车餐厅西餐摆台流程。

考核时间:10分钟。

操作开始时间: 时 分　　　　操作结束时间: 时 分

项目	考核内容及评分标准	扣分因素及扣分	得分
作业流程(80分)	1.铺台布:站在餐车过道一侧台面中心线居中,台布正面朝上,台面平整,两侧下垂长度相等		
	2.摆放展示盘:将展示盘放在餐位正中,距桌边1厘米,手法规范、一次到位		
	3.摆放刀叉勺:展示盘左右两侧1厘米处放餐叉、餐刀、刀口朝盘,餐刀右侧1厘米处放汤勺;刀叉手柄距桌边1厘米		
	4.摆放面包盘、黄油刀:餐叉左侧1厘米处放面包盘,盘心与展示盘心在同一直线上;黄油刀放在面包盘中轴线右侧1/2处,黄油碟放在黄油刀的上方		
	5.摆放咖啡杯:咖啡杯放在餐刀的右侧,咖啡杯倒扣于垫碟中,用时翻转过来,用时翻转过来,咖啡杯柄和勺把朝后		
	6.折叠餐巾花:折叠餐巾花要折法正确,注意口布正反面,要求一次成型,造型逼真,口布挺括,符合最后成型要求		
	7.摆放用具:花瓶放在靠窗一侧中心,调味用品和牙签盅分放花瓶两侧		
	程序不对扣20分,每漏一项扣10分		
作业质量(20分)	1.仪容仪表不规范。(10分)		
	2.普通话不标准。(10分)		
考核时间	作业在10分钟内完成。每超时1分钟扣5分,超过5分钟停止考核。用时　分钟		
合计得分			

考评员签名:　　　　鉴定人:　　　　年　月　日

S10　餐巾折友谊花篮流程

一、考场准备

要求:场地模拟列车环境,不具备条件时要提供笔试或口试条件。

二、材料工具准备

序　号	名　称	规　格	数　量	备　注
1	餐巾	黄色	1	
2	红酒杯	个	1	

三、考核要求

(1)被鉴定人入场后,首先由裁判告知题目,其次由被鉴定人检查准备备品,当被鉴定人告知裁判可以开始时,由裁判员开始计时。

(2)考核时间为 10 分钟。

(3)在被鉴定人操作期间,裁判可以向被鉴定人提问,以确认被鉴定人是否掌握餐巾折友谊花篮流程。

(4)考核过程中被鉴定人造成考试用具损坏的,终止考试,成绩为 0 分。

(5)考核完毕后,由被鉴定人在评分表上签字确认。

四、考核评分

(1)考评人员 3 名以上。

(2)评分程序及规则:考评员根据考生操作情况对照计分标准在评分表上给予记录评分。

(3)算分方法:采用百分制,满分 100 分,60 分及以上为及格。

五、铁道行业职业技能登记认定餐车长中级工实作技能考核评分记录表

单位:________　姓名:________　性别:________　准考证号:________　工种:________　级别:________

试题名称:餐巾折友谊花篮流程。

考核时间:10 分钟。

操作开始时间:　时　分　　　　操作结束时间:　时　分

项目	考核内容及评分标准	扣分因素及扣分	得分
作业流程(80 分)	1. 展开餐巾,反面朝上,成菱形,从下向上对折成三角形(上片顶角比下片顶角略长出 2 厘米)		
	2. 从底边向上卷至 3/4 处		
	3. 将上由角翻下,上下两片巾角相等		
	4. 对折后,插入杯中		
	5. 将卷筒顶端两巾角相互插入,下方两角翻出,整理成型		
	如图 2-1-1 所示,程序不对扣 20 分,每漏一项扣 10 分		

续上表

项目	考核内容及评分标准	扣分因素及扣分	得分
作业质量（20 分）	1. 仪容仪表不规范。（10 分）		
	2. 普通话不标准。（10 分）		
考核时间	作业在 10 分钟内完成。每超时 1 分钟扣 5 分，超过 5 分钟停止考核。用时　　分钟		
合计得分			

考评员签名：　　　　　　　　　　　　鉴定人：　　　　　　　　　　　　年　　月　　日

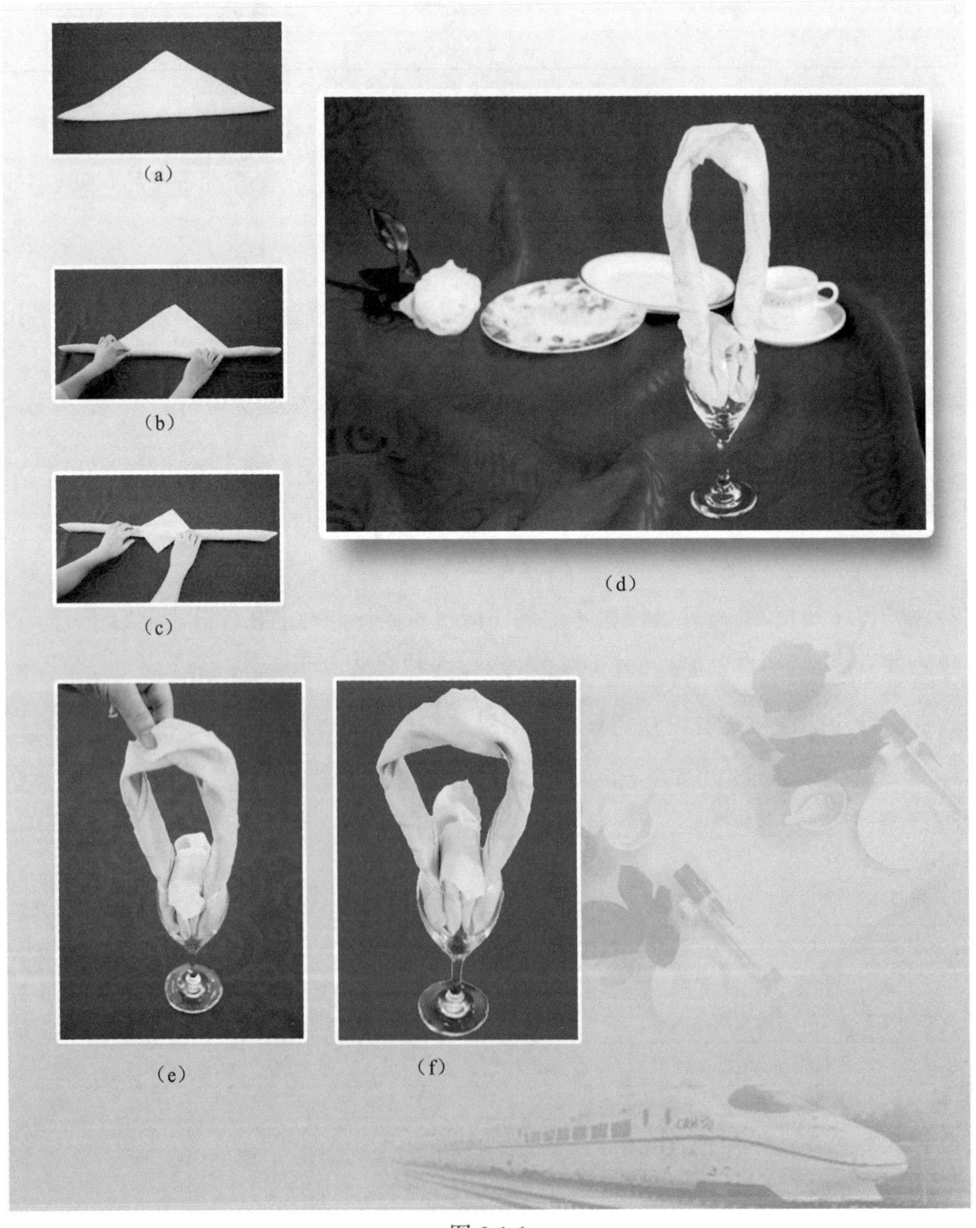

图 2-1-1

S11　餐巾折单荷花流程

一、考场准备

要求:场地模拟列车环境,不具备条件时要提供笔试或口试条件。

二、材料工具准备

序　　号	名　　称	规　　格	数　　量	备　　注
1	餐巾	红色	1	
2	红酒杯	个	1	

三、考核要求

(1)被鉴定人入场后,首先由裁判告知题目,其次由被鉴定人检查准备备品,当被鉴定人告知裁判可以开始时,由裁判员开始计时。

(2)考核时间为 10 分钟。

(3)在被鉴定人操作期间,裁判可以向被鉴定人提问,以确认被鉴定人是否掌握餐巾折单荷花流程。

(4)考核过程中被鉴定人造成考试用具损坏的,终止考试,成绩为 0 分。

(5)考核完毕后,由被鉴定人在评分表上签字确认。

四、考核评分

(1)考评人员 3 名以上。

(2)评分程序及规则:考评员根据考生操作情况对照计分标准在评分表上给予记录评分。

(3)算分方法:采用百分制,满分 100 分,60 分及以上为及格。

五、铁道行业职业技能登记认定餐车长中级工实作技能考核评分记录表

单位:________　姓名:________　性别:________　准考证号:________　工种:________　级别:________

试题名称:餐巾折单荷花流程。

考核时间:10 分钟。

操作开始时间:　时　分　　　　操作结束时间:　时　分

项目	考核内容及评分标准	扣分因素及扣分	得分
作业流程 (80 分)	1. 将餐巾从上向下对折		
	2. 然后从左到右对折		
	3. 旋转 45 度从中间开始捏褶,共捏 9 褶		
	4. 然后将上边的 4 瓣花瓣分开。放置于红酒杯内		
	如图 2-1-2 所示,程序不对扣 20 分,每漏一项扣 10 分		

续上表

项目	考核内容及评分标准	扣分因素及扣分	得分
作业质量（20分）	1.仪容仪表不规范。（10分）		
	2.普通话不标准。（10分）		
考核时间	作业在10分钟内完成。每超时1分钟扣5分，超过5分钟停止考核。用时　分钟		
合计得分			

考评员签名：　　　　鉴定人：　　　　年　月　日

图 2-1-2

S12　餐巾折竹笋流程

一、考场准备

要求：场地模拟列车环境，不具备条件时要提供笔试或口试条件。

二、材料工具准备

序　号	名　称	规　格	数　量	备　注
1	餐巾	粉色	1	
2	红酒杯	个	1	

三、考核要求

(1)被鉴定人入场后，首先由裁判告知题目，其次由被鉴定人检查准备备品，当被鉴定人告知裁判可以开始时，由裁判员开始计时。

(2)考核时间为 10 分钟。

(3)在被鉴定人操作期间，裁判可以向被鉴定人提问，以确认被鉴定人是否掌握餐巾折竹笋流程。

(4)考核过程中被鉴定人造成考试用具损坏的，终止考试，成绩为 0 分。

(5)考核完毕后，由被鉴定人在评分表上签字确认。

四、考核评分

(1)考评人员 3 名以上。

(2)评分程序及规则：考评员根据考生操作情况对照计分标准在评分表上给予记录评分。

(3)算分方法：采用百分制，满分 100 分，60 分及以上为及格。

五、铁道行业职业技能登记认定餐车长中级工实作技能考核评分记录表

单位：________　姓名：________　性别：________　准考证号：________　工种：________　级别：________

试题名称：餐巾折竹笋流程。

考核时间：10 分钟。

操作开始时间：　时　分　　　　　　操作结束时间：　时　分

项目	考核内容及评分标准	扣分因素及扣分	得分
作业流程 (80 分)	1. 将餐巾从上到下对折。然后从左到右折叠		
	2. 旋转 45 度，然后四层巾角错开向上折		
	3. 翻转过来，将左右两边向中间折		
	4. 再翻转一下		
	5. 四角再向下翻，整理成型，放置于红酒杯内完成		
	如图 2-1-3 所示，程序不对扣 20 分，每漏一项扣 10 分		

续上表

项目	考核内容及评分标准	扣分因素及扣分	得分
作业质量（20分）	1. 仪容仪表不规范。(10分)		
	2. 普通话不标准。(10分)		
考核时间	作业在10分钟内完成。每超时1分钟扣5分，超过5分钟停止考核。用时　分钟		
合计得分			

考评员签名：　　　　鉴定人：　　　　年　月　日

(a)　(b)　(c)　(d)　(e)

图 2-1-3

S13　餐巾折白鹤流程

一、考场准备

要求：场地模拟列车环境，不具备条件时要提供笔试或口试条件。

二、材料工具准备

序　　号	名　　称	规　　格	数　　量	备　　注
1	餐巾	白色	1	
2	红酒杯	个	1	

三、考核要求

(1)被鉴定人入场后，首先由裁判告知题目，其次由被鉴定人检查准备备品，当被鉴定人告知裁判可以开始时，由裁判员开始计时。

(2)考核时间为 10 分钟。

(3)在被鉴定人操作期间，裁判可以向被鉴定人提问，以确认被鉴定人是否掌握餐巾折白鹤流程。

(4)考核过程中被鉴定人造成考试用具损坏的，终止考试，成绩为 0 分。

(5)考核完毕后，由被鉴定人在评分表上签字确认。

四、考核评分

(1)考评人员 3 名以上。

(2)评分程序及规则：考评员根据考生操作情况对照计分标准在评分表上给予记录评分。

(3)算分方法：采用百分制，满分 100 分，60 分及以上为及格。

五、铁道行业职业技能登记认定餐车长中级工实作技能考核评分记录表

单位：________　姓名：________　性别：________　准考证号：________　工种：________　级别：________

试题名称：餐巾折白鹤流程。

考核时间：10 分钟。

操作开始时间：　时　分　　　　操作结束时间：　时　分

项目	考核内容及评分标准	扣分因素及扣分	得分
作业流程（80 分）	1 餐巾菱形摆放，将两侧向内折叠		
	2. 再将两侧向内翻入		
	3. 将下半部分向上翻，巾角做成鹤头		
	4. 放置于红酒杯内完成		
	如图 2-1-4 所示，程序不对扣 20 分，每漏一项扣 10 分		

续上表

项目	考核内容及评分标准	扣分因素及扣分	得分
作业质量（20分）	1.仪容仪表不规范。(10分)		
	2.普通话不标准。(10分)		
考核时间	作业在10分钟内完成。每超时1分钟扣5分，超过5分钟停止考核。用时　　分钟		
合计得分			

考评员签名：　　　　　　　　鉴定人：　　　　　　　　年　　月　　日

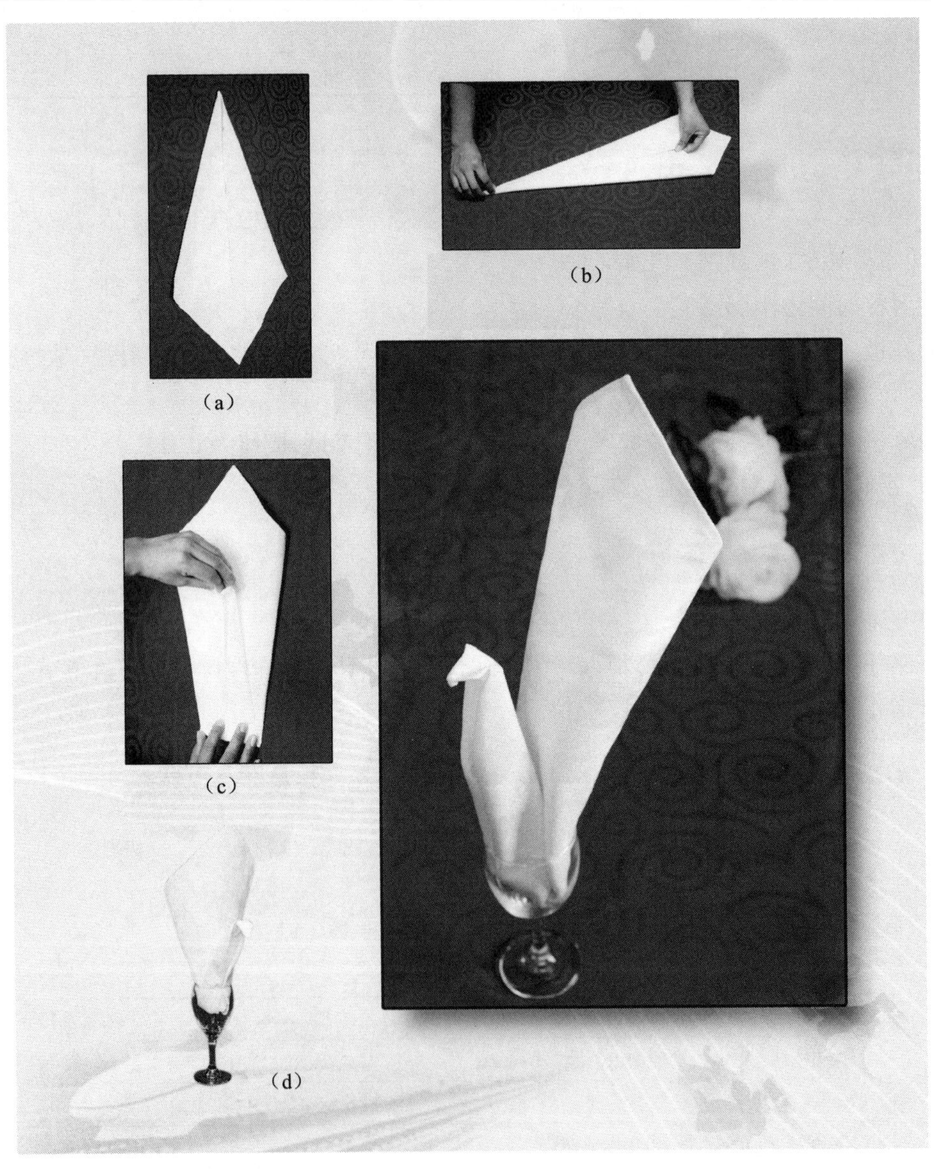

(a)　(b)　(c)　(d)

图 2-1-4

S14　中餐上菜流程

一、考场准备

要求：场地模拟列车环境，不具备条件时要提供笔试或口试条件。

二、材料工具准备

序　　号	名　　称	规　　格	数　　量	备　　注
1	餐盘(大)		6	
2	餐盘(小)		6	

三、考核要求

(1)被鉴定人入场后，首先由裁判告知题目，其次由被鉴定人检查准备备品，当被鉴定人告知裁判可以开始时，由裁判员开始计时。

(2)考核时间为 5 分钟。

(3)在被鉴定人操作期间，裁判可以向被鉴定人提问，以确认被鉴定人是否掌握中餐上菜流程。

(4)考核过程中被鉴定人造成考试用具损坏的，终止考试，成绩为 0 分。

(5)考核完毕后，由被鉴定人在评分表上签字确认。

四、考核评分

(1)考评人员 3 名以上。

(2)评分程序及规则：考评员根据考生操作情况对照计分标准在评分表上给予记录评分。

(3)算分方法：采用百分制，满分 100 分，60 分及以上为及格。

五、铁道行业职业技能登记认定餐车长中级工实作技能考核评分记录表

单位：________　姓名：________　性别：________　准考证号：________　工种：________　级别：________

试题名称：中餐上餐流程。

考核时间：10 分钟。

操作开始时间：　时　分　　　　操作结束时间：　时　分

项目	考核内容及评分标准	扣分因素及扣分	得分
作业流程(80 分)	1. 仔细核对台号、品名和分量，避免上错菜		
	2. 报菜名，特色菜点应作简单介绍		
	3. 刚上桌的菜点应旋转至主宾前面		
	4. 注意菜肴摆放布局，应将最佳观赏面朝向主宾		
	5. 凡配调料的菜肴，应先上调料、配料再上菜肴		

续上表

项目	考核内容及评分标准	扣分因素及扣分	得分
作业流程（80分）	6.及时整理台面，留出空间上菜，可以大盘换小盘，切忌盘子叠压		
	程序不对扣20分，每漏一项扣10分		
作业质量（20分）	1.仪容仪表不规范。（10分）		
	2.普通话不标准。（10分）		
考核时间	作业在5分钟内完成。每超时1分钟扣5分，超过3分钟停止考核。用时　分钟		
合计得分			

考评员签名：　　　　鉴定人：　　　　年　月　日

S15　中餐分菜流程

一、考场准备

要求：场地模拟列车环境，不具备条件时要提供笔试或口试条件。

二、材料工具准备

序号	名称	规格	数量	备注
1	托盘	个	2	
2	餐碟、餐碗	个	2	
3	叉勺	个	2	

三、考核要求

(1)被鉴定人入场后，首先由裁判告知题目，其次由被鉴定人检查准备备品，当被鉴定人告知裁判可以开始时，由裁判员开始计时。

(2)考核时间为10分钟。

(3)在被鉴定人操作期间，裁判可以向被鉴定人提问，以确认被鉴定人是否掌握中餐分菜流程。

(4)考核过程中被鉴定人造成考试用具损坏的，终止考试，成绩为0分。

(5)考核完毕后，由被鉴定人在评分表上签字确认。

四、考核评分

(1)考评人员3名以上。

(2)评分程序及规则：考评员根据考生操作情况对照计分标准在评分表上给予记录评分。

(3)算分方法：采用百分制，满分100分，60分及以上为及格。

五、铁道行业职业技能登记认定餐车长中级工实作技能考核评分记录表

单位:________ 姓名:________ 性别:________ 准考证号:________ 工种:________ 级别:________

试题名称:中餐分菜流程。

考核时间:10 分钟。

操作开始时间: 时 分 操作结束时间: 时 分

项目	考核内容及评分标准	扣分因素及扣分	得分
作业流程(80 分)	1.临桌独立分让式:服务员站在客人左侧,左手托盘,右手拿叉与勺,将菜在客人左边派给客人		
	2.临桌二人合作式:由两名服务员配合操作,一名服务员右手使用公用筷,左手持长把公用勺,另一名服务员将每一位客人的餐碟移到分菜服务员处,由分菜服务员分派,另一位服务员为客人送菜		
	3.离桌分让式:先将菜在转台向客人展示,有服务员端至备餐台,将菜分派到客人的餐碟中,并将各个餐碟放入托盘中,托送至宴会桌边,用右手从客位的右侧放到客人的面前		
	程序不对扣 20 分,每漏一项扣 10 分		
作业质量(20 分)	1.仪容仪表不规范。(10 分)		
	2.普通话不标准。(10 分)		
考核时间	作业在 10 分钟内完成。每超时 1 分钟扣 5 分,超过 5 分钟停止考核。用时 分钟		
合计得分			

考评员签名: 鉴定人: 年 月 日

S16 撤换餐盘流程

一、考场准备

要求:场地模拟列车环境,不具备条件时要提供笔试或口试条件。

二、材料工具准备

序 号	名 称	规 格	数 量	备 注
1	托盘	个	2	
2	餐碟、餐碗	个	2	
3	叉勺	个	2	

三、考核要求

(1)被鉴定人入场后,首先由裁判告知题目,其次由被鉴定人检查准备备品,当被鉴定人告知裁判可以开始时,由裁判员开始计时。

(2)考核时间为 10 分钟。

(3)在被鉴定人操作期间,裁判可以向被鉴定人提问,以确认被鉴定人是否掌握撤换餐盘流程。

(4)考核过程中被鉴定人造成考试用具损坏的,终止考试,成绩为0分。

(5)考核完毕后,由被鉴定人在评分表上签字确认。

四、考核评分

(1)考评人员3名以上。

(2)评分程序及规则:考评员根据考生操作情况对照计分标准在评分表上给予记录评分。

(3)算分方法:采用百分制,满分100分,60分及以上为及格。

五、铁道行业职业技能登记认定餐车长中级工实作技能考核评分记录表

单位:________ 姓名:________ 性别:________ 准考证号:________ 工种:________ 级别:________

试题名称:撤换餐盘流程。

考核时间:10分钟。

操作开始时间: 时 分 操作结束时间: 时 分

项目	考核内容及评分标准	扣分因素及扣分	得分
作业流程(80分)	1.撤换餐盘时应注意礼貌,站在客人的右侧用右手将餐盘撤回放到托盘中		
	2.撤盘时不拖拽,不能当客人的面刮擦脏盘,不能将汤水及菜撒到客人身上		
	3.客人还要食用餐盘中的食物,工作人员应将餐盘留下或征得客人意见后将菜并入到另一个餐盘中		
	4.撤盘时,应将吃剩的菜或汤在客人右边用碗或盘装起来,然后将同品种、同规格的盘按直径由大到小的顺序自下而上摆放整齐		
	程序不对扣20分,每漏一项扣10分		
作业质量(20分)	1.仪容仪表不规范。(10分)		
	2.普通话不标准。(10分)		
考核时间	作业在10分钟内完成。每超时1分钟扣5分,超过5分钟停止考核。用时 分钟		
合计得分			

考评员签名: 鉴定人: 年 月 日

S17 托盘行走步伐

一、考场准备

要求:场地模拟列车环境,不具备条件时要提供笔试或口试条件。

二、材料工具准备

托盘,2个。

三、考核要求

(1)被鉴定人入场后,首先由裁判告知题目,其次由被鉴定人检查准备备品,当被鉴定人告

知裁判可以开始时,由裁判员开始计时。

(2)考核时间为10分钟。

(3)在被鉴定人操作期间,裁判可以向被鉴定人提问,以确认被鉴定人是否掌握托盘行走步伐。

(4)考核过程中被鉴定人行走过程中托盘脱手掉落的,终止考试,成绩为0分。

(5)考核完毕后,由被鉴定人在评分表上签字确认。

四、考核评分

(1)考评人员3名以上。

(2)评分程序及规则:考评员根据考生操作情况对照计分标准在评分表上给予记录评分。

(3)算分方法:采用百分制,满分100分,60分及以上为及格。

五、铁道行业职业技能登记认定餐车长中级工实作技能考核评分记录表

单位:________ 姓名:________ 性别:________ 准考证号:________ 工种:________ 级别:________

试题名称:托盘行走步伐。

考核时间:10分钟。

操作开始时间: 时 分　　　　操作结束时间: 时 分

项目	考核内容及评分标准	扣分因素及扣分	得分
作业流程(80分)	1. 常步:步距均匀,快慢适中,为平常行进的步伐,主要用于餐厅日常服务工作		
	2. 疾步:步距较小,步速较快但不能跑,以免汤汁外溢或影响菜形,主要适用于托送火候菜或急需物品时行走的步伐时		
	3. 碎步:步距较小,步速较快,上身保持平稳,主要适用于端送汤类菜肴或重托物品时		
	4. 垫步:当需要侧身通过时,左脚侧一步,右脚跟一步,主要适用于穿行列车餐厅狭窄过道,或传送物品到餐桌前,欲将所托物品放于餐桌上时		
	5. 巧步:在列车运行时,服务员端送行走中,突然遇有意外或障碍时适用		
	程序不对扣20分,每漏一项扣10分		
作业质量(20分)	1. 仪容仪表不规范。(10分)		
	2. 普通话不标准。(10分)		
考核时间	作业在10分钟内完成。每超时1分钟扣5分,超过5分钟停止考核。用时 分钟		
合计得分			

考评员签名:　　　　鉴定人:　　　　年 月 日

S18 餐车后厨检查流程

一、考场准备

要求:场地模拟列车环境,不具备条件时要提供笔试或口试条件。

二、材料工具准备

无。

三、考核要求

(1)被鉴定人入场后,首先由裁判告知题目,其次由被鉴定人检查准备备品,当被鉴定人告知裁判可以开始时,由裁判员开始计时。

(2)考核时间为5分钟。

(3)在被鉴定人操作期间,裁判可以向被鉴定人提问,以确认被鉴定人是否掌握餐车后厨检查流程。

(4)考核过程中被鉴定人漏检查餐具消毒的,终止考试,成绩为0分。

(5)考核完毕后,由被鉴定人在评分表上签字确认。

四、考核评分

(1)考评人员3名以上。

(2)评分程序及规则:考评员根据考生操作情况对照计分标准在评分表上给予记录评分。

(3)算分方法:采用百分制,满分100分,60分及以上为及格。

五、铁道行业职业技能登记认定餐车长中级工实作技能考核评分记录表

单位:________ 姓名:________ 性别:________ 准考证号:________ 工种:________ 级别:________

试题名称:餐车后厨检查流程。

考核时间:10分钟。

操作开始时间: 时 分　　　　操作结束时间: 时 分

项目	考核内容及评分标准	扣分因素及扣分	得分
作业流程 (80分)	1.检查后厨原材料分类、保管、定位摆放		
	2.检查原材料餐前准备加工情况		
	3.检查菜品烹饪制作程序		
	4.检查投料标准、菜品质量		
	5.检查是否严格执行消毒程序对餐具消毒		
	程序不对扣20分,每漏一项扣10分		
作业质量 (20分)	1.仪容仪表不规范。(10分)		
	2.普通话不标准。(10分)		
考核时间	作业在10分钟内完成。每超时1分钟扣5分,超过5分钟停止考核。用时 分钟		
合计得分			

考评员签名:　　　　鉴定人:　　　　年　月　日

S19　信奉宗教的旅客前来用餐时工作流程

一、考场准备

要求:场地模拟列车环境,不具备条件时要提供笔试或口试条件。

二、材料工具准备

无。

三、考核要求

(1)被鉴定人入场后，首先由裁判告知题目，其次由被鉴定人检查准备备品，当被鉴定人告知裁判可以开始时，由裁判员开始计时。

(2)考核时间为5分钟。

(3)在被鉴定人操作期间，裁判可以向被鉴定人提问，以确认被鉴定人是否掌握信奉宗教的旅客前来用餐时工作流程。

(4)考核过程中被鉴定人未考虑避免禁忌的，终止考试，成绩为0分。

(5)考核完毕后，由被鉴定人在评分表上签字确认。

四、考核评分

(1)考评人员3名以上。

(2)评分程序及规则：考评员根据考生操作情况对照计分标准在评分表上给予记录评分。

(3)算分方法：采用百分制，满分100分，60分及以上为及格。

五、铁道行业职业技能登记认定餐车长中级工实作技能考核评分记录表

单位：________　姓名：________　性别：________　准考证号：________　工种：________　级别：________

试题名称：信奉宗教的旅客前来用餐时作业流程。

考核时间：10分钟。

操作开始时间：　时　分　　　　操作结束时间：　时　分

项目	考核内容及评分标准	扣分因素及扣分	得分
作业流程(80分)	1.了解旅客信奉的是哪个宗教，都有什么忌讳		
	2.在点菜单上要特别注明，交待厨师在用料时不可冒犯旅客的忌讳并注意烹饪用具与厨具的清洁		
	3.上菜前还应认真检查一下避免搞错		
	程序不对扣20分，每漏一项扣10分		
作业质量(20分)	1.仪容仪表不规范。(10分)		
	2.普通话不标准。(10分)		
考核时间	作业在10分钟内完成。每超时1分钟扣5分，超过5分钟停止考核。用时　分钟		
合计得分			

考评员签名：　　　　鉴定人：　　　　年　月　日

S20 旅客投诉食物未熟或味道不好时处置流程

一、考场准备

要求:场地模拟列车环境,不具备条件时要提供笔试或口试条件。

二、材料工具准备

无。

三、考核要求

(1)被鉴定人入场后,首先由裁判告知题目,其次由被鉴定人检查准备备品,当被鉴定人告知裁判可以开始时,由裁判员开始计时。

(2)考核时间为 5 分钟。

(3)在被鉴定人操作期间,裁判可以向被鉴定人提问,以确认被鉴定人是否掌握旅客投诉食物未熟或味道不好时处置流程。

(4)考核过程中被鉴定人对菜肴未安排重新制作的,终止考试,成绩为 0 分。

(5)考核完毕后,由被鉴定人在评分表上签字确认。

四、考核评分

(1)考评人员 3 名以上。

(2)评分程序及规则:考评员根据考生操作情况对照计分标准在评分表上给予记录评分。

(3)算分方法:采用百分制,满分 100 分,60 分及以上为及格。

五、铁道行业职业技能登记认定餐车长中级工实作技能考核评分记录表

单位:________ 姓名:________ 性别:________ 准考证号:________ 工种:________ 级别:________

试题名称:旅客投诉食物未熟或味道不好时处置流程。

考核时间:10 分钟。

操作开始时间: 时 分　　　　操作结束时间: 时 分

项目	考核内容及评分标准	扣分因素及扣分	得分
作业流程(80 分)	1. 对于火候不足的菜肴,应迅速向厨房反映,重新制作并向旅客致歉		
	2. 如属于旅客对菜肴风味特点的投诉时,工作人员既要礼貌又要婉转地向旅客介绍其特点和吃法		
	3. 旅客坚持己见时,餐车应无条件满足旅客需求		
	4. 事后对产生投诉的原因加以分析,对容易产生误解的菜肴应该加强对旅客事先的介绍		
	程序不对扣 20 分,每漏一项扣 10 分		

续上表

项目	考核内容及评分标准	扣分因素及扣分	得分
作业质量（20分）	1.仪容仪表不规范。（10分）		
	2.普通话不标准。（10分）		
考核时间	作业在10分钟内完成。每超时1分钟扣5分，超过5分钟停止考核。用时　　分钟		
合计得分			

考评员签名：　　　　　　　　　　　鉴定人：　　　　　　　　　　　年　　月　　日

第二部分　高 级 工

1. 在列车餐厅中餐宴会摆台操作中，摆放餐巾折花、铺台布和摆放餐碟的标准是什么？

答：(1)摆放餐巾折花的标准：按照餐巾折花摆放原则，从主位开始依次摆放。

(2)铺台布的标准：列车上餐台为长方台，站在餐车过道一侧铺台布，台布正面朝上，中凸线居中，两侧下垂均匀。

(3)摆放餐碟的标准：餐碟离餐台边 1 厘米，相互间距相等，定位准，电徽对准客人。

2. 依据《铁路食品安全管理基本规范》规定，食品、食品原料、食品添加剂使用应当遵循什么原则？

答：食品、食品原料、食品添加剂使用应遵循先进先出的原则，要定期检查库存食品，及时清理变质或超过保质期食品。原料、半成品、成品应分开放置，植物性、动物性、水产品分类摆放，不得堆积、挤压存放。

3. 西餐上菜服务中，英式上菜的方式有何要求？

答：从厨房将菜肴盛装好的大餐盘放在宴会首席的男主人面前，由主人将菜肴分入餐盘后递给站在左边的服务员，由服务人员分给女主人、主宾和其他宾客。各种调料与配菜摆在桌上，也可以由宾客自取并相互传递。

4. 在列车餐厅中餐宴会摆台操作中，摆放白酒杯、红酒杯、水杯的标准是什么？

答：在列车餐厅中餐宴会摆台操作中，摆放白酒杯、红酒杯、和水杯的标准是三杯成一条直线，红酒杯正对餐碟的中心线，红酒杯左侧放水杯，右侧放白酒杯，三杯杯距约 1 厘米，水杯与汤碗的间距约 1 厘米。

5. 电开水器(电茶炉)的使用注意事项有哪些？

答：(1)开水炉无冷水时，严禁使用。

(2)库停或夜间暂停使用时，请切断电源开关。

(3)出现事故时，立即切断电源，关闭冷水进水阀，请有关人员检查处理。

6. 西餐上菜和分菜的注意事项有哪些？

答：(1)在上菜和分菜时要注意观察桌面，及时撤换餐具和酒具。

(2)要注意突出菜肴的吸引人之处。

(3)在收餐具时要轻拿轻放,避免操作声过大,影响客人用餐。

(4)注意特别关心老人、妇女和儿童。

7. 西餐的上菜和分菜服务的准备工作有哪些?

答:(1)服务工具准备:服务叉、服务勺、刀叉、托盘、餐巾等。

(2)熟悉菜点、饮料和酒品、区分不同菜点的上菜顺序。

(3)把握时机:根据就餐的进行情况、把握上菜、分菜、斟酒的最佳时机。

8. 列车因故中断运行时,餐车应做到哪些工作?

答:全面清理餐料、燃料、水的存量,及时向列车长汇报,了解停留时间,精心计划安排保证重点旅客用餐。需要补充餐料和水时,应及时在事故恢复或就近前方站请求补充。组织餐车人员坚守岗位,服从命令听指挥,加强炉灶、餐料管理,做好防火、防毒、防盗工作。

9. 中餐宴会服务过程中,哪些情况下需要更换骨碟?

答:(1)凡是吃过冷菜换吃热菜时。

(2)凡装过鱼腥味食物的骨碟,再吃其他类型菜肴时。

(3)凡吃甜菜、甜点、甜汤之前,食用风味特殊、调味特别的菜肴时。

(4)食用汁芡各异、味道有别的菜肴时。

(5)出现骨碟洒落酒水、饮料时。

(6)骨碟上有杂物时。

10.《铁路食品安全管理基本规范》对标识管理有何要求?

答:各类冰箱、容器、刀板等用具的标识,应按原料、待加工、半成品、成品或生、熟字样标识,对植物性、动物性、水产品应明确标注区分并规范使用。

11. 西餐宴会中掌握斟酒(红、白葡萄酒,香槟酒,啤酒)**应遵循的原则是什么?**

答:西餐宴会中斟酒量要掌握适宜,不能过多或过少。一般红葡萄酒斟至杯的1/2,白葡萄酒斟至杯的2/3为宜。斟香槟酒要分两次进行,先斟至杯的1/3处,待泡沫平息后,在斟至杯的2/3即可。啤酒顺杯壁斟,分两次进行,以泡沫不溢为准。

12. 西餐上菜服务中,俄式上菜的方式有何要求?

答:所有菜肴都是在厨房完成后,用大托盘送到辅助服务台上,然后顺时针绕台将餐盘从右边摆在客人面前。上菜时服务人员站立在客人的左侧,左手托银盘向客人展示菜肴,然后再用服务叉、汤勺配合分菜至客人面前的餐盘中,以逆时针的方向进行分菜服务,剩余菜肴送回厨房。

13. 中餐宴会铺台布的操作步骤是什么?

答:(1)折叠餐巾花。

(2)铺台布。

(3)放置转台和插花。

(4)摆放餐碟。

(5)摆放汤碗、汤勺和味碟。

(6)摆放筷架、筷子和牙签。

(7)摆放白酒杯、红酒杯和水杯。

(8)摆放餐巾折花。

(9)摆放公用汤勺、筷。

(10)拉椅。

14. 西餐宴会桌裙的铺设有何要求?

答:一般宴会台不铺设台裙,在自助宴会台、宴会展示台等处经常铺设。铺设台裙前需要按照要求正确铺设好台布,再沿着台子的边缘,按照顺时针方向,打成 4～5 厘米的褶(已经有褶的台裙不需要),然后用固定夹(或者其他固定工具)固定在桌边即可。

15. 西餐上菜服务中,法式上菜的方式是怎样进行的?

答:西餐上菜服务中,法式上菜的方式是将菜肴在宾客面前的辅助服务台上进行最后的烹调服务,法式服务由两名服务人员同时服务,一名负责完成桌边的烹调制作,另一名负责为客人上菜,热菜用加温的热盘,冷菜用冷却后的冷盘。

16. 西餐宴会一字形台布的铺设要求是什么?

答:铺一字形台时,服务员应站在餐台的长侧边,将台布横向打开,要求台布的中凸线向上搁置于餐台的横向中心,四周的下垂部分长短均匀。对于较大型的西餐台和异形西餐台需要多人合作,用几块西餐台布拼接铺设,要求接缝协调一致。

17. 组织中餐宴会,应从哪些方面入手?

答:(1)掌握宴会情况。

(2)根据宴会服务方式合理安排各岗位人数及工作内容。

(3)按宴会规格设计台面,摆台。

(4)全面检查宴会前的各项准备工作。

(5)热情迎宾,安排席位。

(6)上菜服务。

(7)宴会结束服务。

18. 餐料的加工、销售有哪些要求?

答:餐料加工工具和刀、板(墩)、容器以及盖布、抹布一定要注明“生”“熟”标记,操作时要按规定标记使用,严禁混用、混装或混放。加工用物品必须保持清洁,存放在固定位置。餐料一定要遵循出售多少就加工多少的原则、先进先出的原则,半成品执行出库按预制数取用。

19. 在中餐宴会中,双层式铺台有何要求?

答:双层式铺台即首先在圆台上铺一层底布,然后再铺放一块比底布规格均小的工艺抽纱或刺绣台布。双层式铺台所用的台布形状以圆形为佳,上下两块台布的颜色、花纹、质地要协调,符合宴会主题,彰显特色。

20. 列车餐厅西餐宴会摆台的操作步骤是什么?

答:列车餐厅西餐宴会摆台的操作步骤分为:

(1)折叠餐巾花。

(2)铺台布。

(3)摆放展示牌。

(4)摆放刀、叉、勺。

(5)摆放面包盘、黄油刀、黄油碟。

(6)三杯。

(7)用具摆放。

21. 依据《铁路食品安全管理基本规范》规定,普速旅客列车餐车餐具洗消有何要求?

答:餐饮具、成品容器清洗消毒工作应有专人负责,消毒药品无过期、无结块,严格按消毒剂标识方法、浓度进行配制,餐饮具应充分洗净后完全浸没于消毒液中,成品容器、工具等可采取喷洒、擦抹、浸泡等方法清洗消毒,保证消毒效果,达到表面光洁,无油渍、无水渍、无异味。

22. 餐饮主题活动营销方案制定的步骤是什么?

答:餐饮主题活动营销方案制定的步骤是:

(1)进行列车市场调查与预测。

(2)分析营销环境。

(3)进行产品组合策划及新产品开发。

(4)进行产品的合理定价。

(5)选择合理的销售管道。

(6)制定合理的产品促销方案。

23. 中餐上菜顺序和上菜的方法是什么?

答:(1)中餐上菜顺序是:

①摆放餐具的同时上酒。

②上凉菜的同时开酒及代客人斟第一杯酒。

③上热菜的顺序:溜、炒、炸、煎、辣菜、甜菜在后。

④上主食的同时上汤。

(2)按菜品性质上菜的方法是先高级、后低级,先荤菜、后素菜,先一般菜、后辣味、甜汁菜,先酒菜、后饭菜。

24. 电采暖期间的注意事项有哪些?

答:(1)应定期清除电加热器表面灰尘。

(2)电热器及罩严禁用水冲洗,不准用脚踩踏。

(3)电热器工作时,禁止开启护罩,以防触电。

(4)客车清洗时要切断电源,以防触电。

(5)禁止在电热器上搭挂物品或在附近堆放物品。

(6)严禁冲刷风挡。

25. 列车餐厅中餐宴会摆台的操作步骤是什么?

答:列车餐厅中餐宴会摆台的操作步骤是:

(1)铺台布。

(2)摆放餐碟。

(3)摆放汤碗、汤勺、味碟。

(4)摆放筷架、筷子。

(5)摆放白酒杯、红酒杯和水杯。

(6)摆放餐巾折花。

(7)摆放用具。

26. 灭火器的使用方法是什么? 注意事项有哪些?

答:(1)使用方法:取下灭火器,手提压把迅速赶到着火处,拔下保险销,一手握住压把,将喷咀对准火焰根部,压下压把,由近而远,左右扫射,快速推进,直至把火焰全部扑灭。

(2)注意事项:

①使用时应占据上风方向,灭火器始终保持直立状态。

②为防止复燃,火焰扑灭后再持续喷射片刻,方可停止。

27. 在什么情况下使用紧急制动阀?

答:在发生下列情况之一时,应该使用紧急制动阀停车:

①车辆燃轴或重要部件损坏。

②列车发生火灾。

③有人从列车上坠落或线路内有人死伤。

④其他危及行车或人身安全必须紧急停车时。

28. 怎样使用紧急制动阀？

答：使用车辆紧急制动阀时，不必先行破封，立即将阀手把向全开位置拉动，直到全开为止，不得停顿和关闭。遇弹簧手把时，在列车完全停车以前不得松手。在长大下坡道上，必须先看压力表，如压力表指针已由定压下降 100 千帕时，不得再使用紧急制动阀（遇折角塞门关闭时除外）。

29. 依据《铁路食品安全管理基本规范》规定，普速旅客列车餐车垃圾处理有何要求？

答：餐车垃圾污染物应密闭存放，实行垃圾袋装收集，防止食品污染。专用“餐厨垃圾袋”应配足数量，标有段别等单位标识，投放于固定位置垃圾箱（桶）内。要及时清理已盛满的垃圾箱（桶），做到装袋、封口，定位存放于风挡处或车门处，下交垃圾必须在指定站台的指示位置进行投放，不得随意（违规）倾倒污水垃圾。

30. 普速旅客列车应如何使用人力制动机停车？

答：列车在区间被迫停车不能继续运行时，如遇自动制动机故障，车辆乘务员在接到机车乘务员的防溜通知后，应立即组织列车乘务人员拧紧全列人力制动机，开车前由列车长组织列车乘务人员松开全列人力制动机，并经车辆乘务员下车检查确认，撤除防护号志后方可开车。

31. 餐车摆台有哪些注意事项？

答：（1）摆台要尊重宾客的风俗习惯和饮食特点。

（2）摆台要符合宾客的礼仪形式。

（3）摆花台前，要先将花草洗净，把水控干。

（4）要保持台面的清洁卫生。

（5）中西餐具配备做到规格统一，花边统一，形状大小与餐品相适应，品种、数量与备品相符合，保持完好。

32. 重点旅客接待需要注意什么？

答：对有残疾和年老、体弱的客人应给予特殊照顾。如没有同行客人时，要主动扶他们就近入座，要选比较肃静的地方，放好手杖等物。在客人离开前把手杖交到他的手中。对盲人要告诉他餐桌上物品的位置，斟饮料时不要太满。上食品时，也要告诉他食品放的位置，帮助他用手摸到盘子和餐具。

33. 根茎菜类的初步处理方法是什么?

答:(1)削刮处理:有些根茎类的蔬菜,带有不能食用的外皮和硬壳,在初步整理时,应该予以除去。

(2)洗涤整理:根茎类的蔬菜经刮削处理后,还要进行洗涤,一般用清水洗涤即可。但有些原料去皮后因氧化作用而变色,所以原料去皮洗净后放入清水里浸泡,用时取出加工切制。

34. 餐饮具等容器消毒有何要求?

答:消毒剂配制浓度达到标准要求,严格按消毒剂标识规定方法、浓度进行配制,固体消毒剂应充分溶解。配好的消毒液定时更换,一般每 4 小时更换一次,避免油垢影响消毒效果。使用时定时测量消毒液浓度,浓度低于要求时应立即更换或适量补加消毒液。执行"一池水,一袋药",浓度 250 毫克/升,每池水消毒数量 150 件。

35. 对旅客列车餐车后厨盖布抹布使用有何要求?

答:(1)餐车后厨盖布、垫布、抹布均易于辨认,能区分使用,经常保持清洁。

(2)盖布、抹布均有生熟标识,盖布还应有正反标示。

(3)后厨盖布、抹布管理措施到位,无混用混放现象。

36. 禽类的出肉方法有几种? 分别是如何操作的?

答:禽类的出肉方法有 2 种。

(1)先出腿肉,先把鸡腿剁下,剔去腿骨,然后从翅膀的关节处割断筋,再用左手握住翅膀,连脯肉一同扯下。

(2)先从翅膀上关节处用刀割断筋,用右手握住颈部,左手握翅膀向下剥,剥至腿部时,将腿向右扭转,用刀割断关节处的筋,撕下腿肉,两侧用同样的方法进行,最后剔去腿骨和翅膀。

37. 以猪为例,在初步加工过程中剔骨的操作方法是什么?

答:将猪肉皮面朝下,腹部向里,放在案板上,将大棒骨和灯笼骨的关节剁开,在沿着后腿大棒骨的两侧划开,使大腿骨和小腿骨露出,用刀使骨肉分离,把大棒骨和小腿骨剔出。剔骨时,首先应熟悉骨骼生长规律及关节位置,下刀要准确,剔骨时刀刃要紧贴骨面。

38. 使用煮沸或干烤进行消毒灭菌有何要求?

答:(1)使用煮沸消毒:在 100 ℃的沸水中煮 3～5 分钟,可杀灭微生物繁殖体,适用于食品餐饮用具、茶具、酒具和直接入口食品的容器、材料器具的消毒。

(2)使用干烤消毒:用 120～180 ℃的干热空气加热物品,杀灭微生物,多用于不耐湿热的物品消毒。

39. 西餐宴会服务的注意事项是什么?

答:(1)遵循女士优先,先宾后主的服务原则。

(2)宴会厅全场撤盘、上菜时机应一致。

(3)在上每一道菜之前,应先撤去上一道菜肴的餐具,斟好相应的酒水,再上菜。

(4)如餐桌上的餐具已用完,应先摆好相应的餐用具,再上菜。

(5)在撤、摆餐具时,动作要轻稳利索。

40. 依据《呼和浩特铁路局客运站车餐饮销售服务监督管理办法》规定,餐饮包装有何要求?

答:餐饮产品包装应满足国家有关标准,充分体现铁路特色。快餐食品包装包括餐盒、餐具、防雾封膜等,应采用耐温、可微波炉用的无毒、环保材料制作。产品包装具有密封、环保、经济、便携功能,外表整洁、卫生、美观、不变形。各种食品不得采用玻璃、陶瓷、金属等硬质包装。

41. 计算餐料净料率

购进母鸡一只,毛料重量 2 千克。经宰杀处理后,得净鸡 1.4 千克,求母鸡的净料率。

解:母鸡净料率＝净料重量/毛料重量×100％

＝1.4÷2×100％

＝70％

答:母鸡的净料率为 70％。

42. 计算餐品成本毛利率和销售毛利率

宫保鸡丁一盘,成本是 12.00 元,售价是 21.00 元,求宫保鸡丁的成本毛利率和销售毛利率。

解:毛利＝售价－成本

＝21.00－12.00＝9.00 元

宫保鸡丁的成本毛利率＝9.00÷12.00×100％

＝75％

宫保鸡丁的销售毛利率＝9.00÷21.00×100％

＝43％

答:宫保鸡丁的成本毛利率为 75％。宫保鸡丁的销售毛利率为 43％。

43. 计算配料成本

冬笋丝一盘,用肉丝 200 克,每千克 20.00 元。冬笋 100 克,每千克 12.00 元。调料 0.70 元,求该菜配料成本。

解:冬笋肉丝成本＝产品配料成本

＝主料成本＋辅料成本＋调料成本

＝20.00×(200÷1 000)＋12.00×(100÷1 000)＋0.70

＝5.90 元

答:冬笋肉丝的配料成本是 5.90 元。

44. 计算成本燃料率

某餐厅本月燃料费为 12 000.00 元,营业成本为 4 000 000.00 元,求成本燃料率。

解:成本燃料率＝燃料费÷营业成本×100%

＝12 000.00÷400 000.00×100%

＝3%

答:本月餐厅成本燃料率为 3%。

45. 计算干烧鱼菜品售价

干烧鱼一条,成本是 16.00 元,成本燃料率 3%,成本毛利率是 70%,求该菜售价。

解:售价＝成本×(1＋成本燃烧率)×(1＋成本毛利率)

＝16.00×(1＋3%)×(1＋70%)

＝16×1.03×1.7

≈28.00 元

答:干烧鱼的售价约为 28.00 元。

46. 计算香酥鸡腿菜品售价

香酥鸡腿一盘,成本是 16.00 元,成本燃料率是 3%,销售毛利率是 48%,求该菜售价多少元。

解:售价＝[成本×(1＋成本燃烧率)]÷(1－销售毛利率)

＝16.00×(1＋3%)÷(1－48%)＝16.00×1.03÷0.52

≈32.00 元

答:香酥鸡腿的售价约为 32.00 元。

47. 计算宴会成本和各原料成本

某酒店接待宴会一桌,售价 2 000.00 元,规定销售毛利率为 55%,其中冷菜占 15%,热菜占 65%,点心、水果占 15%,汤占 5%,求宴会成本和各原料成本应为多少元。

解:宴会成本＝销售价格×(1－销售毛利率)

＝2 000.00×(1－55%)＝900.00 元

各原料成本:

冷菜＝900.00×15%＝135.00(元)

热菜＝900.00×65%＝585.00(元)

水果、点心＝900.00×15％＝135.00(元)

汤＝900.00×5％＝45.00(元)

答:该桌宴席各原料成本为:冷菜 135.00 元,热菜 585.00 元,点心、水果 135.00 元,汤 45.00 元,总成本为 900.00 元。

48. 计算销售毛利率

某餐厅供应木须肉,每盘成本毛利率为 72％,求销售毛利率。

解:销售毛利率＝[成本毛利率÷(1＋成本毛利率)]×100％

＝[72％÷(1＋72％)]×100％

≈41.86％

答:木须肉的成本毛利率为 72％,销售毛利率约为 41.86％。

49. 计算成本毛利率

香辣鸡丁一盘,销售毛利率为 40％,求成本毛利率。

解:成本毛利率＝[销售毛利率÷(1－销售毛利率)]×100％

＝[40％÷(1－40％)]×100％

≈66.7％

答:成本毛利率约为 66.7％。

50. 菜叶类蔬菜的初步加工方法是什么?

答:蔬菜购进后,都有老根、黄叶、枯皮及泥土等,在洗涤整理前,要经过挑选。叶菜经选择后,要进行洗涤。洗涤主要用清水浸、冲、涮、漂等方法。冷水洗涤主要洗去蔬菜中的泥土和污物。盐水系的主要应用在夏秋之间,洗涤时将叶菜放入 2％的食盐溶液中浸泡 5 分钟左右,使虫卵吸盘收缩浮于水面,以便洗净。

51. 中餐宴会摆台注意事项是什么?

答:(1)操作顺序从主位开始,顺时针依次摆放。

(2)托盘姿势正确,不搁臂,不碰胸、腰,操作时托盘要拉开、端稳,行走轻松自然。

(3)服务员穿规定服饰,化淡妆,操作时动作轻盈、神态自然,面带微笑,手法卫生。

(4)注重整体效果,台面清洁卫生,整体布局合理,美观大方。

52. 铁路禁止携带物品有哪些?

答:枪支、子弹类(含主要零部件),爆炸物品类,管制器具,易燃易爆物品,毒害品,腐蚀性物品,放射性物品,感染性物质,其他危害列车运行安全的物品,法律、行政法规、规章规定的其他禁止携带、运输的物品。

53. 接待重点旅客需要注意什么?

答:对有残疾和年老、体弱的客人应给予特殊照顾如没有同行客人时,要主动扶他们就近入座,要选比较肃静的地方,放好手杖等物。在客人离开前把手杖交到他的手中。对盲人要告诉他餐桌上物品的位置,斟饮料时不要太满。上食品时,也要告诉他食品放的位置,帮助他用手摸到盘子和餐具。

54. 使用巴氏消毒法进行消毒灭菌有何要求?

答:巴氏消毒法可分为低温 63 ℃、30 分钟和高温 80～90 ℃、30～60 秒两种。为提高效率,缩短加热时间,减少对食品质量的影响,多采用后一种方法。还有一种是高温瞬间杀菌法,即加热到 130～150 ℃,持续 0.5～2 秒,细菌几乎全部被杀灭,这主要应用于牛奶消毒上。

55. 餐料的保管有哪些要求?

答:蔬菜要整齐码放在菜柜内,并留有一定的间隙,定期清理,确保食品原料无腐烂、变质;肉禽、半成品必须及时冷藏,并严格执行生熟分开、定位存放的制度。后厨的立、卧式冰箱在清洁卫生应有专人负责,随时了解和检查冰箱的制冷效果是否良好,一旦发生故障要及时对食品也要采取相应措施。

56. 中餐斟酒服务中,两名服务员一同为顾客斟酒时应如何操作?

答:两名服务员一同为顾客斟酒时,一个从主宾开始,另一个从副主宾倒起,依座依次按顺时针为顾客斟酒水或饮料;服务员站在客人身后右侧,右腿迈入相邻两椅之间,左手背与身后,右手握瓶的中间部位,将商标朝向客人,自然向前伸出右手臂,酒瓶口离杯口 1 厘米左右,将酒夜匀速倒入酒杯中。

57. 为两位宾客在列车餐厅进行西餐宴会摆台时,应准备哪些物品?

答:西餐台布 1 块、展示牌 2 只、面包盘 2 只,汤勺 2 把、餐刀(主菜刀)2 把、餐叉(主菜叉)2 把、鱼叉 2 把、开胃刀 2 把、开胃品叉 2 把、甜品叉 2 把、甜品勺 2 把、黄油刀 2 把、黄油碟 2 个、水杯 2 只、红葡萄酒杯 2 只、花瓶 1 只、胡椒罐 1 个、盐罐 1 个、牙签盅 1 个、口布 2 块、托盘 1 只。

58. 西餐宴会摆台操作中,铺台布、拉椅定位、摆放展示盘的标准是什么?

答:(1)铺台布的标准:站在副主位铺台布,台布正面朝上,中凸线居中,四周下垂匀称。

(2)拉椅定位的标准:动作规范,两椅中心对准台布中心线;侧椅间距均匀,两两相对;椅面的前边与下垂台布相切。

(3)摆放展示盘的标准:将展示盘放在餐位正中,距桌边 2 厘米,手法规范、一次到位。

59. 中餐宴会的座席安排有何要求?

答:主人坐在餐厅的正面,副主人与主人相对而坐。因为以右为上,所以主人右侧是主宾,副主人右侧是第二宾，主人左侧是第三宾，副主人左侧是第四宾，这样交叉安排，依次排列。有时为了谈话方便或第一宾和第二宾的职位相同，在主人右、左两侧安排主、次宾，在副主人右、左两侧安排第三、四宾。

60. 从哪些方面入手满足消费者的消费心理需求？

答：(1)满足就餐消费者求安全、求饮食品卫生的需求。

(2)满足旅客求受尊重的心理需求。

(3)满足旅客要求食品符合口味的心理需求。

(4)满足旅客求知求新的心理需求。

(5)满足旅客求价格实惠的消费心理需求。

(6)满足旅客求舒适、雅致的心理需求。

(7)满足旅客的怀旧心理需求。

61. 餐具消毒注意事项是什么？

答：(1)餐具消毒后，不要再用抹布擦拭，以免受新的污染。

(2)消过毒的餐具要存放在有防蝇、防尘的橱柜内，并将餐具倒控，这样可使残水流出，自然干燥备用。

(3)漂白粉、次氯酸钠等含氯消毒方法，必须保持一定的有效氯量，消毒液才能达到应有的效力。餐具消毒有效含氯量根据说明使用。

62. 斟茶时应注意什么？

答：斟茶不宜过满，以七、八分为适宜。如茶水已凉，应主动倒换，让茶时应用托盘送上，先客人后主人，先女宾后男宾，请旅客自拿杯或服务员按顺序放在旅客面前，杯把向右。拿杯时手不得卡在上部，续茶不宜太勤，也不能隔太长时间，根据旅客需要多寡而定，如需茶壶放置旅客面前时壶嘴不应向旅客。

63. 在列车餐厅中餐宴会摆台操作中，摆放汤碗、汤勺、味碟、放置筷架、筷子的标准是什么？

答：(1)摆放汤碗、汤勺、味碟的标准：汤碗在餐碟的左上侧间距 1 厘米左右，汤勺放在汤碗内，勺柄向左；味碟在餐碟的右上侧与汤碗在一条直线上并相距 1 厘米左右。

(2)摆放筷架、筷子的标准：筷架放在味碟的右侧相距 1 厘米左右，筷子距筷头 1/3 处搁在筷架上，筷头对准中心，筷尾距桌边约 1 厘米。

64. 在列车餐厅西餐宴会摆台操作中，摆放三杯以及用具的标准是什么？

答：(1)摆放三杯的标准：白葡萄酒杯放在开胃刀刀尖上方 2 厘米处；红葡萄酒杯放在白葡萄酒杯的左侧，水杯放在红葡萄酒杯的左侧，三杯杯肚间距 1 厘米，三杯杯心连成一斜线与桌边呈45度夹角。

(2)摆放用具的标准:花瓶放在餐桌靠窗一侧台布中心;沿台布中凸线花瓶两侧分别摆放调味用具和牙签盅。

65. 铁路客运职工应遵守哪些职业道德?

答:(1)勤恳敬业:做到工作勤奋、业务熟练。

(2)廉洁奉公:做到公道正派,不徇私情。

(3)顾全大局:做到团结协作,密切配合。

(4)遵章守纪:做到服从命令,执行标准。

(5)优质服务:做到主动热情,细心周到。

(6)礼貌待容:做到行为端庄,举止文明。

(7)爱护行包:做到文明装卸,认真负责。

66. 与旅客交流有哪些注意事项?

答:(1)服务员在为客人服务时不宜表示过分亲热。

(2)不可用手搭拍客人之肩膀。

(3)如遇顾客不礼貌言行或其他事故,对顾客不可争论或辩白、应婉转解释,要以顾客永远是对的态度服务顾客。

(4)回答顾客之询问,不可随便说"不知道"。

(5)未经客人之同意,决不可抱玩客人的小孩,免得使其不悦。

67. 西餐上菜的基本要求是什么?

答:(1)餐厅员工在提供西餐上菜服务中,总体顺序是先女主宾后男主宾,然后服务主人与一般来宾。

(2)餐厅员工应用左手托盘,右手拿叉勺为客人提供服务。服务时,员工应当站在客人的左边。

(3)西餐菜肴上菜也要"左上右撤",酒水饮料要从客人的右侧上。法式宴会所需食物都是一律从右边用右手送上。

68. 使用红外线或紫外线进行消毒灭菌有何要求?

答:(1)使用红外线灭菌:热能直接由电磁波照射产生。波长30微米以上的红外线,工作温度达200 ℃。温度的高低、快慢与光源的强弱和距离有关,距离越近,温度越高。红外线灭菌适用于物体表面消毒。

(2)使用紫外线消毒:紫外线是低能量的电磁辐射,杀菌力强,多用于食品超净车间、冷菜间和饮用水消毒。

69. 对餐具的使用有何要求？

答：(1)使用餐具时必须轻拿轻放，在餐车要注意车身摇晃，要站稳拿牢，以减少破损。

(2)餐具(筷、刀、勺、叉、酒、茶具)每餐后必须冲净消毒，在地下(面)餐厅可使蒸气消毒。餐车由于条件所限，可用药物消毒，坚持一用(客)一消毒。西餐叉必须将叉缝内不洁之物擦掉，然后洗刷消毒，擦干后方能使用。

70. 西餐宴会摆台的操作有何要求？

答：(1)操作步骤：铺台布→拉椅定位→摆放展示盘→摆放刀、叉、勺→摆放面包盘、黄油刀、黄油碟→三杯→折叠餐巾花→公用物品。

(2)西餐酒具的摆放要求：

①酒杯的数量一般不超过 4 个。

②不重复摆放两个相同的酒杯。

③西餐宴会还应适当摆放附加共用具：盐罐、胡椒罐、牙签盅、烛台和花盆等。

71. 整形菜的分菜要求是什么？

答：(1)保持整形。充分发挥菜肴的形状美，能够调动客人对整形菜肴的需求。

(2)区别对待，根据不同的实用方法，进行不同的分割装碟，便于宾客食用。

(3)控制数量。分菜时要心中有数，将菜肴中最优秀的部分均匀地分给每一位宾客。

(4)注意细节。不能将卤汁洒出盘外和溅到宾客身上；头、尾、残骨不宜分给宾客。

(5)技能娴熟。在保证分菜质量的前提下，尽可能地保证菜肴的温度。

72.《呼和浩特铁路局客运站车餐饮销售服务监督管理办法》规定，动车组列车食品储存有何要求？

答：动车组列车食品供货者应实行专库(位)管理，定期检查库存食品，及时清理变质或超过保质期食品。专供动车组列车冷(热)藏盒饭生产者食品加工布局和工艺流程合理，加工环境达到铁路运营食品安全洁净要求。配有专用冷(热)藏食品设施，设有温度显示计，食品储运温度符合冷(热)藏控制要求。

73. 西餐宴会中餐巾花的摆放要求是什么？

答：(1)主花要摆插在主位，一般的餐巾花则摆插在其他宾客席上，高低大小搭配应错落有致。

(2)将观赏面朝向宾客席位。

(3)形状相似的花形错开并对称摆放。

(4)各餐巾花之间的距离要均匀、整齐一致，餐巾花不能遮挡台上用品，不要影响服务操作。

(5)如果是杯花，插入杯中时要恰当地掌握深度，并注意杯内餐巾的整齐。

74. 服务工作中走、立、坐的动作要求有哪些?

答:走、立、坐的姿势要端正,走路要稳重,与旅客同行时,不要碰撞旅客,与旅客相向前进时,应主动让路。站立时不要依靠墙壁,摇头摇脑,更不要指手画脚,坐时不要歪斜低头弯腰,不要仰靠椅背伸出两腿,更不要把脚高举椅子、桌面上。遇有旅客问询或前来付账时必须起立应答。谈话时不要吸烟,步行时应停步解答,不得边走边答。

75. 在列车餐饮营销中,如何做好市场调研?

答:(1)经常做市场调研,了解应季食品、商品的上市情况。

(2)掌握不同季节食品、商品价格浮动情况。

(3)根据不同区域旅客饮食习惯需求,合理调整供应计划。

(4)根据季节变化,调整供应品种。

(5)能够正确组织餐车人员研究菜品种变化、制作方法以及技术更新。不断研究、更新菜品种的烹调制作方法,保证菜肴质量标准。

76. 电开水器(电茶炉)的操作有哪些要求?

答:(1)必须水源充足,炉体水阀(上水节止器)完好,开关灵活。

(2)当控制系统中的自动系统失灵,方可启动手动开关。

(3)启动手动开关时,必须严密监视水位,当水位低于警戒水位线探点,听到报警时,应立即停机。

(4)车辆停运期间,应切断电源,将冷水阀关闭,排水阀放水嘴打开,排尽存水以免杂质污染和冻坏炉体与配件。

77. 西餐宴会摆台的注意事项有哪些?

答:(1)摆台顺序从主位开始,顺时针方向依次摆放。摆台时注意用手拿瓷器的边沿,刀叉勺的把柄,在宾客的右侧摆刀勺,左侧摆叉。

(2)托盘姿势正确,操作时盘要拉开、端稳,行走轻松自然。

(3)服务员穿规定服饰,化淡妆,操作时动作、神态自然,面带微笑,手法卫生。

(4)注重整体效果,台面清洁卫生,整体布局合理,美观大方。

78. 确定毛利率的原则是什么?

答:(1)凡与人民生活关系密切的大众饭菜,毛利率应低一些。

(2)筵席和特色名菜、名点的毛利率应高于一般菜点的毛利率。

(3)技术力量强、设备条件好、费用开支大的企业,毛利率应略高,反之应略低。

(4)时令品种毛利率可以高一些,反之应低一些。

(5)用料质量好、货源紧张、操作过程复杂精致的毛利率可以高一些,反之应低一些。

79. 中餐宴会斟酒服务中,注意事项有哪些?

答:(1)做到举止文雅,注意身体不要紧贴客人,也不要离客人太远。

(2)斟酒时应礼貌示意,如客人不选择该种酒应立即调换。

(3)随时观察当客人杯中酒水少于1/3时,在征询客人意见后及时续添酒水。

(4)斟酒时应当掌握好酒瓶的倾斜度并控制好倒酒的速度,酒瓶不能碰到杯口。

(5)斟酒完毕,将瓶口抬起并顺时针逆转45度后收瓶。

80. 餐车上料有哪些要求?

答:餐车长、厨师严把上料关,在规定地点上餐料、商品时,要认真检查餐料、商品质量,无腐烂变质。无生产日期、生产厂家、保质期及质量不合格的要坚决卡在车下。上货时要将餐料备品定位摆放,直接入柜,不混用混放。中途要在规定的补货(料)点补货(料),严禁上主料;严禁私自上货。严禁出售凉拌菜、炝拌菜、豆制品、贝蚧类海鲜产品及蘸酱菜。

81. 列车餐厅西餐宴会摆台的注意事项是什么?

答:(1)摆台顺序:摆台从主位开始,顺时针方向依次摆放。摆台时注意用手拿瓷器的边沿,刀叉勺的把柄,在宾客的右侧摆刀勺,左侧摆叉。

(2)托盘姿势:托盘姿势正确,操作时盘要拉开、端稳,行走轻松自然。

(3)仪容仪表与卫生。服务员穿规定服饰,化淡妆,操作时动作、神态自然,面带微笑,手法卫生。

(4)注重整体效果,台面清洁卫生,整体布局合理,美观大方。

82. 西餐宴会餐具的摆放要求是什么?

答:(1)左叉、右刀和勺、上点心餐具。以垫盆的摆放位置为基准,左侧放置各式根据菜单规定的各种餐叉,右侧摆放根据菜单规定的各种餐刀及汤勺,上侧摆放点心用具。

(2)先使用的餐具摆放在外侧,依次按顺序从外往内摆放,点心餐具先内后外摆放。

(3)从美化餐桌的角度来看,一般餐具不宜超过5套,但是从就餐服务的效率来看,一般除特殊餐具外,所有进餐菜单规定用到的餐具全部摆放在餐桌上,以提高服务和就餐效率。

83. 西餐宴会摆台操作中,摆放面包盘、黄油刀、黄油碟的标准是什么?

答:摆放面包盘、黄油刀、黄油碟的标准:开胃叉左侧2厘米处面包盘,盘心与展示盘心在同一直在线;黄油刀放在面包盘中轴线右侧1/2处;黄油碟放在黄油刀的正上方,距刀尖3厘米。

84. 西餐宴会摆台操作中,摆放公用物品的标准是什么?

答:(1)摆放折叠餐巾花的标准:折法正确,注意口布正反面,要求一次成型,造型逼真,口布挺括,符合最后成型要求。注意操作卫生,不能用嘴咬口布,摆放时将餐巾花放在展示盘中央,使最佳观赏面正对客人。

(2)摆放公用物品的标准:花瓶放在餐桌中心;沿台布中凸线在花瓶的左右侧 20 厘米处各放一只烛台;烛台外侧 10 厘米处放盐罐、胡椒筒和牙签筒,盐罐和胡椒筒并排垂直于中凸线,盐罐和胡椒筒上的字分别朝向正、副主人,与牙签筒呈三角形,间距为 1 厘米。

85. 列车餐厅西餐宴会摆台操作中,摆放刀、叉、汤勺的标准是什么?

答:摆放刀、叉、勺的标准:展示盘左右两侧 1 厘米处各放一把餐叉和餐刀;在餐叉、餐刀的两侧分别放鱼叉和鱼刀;在鱼叉和鱼刀的两侧分别放开胃叉和汤勺;汤勺的右侧放开胃刀,所有的刀口朝向展示盘,叉尖向上;刀叉勺柄端距桌边 1 厘米,各金属餐具的间距为 1 厘米;展示盘的正上方 1 厘米处各放一把甜品叉和甜品勺,甜品叉在下,甜品勺在上,勺尖朝左,茶勺的间距为 1 厘米。

86.《铁路旅客运输规程》第六十四条,行李中不得夹带哪些物品?

答:(1)货币:含各币种的纸币和金属辅币。

(2) 有价票证:银行卡、储值卡等。

(3)文物。

(4) 金银珠宝。

(5)档案材料:指人事、技术档案,组织关系,户口簿或户籍关系,各种证件、证书、合同、契约等。

(6)易碎品、流质物品和骨灰。

(7)妨碍公共卫生和安全的物品。

(8)危险品,铁路运输企业不能判明理化性质的物品按危险品处理。

87. 西餐宴会中,选择餐巾花型应从哪几方面入手?

答:(1)根据宴会的主题来选择花型。如婚庆酒席可选鸳鸯、喜鹊等。

(2)根据宴会的规模来选择花型。一般大型宴会可选简单、快捷、挺括、美观的花型。

(3)根据时令季节来选择花型。如春天选樱花、春花等。

(4)根据花色冷拼来选择花型。如荷花冷拼的宴会席应配各式花类的花型。

(5)根据宾客的宗教信仰、风俗习惯来选择花型。如佛教徒喜欢僧帽折花等。

88. 对旅客列车餐车环境卫生有何要求?

答:(1)列车餐车保洁应做好日常清扫保洁工作,做到车窗玻璃无污点、污道,边角无积垢。

(2)前厅桌椅应保持干净整齐,使用良好,无破损;桌套、椅套无积垢无污渍;餐车座席边角缝隙无杂物。

(3)前厅窗帘应保持干净整齐,使用良好,无破损、无积垢污渍。

(4)陈列柜内外清洁物品定位无杂物。

(5)餐车后厨地面应保持清洁干燥，无杂物、积垢、积水，水池无油污，排气扇无油垢，无卫生死角。

(6)后厨地漏有盖无垃圾排放痕迹。

89. 整鱼的分菜服务程序有哪些?

答:(1)将鱼放在转台上，鱼腹面对宾客，转动转台一周展示造型。

(2)整鱼分菜时，左手握餐叉将鱼头固定，右手用餐刀将鱼头和中骨切断。

(3)用餐刀把在鱼的脊背处从鱼头开始往后划到尾。

(4)把鱼肉和鱼骨分开，然后左手用分菜的叉掀着上半部鱼肉，右手使用筷子把鱼骨慢慢地夹出来。

(5)勿将鱼肉戳破，使鱼恢复到原来的形状，再用分鱼的叉勺把鱼分给宾客。

90. 整形菜在分菜服务中，拆分鸡、鸭、鱼时的注意事项有哪些?

答:(1)拆分整形菜时，头与尾应保持完整，不做分菜装盘的内容，翅可带骨整分。分鸡不要带骨，分鸭可带小骨分装，因为鸭骨较酥可食用。

(2)分鱼时，要求餐刀、叉、汤勺使用手法得当，不得在操作中发出声响。做到汤汁不滴不洒，保持盛器四周的清洁卫生。操作时，动作要干净利落。鱼骨剔出后头尾相连、完整不断，鱼骨去骨后完整美观。分鱼装碟时要均匀、准确。

91. 如何掌握在餐厅用餐的客人的就餐消费的心理需求?

答:(1)有要求饮食品干净卫生的心理需求。

(2)有要求得到尊重的心理要求。

(3)有要求饮食品口味的心理要求。

(4)有要求得到快捷服务的消费心理。

(5)有求知求新的消费心理。

(6)有要求餐车雅静和舒适的消费心理需求。

(7)有要求食品饮品价格实惠的消费心理需求。

(8)消费者有怀旧的心理需求。

92.《空调列车服务质量规范》对售货(饭)车的使用和配备方面有何要求?

答:售货(饭)车美观整洁，四周有防撞胶带(条)，制动装置作用良好，有经营单位审定的价目表。列车编组 14 辆以上时，售货(饭)车总数不超过 4 辆，不足 14 辆的不超过 3 辆。双层客车可使用规格统一、洁净、无害塑料筐(箱)代替售货车，总数不超过 4 个。一节车厢内经营的售货(饭)车不超过 1 辆，经营过程中人车不得分离。非经营期间，售货(饭)车定位制动存放。

93. 动车组列车商务座餐饮品服务标准有何要求?

答:列车始发、途中应采取定时推车到座位边旅客自选服务方式,观光区内商务座服务时,可将饮品放在托盘上为旅客服务;服务人员行走途中托盘的高度基本与自身的腰线平齐;避免从旅客身后或头顶上方递送饮料,提供热饮(茶水、咖啡)时须提醒旅客小心烫手;送咖啡时,杯子边放茶匙、糖包、伴侣(采用速溶咖啡的除外);原则上茶水、饮料均应使用一次性硬质塑料杯按需提供服务;茶或咖啡要以杯子七成满为标准,用请的手势请旅客随意;茶水应根据红茶、绿茶配以适温开水;递送饮品时,应拿杯子的下三分之一处;上饮品时,要提醒旅客注意,服务结束后,离开时应自然地后退两步再转身离开,以示尊重;须及时为旅客续加茶水或饮料;茶水续水时,热水瓶壶嘴不得对着客人并不能接触杯具。续加饮料时,须手持盛有各种已开启的饮料推车向旅客提供服务;旅客下车或更换饮料品种时,须将不用的杯子及时收回。

94. 服务工作中走、立、坐的动作要求有哪些?

答:服务员在工作中,走、立、坐姿势很重要,它充分体现了礼貌问题。走、立、坐的姿势要端正,走路要稳重,与旅客同行时,不要碰撞旅客,与旅客相向前进时,应主动让路。站立时不要依靠墙壁,摇头摇脑,更不要指手画脚,坐时不要歪斜低头弯腰,不要仰靠椅背伸出两腿,更不要把脚高举椅子、桌面上。遇有旅客询问或前来付账时必须起立应答。谈话时不要吸烟,步行时应停步解答,不得边走边答。

95. 西餐正餐的上菜顺序是什么?

答:(1)开胃品。开胃品有冷热之分,旨在开胃,增大食欲,一般数量较少,多用清淡的海鲜、蔬菜、水果制作,色彩鲜艳,装饰美观。

(2)汤。西餐的汤可分为冷汤类和热汤类,也可分为清汤类和浓汤类。

(3)色拉。色拉具有开胃、帮助消化的作用,可分为水果色拉、素色拉和荤、素色拉三种。

(4)主菜。主菜是西餐全套菜的灵魂,制作讲究,一般是色、香、味、形俱佳的菜肴。

(5)甜点。甜点有冷热之分,是最后一道餐食。

(6)饮品。咖啡或茶有档次和品牌之分,要与全套菜相匹配。

96. 西餐中分菜的要求是什么?

答:(1)将菜点向客人展示,并介绍名称和特点后,方可分让。大型宴会,每一桌服务人员的分派方法应一致。

(2)分菜时留意菜的品质和菜内有无异物,及时将不合标准的菜送回厨房更换。客人表示不要的菜不要分派。此外应将有骨头的菜肴,如鱼、鸡等的大骨头剔除。

(3)分菜时要细心,掌握好菜的份数与总量看,做到分派均匀。

(4)凡配有佐料的菜,在分派时要先蘸上佐料再分到餐碟里。

97. 中餐宴会和西餐宴会的服务程序分别是什么？

答：(1)中餐宴会的服务程序：迎客→送毛巾、端茶、上烟→请宾客入席，准备开宴→撤台签、席位签、花瓶、花盆和水果盘→斟酒→上菜→分菜→更换餐具→礼貌送行。

(2)西餐宴会的服务程序：热情迎宾→接挂衣帽→端茶、送巾、送烟→引宾入席→斟酒或斟饮料→上菜→撤盘、增添小件餐具→递洗手盅、香巾→热情送客。

98. 对旅客列车餐车后厨环境卫生有何要求？

答：(1)操作台面经常保持清洁，防止加工后的成品与半成品、原料交叉污染。

(2)餐车后厨应制定物品定位图，明确后厨物品存放位置，定位图应张贴于操作间内部出菜口上方或门楣处；后厨物品应按定位图指示定位摆放。

(3)餐车后厨应按功能分区域进行操作，包括粗加工区、切配区、餐用具清洗消毒区、烹饪区、餐用具保洁区，各区域之间有标志线或指示标识明确区分。

99. 旅客在进餐中损坏餐具，应如何处理？

答：(1)旅客在进餐过程中损坏餐具一般有两种情况，一种有意的，一种无意的，所以应该首先弄清是哪种情况。对于无意损坏餐具的客人，服务员应耐心和气地给予安慰，并将损坏的餐具撤下，为旅客送上新的餐具，请旅客继续用餐，防止应为旅客一时失手而破坏了进餐和谐的气氛。

(2)待旅客用餐结束时，对旅客和气地讲清餐具赔偿的原则，并适当减收部分折旧费，一般来说旅客会理解并按章办事的。

(3)对于个别旅客人为发泄不满，故意损坏餐具，应指出其错误，要求其原价赔偿。并视情节严重程度向上级报告。在整个处理过程中，服务员要有礼有节，尽可能小范围解决，不要因一人一事影响其他旅客进餐。

100. 旅客列车热加工食品制作有何要求？

答：热加工食品烧熟煮透，成品热加工和再加热中心温度高于 70 ℃，冷链盒饭再加热次数不得超过 1 次。

(1)烹饪食品的温度和时间应能保证食品安全；需要烧熟煮透的食品，加工制作时食品的中心温度应达到 70 ℃。

(2)应配有食品中心温度计，并能正确使用。

(3)高危易腐食品熟制后，在 8～60 ℃条件下存放 2 小时以上且未发生感官性状变化的，食用前应进行再加热。

(4)冷藏保存的熟食品，供餐前对食品进行在加热。

(5)冷冻熟食品应彻底解冻后经充分加热方可食用。

S1　水基灭火器使用方法

一、考场准备

要求:场地模拟列车环境,不具备条件时要提供笔试或口试条件。

二、材料工具准备

水基灭火器,1个。

三、考核要求

(1)被鉴定人入场后,首先由裁判告知题目,其次由被鉴定人检查准备备品,当被鉴定人告知裁判可以开始时,由裁判员开始计时。

(2)考核时间为5分钟。

(3)在被鉴定人操作期间,裁判可以向被鉴定人提问,以确认被鉴定人是否掌握灭火器使用方法。

(4)考核过程中被鉴定人灭火不彻底即离开的,终止考试,成绩为0分。

(5)考核完毕后,由被鉴定人在评分表上签字确认。

四、考核评分

(1)考评人员3名以上。

(2)评分程序及规则:考评员根据考生操作情况对照计分标准在评分表上给予记录评分。

(3)算分方法:采用百分制,满分100分,60分及以上为及格。

五、铁道行业职业技能登记认定餐车长高级工实作技能考核评分记录表

单位:________　姓名:________　性别:________　准考证号:________　工种:________　级别:________

试题名称:水基灭火器使用方法。

考核时间:5分钟。

操作开始时间:　时　分　　　　操作结束时间:　时　分

项目	考核内容及评分标准	扣分因素及扣分	得分
作业流程 (80分)	1.检查灭火器有效期和压力表是否在绿区		
	2.站在燃烧物5米左右		
	3.室外要站在上风口		
	4.使用前先把灭火器颠倒数次		
	5.开启压把上的保险销拔掉,然后一只手握住喷射软管前喷嘴根部,另一只手将开启把下压		

续上表

项目	考核内容及评分标准	扣分因素及扣分	得分
作业流程（80 分）	6. 迅速对准火焰根部以扇形喷出干粉灭火。要平扫，左右摆动，由近及远快速推进		
	7. 检查是否灭火彻底，清理现场		
	程序不对扣 20 分，每漏一项扣 10 分		
作业质量（20 分）	1. 仪容仪表不规范。（10 分）		
	2. 普通话不标准。（10 分）		
考核时间	作业在 5 分钟内完成。每超时 1 分钟扣 5 分，超过 5 分钟停止考核。用时　　分钟		
合计得分			

考评员签名：　　　　　　　　　　鉴定人：　　　　　　　　　　年　　月　　日

S2　旅客列车餐车后厨发生火情处置流程

一、考场准备

要求：场地模拟列车环境，不具备条件时要提供笔试或口试条件。

二、材料工具准备

干粉或水基型灭火器，1 个。

三、考核要求

（1）被鉴定人入场后，首先由裁判告知题目，其次由被鉴定人检查准备备品，当被鉴定人告知裁判可以开始时，由裁判员开始计时。

（2）考核时间为 10 分钟。

（3）在被鉴定人操作期间，裁判可以向被鉴定人提问，以确认被鉴定人是否掌握餐车后厨发生火情处置流程。

（4）考核过程中被鉴定人未关闭设备电源即开始灭火的，终止考试，成绩为 0 分。

（5）考核完毕后，由被鉴定人在评分表上签字确认。

四、考核评分

（1）考评人员 3 名以上。

（2）评分程序及规则：考评员根据考生操作情况对照计分标准在评分表上给予记录评分。

（3）算分方法：采用百分制，满分 100 分，60 分及以上为及格。

五、铁道行业职业技能登记认定餐车长高级工实作技能考核评分记录表

单位:________ 姓名:________ 性别:________ 准考证号:________ 工种:________ 级别:________

试题名称:旅客列车餐车后厨发生火情处置流程。

考核时间:10 分钟。

操作开始时间: 时 分　　操作结束时间: 时 分

项目	考核内容及评分标准	扣分因素及扣分	得分
作业流程（80 分）	1.餐车后厨发生火情时,工作人员应立即关闭电源		
	2.炉灶油锅起火应立即使用防火毯覆盖火源。电器设备或其他部位起火,应使用灭火器进行扑救		
	3.及时封闭靠前台一侧的后厨门,防止冒烟串到餐厅,避免引起旅客恐慌		
	4.关闭餐车靠车体一侧边门,避免火势风势		
	5.餐车长第一时间通知列车长、车辆乘务员		
	6.火情扑灭后,进行全面检查,确认火已完全熄灭后,保护现场,调查取证		
	程序不对扣 20 分,每漏一项扣 10 分		
作业质量（20 分）	1.仪容仪表不规范。(10 分)		
	2.普通话不标准。(10 分)		
考核时间	作业在 10 分钟内完成。每超时 1 分钟扣 5 分,超过 5 分钟停止考核。用时　分钟		
合计得分			

考评员签名:　　鉴定人:　　年　月　日

S3　计算菜品售价

一、考场准备

要求:场地模拟列车环境,不具备条件时要提供笔试或口试条件。

二、材料工具准备

电子计算器,1 个。

三、考核要求

(1)被鉴定人入场后,首先由裁判告知题目,其次由被鉴定人检查准备备品,当被鉴定人告知裁判可以开始时,由裁判员开始计时。

(2)考核时间为 5 分钟。

(3)在被鉴定人操作期间,裁判可以向被鉴定人提问,以确认被鉴定人是否掌握菜品售价过程。

(4)考核过程中被鉴定人在限定时间内未计算出结果的,终止考试,成绩为 0 分。

(5)考核完毕后,由被鉴定人在评分表上签字确认。

四、考核评分

(1)考评人员 3 名以上。

(2)评分程序及规则:考评员根据考生操作情况对照计分标准在评分表上给予记录评分。

(3)算分方法:采用百分制,满分 100 分,60 分及以上为及格。

五、铁道行业职业技能登记认定餐车长高级工实作技能考核评分记录表

单位:________　姓名:________　性别:________　准考证号:________　工种:________　级别:________

试题名称:计算菜品售价。

试题内容:制作 200 克芫爆肉丝,猪里脊进价每千克 22.00 元,加工成丝净料率为 80%;下脚碎肉每千克作价 10.00 元;净香菜 75 千克,每千克 6.00 元;调料及小料共计 1.75 元。销售毛利率 40%,求盖菜售价。

考核时间:5 分钟。

操作开始时间:　时　分　　　　操作结束时间:　时　分

项目	考核内容及评分标准	扣分因素及扣分	得分
作业流程(80 分)	1. 猪里脊重量=200.00÷1 000÷80%=0.25(千克)		
	2. 下脚料碎肉重量=0.25−0.2=0.05(千克)		
	3. 净猪里脊肉丝成本=22.00×0.25−10.00×0.05=5.50−0.50=5.00(元)		
	4. 净香菜成本=0.075×6=0.45(元)		
	5. 该菜成本价 5+0.45+1.75=7.20(元)		
	6. 售价=成本÷(1−毛利率)=7.20÷(1−40%)=7.20÷60%=12.00(元)		
	7. 该菜品售价为 12.00 元		
	结果不对扣 20 分,每漏一项扣 10 分		
作业质量(20 分)	1. 仪容仪表不规范。(10 分)		
	2. 普通话不标准。(5 分)		
考核时间	作业在 5 分钟内完成。每超时 1 分钟扣 5 分,超过 3 分钟停止考核。用时　分钟		
合计得分			

考评员签名:　　　　鉴定人:　　　　年　月　日

S4　预制计划编制流程

一、考场准备

要求:场地模拟列车环境,不具备条件时要提供笔试或口试条件。

二、材料工具准备

无。

三、考核要求

(1)被鉴定人入场后,首先由裁判告知题目,其次由被鉴定人检查准备备品,当被鉴定人告知裁判可以开始时,由裁判员开始计时。

(2)考核时间为10分钟。

(3)在被鉴定人操作期间,裁判可以向被鉴定人提问,以确认被鉴定人是否掌握预制计划编制流程。

(4)考核过程中被鉴定人作答时未考虑乘务餐的,终止考试,成绩为0分。

(5)考核完毕后,由被鉴定人在评分表上签字确认。

四、考核评分

(1)考评人员3名以上。

(2)评分程序及规则:考评员根据考生操作情况对照计分标准在评分表上给予记录评分。

(3)算分方法:采用百分制,满分100分,60分及以上为及格。

五、铁道行业职业技能登记认定餐车长高级工实作技能考核评分记录表

单位:________ 姓名:________ 性别:________ 准考证号:________ 工种:________ 级别:________

试题名称:预制计划编制流程。

考核时间:10分钟。

操作开始时间: 时 分　　　　操作结束时间: 时 分

项目	考核内容及评分标准	扣分因素及扣分	得分
作业流程(80分)	1.掌握接班、库存、途中补原材料品种,以便确定预制份数		
	2.所担当列车餐数,线路,客流,旅客生活习惯和要求,结合早、午、晚餐,盒饭饮食规律与低、中、高档菜品种比例,有个全盘估计。根据不同车次情况,可以按趟、按日或分餐编制		
	3.途中补料差价,质量、定量、定价表,不得照抄作业标准,应结合主、配料价格变化,可采取平均价格计价出售。计算方法是:平均价格等于接、上、补同一品种原材料金额之和除以数量之和		
	4.对不好保管的原材料,虽然原则上采取先上的原材料先用,但是有些原材料不宜保管,如豆制品等,为了防止腐坏变质,必须有计划优先处理		
	5.乘务餐的预制和旅客餐预制,每餐必须据实编制		
	6.保证原材料新鲜,菜品味道鲜美		
	程序不对扣20分,每漏一项扣10分		
作业质量(20分)	1.仪容仪表不规范。(10分)		
	2.普通话不标准。(10分)		
考核时间	作业在10分钟内完成。每超时1分钟扣5分,超过5分钟停止考核。用时 分钟		
合计得分			

考评员签名:　　　　鉴定人:　　　　年 月 日

S5 列车餐厅中餐摆台流程

一、考场准备

要求:场地模拟列车环境,不具备条件时要提供笔试或口试条件。

二、材料工具准备

序　　号	名　　称	规　　格	数　　量	备　　注
1	台布	长 120 厘米宽 60 厘米	1	
2	花瓶	个	1	
3	餐碟	套	2	
4	汤碗、汤勺	套	2	
5	餐巾花	块	2	
6	筷子	双	2	
7	筷架	个	2	
8	水杯	个	2	
9	牙签盒	个	1	
10	调味瓶	套	1	

三、考核要求

(1)被鉴定人入场后，首先由裁判告知题目，其次由被鉴定人检查准备备品，当被鉴定人告知裁判可以开始时，由裁判员开始计时。

(2)考核时间为 10 分钟。

(3)在被鉴定人操作期间，裁判可以向被鉴定人提问，以确认被鉴定人是否掌握中餐摆台流程。

(4)考核过程中被鉴定人造成考试用具损坏的，终止考试，成绩为 0 分。

(5)考核完毕后，由被鉴定人在评分表上签字确认。

四、考核评分

(1)考评人员 3 名以上。

(2)评分程序及规则：考评员根据考生操作情况对照计分标准在评分表上给予记录评分。

(3)算分方法：采用百分制，满分 100 分，60 分及以上为及格。

五、铁道行业职业技能登记认定餐车长高级工实作技能考核评分记录表

单位:________　姓名:________　性别:________　准考证号:________　工种:________　级别:________

试题名称：列车餐厅中餐摆台流程。

考核时间：10 分钟。

操作开始时间：　时　分　　　　操作结束时间：　时　分

项目	考核内容及评分标准	扣分因素及扣分	得分
作业流程(80 分)	1. 铺台布：站在餐车过道一侧台面中心线居中，台布正面朝上，台面平整，两侧下垂长度相等		
	2. 放置花瓶、调味用具和牙签盅：花瓶放在靠窗一侧中心、调味用具和牙签盅分放花瓶两侧		

续上表

项目	考核内容及评分标准	扣分因素及扣分	得分
作业流程（80分）	3. 摆放餐碟：餐碟距桌边1厘米，相互间距相等，定位准，餐碟的店徽对准客人		
	4. 放置汤碗、汤勺、味碟：汤碗在餐碟的左上侧距餐碗1厘米，汤勺放在汤碗内，勺柄朝左；味碟在餐碟的右上侧与汤碗一条直线上并相距1厘米		
	5. 放置筷架、筷子：筷架放在味碟右侧相距1厘米，筷子1/3搁在筷架上，筷尾距桌边1厘米		
	6. 放置水杯：水杯放在汤碗和味碟的正上方，距汤碗、味碟1厘米		
	7. 摆放餐巾花：按照餐巾花的摆放原则，从主位开始依次摆放		
	程序不对扣20分，每漏一项扣10分		
作业质量（20分）	1. 仪容仪表不规范。（10分）		
	2. 普通话不标准。（10分）		
考核时间	作业在10分钟内完成。每超时1分钟扣5分，超过5分钟停止考核。用时　分钟		
合计得分			

考评员签名：　　　　　　　　　　鉴定人：　　　　　　　　　　年　　月　　日

S6　列车餐厅西餐摆台流程

一、考场准备

要求：场地模拟列车环境，不具备条件时要提供笔试或口试条件。

二、材料工具准备

序　号	名　称	规　格	数　量	备　注
1	台布	长120厘米，宽60厘米	1	
2	花瓶	个	1	
3	展示盘	套	2	
4	刀、叉、勺	套	2	
5	餐巾花	块	2	
6	黄油刀	双	2	
7	面包盘	个	2	
8	咖啡杯、咖啡勺	套	2	
9	牙签盒	个	1	
10	调味瓶	套	1	
11	黄油碟	个	2	

三、考核要求

(1)被鉴定人入场后，首先由裁判告知题目，其次由被鉴定人检查准备备品，当被鉴定人告知裁判可以开始时，由裁判员开始计时。

(2)考核时间为10分钟。

(3)在被鉴定人操作期间，裁判可以向被鉴定人提问，以确认被鉴定人是否掌握西餐摆台流程。

(4)考核过程中被鉴定人造成考试用具损坏的，终止考试，成绩为0分。

(5)考核完毕后，由被鉴定人在评分表上签字确认。

四、考核评分

(1)考评人员3名以上。

(2)评分程序及规则：考评员根据考生操作情况对照计分标准在评分表上给予记录评分。

(3)算分方法：采用百分制，满分100分，60分及以上为及格。

五、铁道行业职业技能登记认定餐车长高级工实作技能考核评分记录表

单位：________ 姓名：________ 性别：________ 准考证号：________ 工种：________ 级别：________

试题名称：列车餐厅西餐摆台流程。

考核时间：10分钟。

操作开始时间： 时 分　　　　操作结束时间： 时 分

项目	考核内容及评分标准	扣分因素及扣分	得分
作业流程(80分)	1.铺台布：站在餐车过道一侧台面中心线居中，台布正面朝上，台面平整，两侧下垂长度相等		
	2.摆放展示盘：将展示盘放在餐位正中，距桌边1厘米，手法规范、一次到位		
	3.摆放刀叉勺：展示盘左右两侧1厘米处放餐叉、餐刀、刀口朝盘，餐刀右侧1厘米处放汤勺；刀叉手柄距桌边1厘米		
	4.摆放面包盘、黄油刀：餐叉左侧1厘米处放面包盘，盘心与展示盘心在同一直线上；黄油刀放在面包盘中轴线右侧1/2处，黄油碟放在黄油刀的上方		
	5.摆放咖啡杯：咖啡杯放在餐刀的右侧，咖啡杯倒扣于垫碟中，用时翻转过来，用时翻转过来，咖啡杯柄和勺把朝后		
	6.折叠餐巾花：折叠餐巾花要折法正确，注意口布正反面，要求一次成型，造型逼真，口布挺括，符合最后成型要求		
	7.摆放用具：花瓶放在靠窗一侧中心，调味用品和牙签盅分放花瓶两侧		
	程序不对扣20分，每漏一项扣10分		
作业质量(20分)	1.仪容仪表不规范。(10分)		
	2.普通话不标准。(10分)		
考核时间	作业在10分钟内完成。每超时1分钟扣5分，超过5分钟停止考核。用时　分钟		
合计得分			

考评员签名：　　　　鉴定人：　　　　年　月　日

S7　餐巾折孔雀开屏流程

一、考场准备

要求：场地模拟列车环境，不具备条件时要提供笔试或口试条件。

二、材料工具准备

序　号	名　称	规　格	数　量	备　注
1	餐巾	红色	1	
2	红酒杯	个	1	

三、考核要求

(1)被鉴定人入场后，首先由裁判告知题目，其次由被鉴定人检查准备备品，当被鉴定人告知裁判可以开始时，由裁判员开始计时。

(2)考核时间为 10 分钟。

(3)在被鉴定人操作期间，裁判可以向被鉴定人提问，以确认被鉴定人是否掌握餐巾折孔雀开屏流程。

(4)考核过程中被鉴定人造成考试用具损坏的，终止考试，成绩为 0 分。

(5)考核完毕后，由被鉴定人在评分表上签字确认。

四、考核评分

(1)考评人员 3 名以上。

(2)评分程序及规则：考评员根据考生操作情况对照计分标准在评分表上给予记录评分。

(3)算分方法：采用百分制，满分 100 分，60 分及以上为及格。

五、铁道行业职业技能登记认定餐车长高级工实作技能考核评分记录表

单位：________　姓名：________　性别：________　准考证号：________　工种：________　级别：________

试题名称：餐巾折孔雀开屏流程。

考核时间：10 分钟。

操作开始时间：　时　分　　　　操作结束时间：　时　分

项目	考核内容及评分标准	扣分因素及扣分	得分
作业流程 (80 分)	1 展开餐巾，反面朝上，成菱形		
	2. 从中心提起平行向上翻折		
	3. 将底角向上顶角对齐，然后将巾角向下翻折与上一层形成间距		
	4. 从一侧将餐巾向前推折		
	5. 将两根筷子从夹层处插入，把底部的巾角拉上做孔雀头		

续上表

项目	考核内容及评分标准	扣分因素及扣分	得分
作业流程（80分）	6.将折好的餐巾插入杯中，除去筷子，整理成形		
	如图2-2-1所示，程序不对扣20分，每漏一项扣10分		
作业质量（20分）	1.仪容仪表不规范。（10分）		
	2.普通话不标准。（10分）		
考核时间	作业在10分钟内完成。每超时1分钟扣5分，超过5分钟停止考核。用时　分钟		
合计得分			

考评员签名：　　　　　　　　　　鉴定人：　　　　　　　　　　年　　月　　日

图2-2-1

S8 餐巾折百合花盘花流程

一、考场准备

要求：场地模拟列车环境，不具备条件时要提供笔试或口试条件。

二、材料工具准备

序号	名称	规格	数量	备注
1	餐巾	粉色	1	
2	餐盘	个	1	

三、考核要求

（1）被鉴定人入场后，首先由裁判告知题目，其次由被鉴定人检查准备备品，当被鉴定人告知裁判可以开始时，由裁判员开始计时。

（2）考核时间为 10 分钟。

（3）在被鉴定人操作期间，裁判可以向被鉴定人提问，以确认被鉴定人是否掌握餐巾折法国百合花盘花流程。

（4）考核过程中被鉴定人造成考试用具损坏的，终止考试，成绩为 0 分。

（5）考核完毕后，由被鉴定人在评分表上签字确认。

四、考核评分

（1）考评人员 3 名以上。

（2）评分程序及规则：考评员根据考生操作情况对照计分标准在评分表上给予记录评分。

（3）算分方法：采用百分制，满分 100 分，60 分及以上为及格。

五、铁道行业职业技能登记认定餐车长高级工实作技能考核评分记录表

单位：_______ 姓名：_______ 性别：_______ 准考证号：_______ 工种：_______ 级别：_______

试题名称：餐巾折百合花盘花流程。

考核时间：10 分钟。

操作开始时间： 时 分　　　　操作结束时间： 时 分

项目	考核内容及评分标准	扣分因素及扣分	得分
作业流程（80 分）	1. 把餐巾呈菱形摆放，从下向上折至顶角，形成一个三角形		
	2. 把两个尖角向上折叠至直角处，两条折边在中间垂直对齐		
	3. 把下角向上折叠至餐巾中部上方大约 3/4 处		
	4. 再把折上去的部分的上部向下折回，角至下边处		
	5. 把餐巾翻过来，用手把餐巾卷成圆筒形，把两个外角叠在一起		
	6. 把一端插入另一端在折叠时形成的小袋里，把餐巾连在一起		

续上表

项目	考核内容及评分标准	扣分因素及扣分	得分
作业流程 (80分)	7. 把餐巾转过来，把松开的垂边弯下来，插入下边口袋		
	如图 2-2-2 所示，程序不对扣 20 分，每漏一项扣 10 分		
作业质量 (20分)	1. 仪容仪表不规范。(10 分)		
	2. 普通话不标准。(10 分)		
考核时间	作业在 10 分钟内完成。每超时 1 分钟扣 5 分，超过 5 分钟停止考核。用时　　分钟		
合计得分			

考评员签名：　　　　　　　　鉴定人：　　　　　　　　年　　月　　日

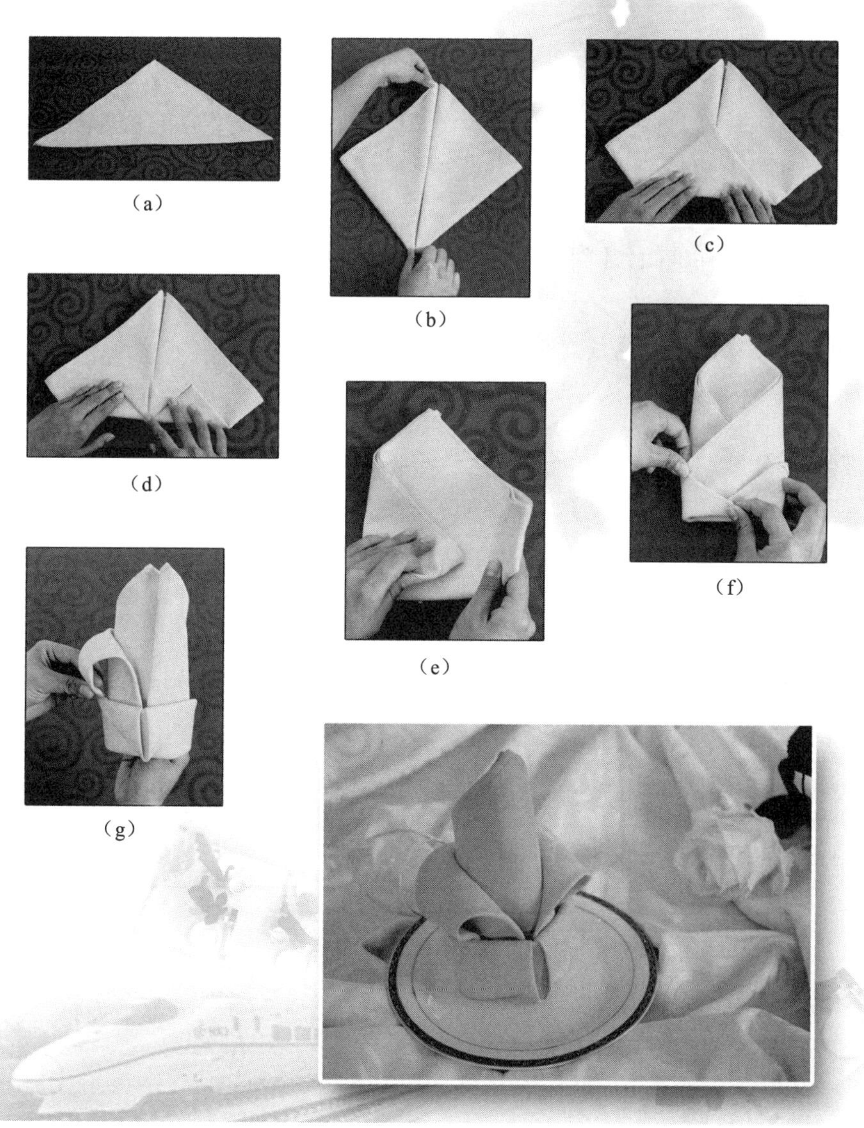

(a) (b) (c) (d) (e) (f) (g)

图 2-2-2

S9 餐巾折三叶藏针盘花流程

一、考场准备

要求：场地模拟列车环境，不具备条件时要提供笔试或口试条件。

二、材料工具准备

序　号	名　称	规　格	数　量	备　注
1	餐巾	橘黄色	1	
2	餐盘	个	1	

三、考核要求

(1)被鉴定人入场后，首先由裁判告知题目，其次由被鉴定人检查准备备品，当被鉴定人告知裁判可以开始时，由裁判员开始计时。

(2)考核时间为10分钟。

(3)在被鉴定人操作期间，裁判可以向被鉴定人提问，以确认被鉴定人是否掌握餐巾折三叶藏针盘花流程。

(4)考核过程中被鉴定人造成考试用具损坏的，终止考试，成绩为0分。

(5)考核完毕后，由被鉴定人在评分表上签字确认。

四、考核评分

(1)考评人员3名以上。

(2)评分程序及规则：考评员根据考生操作情况对照计分标准在评分表上给予记录评分。

(3)算分方法：采用百分制，满分100分，60分及以上为及格。

五、铁道行业职业技能登记认定餐车长高级工实作技能考核评分记录表

单位：________　姓名：________　性别：________　准考证号：________　工种：________　级别：________

试题名称：餐巾折三叶藏针盘花流程。

考核时间：10分钟。

操作开始时间：　时　分　　　　操作结束时间：　时　分

项目	考核内容及评分标准	扣分因素及扣分	得分
作业流程（80分）	1.把餐巾布折成三角形		
	2.一顶角向下折，注意顶角对齐底边		
	3.底边一角向上折至与顶角重合		
	4.底边另一角也向上折至与顶角重合，注意对称		
	5.重合的三个餐巾角往上折		
	6.折成圆，对拢插好		

续上表

项目	考核内容及评分标准	扣分因素及扣分	得分
作业流程（80分）	7.翻开重合的三个餐巾角		
	如图 2-2-3 所示，程序不对扣 20 分，每漏一项扣 10 分		
作业质量（20分）	1.仪容仪表不规范。（10分）		
	2.普通话不标准。（10分）		
考核时间	作业在 10 分钟内完成。每超时 1 分钟扣 5 分，超过 5 分钟停止考核。用时　分钟		
合计得分			

考评员签名：　　　　　　　　　　鉴定人：　　　　　　　　　　年　　月　　日

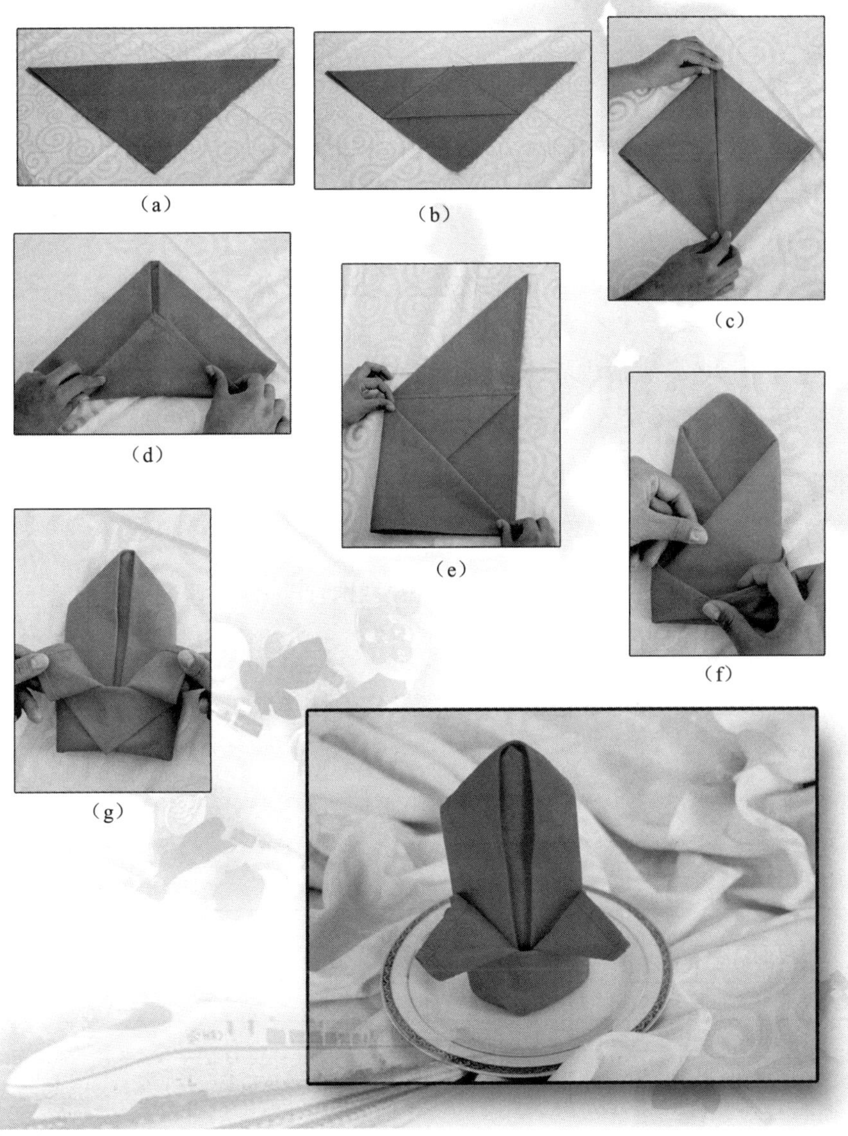

（a）（b）（c）（d）（e）（f）（g）

图　2-2-3

S10　餐巾折睡莲盘花流程

一、考场准备

要求：场地模拟列车环境，不具备条件时要提供笔试或口试条件。

二、材料工具准备

序　号	名　称	规　格	数　量	备　注
1	餐巾	白色	1	
2	餐盘	个	1	

三、考核要求

(1)被鉴定人入场后，首先由裁判告知题目，其次由被鉴定人检查准备备品，当被鉴定人告知裁判可以开始时，由裁判员开始计时。

(2)考核时间为10分钟。

(3)在被鉴定人操作期间，裁判可以向被鉴定人提问，以确认被鉴定人是否掌握餐巾折睡莲盘花流程。

(4)考核过程中被鉴定人造成考试用具损坏的，终止考试，成绩为0分。

(5)考核完毕后，由被鉴定人在评分表上签字确认。

四、考核评分

(1)考评人员3名以上。

(2)评分程序及规则：考评员根据考生操作情况对照计分标准在评分表上给予记录评分。

(3)算分方法：采用百分制，满分100分，60分及以上为及格。

五、铁道行业职业技能登记认定餐车长高级工实作技能考核评分记录表

单位：________　姓名：________　性别：________　准考证号：________　工种：________　级别：________

试题名称：餐巾折睡莲盘花流程。

考核时间：10分钟。

操作开始时间：　时　分　　　　操作结束时间：　时　分

项目	考核内容及评分标准	扣分因素及扣分	得分
作业流程(80分)	1. 展开餐巾，正面朝上，把四个巾角向中心折叠		
	2. 把形成的正方形的四个角再一次向中心折叠		
	3. 两只手分别按住两面的中心把餐巾翻转过来		
	4. 把形成的正方形的四个角依次提起，再一次向中心折叠。拿住一个角下面松散的双层垂片，向上拉起，到几乎把角翻出来的程度。同时必须用另一只手用力按住餐巾中心，以保持餐巾剩余的部分不变形。在其余的三个角上重复这个步骤		
	如图2-2-4所示，程序不对扣20分，每漏一项扣10分		

续上表

项目	考核内容及评分标准	扣分因素及扣分	得分
作业质量（20分）	1.仪容仪表不规范。（10分）		
	2.普通话不标准。（10分）		
考核时间	作业在10分钟内完成。每超时1分钟扣5分，超过5分钟停止考核。用时　　分钟		
合计得分			

考评员签名：　　　　　　　　　　鉴定人：　　　　　　　　　　年　　月　　日

图 2-2-4

S11　西餐上菜流程

一、考场准备

要求：场地模拟列车环境，不具备条件时要提供笔试或口试条件。

二、材料工具准备

序　号	名　称	规　格	数　量	备　注
1	餐巾	粉色	1	
2	餐盘	个	1	

三、考核要求

(1)被鉴定人入场后，首先由裁判告知题目，其次由被鉴定人检查准备备品，当被鉴定人告知裁判可以开始时，由裁判员开始计时。

(2)考核时间为 10 分钟。

(3)在被鉴定人操作期间，裁判可以向被鉴定人提问，以确认被鉴定人是否掌握西餐上菜流程。

(4)考核过程中被鉴定人造成考试用具损坏的，终止考试，成绩为 0 分。

(5)考核完毕后，由被鉴定人在评分表上签字确认。

四、考核评分

(1)考评人员 3 名以上。

(2)评分程序及规则：考评员根据考生操作情况对照计分标准在评分表上给予记录评分。

(3)算分方法：采用百分制，满分 100 分，60 分及以上为及格。

五、铁道行业职业技能登记认定餐车长高级工实作技能考核评分记录表。

单位:________　姓名:________　性别:________　准考证号:________　工种:________　级别:________

试题名称：西餐上菜流程。

考核时间：10 分钟。

操作开始时间：　时　分　　　　操作结束时间：　时　分

项目	考核内容及评分标准	扣分因素及扣分	得分
作业流程(80 分)	1. 在提供西餐上菜服务中，总体顺序是先女主宾后男主宾，然后服务主人与一般来宾		
	2. 工作人员应用左手托盘，右手拿叉匙为旅客提供服务。服务时，工作人员应当站在客人左边		
	3. 西餐菜肴上菜要左上右撤，酒水饮料要从客人的右侧上。法式宴会所需食物都是用餐车送上，由服务人员上菜，除面包、黄油、色拉和其他必须放在客人左边的盘子外，其他食物一律从右边用右手送上		

续上表

项目	考核内容及评分标准	扣分因素及扣分	得分
作业流程 (80分)	4.西餐正餐的上菜顺序是:开胃品、汤、色拉、主菜、甜品、饮品		
	程序不对扣20分,每漏一项扣10分		
作业质量 (20分)	1.仪容仪表不规范。(10分)		
	2.普通话不标准。(10分)		
考核时间	作业在10分钟内完成。每超时1分钟扣5分,超过5分钟停止考核。用时　　分钟		
合计得分			

考评员签名:　　　　　　　　　　　鉴定人:　　　　　　　　　　　年　月　日

S12　整形菜分菜流程(整鸡或鸭)

一、考场准备

要求:场地模拟列车环境,不具备条件时要提供笔试或口试条件。

二、材料工具准备

序　号	名　称	规　格	数　量	备　注
1	整形菜(鸡、鸭)		1	
2	餐具	套	1	
3	刀、叉	套	1	
4	筷子	套	1	

三、考核要求

(1)被鉴定人入场后,首先由裁判告知题目,其次由被鉴定人检查准备备品,当被鉴定人告知裁判可以开始时,由裁判员开始计时。

(2)考核时间为10分钟。

(3)在被鉴定人操作期间,裁判可以向被鉴定人提问,以确认被鉴定人是否掌握整形菜分菜流程。

(4)考核过程中被鉴定人造成考试用具损坏的,终止考试,成绩为0分。

(5)考核完毕后,由被鉴定人在评分表上签字确认。

四、考核评分

(1)考评人员3名以上。

(2)评分程序及规则:考评员根据考生操作情况对照计分标准在评分表上给予记录评分。

(3)算分方法:采用百分制,满分100分,60分及以上为及格。

五、铁道行业职业技能登记认定餐车长高级工实作技能考核评分记录表

单位:________ 姓名:________ 性别:________ 准考证号:________ 工种:________ 级别:________

试题名称:整形菜分菜流程(整鸡或鸭)。

考核时间:10 分钟。

操作开始时间: 时 分　　　　操作结束时间: 时 分

项目	考核内容及评分标准	扣分因素及扣分	得分
作业流程(80 分)	1. 先将菜肴上桌展示一下,工作人员从小位或从副主人的右侧,将菜放置在转台边沿并注意鸡不献头,鸭不献掌,距柜台边沿 4 厘米,报菜名,顺时针绕台一周让宾客看到菜的造型后,将菜肴撤下		
	2. 将菜肴撤后放在工作台上进行分菜准备		
	3. 左手持餐勺压住颈脖,右手握餐刀,在左手的配合下,将餐刀从颈脖部顺切至尾部。顺切时要将尾部闪过(即鸡、鸭尾尖留完整,不拆分)然后再将切开两半的鸡或鸭的肉横切成所需等份,待切割完毕仍使其保留原有形状		
	4. 分装餐碟,用餐叉与餐勺配合夹分		
	程序不对扣 20 分,每漏一项扣 10 分		
作业质量(20 分)	1. 仪容仪表不规范。(10 分)		
	2. 普通话不标准。(10 分)		
考核时间	作业在 10 分钟内完成。每超时 1 分钟扣 5 分,超过 5 分钟停止考核。用时　分钟		
合计得分			

考评员签名:　　　　鉴定人:　　　　年　月　日

S13　整形菜分菜流程(整鱼)

一、考场准备

要求:场地模拟列车环境,不具备条件时要提供笔试或口试条件。

二、材料工具准备

序　号	名　称	规　格	数　量	备　注
1	整形菜(鱼)		1	
2	餐具	套	1	
3	刀、叉	套	1	
4	筷子	套	1	

三、考核要求

(1)被鉴定人入场后,首先由裁判告知题目,其次由被鉴定人检查准备备品,当被鉴定人告

知裁判可以开始时，由裁判员开始计时。

(2)考核时间为 10 分钟。

(3)在被鉴定人操作期间，裁判可以向被鉴定人提问，以确认被鉴定人是否掌握整形菜分菜流程(整鱼)流程。

(4)考核过程中被鉴定人造成考试用具损坏的，终止考试，成绩为 0 分。

(5)考核完毕后，由被鉴定人在评分表上签字确认。

四、考核评分

(1)考评人员 3 名以上。

(2)评分程序及规则：考评员根据考生操作情况对照计分标准在评分表上给予记录评分。

(3)算分方法：采用百分制，满分 100 分，60 分及以上为及格。

五、铁道行业职业技能登记认定餐车长高级工实作技能考核评分记录表

单位：________　姓名：________　性别：________　准考证号：________　工种：________　级别：________

试题名称：整形菜分菜流程(整鱼)。

考核时间：10 分钟。

操作开始时间：　时　分　　　　操作结束时间：　时　分

项目	考核内容及评分标准	扣分因素及扣分	得分
作业流程(80 分)	1. 先将鱼放在转台上，鱼腹面对宾客，转动转台一周展示造型		
	2. 整鱼分菜时，左手用餐叉将鱼头固定，右手用餐刀将鱼头和中骨切断		
	3. 用餐刀把在鱼的脊背处从鱼头开始往后划到尾		
	4. 把鱼肉和鱼骨分开，然后左手用分菜的叉掀着上半部鱼肉，右手使用筷子把鱼骨慢慢夹出来		
	5. 勿将鱼肉戳碎，使鱼恢复到原来的形状，再用分鱼的叉勺把鱼分给宾客		
	程序不对扣 20 分，每漏一项扣 10 分		
作业质量(20 分)	1. 仪容仪表不规范。(10 分)		
	2. 普通话不标准。(10 分)		
考核时间	作业在 10 分钟内完成。每超时 1 分钟扣 5 分，超过 5 分钟停止考核。用时　分钟		
合计得分			

考评员签名：　　　　鉴定人：　　　　年　月　日

S14　整形菜分菜流程(烤羊腿)

一、考场准备

要求：场地模拟列车环境，不具备条件时要提供笔试或口试条件。

二、材料工具准备

序　号	名　称	规　格	数　量	备　注
1	整形菜(羊腿)		1	
2	餐具	套	1	
3	刀、叉	套	1	
4	筷子	套	1	
5	餐巾	块	1	

三、考核要求

(1)被鉴定人入场后,首先由裁判告知题目,其次由被鉴定人检查准备备品,当被鉴定人告知裁判可以开始时,由裁判员开始计时。

(2)考核时间为 10 分钟。

(3)在被鉴定人操作期间,裁判可以向被鉴定人提问,以确认被鉴定人是否掌握整形菜分菜流程(烤羊腿)流程。

(4)考核过程中被鉴定人造成考试用具损坏的,终止考试,成绩为 0 分。

(5)考核完毕后,由被鉴定人在评分表上签字确认。

四、考核评分

(1)考评人员 3 名以上。

(2)评分程序及规则:考评员根据考生操作情况对照计分标准在评分表上给予记录评分。

(3)算分方法:采用百分制,满分 100 分,60 分及以上为及格。

五、铁道行业职业技能登记认定餐车长高级工实作技能考核评分记录表

单位:________　姓名:________　性别:________　准考证号:________　工种:________　级别:________

试题名称:整形菜分菜流程(烤羊腿)。

考核时间:10 分钟。

操作开始时间:　时　分　　　　操作结束时间:　时　分

项目	考核内容及评分标准	扣分因素及扣分	得分
作业流程(80 分)	1. 左手持一块消毒干净的餐巾,折叠成小长方形状,将折叠好的布巾压放于羊腿的小腿骨端部,右手持餐刀		
	2. 将餐刀由小腿端部顺切至大腿部(先由中间顺切,再从两侧侧切)顺切开后,在横切成若干块		
	3. 用右手持餐叉和餐勺,将切割好的羊腿肉分装入餐碟内送给宾客		
	程序不对扣 20 分,每漏一项扣 10 分		
作业质量(20 分)	1. 仪容仪表不规范。(10 分)		
	2. 普通话不标准。(10 分)		

续上表

项目	考核内容及评分标准	扣分因素及扣分	得分
考核时间	作业在 10 分钟内完成。每超时 1 分钟扣 5 分，超过 5 分钟停止考核。用时　分钟		
合计得分			

考评员签名：　　　　　　　　　　鉴定人：　　　　　　　　　　年　　月　　日

S15　计算菜品成本毛利率和销售毛利率

一、考场准备

要求：场地模拟列车环境，不具备条件时要提供笔试或口试条件。

二、材料工具准备

电子计算器，1 个。

三、考核要求

(1)被鉴定人入场后，首先由裁判告知题目，其次由被鉴定人检查准备备品，当被鉴定人告知裁判可以开始时，由裁判员开始计时。

(2)考核时间为 10 分钟。

(3)在被鉴定人操作期间，裁判可以向被鉴定人提问，以确认被鉴定人是否掌握计算菜品成本利率和销售毛利率。

(4)考核过程中被鉴定人在限定时间内未计算出结果的，终止考试，成绩为 0 分。

(5)考核完毕后，由被鉴定人在评分表上签字确认。

四、考核评分

(1)考评人员 3 名以上。

(2)评分程序及规则：考评员根据考生操作情况对照计分标准在评分表上给予记录评分。

(3)算分方法：采用百分制，满分 100 分，60 分及以上为及格。

五、铁道行业职业技能登记认定餐车长高级工实作技能考核评分记录表

单位：________　姓名：________　性别：________　准考证号：________　工种：________　级别：________

试题名称：计算菜品成本毛利率和销售毛利率。

试题内容：宫保鸡丁一盘，成本是 12.00 元，售价是 21.00 元，求宫保鸡丁的成本毛利率和销售毛利率。

考核时间：10 分钟。

操作开始时间：　时　分　　　　　　　　　　　　　　　　操作结束时间：　时　分

项目	考核内容及评分标准	扣分因素及扣分	得分
作业流程 (80 分)	1. 毛利＝售价－成本		
	2. 毛利＝21.00－12.00＝9.00(元)		

续上表

项目	考核内容及评分标准	扣分因素及扣分	得分
作业流程（80分）	3.宫保鸡丁的成本毛利率＝9.00÷12.00×100％＝75％		
	4.宫保鸡丁的销售毛利率＝9.00÷21.00×100％＝43％		
	结果不对扣20分，每漏一项扣10分		
作业质量（20分）	1.仪容仪表不规范。(10分)		
	2.普通话不标准。(10分)		
考核时间	作业在10分钟内完成。每超时1分钟扣5分，超过5分钟停止考核。用时　分钟		
合计得分			

考评员签名：　　　　鉴定人：　　　　年　月　日

S16　计算成本燃料率

一、考场准备

要求：场地模拟列车环境，不具备条件时要提供笔试或口试条件。

二、材料工具准备

电子计算器，1个。

三、考核要求

(1)被鉴定人入场后，首先由裁判告知题目，其次由被鉴定人检查准备备品，当被鉴定人告知裁判可以开始时，由裁判员开始计时。

(2)考核时间为10分钟。

(3)在被鉴定人操作期间，裁判可以向被鉴定人提问，以确认被鉴定人是否掌握计算成本燃料率。

(4)考核过程中被鉴定人在限定时间内未计算出结果的，终止考试，成绩为0分。

(5)考核完毕后，由被鉴定人在评分表上签字确认。

四、考核评分

(1)考评人员3名以上。

(2)评分程序及规则：考评员根据考生操作情况对照计分标准在评分表上给予记录评分。

(3)算分方法：采用百分制，满分100分，60分及以上为及格。

五、铁道行业职业技能登记认定餐车长高级工实作技能考核评分记录表

单位:________ 姓名:________ 性别:________ 准考证号:________ 工种:________ 级别:________

试题名称:计算成本燃料率。

试题内容:餐厅本月燃料费为 12 000.00 元,营业成本为 4 000 000.00,求成本燃料率。

考核时间:10 分钟。

操作开始时间: 时 分 操作结束时间: 时 分

项目	考核内容及评分标准	扣分因素及扣分	得分
作业流程 (80 分)	1. 成本燃料率=燃料费/营业成本×100%		
	2. 成本燃料率=12 000.00/4 000 000.00×100%=3%		
	3. 餐厅成本燃料率为 3%		
	结果不对扣 20 分,每漏一项扣 10 分		
作业质量 (20 分)	1. 仪容仪表不规范。(10 分)		
	2. 普通话不标准。(10 分)		
考核时间	作业在 10 分钟内完成。每超时 1 分钟扣 5 分,超过 5 分钟停止考核。用时 分钟		
合计得分			

考评员签名: 鉴定人: 年 月 日

S17 计算菜品售价

一、考场准备

要求:场地模拟列车环境,不具备条件时要提供笔试或口试条件。

二、材料工具准备

电子计算器,1 个。

三、考核要求

(1)被鉴定人入场后,首先由裁判告知题目,其次由被鉴定人检查准备备品,当被鉴定人告知裁判可以开始时,由裁判员开始计时。

(2)考核时间为 10 分钟。

(3)在被鉴定人操作期间,裁判可以向被鉴定人提问,以确认被鉴定人是否掌握计算菜品售价。

(4)考核过程中被鉴定人在限定时间内未计算出结果的,终止考试,成绩为 0 分。

(5)考核完毕后,由被鉴定人在评分表上签字确认。

四、考核评分

(1)考评人员3名以上。

(2)评分程序及规则:考评员根据考生操作情况对照计分标准在评分表上给予记录评分。

(3)算分方法:采用百分制,满分100分,60分及以上为及格。

五、铁道行业职业技能登记认定餐车长高级工实作技能考核评分记录表

单位:________ 姓名:________ 性别:________ 准考证号:________ 工种:________ 级别:________

试题名称:计算菜品售价。

试题内容:香酥鸡腿一盘,成本是16.00元,成本燃料是3%,销售毛利率是48%,求该菜售价。

考核时间:10分钟。

操作开始时间: 时 分 操作结束时间: 时 分

项目	考核内容及评分标准	扣分因素及扣分	得分
作业流程(80分)	1. 售价={成本×(1+成本燃料率)}/(1−销售毛利率)		
	2. 售价=16.00×(1+3%)/(1−48%)=16.00×1.03/0.52≈32.00元		
	结果不对扣20分,每漏一项扣10分		
作业质量(20分)	1. 仪容仪表不规范。(10分)		
	2. 普通话不标准。(10分)		
考核时间	作业在10分钟内完成。每超时1分钟扣5分,超过5分钟停止考核。用时 分钟		
合计得分			

考评员签名: 鉴定人: 年 月 日

S18 计算原料成本

一、考场准备

要求:场地模拟列车环境,不具备条件时要提供笔试或口试条件。

二、材料工具准备

电子计算器,1个。

三、考核要求

(1)被鉴定人入场后,首先由裁判告知题目,其次由被鉴定人检查准备备品,当被鉴定人告知裁判可以开始时,由裁判员开始计时。

(2)考核时间为10分钟。

(3)在被鉴定人操作期间,裁判可以向被鉴定人提问,以确认被鉴定人是否掌握计算原料成本。

(4)考核过程中被鉴定人在限定时间内未计算出结果的,终止考试,成绩为 0 分。
(5)考核完毕后,由被鉴定人在评分表上签字确认。

四、考核评分

(1)考评人员 3 名以上。
(2)评分程序及规则:考评员根据考生操作情况对照计分标准在评分表上给予记录评分。
(3)算分方法:采用百分制,满分 100 分,60 分及以上为及格。

五、铁道行业职业技能登记认定餐车长高级工实作技能考核评分记录表

单位:________　姓名:________　性别:________　准考证号:________　工种:________　级别:________

试题名称:计算原料成本。

试题内容:接待宴会一桌,售价 2 000.00 元,规定销售毛利率为 55%,其中冷菜占 15%,热菜占 65%,点心水果占 15%,汤占 5%,求各原料成本应该多少元?

考核时间:10 分钟。

操作开始时间:　时　分　　　　操作结束时间:　时　分

项目	考核内容及评分标准	扣分因素及扣分	得分
作业流程(80 分)	1. 宴席成本=销售价格×(1−销售毛利率)=2 000.00×(1−55%)=900.00(元)		
	2. 冷菜=900.00×15%=135.00(元)		
	3. 热菜=900.00×65%=585.00(元)		
	4. 水果点心=900.00×15%=135.00(元)		
	5. 汤=900.00×5%=45.00(元)		
	原料成本:冷菜 135.00 元、热菜 585.00 元、点心水果 135.00 元、汤 45.00 元,总成本 900.00 元		
	结果不对扣 20 分,每漏一项扣 10 分		
作业质量(20 分)	1. 仪容仪表不规范。(10 分)		
	2. 普通话不标准。(10 分)		
考核时间	作业在 10 分钟内完成。每超时 1 分钟扣 5 分,超过 5 分钟停止考核。用时　分钟		
合计得分			

考评员签名:　　　　鉴定人:　　　　年　月　日

S19　组织中餐宴会流程

一、考场准备

要求:场地模拟列车环境,不具备条件时要提供笔试或口试条件。

二、材料工具准备

无。

三、考核要求

(1)被鉴定人入场后,首先由裁判告知题目,其次由被鉴定人检查准备备品,当被鉴定人告知裁判可以开始时,由裁判员开始计时。

(2)考核时间为10分钟。

(3)在被鉴定人操作期间,裁判可以向被鉴定人提问,以确认被鉴定人是否掌握组织中餐宴会流程。

(4)考核过程中被鉴定人作答时流程顺序颠倒的,终止考试,成绩为0分。

(5)考核完毕后,由被鉴定人在评分表上签字确认。

四、考核评分

(1)考评人员3名以上。

(2)评分程序及规则:考评员根据考生操作情况对照计分标准在评分表上给予记录评分。

(3)算分方法:采用百分制,满分100分,60分及以上为及格。

五、铁道行业职业技能登记认定餐车长高级工实作技能考核评分记录表

单位:________ 姓名:________ 性别:________ 准考证号:________ 工种:________ 级别:________

试题名称:组织中餐宴会流程。

考核时间:10分钟。

操作开始时间: 时 分　　　　操作结束时间: 时 分

项目	考核内容及评分标准	扣分因素及扣分	得分
作业流程(80分)	1.掌握宴会情况		
	2.根据宴会服务方式合理安排各岗位人数及工作内容		
	3.按宴会规格设计台面		
	4.全面检查宴会前的各项准备工作		
	5.热情迎宾,安排席位		
	6.上菜服务		
	7.宴会结束服务		
	结果不对扣20分,每漏一项扣10分		
作业质量(20分)	1.仪容仪表不规范。(10分)		
	2.普通话不标准。(10分)		
考核时间	作业在10分钟内完成。每超时1分钟扣5分,超过5分钟停止考核。用时 分钟		
合计得分			

考评员签名:　　　　鉴定人:　　　　年 月 日

S20　餐巾花摆放流程

一、考场准备

要求：场地模拟列车环境，不具备条件时要提供笔试或口试条件。

二、材料工具准备

序　　号	名　　称	规　　格	数　　量	备　　注
1	餐花		6	
2	高脚杯及杯花		6	

三、考核要求

(1)被鉴定人入场后，首先由裁判告知题目，其次由被鉴定人检查准备备品，当被鉴定人告知裁判可以开始时，由裁判员开始计时。

(2)考核时间为 10 分钟。

(3)在被鉴定人操作期间，裁判可以向被鉴定人提问，以确认被鉴定人是否掌握餐巾花摆放流程。

(4)考核过程中被鉴定人造成考试用具损坏的，终止考试，成绩为 0 分。

(5)考核完毕后，由被鉴定人在评分表上签字确认。

四、考核评分

(1)考评人员 3 名以上。

(2)评分程序及规则：考评员根据考生操作情况对照计分标准在评分表上给予记录评分。

(3)算分方法：采用百分制，满分 100 分，60 分及以上为及格。

五、铁道行业职业技能登记认定餐车长高级工实作技能考核评分记录表

单位：________　姓名：________　性别：________　准考证号：________　工种：________　级别：________

试题名称：餐巾花摆放流程。

考核时间：10 分钟。

操作开始时间：　时　分　　　　操作结束时间：　时　分

项目	考核内容及评分标准	扣分因素及扣分	得分
作业流程 (80 分)	1. 主人位可以折不同的花型，统一中有区别，主花要摆插在主位，一般的餐巾花则摆插在其他宾客席上，高低大小搭配应错落有致		
	2. 将观赏面朝宾客席位。单面观赏的花型如孔雀开屏，要将头部朝向宾客，多面观赏的要选择一个最佳观赏角度摆放		
	3. 形状相似的花型错开并对称摆放		

续上表

项目	考核内容及评分标准	扣分因素及扣分	得分
作业流程（80分）	4.各餐巾花之间的距离要均匀，整齐一致，餐巾花不能遮挡台上用品，不要影响服务操作		
	5.如是杯花，插入杯中时要恰当地掌握深度，并注意杯内餐巾的整齐		
	程序不对扣30分，每漏一项扣10分		
作业质量（20分）	1.仪容仪表不规范。（10分）		
	2.普通话不标准。（10分）		
考核时间	作业在10分钟内完成。每超时1分钟扣5分，超过5分钟停止考核。用时 分钟		
合计得分			

考评员签名：　　　　鉴定人：　　　　年　月　日

第三部分　技　师

1. 行鞠躬礼时需要注意什么？

答：(1)要求两脚并拢，不要分得过开。

(2)头要正并且随着身体向下而自然向下，脖子也不要伸的过长。

(3)目光要自然面对受礼者，不要在行礼时左顾右盼。

(4)鞠躬时，双手合拢，自然放在身前并弯下身子。

(5)戴帽时，应脱帽行鞠躬礼。用右手握住帽檐中央，将帽取下，左手自然下垂。

2.《空调列车服务质量规范》对餐车经营行为有何要求？

答：经营行为规范，文明售货，不捆绑销售商品。销售人员不在车内高声叫卖、危险演示，销售过程中主动避让旅客。夜间运行时，不得进入卧车销售，座车可根据情况适当延长或提前销售时间，但不得超过 1 小时。

3. 站立服务时有何要求？

答：站立要自然大方，位置适当，姿势端正，双目平视，面带笑容，女服务员两手交叉放在脐下，右手放在左手上，以保持随时可以提供服务的姿态。男服务员站立时，双脚与肩同宽，左手握右手背在腰部以下。不准双手叉在腰间、抱在胸前，站立时不背靠旁倚或前扶他物。

4. 上菜时，台面已摆满了菜，应如何处理？

答：(1)征询客人意见，将桌上快吃完的菜分让给客人。

(2)征求客人意见，将桌上快吃完的菜换成小碟盛装。

(3)征求客人意见，将先上的菜放到服务桌上(视进餐情况再摆上桌)，腾出空位上菜。

(4)与厨房协调，控制出菜节奏。

5. 主宾、主人需离席讲话，负责主台的服务员应怎么做？

答：(1)在主宾、主人离席讲话前，要先斟好主台每位宾客的酒水。

(2)在主宾、主人离席讲话时，服务员准备好祝酒的酒水，放在托盘上，站立在一侧。

(3)主宾或主人讲话结束时迅速奉上，以便其举杯敬酒。

6. 在服务客人时，对手势有何要求？

答：要做到，正规、得体、适度、手掌向上。打请姿时一定要按规范要求，五指自然并拢，将手臂伸出，掌心向上。不同的请姿用不同的方式，如“请进餐厅时”用曲臂式，“指点方向时”用直臂式。在服务中表示“请”用横摆式，“请客人入座”用斜式。

7. 插花时如何正确运用色彩？

答：(1)确立色彩基调，即在设计主题时确定主色调。

(2)合理利用色彩的协调性。

(3)注意色彩布局的平衡性。

(4)发挥色彩的对比性。

(5)运用色彩的特征，使色彩与主题贴切。

8. 如何从色、香、味三个方面鉴别黄酒的质量？

答：(1)色不论浅黄、褐黄、黑褐等均应晶明透亮，无沉淀物。

(2)香以浓郁者为佳。

(3)味应以醇厚、略带甜味、鲜味为佳。

(4)如果酒液失去光泽，并伴有悬浮物和出现腐臭味，这样的黄酒不能引用。

9. 如何利用“环境”“服务”这两个评价指标来评价餐饮出品的质量？

答：(1)环境是指就餐的环境。舒适、卫生的就餐环境能够给人以美的享受，从而放松心情、愉快就餐，间接提升出品的质量。

(2)服务包括由服务员提供的服务和餐厅提供的服务设施，要求做到快捷、方便，具有个性。

10. 品酒的步骤有哪些？

答：(1)使用高脚杯(可减少手温对酒的影响)。

(2)斟入约 30 毫升酒。

(3)拿起酒杯，先看色再闻香后尝味。

(4)呷一小口酒。

(5)让发酒慢慢流过舌头面，使其与味蕾充分接触。

(6)最后把酒咽下去，细品余味。

11. 饮用红酒、啤酒、香槟、汽水、黄酒的最佳温度分别是多少？

答：(1)红酒最佳饮用温度为 18～22 ℃，即室温。

(2)啤酒最佳饮用温度为 8～12 ℃。

(3)香槟和汽水最佳饮用温度为 7 ℃。

(4)黄酒最佳饮用温度为 40～50 ℃。

12.《铁路食品安全管理基本规范》对普速旅客列车餐具管理有何要求?

答:一次性餐饮具保管使用应实行专人管理,大包装打开后应在保洁柜内保存、取用,杜绝二次污染。不得重复使用一次性餐具。

13.《呼和浩特铁路局客运站车餐饮销售服务监督管理办法》规定,列车餐售经营有何要求?

答:列车餐售经营要按照公开、公平、公正和诚实信用的市场原则,根据列车运行线路、不同季节,做到统一供应菜品、统一餐料标准、统一售卖价格、统一进货渠道,人员管理做到统一组织管理、统一服务标准、统一着装标识;持续改进和提升餐饮经营管理质量。

14.《呼和浩特铁路局客运站车餐饮销售服务监督管理办法》规定,动车组列车经营冷(热)藏快餐食品有何要求?

答:经营冷(热)藏快餐食品的,应严格执行“四控一规范”制度(控制生产日期标注、保质时间、储藏温度、剩余食品,规范管理食品经营活动),生产、保质时间应标注年、月、日、时、分,超过保质期的快餐食品不得销售。

15.《呼和浩特铁路局客运站车餐饮销售服务监督管理办法》规定,动车组列车销售的盒饭有何要求?

答:动车组列车盒饭要在统一位置标注“中国铁路餐饮＋企业商标”商标。使用微波炉加热冷藏盒饭时,每次加热盒饭叠放不超过 2 层,根据食品初始温度、微波炉功率大小和使用档位不同,加热时间控制在 2～5 分钟,确保加热后食品中心温度达到 70 ℃以上。冷藏盒饭只能加热 1 次,禁止重复加热销售。

16.《呼和浩特铁路局客运站车餐饮销售服务监督管理办法》规定,动车组列车冷藏盒饭,冷藏温度及保存时间有何要求?

答:冷藏盒饭,冷藏温度持续不高于 10 ℃,保存时间不超过 24 小时,供餐前应充分加热,加热后食品中心温度应不低于 70 ℃。热藏盒饭,热藏温度持续不低于 60 ℃,保存时间不超过 4 小时。无温控存放条件的,存放时间不得超过 2 小时。冷(热)藏快餐食品卫生指标应达到铁路运营食品安全要求。

17. 餐饮服务质量的构成及内容是什么?

答:餐饮服务质量是由硬件质量和软件质量有机结合而成的一个整体。硬件质量是指凡是与餐饮设施设备的实物有关的并可以用客观指标度量的质量。软件质量是指与人的活动有关的、主要由顾客主观判断的质量。

18. 做好协调管理工作,应注意哪些方面的工作?

答:(1)认真学习和掌握一系列的政策和法规。

(2)了解和熟悉铁路餐饮企业的各项制度和各种工作运转程序。

(3)保持经常性的联系和沟通。

(4)正确运用协调方式,注意在实践中积累。

19. 动车组列车餐车供应品有哪些具体要求?

答:供应品种多样,有高、中、低不同价位的预包装饮用水、盒饭等旅行饮食品,2.00 元预包装饮用水和 15.00 元盒饭不断供。尊重外籍旅客和少数民族的饮食习惯。盒饭以冷链为主,热链为辅,常温链仅做应急备用,有清真餐食。

20.《呼和浩特铁路局客运站车餐饮销售服务监督管理办法》规定,餐售人员服务时有何要求?

答:餐售人员服务时,要做到文明服务,主动热情,杜绝生、冷、硬、顶等不良服务行为;不得采取搭售、诱导、欺骗等方式经营;遇有旅客对服务行为提出批评或质疑时,应虚心接受并改正,主动向旅客致歉。

21. 旅客列车食品储存温度有何要求?

答:(1)食品烧熟后在 8~60 ℃条件下存放(常温)的,食用时限为烧熟后 2 小时以内。

(2)烧熟后 2 小时,食品的中心温度保持在 60 ℃以上(热藏)的,其食用时限为烧熟后 4 小时。

(3)烧熟后立即冷却,将食品的中心温度降至 8 ℃并冷藏保存的,其食用时限为烧熟后 24 小时。

22.《呼和浩特铁路局客运站车餐饮销售服务监督管理办法》规定,餐饮品类有哪些?

答:(1)快餐类:包含面食和米饭,面食包括面条、包子、饺子、三明治等;米饭包括菜肴盒饭及米面组合盒饭。

(2)食品类:包括预包装休闲小食品、面包糕点、佐餐小菜、酱卤制品、罐头食品等。

(3)饮品类:包括预包装瓶装饮用水、啤酒、果汁、乳及乳制品、茶饮料、咖啡饮料等。

(4)其他:包括茶吧、水吧以及水果、鲜榨果汁、现磨咖啡等服务项目。

23. 接待外宾的礼仪是什么?

答:作为一名餐饮服务员,了解涉外礼仪的内容和要求,掌握与外国人交往的技巧是最基本的工作能力要求。宏观上涉外礼仪有三个基本要求:

第一,要求尊重为本,要强调自尊自爱,要尊重自己的职业,要尊重自己的单位。

第二,要善于表达。

第三,要强调接待三声:“来有迎声,问有答声,去有送声。”要得体的接受外宾给予的小费。

24. 如何做好程序式协调管理工作?

答:对一些反复出现的问题应采用的协调管理方式。对于这类问题,在第一次出现时,因为没有先例可循,所以应认真研究,严格按有关政策和规定,拿出正确的处理意见,制定标准处理程序。当以后再出现类似问题时,一般按标准程序办理。

25. 如何使用“去尖定”的方法完成切花工作?

答:由于鲜花品种不同,有的一支一花,有的一只多花。对于一只多花的品种,就需适当去尖整形。在去尖时,切记用剪刀剪,而要用手从应去掉的花蕾根部掰去,这样去尖的效果即显得自然,又不失其美观。

26. 在冷餐宴会中选用梅、松、玫瑰、月季花、龟背竹进行餐厅插花时,它们分别象征哪些寓意?

答:(1)梅傲雪红梅体现着清高淡雅、傲雪凌霜的性格。

(2)松象征威严和长寿。

(3)玫瑰在很多国家、民族中被视为“爱”的象征。

(4)当人们将月季用于婚礼用花时,它表达新人爱情的炽热。

(5)龟背竹是长寿的象征,具有万年之久的含义。

27. 如何做好随机式协调管理工作?

答:在遇到一些特殊情况和问题,难以用一种固定不变的方式进行协调时,只能见机行事、随机应变、临时处理。通常的办法是:紧急情况下,一方面见机处理,另一方面向更高层的管理者汇报并请求指示;非紧急情况下,可及时向列车长汇报,并建议有关领导到场协调处理。

28. 如何做好建议式协调管理工作?

答:一般情况下,多采用建议的协调管理方式,比较易于对方采纳和接受,从而达到协调的目的。无论是上下级之间、平级之间,还是横向关系之间的协调工作,餐饮服务的管理者都应强化服务意识,以谦逊的态度、建议的口吻,将自己的意见转告对方,供其参考使用。

29. 电气化铁路附近发生火灾时,应如何处理?

答:距牵引供电设备带电部分不足 4 米的燃着物体,使用水或灭火器灭火时,牵引供电设备必须停电。

距牵引供电设备带电部分超过 2 米的燃着物体,使用沙土灭火时,牵引供电设备可不停电,但须保持灭火机具及沙土等与带电部分的距离在 2 米以上。

30. 在菜肴的加工制作过程中,应如何保证成品质量?

答:(1)加工制作过程中每下一道工序员工必须对上一道工序的制作质量进行把关,如发现不合标准,应予返工或弥补,确保成品质量。

(2)为达到菜肴质量的控制目的,关键是产品在各阶段制作过程中达到一定规格标准,同时抓好生产制作检查、成菜出品检查和服务销售检查。

31. 虾的出肉方法有哪些?

答:(1)海虾体大肉厚,味道鲜美。一般是剪去须爪,剥去外壳,除去背部沙线,洗净后即可使用。

(2)河虾出肉多是出虾仁,一般常用挤的方法,一手捏住虾头,一手捏住虾尾,将虾肉从颈背部挤出;另一种是剥离的方法,常用于较大的虾类,它能保持虾体完整,出肉率高。

32. 如何通过蔬菜的滋味、形态鉴别蔬菜的质量?

答:(1)从蔬菜的滋味看,多数蔬菜滋味甘淡、甜酸清爽鲜美,少数具有辛酸、苦涩等特殊风味刺激食欲。如失去本品种原有的滋味即为异常,改良品种除外。

(2)从蔬菜的形态看,蔫萎、枯塌、损伤、病变、虫害侵蚀等引起的形态异常,作为鉴别蔬菜质量优劣的依据。

33. 用摇和法调制鸡尾酒的具体操作方法是什么?

答:(1)先将适量冰块放入调酒壶中,根据配方用量杯放入辅料,最后放入基酒,盖紧调酒壶。

(2)然后用手持壶来回迅速摇晃片刻(约 10 秒),至调酒壶外起霜。

(3)摇匀后打开调酒壶,用滤冰器滤入事先准备好的载杯,然后装饰。

34. 冷餐宴会服务程序的迎接客人环节,应做好哪些工作?

答:(1)酒会开始时,引位员站在门口迎接客人,向客人问好,对客人的光临表示欢迎。

(2)用计数器统计客人人数。

(3)服务员、酒水员在规定的位置站好,迎接客人并问好。

(4)客人自由入座或选择好位置站好,服务员先为客人提供冰水服务,同时询问是否需要饮料。

35. 老年宾客的饮食习惯和要求有哪些?

答:老年宾客到餐厅就餐,一般都要求服务员能耐心听取他们的要求,热情细致地为他们服务,并能与他们在点菜上菜的过程中多用语言交流。服务员应尽量满足他们的要求,并主动向他们介绍一些容易消化、松软多汁的菜肴,老人就餐时间稍长,服务员要注意各环节的服务程序。

36. 宴会场景设计的基本要求以及中餐宴会的"八知"是什么?

答:(1)基本要求:宾客导向意识→立意清晰,突出主题→科学选择场景→合理布置场地→注意环境点缀。

(2)"八知"的内容:知宴请规模→知宴会标准→知开餐时间→知菜单内容→知宾主情况→知收费办法→知宴请主题→知主办地点。

37. 处理投诉的程序是什么?

答:(1)认真倾听客人投诉。

(2)记录要点。

(3)弄清客人诉求。

(4)向客人表示歉意。

(5)提出处理方案,征求客人意见。

(6)向有关部门通报并跟进处理情况,监督、检查有关工作的完成情况。

(7)向客人反馈处理结果,再次征求客人意见。

(8)存档备查。

38. 如何为行动不便的宾客提供就餐服务?

答:(1)应尊重、关心、体贴和照顾。

(2)当他们到达餐厅时,应立即上前搀扶,帮助放妥手杖及携带物品。

(3)如客人以轮椅代步,要安排在方便出入和靠墙的位置就座。

(4)盲人入座后,服务员要主动读菜单帮助点菜。

(5)尽量满足客人需要。

39. 餐车服务中对点菜有何要求?

答:旅客坐下后,应将菜单送上并征求点菜。旅客点菜时,餐车服务员应站在旅客一侧,与旅客保持一定距离,腰部稍微弯下一点,手持菜簿,认真倾听旅客选定的菜点名称,并向旅客介绍餐车菜点。如点的菜已暂时售完,应立即向旅客表示歉意,并婉转地向旅客建议其他类似菜肴。如有些烹制时间较长,应向旅客说明原因。服务员要做到神情专注,有问必答,百问不烦,主动推销。当旅客点完菜后,要将记录下的菜点复述核对一遍,如准确无误,将菜单一联送到厨房备餐,一联送到收款员算账。

40. 在鸡尾酒调制的规范动作中,传瓶的动作要领是什么?

答:鸡尾酒调制的规范动作中,传瓶的动作要领是:把酒瓶从酒柜或操作台上传到手中的过程。传瓶一般有从左手传到右手或从下方传到上方两种情形。用左手拿瓶颈部传到右手上,用右手拿住瓶的中间部位。或直接用右手从瓶的颈部上提至瓶中间部位。要求动作快、稳。

41. 使用过氧化物制剂或醇类消毒剂进行消毒灭菌有何要求?

答:(1)使用过氧化物制剂:浓度 0.5%~1%,浸泡 3~5 分钟,采用擦拭、喷洒等方式,适用于瓜果蔬菜、餐具、茶酒具、容器、生产环境及工作人员手掌的消毒。

(2)使用醇类消毒剂:浓度 65%~75%,多用于公用具和冷荤间刀、墩、从业人员手掌的消毒。

42. 为中餐宴会命名的方法有哪些?

答:(1)按地名菜系命名。

(2)按菜品数目命名。

(3)按第一道正菜菜品命名。

(4)按烹制原料命名。

(5)按主要用料命名。

(6)按季节时令命名。

(7)按办宴目的命名。

(8)以当地风景命名。

(9)以文化名城命名。

(10)以宗教信仰命名。

(11)按规格和应用场合命名。

43. 开餐前准备工作有哪些?

答:开餐前,餐车长要想列车长了解重点旅客及客流情况,检查各部位开餐前的准备情况,检查后厨各部位加工、准备和炉灶使用情况,根据供应品种提供菜谱,送广播室做好开餐宣传,分配服务员的工作。餐车人员要做好重点旅客开餐准备,开餐用品准备充分。餐茶具洗净消毒完好,菜净、饭热,菜谱设计美观,明码标价,合理安排好各项开餐前的准备工作。

44. 服务距离的标准有哪些?

答:(1)服务距离一般应该保持在 0.5~1.5 米;在这样的距离中相处,能够进行常规的服务工。

(2)引导距离一般应该保持在 1.5 米左右,并行进或跟随在旅客的左前或左右方。

(3)待命距离一般应该保持在 3 米以上,能够给旅客宽松的空间感受,实现零感染的服务状态。

(4)展示距离一般应保持在 1~3 米,视展示物品的大小、展示范围的大小等条件的不同选择展示距离的远近。

(5)禁忌距离小于 0.5 米的私人距离。

45. 如何从色、香、味三个方面鉴别葡萄酒的质量?

答:(1)色泽。红葡萄酒的酒液应为紫红色,白葡萄酒的酒液应呈淡黄色。液体透明,不浑浊。

(2)香气。除具有一般的果香外,还伴有浓郁的醇香味。

(3)滋味。酸甜适口,醇厚,无酒精味。

(4)如果出现浑浊、苦涩、絮状沉淀,味道怪异(如汽油、奶酪等怪味),淡而无味、白葡萄酒的颜色变深等现象,均属变质。

46. 现金、餐券管理制度是什么?

答:(1)现金、餐券、单据由餐车长负责领取,使用交接,要妥善保管,锁入金柜,以防遗失。

(2)结算现金实行三人点款制,餐车长必须亲自点一次,以防差错。

(3)现金、餐券交接时,要当面点清,手续清楚。

(4)营业进款,未经有关领导批准,任何人不准私自动用。

(5)营业进款,由餐车长亲自负责。

47. 旅客列车发生食物中毒如何处理?

答:旅客列车发生 3 人以上食物中毒时,列车长应立即以电报、电话等方式向有关领导机关报告中毒情况,通知前方站的防疫、医疗单位上车急救,并做好现场保护工作。餐车应收集病人呕吐、排泄物,保留食物标本。将发生中毒的经过、反应、结果和采取的措施书面上报上级主管部门。

48. 团体餐午、晚餐服务程序中的餐中服务工作有哪些?

答:(1)上菜服务。旅客到齐或基本到齐后,通知厨房准备出菜,并将茶杯撤走(旅客要求保留的可不撤)。上菜时应报菜名,并主动向旅客介绍当地的特色风味菜点。

(2)巡台。在旅客用餐过程中,服务员应不断巡视,及时为旅客添加各种主食、撤换用过的餐用具、处理各种特殊情况等。

49. 如何做好磋商式协调管理工作?

答:对某个问题或事情涉及到餐饮企业内部和外部许多部门时而采用的协调管理方式。餐饮企业有些问题或事情的解决,有时往往需要经许多部门的同意。在办理过程中,当某个部门有阻力或不同意时,餐饮企业的管理者就应该主动去向该部门的领导说明情况,做好沟通工作,力求解决问题。

50. 特殊情况餐车在途中补料,选择补料单位有什么要求?

答:根据《铁路车站、旅客列车卫生管理办法》第十五条规定,餐车沿途补料应选择具有经营资质的定点单位,符合食品安全要求,配置专用运输工具和贮运设备,并向所属地铁路卫生监督机构备案。

51. 为保证菜肴的最终质量,如何在原料阶段进行控制?

答:(1)采购要严格按原料质量标准,确保购进原料得到最大限度的应用,不得以次充好。同时采购原料要做到及时,讲究时效性。

(2)采购到的原料要根据质量标准全面细致进行验收,该退货的要坚决退货。

(3)加强储存原料管理,防止原料保管过程中降低其质量标准,一定要做到先进先出。

52. 开餐中作业程序有哪些?

答:开餐中,餐车长要做好开餐组织,介绍品种;随时检查饭菜质量和服务标准;做好重点旅客服务;坚持"三托"服务(托盘上餐具、上饭菜、撤餐具);安排好重点接待及乘务餐和开好夜间开餐工作。餐车人员做到文明礼貌、态度和蔼,开餐秩序良好;饭菜达到"三热"(饭、菜、汤)、"四好"(色、香、味、型);服务规范、主动热情;台面清理及时;重点接待食品留样6小时,乘务餐饭热、菜香、口味好;按规定经营,质价相符,服务周到。

53. 如何利用"色""香"这两个评价指标来评价餐饮出品的质量?

答:(1)色是指出品的色彩。良好的、具有想象力和吸引力的色彩是菜肴质量的重要标准,包括原料的自然色、汤色、芡汁色、炸色、配色、亮度。

(2)香是指出品散发出来的令人愉悦的感觉,包括出品的口感、香气、温度。不同的出品有不同的香型,有人喜欢清香,有人喜欢浓香,有人喜欢复合香,有人喜欢单一香。

54. 如何利用"器""营养"这两个评价指标来评价餐饮出品的质量?

答:(1)器是指盛放出品的器皿,要求整洁、美观、富有艺术性。

(2)营养是指出品的富含的营养成分。一个确定的出品应该具有固定的营养成分,在加工出品时应该加以保持。另外,多出品组合除保持每一个出品的营养成分外,还要使出品组合形成的营养成分丰富、均衡,满足人体需求。

55. 在鸡尾酒调制的规范动作中,单手握壶的动作要领是什么?

答:在鸡尾酒调制的规范动作中,单手握壶的动作要领是:右手食指按住壶盖,用拇指、中指、无名指夹住壶体两边,手心不与壶体接触。摇壶时,尽量使手腕用力。手臂在身体右侧自然上下摆。要求:力量要大、速度快、节奏快、动作连贯。手腕可使壶按S形、三角形等方向摇动。

56. 在鸡尾酒调制的规范动作中,双手握壶的动作要领是什么?

答:在鸡尾酒调制的规范动作中,双手握壶的动作要领是:左手中指按住壶底,拇指按住壶中间过滤盖处,其他手指自然伸开。右手拇指按壶盖,其余手指自然伸开固定壶身。壶头朝向自己,壶底朝外,并略向上方。摇壶时可在身体左上方或正前上方。要求两臂略抬起,呈伸曲动作,手腕呈三角形摇动。

57. 餐厅即将结束营业,但还有客人在用餐时,应该怎么办?

答:(1)原则上不能催客,不能提前下班。

(2)更加注意对客人的服务,在整理餐具时要轻拿轻放,不可发出响声。

(3)应在结束营业前30分钟询问客人是否还需要点菜。

(4)不可用关灯、吸尘、收拾餐具等形式来催促客人,应留下专人为客人服务。

(5)可以准备下一餐的用具物品。

58. 宴会中遇到醉酒客人时应该怎么办？

答:(1)对于客人在餐厅内饮酒过度醉酒时,要有礼貌地谢绝客人的无理要求,并停止提供含酒精成分的饮料,可以用果汁、矿泉水等软饮料。

(2)遇到困难时,可以请该宴会同来的其他客人帮助,并提供协助。

(3)如有呕吐,应立即清理污物,送上小毛巾和热茶,不可显出不悦的表情。

59. 为客人推荐酒水时有哪些事项?

答:(1)站在主人的右侧或适当的位置上。

(2)根据客人所点菜品为客人推荐合适的酒水。

(3)介绍酒水品种时,中间应有所停顿,让客人有考虑和选择的机会。

(4)准确记录客人所点酒水的种类、数量,要重复一遍,以确认。

(5)礼貌地请客人稍候,并尽快为客人呈上酒水。

60. 标准菜谱在餐饮生产管理中的作用是什么?

答:(1)能使产品的分量、成本和质量始终保持一致。

(2)所有厨师等生产人员只需按食谱规定的制作方法加工产品,从而减少管理人员现场监督管理的工作量。

(3)便于生产管理人员根据菜谱安排生产计划。

(4)保证所有厨师能烹制出符合质量要求的产品。

(5)便于管理人员对厨师的调配使用。

61. 与旅客交谈时,应当注意避免哪行情形?

答:(1)食用大葱、大蒜和韭菜等有强烈刺激性气味的食品。

(2)在公共场所修指甲、挖鼻孔、剔牙齿、掏耳朵、伸懒腰以及用手指人。

(3)随地吐痰、乱扔杂物。

(4)与旅客嬉笑玩耍,对旅客评头论足。

(5)与同事在公共区域大声喧哗、谈笑,聊与工作无关的事情。

(6)在旅客面前接打手机,在公共区域接打电话时,声音过大。

(7)咳嗽、打喷嚏、打哈欠时不掩面、不遮挡。

(8)不加说明地打断旅客的谈话,直接插话,甚至制止旅客讲话。

62. 服务员为顾客服务时应做到“四要”“四不要”的内容是什么?

答:即一要面带微笑,和颜悦色,给人以亲切感;不要面孔冷漠,表情呆板,给客人以不受经心,给客人以不受重视感。二要坦诚待客,不卑不亢,给人以真诚感;不要诚惶诚恐,唯唯诺诺,给人以虚伪感。三要沉着稳重,给人以镇定感;不要慌手慌脚,给客人以毛躁感。四要神色坦然,轻松自信,给人以宽慰感;不要双眉紧锁,满面愁云,给客人以负重感。

63. 接受点菜的要点是什么?

答:(1)首先了解客人有无特别要求。

(2)点菜时应主动介绍菜式的特点,帮助宾客挑选本餐厅的特色菜,特别是厨师当天推荐的创新菜,时令菜,特价菜;点菜完毕后,应复述给宾客听,并询问是否有错漏等。

(3)主动向宾客推销酒品、饮料。

(4)入厨单应迅速准确,遇到特殊宾客要求要加以注明,必要时与生产部门交代沟通。

64. 对使用的茶杯有何要求?

答:(1)使用餐具时必须轻拿轻放,在餐车要注意车身摇晃,要站稳拿牢,以减少破损。

(2)茶杯、酒杯应分别使用,分别存放,并要保持干净。擦抹玻璃杯时,不得以手直接接触杯部内外,应以擦碗布裹住杯的内外,然后以左手握住杯底,右手拇指在杯外,其余几指在杯内,转杯擦抹,擦后扣放在固定地点(下部应有洁白的垫布)。

65. 编制餐车长、服务员培训计划时,应做好哪些工作?

答:(1)培训计划编制前要进行需求分析。

(2)培训计划要求有培训时间、培训课时。

(3)培训内容符合实际。

(4)培训内容重点为服务礼貌知识、服务礼仪知识、服务技巧、餐厅服务的基础知识、成本管理知识、宴会服务与接待要求、酒类知识、烹饪基础知识、安全知识、卫生知识等。

(5)课时分配合理,做好备课准备。

66. 与旅客交流有哪些注意事项?

答:(1)服务员在为客人服务时不宜表示过分亲热。

(2)不可用手搭拍客人之肩膀。

(3)如遇顾客不礼貌之言行或其他事故,对顾客不可争论或辩白,应婉转解释,要以顾客永远是对的态度服务顾客。

(4)回答顾客之询问,如不知道,不可随便说"不知道"。

(5)未经客人之同意,决不可抱玩客人的小孩,免得使其不悦。

67. 团体餐早餐服务程序中的结束收尾工作有哪些内容?

答:如需马上结账的,应根据旅客人数、标准累计总数,到收银处填写账单。向经办人现收。如旅客需统一结账,应将日期、人数、标准、费用总额填写清楚,签上接待人姓名并请经办人签名以便结账查对。旅客离座时,应主动为其拉椅,并提醒旅客携带好随身物品。旅客离开后,马上清理台面,按标准重新布置餐台,为继续接待其他旅客或下一餐做好准备。

68. 饮食品成本三要素的具体内容是什么?

答:(1)主料:是制成各个产品的主要原材料,以米、面粉各种主要原料和鸡、鸭、鱼、肉、蛋等为主,各种干料、蔬菜、豆制品次之。

(2)配料(辅料):是制成各个产品的辅助材料,包括各种蔬菜、鱼、肉、禽、蛋等。

(3)调料:是制成品的调味调色用料,如油、盐、酱、醋、味精、花椒、大料等,它在单位产品里用量较小,但是必不可少。

69. 餐饮管理的任务包括哪些内容 ?

答:(1)确保洁净、优雅的就餐环境。

(2)广泛组织客源,扩大产品销售,提高回头客比例,培养忠诚顾客。

(3)保持并不断提高菜肴质量,不断更新品种。

(4)加强食品原料的采购、储藏管理及食品卫生与安全管理。

(5)做好餐饮成本控制工作,加强部门物资、财产管理。

(6)严格餐厅销售服务管理,提高服务质量。

(7)合理组织人力,提高工作效率。

70. 为保证菜肴的最终质量,如何对菜肴制作阶段中的烹调环节进行控制?

答:烹调是菜肴从原料到成品的成熟环节,决定菜肴的色泽、口味和质地等,其质量控制尤其显得重要困难。故在开餐前将已经使用的重要味型的调味汁批量集中兑制,烹调时供各炉头随时取用,以减少因人而异的偏差,保持出品口味质量的一致性。调味汁应由专人根据一定的规格比例制作,同时出菜高峰时应由一名厨师长在出菜台把关。

71. 小型宴会临时加人数,应该怎么办?

答:(1)应视增加人数的多少,摆上相应的餐具、座椅。

(2)若原厅房无法容纳,应立即转到合适的空宴会厅。

(3)若无空厅房,建议将部分客人安排到餐厅比较清静的角落,由专人服务。

(4)征得客人同意后,给予调整。

(5)根据客人增加的人数,调整菜肴数量和金额,并做好客人的参谋,及时下单。

72. 如何利用"味""形"这两个评价指标来评价餐饮出品的质量?

答:(1)味是指出品的味道,每一道出品有其自身确定、宾客欢迎的口味。适口的味道能够增加宾客的食欲。出品的味道包括原味、合味、对比味、内味、辅味等。

(2)形是指出品的形状,整齐美观的出品能够给人以美的享受。任何一个出品有其规定的形,可以取原料的原形,或者加工成片、丝、条、块、粒等,还可以通过一定的造型技术制作出人们喜欢的造型菜肴。

73. 如何通过蔬菜的色泽、气味鉴别蔬菜的质量?

答:(1)从蔬菜的色泽看,各种蔬菜都具有本品种固有的颜色,大多数有发亮的光泽,显示出蔬菜的成熟度及鲜嫩程度。除杂交品种外的品种都不能有其他因素造成的异常色泽及色泽改变。

(2)从蔬菜的气味看,多数蔬菜具有清香、甘辛香、甜酸香等气味,可以凭嗅觉鉴别不同品种的质量,不允许有腐烂变质的亚硝酸盐味和其他异常气味。

74. 质量不高的白酒通常会出现哪些情况?

答:(1)失光。白酒酒液失去应有的晶莹透亮感,酒中有杂质。

(2)浑浊。酒液由于温度或工艺上的原因,出现絮状物,产生浑浊。

(3)色泽。正常白酒应是质地纯净,无色透明,如因酿造原料或储存时间过长,酒液出现发黄或其他颜色,这样的酒不能引用。

(4)变味。酒液由于受水质或油脂侵入,或储存不当,出现杂味,这样的酒也不能引用。

75. 啤酒的保管方法是什么?

答:(1)要严密封口,避免阳光直射和高温、受冻。熟啤酒储存适宜温度为 4～20 ℃,鲜啤酒存放的适宜温度为 0～12 ℃之间。

(2)要严格注意储存期,超过存储期的,不要饮用。一般来说,鲜啤酒存储期为 5～7 天,熟啤酒中低浓度啤酒存储期为 10 天左右,中浓度啤酒存储期为 90 天,高浓度啤酒存储期为 180 天左右。

76. 葡萄酒应如何保管?

答:葡萄酒的保管好坏会直接影响到酒的寿命。通常情况下,葡萄酒保管应注意以下几点:

(1)置于阴凉处,保持恒温 10～13 ℃,有利于延长酒的寿命。

(2)保持一定的温度,防止软木塞干缩。

(3)将葡萄酒瓶横放或倒立。

(4)避免阳光直射。

(5)切勿与油漆、汽油、醋、蔬菜等放在一起,以免破坏酒香。

(6)避免震动,防止酒液浑浊。

77. 在冷餐宴会中选用葵花、牡丹、桂花、百合、竹进行餐厅插花时,它们分别象征哪些寓意?

答:(1)葵花是朝气的象征,代表着生机勃勃。

(2)牡丹因其花大色艳象征雍容华贵、国色天香,被誉为“花中之王”。

(3)桂花有金、银桂之分,象征着金银富贵、官运亨通、文思长进和中秋团圆。

(4)百合花开挺拔饱满,象征着平安合好,是“百年好合”题材中不可缺少的主要花卉。

(5)竹具有“虚心好学”之内涵,是虚心和忠诚的象征。

78. 用搅和法调制鸡尾酒的具体操作方法是什么?

答:(1)先将适量的冰块或碎冰放入调酒杯中,然后依次放入所需的辅料,最后放入基酒。

(2)用左手握住调酒杯,右手用调酒棒或汤勺沿杯内壁按顺时针方向轻轻搅动 5~10 秒,使各种原料混合,然后在调酒杯上盖上滤冰器,滤入事先备好的载杯。搅拌时应防止酒液溅出,搅拌时间不能过长,不能太剧烈,以免破坏酒的风味。

79. 茶的保健作用有哪些?

答:茶叶对人有保健作用,经常饮用茶的人骨骼强壮,茶中的多酚类有抑制破坏骨细胞物质的活力,茶有较强的防治心梗的效用。

抗衰老和健康保健方面:茶可以帮助人体胃肠消化、促进食欲,可利尿、消除水肿,并强壮心肌功能。

预防疾病方面:茶的抗菌能力强,用茶漱口可防过滤性病毒引起的感冒,并预防蛀牙于食物中毒,降低血糖值与高血压。

80. 宴会有哪些分类方法?

答:(1)按种类分有中餐宴会、西餐宴会。

(2)按规格分有国宴、家宴、便宴、冷餐会、酒会。

(3)按习俗分有婚宴、寿宴、满月酒、接风酒、饯别宴、谢师宴。

(4)按宴饮内容分有鱼翅宴、燕窝宴、清真宴、全羊宴、全鸭席、全鱼席、素食宴。

(5)按时间分有午宴、晚宴、夜宴。

(6)按节日分有圣诞晚宴、迎新晚宴、情人节晚宴。

81.《空调列车服务质量规范》对售货(饭)车的使用和配备方面有何要求?

答:售货(饭)车美观整洁,四周有防撞胶带(条),制动装置作用良好,有经营单位审定的价目表。列车编组 14 辆以上时,售货(饭)车总数不超过 4 辆,不足 14 辆的不超过 3 辆。双层客车可使用规格统一、洁净、无害塑料筐(箱)代替售货车,总数不超过 4 个。一节车厢内经营的售货(饭)车不超过 1 辆,经营过程中人车不得分离。非经营期间,售货(饭)车定位制动存放。

82.《铁路食品安全管理基本规范》禁止经营的食品有哪些?

答:(1)用非食品原料生产的食品或者添加食品添加剂以外的化学物质和其他可能危害人体健康物质的食品,或者用回收食品作为原料生产的食品。

(2)致病性微生物,农药残留、兽药残留、生物毒素、重金属等污染物质以及其他危害人体健康的物质含量超过食品安全标准限量的食品、食品添加剂、食品相关产品。

(3)用超过保质期的食品原料、食品添加剂生产的食品、食品添加剂。

(4)超范围、超限量使用食品添加剂的食品。

(5)营养成分不符合食品安全标准的专供婴幼儿和其他特定人群的主辅食品。

(6)腐败变质、油脂酸败、霉变生虫、污秽不洁、混有异物、掺假掺杂或者感官性状异常食品、食品添加剂。

(7)病死、毒死或者死因不明的禽、畜、兽、水产动物肉类及其制品。

(8)未按规定进行检疫或者检疫不合格肉类,或者未经检验或者检验不合格的肉类制品。

(9)被包装材料、容器、运输工具等污染的食品、食品添加。

(10)标注虚假生产日期、保质期或者超过保质期的食品、食品添加剂。

(11)无标签的预包装食品、食品添加剂。

(12)国家为防病特殊需要明令禁止生产经营的食品。

(13)其他不符合法律法规或者食品安全标准的食品、食品添加剂、食品相关产品。

83. 接待信奉宗教的客人时,应如何提供服务?

答:(1)熟悉不同宗教的餐饮禁忌和礼节。

(2)通过察言观色、多种途径了解客人信奉的是哪种宗教,有什么忌讳。

(3)在点菜单上要特别注明,交待厨师用料时不可冒犯客人的忌讳并注意烹饪用具与厨具的清洁。

(4)上菜前还要认真检查一下,以免搞错。

(5)不要议论客人,不要交头接耳让客人产生误解。

84. 餐厅客人中有儿童,应如何提供服务?

答:(1)客人中有小童应热情帮忙摆放儿童椅。

(2)要注意儿童的心理特点,最重要的是把菜肴尽快给他们。

(3)服务上要注意儿童餐桌上的餐具和热水,把易碎的物品挪至小孩够不着的地方,以防止对小孩的损伤和物品的损坏。

(4)给儿童的饮品要用短身的杯子和弯曲的吸管。

(5)上菜时要注意避开在儿童的位置。

(6)无烟区偏僻角落。

(7)提供儿童菜单等。

85. 团体餐午、晚餐服务程序是什么?

答:服务员应了解团体的名称、国籍、身份、生活习惯和忌讳、人数、开餐时间、用餐标准及特殊要求等,以便妥善安排。

①餐前准备。包括了解情况、整理餐厅、安排座位、摆台、备齐酒水饮料、上冷菜、备好主食。

②迎宾服务。包括迎接旅客、辨识团队、引领入座、复位记录。

③餐中服务。包括上菜服务、巡台。

④结束收尾。包括结账、送客、收尾工作。

86. 为保证菜肴的最终质量,如何对菜肴制作过程中的加工过程进行控制?

答:(1)加工过程是菜肴制作的第一个环节,首先要检查各类将要用于加工的原料,确认质量可靠才可进行加工切割,并根据烹调需要,明确规定加工切割规定标准。

(2)大部分动物、水产类原料还需要进行上浆,这道工序对成菜的色泽、嫩度和口味产生较大的影响,故应对各类原料上浆用料进行规定,以指导操作。为了保证菜肴规格和风味,配菜人员要严格按菜肴配置规格表配置。

87. 餐车电磁炉操作注意事项有哪些?

答:(1)电磁炉使用时,锅具放上前,可以预先转动旋钮开关,打到所需档位,也可把锅具放到炉上再转动旋钮。但应注意,锅放上前开机指示灯在闪烁,一旦锅放上指示灯就不闪了。

(2)因电磁感应速度快,切勿空锅干烧损坏锅具和炉子。

(3)因锅具离开炉面 10 米或一定高度,电磁感应不到锅具,锅具不加热,注意不要抛锅操作。

(4)旋钮无极功率调节,根据需要任意选择。

(5)平炉使用汤锅时必须有挡锅架,以防列车运行中锅具滑落台面。

(6)煲汤时汤液高度不超过汤锅高度的 2/3,以免列车运行中汤液溢出。

(7)使用完后,应及时关闭电源,把旋钮打到关闭位置。

(8)正常工作中,若发现指示灯闪烁,可能是因为长时间工作机芯温度高,出现功率衰减而导致指示灯闪烁。

88. 冷餐宴会服务程序的酒会服务环节应做好哪些工作?

答:(1)酒会开始后,服务员要随时、主动地为客人服务。

(2)较高档次的酒会要有厨师值台,随时向客人介绍、推荐、夹送菜肴。

(3)随时清理酒会桌上客人用过的餐具,添加小口纸、牙签。

(4)服务台的服务员要保持菜台的整洁,随时添加餐、餐具。

(5)酒会服务中保证客人有充足的饮料。

(6)管理人员现场协调督导,处理突发事件,指导员工圆满完成服务任务。

89. 餐台插花的注意事项有哪些?

答:(1)插摆花台时,忌用纸花或绢花。

(2)选用花草时不宜使用绣花绣草。

(3)花草的用量不可过多,过多显得臃肿。也不可过少,过少显得小气。

(4)花朵的主花、辅花要搭配得当,颜色搭配要协调,以免喧宾夺主。

(5)花与草的搭配做到草衬花、花依叶,草密而不丰、稀而不疏。

(6)花草的选用要注意尊重不同民族的风俗习惯,避其忌讳,求其共性,突出季节。

(7)有毒花卉不宜做插花及餐台用花。

90. 旅客列车商品保管有何要求？

答：(1)食品、饮料、香烟等预包装食品要把好进货验收关，注意检查商品生产日期及保质期，食品合格证等相关证件是否齐全，不符合《食品安全法》要求的食品不得入库。

(2)加强库存食品的整理存放，做到干净卫生，做好食品防蝇、防鼠、防变质变霉和防污染等工作。及时检查待售食品的质量情况，掌握保质期，发现变质和过期食品应及时清除。

(3)用于冷藏食品的冰柜，应定期除霜、清洁和维修，以确保其温度达到要求并保持卫生。

(4)对易变质的食品视销售情况进货，食品不要存储过多，食品与非食品要隔离，食品与药品要隔离，腐烂变质的食品要及时清除。

91. 团体餐服务时的注意事项有哪些？

答：(1)在团体餐服务之前应掌握有关旅客的情况，如旅客的风俗习惯、宗教信仰等，以便有针对性地做好服务工作。

(2)对团体中有特殊用餐要求如有生病的客人、清真等应予以特殊照顾，防止差错。

(3)团队用餐计划性比较强，一般都是事先确定标准、人数、用餐时间等。

(4)根据旅行路线，掌握旅行团前几站的用餐情况，合理调节菜单。

(5)注意饭菜保温，冬天应等旅客坐满一桌后再上热菜。

92. 组织现场餐厅服务，个别培训的步骤及内容是什么？

答：(1)准备。制定工作任务表与工作细则，确定培训目标，让学员做准备以及挑选培训员工。

(2)传授。培训员以工作细则为基准，然后讲解工作怎么做，接着示范工作步骤、方法。

(3)练习。在练习中培训员在一边做适当辅导，对准确动作予以肯定与赞扬，一边对需改进动作提出建议。

(4)跟踪观察。在学员独立工作后，培训员将提供明确的支持与回馈，使学员对培训持有一种积极态度。

93.《空调列车服务质量规范》对电气化厨房设备的使用方面有何要求？

答：电气化厨房设备在明显位置粘贴操作说明和安全操作规程，使用前确认电源控制柜技术状态良好，操作时按规定使用电磁炉、电炸炉、电烤箱、微波炉、电冰箱、蒸饭箱等电器设备，无人操作设备时关闭电源。灶台上保持干燥、清洁，不放导磁体。不使用电磁炉油炸食品。不带电清洁和用水冲刷，不自行拆卸电气设备。电气化餐车电炸锅内油面高于 1/4 油锅深度，最高油面高度不超过油位警告标志，油温设定值严禁超过 200 ℃。

94. 宴会服务的注意事项有哪些 ？

答：(1)服务操作时，注意轻拿轻放，严防打碎餐具和碰翻酒瓶、酒杯。

(2)宴会期间，严禁两个服务员在宾客的左右两边同时服务。

(3)宴会服务应注意节奏，以主桌宾客进餐速度为标准。

(4)当宾、主致辞,或举行国宴演奏国歌时,服务员应停止一切操作,迅速退至工作台两侧肃立,姿势端正,排列整齐,保持安静,切忌发出响声。

(5)席间若有宾客突感身体不适,应立即向上级汇报;将食物原样保存,留待化验。

95. 结账服务的注意事项有哪些?

答:(1)熟悉每种结账方式的程序和要点。

(2)服务员应在客人结账前预先准备好账单,检查账单确保准确,放在干净、完好的账单夹里。

(3)在客人提出结账后3分钟内在客人右边呈上账单。

(4)注意中西方结账习惯的细节差异,如西方客人不习惯唱收唱付,有时会分开付账等。若分开付账,则应按女士优先的原则准确为每位客人结账。

(5)按不同的结账方式为客人结账。

(6)客人结账时提出要发票的,结账时一并为客人提供发票。

96. 冷餐宴会服务程序中的准备工作有哪些?

答:(1)了解参加人数、酒会形式、台型设计、菜肴品种、布置主题等信息。

(2)在酒会开始前1小时布置好所需的食品台。

(3)食品台的设计应方便客人迅速顺利选取菜肴,考虑客人流向,科学安排取材顺序。

(4)准备好食品台上的保温餐炉,提前45分钟摆好。并在保温炉中加入适量的热水,点燃酒精加热,上齐各种食品。

(5)设座冷餐酒会的餐桌摆放要突出主桌,并预留通道。

(6)准备好充足的餐盘。

(7)布置好酒水台。

(8)准备好酒水所需的酒水饮料及配料、辅料。

(9)准备好与酒水配套的各式酒具,注意洗净擦干。做好员工工作的分配。

(10)落实消防工作。

97. 旅客列车餐料的保管有何规定?

答:原料要按其属性分类,每个类别、每种原料要有固定的存放位置。

干藏原料的主要类别有米、面粉、豆类食品、粉条、果仁、调料、罐头、瓶装食品、脱水蔬菜等。干货应保持相对干燥储藏,一般不需要供热和制冷设备,其最佳储存温度为15~21 ℃。

新鲜蔬菜和水果一般储存温度为常温,最适宜的温度10~15 ℃,一般储存2~3天。

98. 旅客列车餐具的保管有何规定?

答:(1)餐具保管必须专人负责,按不同性质分类保管,外宾及少数民族用的餐具要单独保管。放置时必须有固定地点,注意车身摇晃的特点,易碎品不要摞得过高,并要放置在稳妥地点。换班交接，要相互清点，认真交接。

(2)金属餐具，在保管时应放在干燥的地方，不沾水、不受潮，长期保管的应涂油或撒上滑石粉，以防生锈。

(3)餐具使用之后，必须彻底洗刷消毒，擦抹干净后才能分类保管于固定地点，以便下次使用和避免污染和生锈。

99. 餐具保管有何要求?

答:(1)餐具保管必须专人负责，按不同性质分类进行保管，外宾及少数民族用的餐具要单独保管。放置时必须有固定地点，注意车身摇晃的特点，易碎品不要摞得过高，并要放置在稳妥地点。换班交接，要互相清点，认真交接。

(2)金属餐具，在保管时应放在干燥的地方，不沾水、不受潮，长期保管的应涂油或撒上滑石粉，以防生锈。

(3)餐具使用之后，必须彻底洗刷消毒，擦抹干净后才能分类保管于固定地点。以便下次使用和避免污染及生锈。

100. 编制预制计划的原则有哪些?

答:(1)掌握接班、库内、途补餐料的品种、数量、单价、主要餐料品种预制份数。

(2)对所担当列车的餐数，线路，客流量，旅客生活习惯，早、午、晚餐饮食规律(盒饭与低、中、高档炒菜品种比例)等，有个全盘估计，餐车长和领班厨师根据可视具体情况，按趟、按日或分餐编制。

(3)途中补料差价一般被忽略，因为按地区差价较大，一般采取平均价格计价出售。

(4)乘务饭的预制和旅客饭的预制，每餐必须做，且要显示餐料盈亏情况。

S1　水基灭火器使用方法

一、考场准备

要求：场地模拟列车环境，不具备条件时要提供笔试或口试条件。

二、材料工具准备

水基灭火器，1 个。

三、考核要求

(1)被鉴定人入场后，首先由裁判告知题目，其次由被鉴定人检查准备备品，当被鉴定人告知裁判可以开始时，由裁判员开始计时。

(2)考核时间为 5 分钟。

(3)在被鉴定人操作期间，裁判可以向被鉴定人提问，以确认被鉴定人是否掌握灭火器使用方法。

(4)考核过程中被鉴定人灭火不彻底即离开的，终止考试，成绩为 0 分。

(5)考核完毕后，由被鉴定人在评分表上签字确认。

四、考核评分

(1)考评人员 3 名以上。

(2)评分程序及规则：考评员根据考生操作情况对照计分标准在评分表上给予记录评分。

(3)算分方法：采用百分制，满分 100 分，60 分及以上为及格。

五、铁道行业职业技能登记认定餐车长技师实作技能考核评分记录表

单位：________　姓名：________　性别：________　准考证号：________　工种：________　级别：________

试题名称：水基灭火器使用方法。

考核时间：5 分钟。

操作开始时间：　时　分　　　　操作结束时间：　时　分

项目	考核内容及评分标准	扣分因素及扣分	得分
作业流程(80 分)	1.检查灭火器有效期和压力表是否在绿区		
	2.站在燃烧物 5 米左右		
	3.室外要站在上风口		
	4.使用前先把灭火器颠倒数次		
	5.开启压把上的保险销拔掉，然后一只手握住喷射软管前喷嘴根部，另一只手将开启把下压		

续上表

项目	考核内容及评分标准	扣分因素及扣分	得分
作业流程（80 分）	6. 迅速对准火焰根部以扇形喷出干粉灭火。要平扫，左右摆动，由近及远快速推进		
	7. 检查是否灭火彻底，清理现场		
	程序不对扣 20 分，每漏一项扣 10 分		
作业质量（20 分）	1. 仪容仪表不规范。（10 分）		
	2. 普通话不标准。（10 分）		
考核时间	作业在 5 分钟内完成。每超时 1 分钟扣 5 分，超过 5 分钟停止考核。用时　分钟		
合计得分			

考评员签名：　　　　　　　　　　鉴定人：　　　　　　　　　　年　　月　　日

S2　旅客列车餐车后厨发生火情处置流程

一、考场准备

要求场地模拟列车环境，不具备条件时要提供笔试或口试条件。

二、材料工具准备

干粉或水基型灭火器，1 个。

三、考核要求

（1）被鉴定人入场后，首先由裁判告知题目，其次由被鉴定人检查准备备品，当被鉴定人告知裁判可以开始时，由裁判员开始计时。

（2）考核时间为 10 分钟。

（3）在被鉴定人操作期间，裁判可以向被鉴定人提问，以确认被鉴定人是否掌握餐车后厨发生火情处置流程。

（4）考核过程中被鉴定人未关闭设备电源即开始灭火的，终止考试，成绩为 0 分。

（5）考核完毕后，由被鉴定人在评分表上签字确认。

四、考核评分

（1）考评人员 3 名以上。

（2）评分程序及规则：考评员根据考生操作情况对照计分标准在评分表上给予记录评分。

（3）算分方法：采用百分制，满分 100 分，60 分及以上为及格。

五、铁道行业职业技能登记认定餐车长技师实作技能考核评分记录表

单位：________　姓名：________　性别：________　准考证号：________　工种：________　级别：________

试题名称：旅客列车餐车后厨发生火情处置流程。

考核时间：10 分钟。

操作开始时间：　时　分　　　　操作结束时间：　时　分

项目	考核内容及评分标准	扣分因素及扣分	得分
作业流程（80 分）	1. 餐车后厨发生火情时，工作人员应立即关闭电源		
	2. 炉灶油锅起火应立即使用防火毯覆盖火源。电器设备或其他部位起火，应使用灭火器进行扑救		
	3. 及时封闭靠前台一侧的后厨门，防止冒烟串到餐厅，避免引起旅客恐慌		
	4. 关闭餐车靠车体一侧边门，避免火势风势		
	5. 餐车长第一时间通知列车长、车辆乘务员		
	6. 火情扑灭后，进行全面检查，确认火已完全熄灭后，保护现场，调查取证		
	程序不对扣 20 分，每漏一项扣 10 分		
作业质量（20 分）	1. 仪容仪表不规范。（10 分）		
	2. 普通话不标准。（10 分）		
考核时间	作业在 10 分钟内完成。每超时 1 分钟扣 5 分，超过 5 分钟停止考核。用时　分钟		
合计得分			

考评员签名：　　　　鉴定人：　　　　年　月　日

S3　计算菜品售价

一、考场准备

要求：场地模拟列车环境，不具备条件时要提供笔试或口试条件。

二、材料工具准备

电子计算器，1 个。

三、考核要求

(1)被鉴定人入场后，首先由裁判告知题目，其次由被鉴定人检查准备备品，当被鉴定人告知裁判可以开始时，由裁判员开始计时。

(2)考核时间为 5 分钟。

(3)在被鉴定人操作期间，裁判可以向被鉴定人提问，以确认被鉴定人是否掌握菜品售价过程。

(4)考核过程中被鉴定人在限定时间内未计算出结果的，终止考试，成绩为 0 分。

(5)考核完毕后，由被鉴定人在评分表上签字确认。

四、考核评分

(1)考评人员 3 名以上。
(2)评分程序及规则:考评员根据考生操作情况对照计分标准在评分表上给予记录评分。
(3)算分方法:采用百分制,满分 100 分,60 分及以上为及格。

五、铁道行业职业技能登记认定餐车长技师实作技能考核评分记录表

单位:________ 姓名:________ 性别:________ 准考证号:________ 工种:________ 级别:________

试题名称:计算菜品售价。

试题内容:制作 200 克芫爆肉丝,猪里脊进价每千克 22.00 元,加工成丝净料率为 80%,下脚碎肉每千克作价 10.00 元,净香菜 75 千克,每千克 6.00 元,调料及小料共计 1.75 元,销售毛利率 40%,求盖菜售价多少?

考核时间:5 分钟。

操作开始时间: 时 分 操作结束时间: 时 分

项目	考核内容及评分标准	扣分因素及扣分	得分
作业流程(80 分)	1.猪里脊重量=200÷1 000÷80%=0.25(千克)		
	2.下脚料碎肉重量=0.25−0.2=0.05(千克)		
	3.净猪里脊肉丝成本= 22.00×0.25−10.00×0.05=5.50−0.50=5.00(元)		
	4.净香菜成本= 6.00×75÷1 000=0.45(元)		
	5.该菜成本价 5.00+0.45+1.75=7.20(元)		
	6.售价=成本÷(1−毛利率)=7.20÷(1−40%)=7.20÷60%=12.00(元)		
	7.该菜品售价为 12 元		
	结果不对扣 20 分,每漏一项扣 10 分		
作业质量(20 分)	1.仪容仪表不规范。(10 分)		
	2.普通话不标准。(5 分)		
考核时间	作业在 5 分钟内完成。每超时 1 分钟扣 5 分,超过 3 分钟停止考核。用时 分钟		
合计得分			

考评员签名: 鉴定人: 年 月 日

S4 预制计划编制流程

一、考场准备

要求:场地模拟列车环境,不具备条件时要提供笔试或口试条件。

二、材料工具准备

无。

三、考核要求

(1)被鉴定人入场后,首先由裁判告知题目,其次由被鉴定人检查准备备品,当被鉴定人告知裁判可以开始时,由裁判员开始计时。

(2)考核时间为 10 分钟。

(3)在被鉴定人操作期间,裁判可以向被鉴定人提问,以确认被鉴定人是否掌握预制计划编制流程。

(4)考核过程中被鉴定人作答时未考虑乘务餐的,终止考试,成绩为 0 分。

(5)考核完毕后,由被鉴定人在评分表上签字确认。

四、考核评分

(1)考评人员 3 名以上。

(2)评分程序及规则:考评员根据考生操作情况对照计分标准在评分表上给予记录评分。

(3)算分方法:采用百分制,满分 100 分,60 分及以上为及格。

五、铁道行业职业技能登记认定餐车长技师实作技能考核评分记录表

单位:_______ 姓名:_______ 性别:_______ 准考证号:_______ 工种:_______ 级别:_______

试题名称:预制计划编制流程。

考核时间:10 分钟。

操作开始时间: 时 分　　　　操作结束时间: 时 分

项目	考核内容及评分标准	扣分因素及扣分	得分
作业流程(80 分)	1. 掌握接班、库存、途中补原材料品种,以便确定预制份数		
	2. 所担当列车餐数,线路,客流,旅客生活习惯和要求,结合早、午、晚餐,盒饭饮食规律与低、中、高档菜品种比例,有个全盘估计。根据不同车次情况,可以按趟、按日或分餐编制		
	3. 途中补料差价,质量、定量、定价表,不得照抄作业标准,应结合主、配料价格变化,可采取平均价格计价出售。计算方法是:平均价格等于接、上、补同一品种原材料金额之和除以数量之和		
	4. 对不好保管的原材料,虽然原则上采取先上的原材料先用,但是有些原材料不宜保管,如豆制品等,为了防止腐坏变质,必须有计划优先处理		
	5. 乘务餐的预制和旅客餐预制,每餐必须据实编制		
	6. 保证原材料新鲜,菜品味道鲜美		
	程序不对扣 20 分,每漏一项扣 10 分		
作业质量(20 分)	1. 仪容仪表不规范。(10 分)		
	2. 普通话不标准。(10 分)		
考核时间	作业在 10 分钟内完成。每超时 1 分钟扣 5 分,超过 5 分钟停止考核。用时 分钟		
合计得分			

考评员签名:　　　　鉴定人:　　　　年 月 日

S5　列车餐厅中餐摆台流程

一、考场准备

要求:场地模拟列车环境,不具备条件时要提供笔试或口试条件。

二、材料工具准备

序　　号	名　　称	规　　格	数　　量	备　　注
1	台布	长120厘米宽60厘米	1	
2	花瓶	个	1	
3	餐碟	套	2	
4	汤碗、汤勺	套	2	
5	餐巾花	块	2	
6	筷子	双	2	
7	筷架	个	2	
8	水杯	个	2	
9	牙签盒	个	1	
10	调味瓶	套	1	

三、考核要求

(1)被鉴定人入场后,首先由裁判告知题目,其次由被鉴定人检查准备备品,当被鉴定人告知裁判可以开始时,由裁判员开始计时。

(2)考核时间为10分钟。

(3)在被鉴定人操作期间,裁判可以向被鉴定人提问,以确认被鉴定人是否掌握中餐摆台流程。

(4)考核过程中被鉴定人造成考试用具损坏的,终止考试,成绩为0分。

(5)考核完毕后,由被鉴定人在评分表上签字确认。

四、考核评分

(1)考评人员3名以上。

(2)评分程序及规则:考评员根据考生操作情况对照计分标准在评分表上给予记录评分。

(3)算分方法:采用百分制,满分100分,60分及以上为及格。

五、铁道行业职业技能登记认定餐车长技师实作技能考核评分记录表

单位:________　姓名:________　性别:________　准考证号:________　工种:________　级别:________

试题名称:列车餐厅中餐摆台流程。

考核时间:10 分钟。

操作开始时间:　时　分　　　　　　操作结束时间:　时　分

项目	考核内容及评分标准	扣分因素及扣分	得分
作业流程（80 分）	1. 铺台布:站在餐车过道一侧台面中心线居中,台布正面朝上,台面平整,两侧下垂长度相等		
	2. 放置花瓶、调味用具和牙签盅:花瓶放在靠窗一侧中心、调味用具和牙签盅分放花瓶两侧		
	3. 摆放餐碟:餐碟距桌边 1 厘米,相互间距相等,定位准,餐碟的店徽对准客人		
	4. 放置汤碗、汤勺、味碟;汤碗在餐碟的左上侧距餐碗 1 厘米,汤勺放在汤碗内,勺柄朝左;味碟在餐碟的右上侧与汤碗一条直线上并相距 1 厘米		
	5. 放置筷架、筷子;筷架放在味碟右侧相距 1 厘米,筷子 1/3 搁在筷架上,筷尾距桌边 1 厘米		
	6. 放置水杯:水杯放在汤碗和味碟的正上方,距汤碗、味碟 1 厘米		
	7. 摆放餐巾花:按照餐巾花的摆放原则,从主位开始依次摆放		
	程序不对扣 20 分,每漏一项扣 10 分		
作业质量（20 分）	1. 仪容仪表不规范。（10 分）		
	2. 普通话不标准。（10 分）		
考核时间	作业在 10 分钟内完成。每超时 1 分钟扣 5 分,超过 5 分钟停止考核。用时　分钟		
合计得分			

考评员签名:　　　　　　　鉴定人:　　　　　　　年　　月　　日

S6　列车餐厅西餐摆台流程

一、考场准备

要求:场地模拟列车环境,不具备条件时要提供笔试或口试条件。

二、材料工具准备

序　号	名　称	规　格	数　量	备　注
1	台布	长 120 厘米宽 60 厘米	1	
2	花瓶	个	1	
3	展示盘	套	2	
4	刀、叉、勺	套	2	

续上表

序　号	名　称	规　格	数　量	备　注
5	餐巾花	块	2	
6	黄油刀	双	2	
7	面包盘	个	2	
8	咖啡杯、咖啡勺	套	2	
9	牙签盒	个	1	
10	调味瓶	套	1	
11	黄油碟	个	2	

三、考核要求

(1)被鉴定人入场后，首先由裁判告知题目，其次由被鉴定人检查准备备品，当被鉴定人告知裁判可以开始时，由裁判员开始计时。

(2)考核时间为 10 分钟。

(3)在被鉴定人操作期间，裁判可以向被鉴定人提问，以确认被鉴定人是否掌握西餐摆台流程。

(4)考核过程中被鉴定人造成考试用具损坏的，终止考试，成绩为 0 分。

(5)考核完毕后，由被鉴定人在评分表上签字确认。

四、考核评分

(1)考评人员 3 名以上。

(2)评分程序及规则：考评员根据考生操作情况对照计分标准在评分表上给予记录评分。

(3)算分方法：采用百分制，满分 100 分，60 分及以上为及格。

五、铁道行业职业技能登记认定餐车长技师实作技能考核评分记录表

单位：________　姓名：________　性别：________　准考证号：________　工种：________　级别：________

试题名称：列车餐厅西餐摆台流程。

考核时间：10 分钟。

操作开始时间：　时　分　　　　操作结束时间：　时　分

项目	考核内容及评分标准	扣分因素及扣分	得分
作业流程(80 分)	1. 铺台布：站在餐车过道一侧台面中心线居中，台布正面朝上，台面平整，两侧下垂长度相等		
	2. 摆放展示盘：将展示盘放在餐位正中，距桌边 1 厘米，手法规范、一次到位。		
	3. 摆放刀叉勺：展示盘左右两侧 1 厘米处放餐叉、餐刀、刀口朝盘，餐刀右侧 1 厘米处放汤勺；刀叉手柄距桌边 1 厘米		
	4. 摆放面包盘、黄油刀：餐叉左侧 1 厘米处放面包盘，盘心与展示盘心在同一直线上；黄油刀放在面包盘中轴线右侧 1/2 处，黄油碟放在黄油刀的上方		
	5. 摆放咖啡杯：咖啡杯放在餐刀的右侧，咖啡杯倒扣于垫碟中，用时翻转过来，用时翻转过来，咖啡杯柄和勺把朝后		

续上表

项目	考核内容及评分标准	扣分因素及扣分	得分
作业流程（80分）	6.折叠餐巾花：折叠餐巾花要折法正确，注意口布正反面，要求一次成型，造型逼真，口布挺括，符合最后成型要求		
	7.摆放用具：花瓶放在靠窗一侧中心，调味用品和牙签盅分放花瓶两侧		
	程序不对扣20分，每漏一项扣10分		
作业质量（20分）	1.仪容仪表不规范。（10分）		
	2.普通话不标准。（10分）		
考核时间	作业在10分钟内完成。每超时1分钟扣5分，超过5分钟停止考核。用时　分钟		
合计得分			

考评员签名：　　　　　　　　　　鉴定人：　　　　　　　　　　年　　月　　日

S7　蔬菜鉴别流程

一、考场准备

要求：场地模拟列车环境，不具备条件时要提供笔试或口试条件。

二、材料工具准备

序　号	名　称	规　格	数　量	备　注
1	绿叶菜	颗	1	新鲜
2	白萝卜	根	1	病变
3	胡萝卜	根	1	虫害侵蚀

三、考核要求

(1)被鉴定人入场后，首先由裁判告知题目，其次由被鉴定人检查准备备品，当被鉴定人告知裁判可以开始时，由裁判员开始计时。

(2)考核时间为10分钟。

(3)在被鉴定人操作期间，裁判可以向被鉴定人提问，以确认被鉴定人是否掌握蔬菜鉴别流程。

(4)考核过程中被鉴定人将病变或虫害侵蚀菜品鉴定为合格的，终止考试，成绩为0分。

(5)考核完毕后，由被鉴定人在评分表上签字确认。

四、考核评分

(1)考评人员3名以上。

(2)评分程序及规则：考评员根据考生操作情况对照计分标准在评分表上给予记录评分。

(3)算分方法：采用百分制，满分100分，60分及以上为及格。

五、铁道行业职业技能登记认定餐车长技师实作技能考核评分记录表

单位：________ 姓名：________ 性别：________ 准考证号：________ 工种：________ 级别：________

试题名称：蔬菜鉴别流程。

考核时间：10 分钟。

操作开始时间： 时 分 操作结束时间： 时 分

项目	考核内容及评分标准	扣分因素及扣分	得分
作业流程（80 分）	1. 从蔬菜色泽看，各种蔬菜都应具有本品种固有的颜色，大多数有发亮的光泽，显示出蔬菜的成熟度及鲜嫩程度。除杂交品种外别的品种都不能有其他因素造成的异常色泽及色泽改变		
	2. 从蔬菜的气味看，多数蔬菜具有清香、甘辛香、甜酸香等气味，可以凭嗅觉鉴别不同品种的质量，不允许有腐烂变质的亚硝酸盐味和其他异常气味		
	3. 从蔬菜的滋味看，多数蔬菜滋味甘甜、清爽鲜美，少数具有辛酸、苦涩等特殊风味刺激食欲。如失去本品种原有的滋味即为异常。改良品种除外，例如大蒜的新品种就没有蒜气味		
	4. 从蔬菜的形态看，蔫萎、枯塌、损伤、病变、虫害侵蚀等引起的形态异常，可作为鉴别蔬菜品质优劣的依据		
	程序不对扣 20 分，每漏一项扣 10 分		
作业质量（20 分）	1. 仪容仪表不规范。（10 分）		
	2. 普通话不标准。（10 分）		
考核时间	作业在 10 分钟内完成。每超时 1 分钟扣 5 分，超过 5 分钟停止考核。用时 分钟		
合计得分			

考评员签名： 鉴定人： 年 月 日

S8 猪肉鉴别流程

一、考场准备

要求：场地模拟列车环境，不具备条件时要提供笔试或口试条件。

二、材料工具准备

序 号	名 称	规 格	数 量	备 注
1	生猪肉	块	1	新鲜
2	生猪肉	块	1	变质

三、考核要求

(1)被鉴定人入场后，首先由裁判告知题目，其次由被鉴定人检查准备备品，当被鉴定人告知裁判可以开始时，由裁判员开始计时。

(2)考核时间为 10 分钟。

(3)在被鉴定人操作期间,裁判可以向被鉴定人提问,以确认被鉴定人是否掌握猪肉鉴别流程。

(4)考核过程中被鉴定人将变质猪肉鉴别为合格的,终止考试,成绩为 0 分。

(5)考核完毕后,由被鉴定人在评分表上签字确认。

四、考核评分

(1)考评人员 3 名以上。

(2)评分程序及规则:考评员根据考生操作情况对照计分标准在评分表上给予记录评分。

(3)算分方法:采用百分制,满分 100 分,60 分及以上为及格。

五、铁道行业职业技能登记认定餐车长技师实作技能考核评分记录表

单位:________　姓名:________　性别:________　准考证号:________　工种:________　级别:________

试题名称:猪肉鉴别流程。

考核时间:10 分钟。

操作开始时间:　时　分　　　　操作结束时间:　时　分

项目	考核内容及评分标准	扣分因素及扣分	得分
作业流程(80 分)	1. 良质猪肉:肌肉呈淡红色,均匀,外表干燥,或微湿润,肌肉切面有光泽,肉汁透明,肌肉指压后凹陷处立即恢复。脂肪洁白,烧熟后的肉汤透明,具有香味,滋味鲜美,表面浮有大量的油滴		
	2. 次鲜肉:常温或高温环境中,储存太久或经过冰冻的猪肉,其肌肉色稍暗,脂肪缺乏光泽,外表干燥或有些粘手,新切面湿润,指压后的凹陷部不能立即恢复,弹性差,常有氨味或酸味		
	程序不对扣 20 分,每漏一项扣 10 分		
作业质量(20 分)	1. 仪容仪表不规范。(10 分)		
	2. 普通话不标准。(10 分)		
考核时间	作业在 10 分钟内完成。每超时 1 分钟扣 5 分,超过 5 分钟停止考核。用时　分钟		
合计得分			

考评员签名:　　　　鉴定人:　　　　年　月　日

S9　鸡蛋鉴别流程

一、考场准备

要求:场地模拟列车环境,不具备条件时要提供笔试或口试条件。

二、材料工具准备

序　号	名　称	规　格	数　量	备　注
1	生鸡蛋	枚	5	新鲜
2	生鸡蛋	枚	1	变质

三、考核要求

(1)被鉴定人入场后,首先由裁判告知题目,其次由被鉴定人检查准备备品,当被鉴定人告知裁判可以开始时,由裁判员开始计时。

(2)考核时间为10分钟。

(3)在被鉴定人操作期间,裁判可以向被鉴定人提问,以确认被鉴定人是否掌握鸡蛋鉴别流程。

(4)考核过程中被鉴定人将变质鸡蛋鉴别为合格的,终止考试,成绩为0分。

(5)考核完毕后,由被鉴定人在评分表上签字确认。

四、考核评分

(1)考评人员3名以上。

(2)评分程序及规则:考评员根据考生操作情况对照计分标准在评分表上给予记录评分。

(3)算分方法:采用百分制,满分100分,60分及以上为及格。

五、铁道行业职业技能登记认定餐车长技师实作技能考核评分记录表

单位:_______　姓名:_______　性别:_______　准考证号:_______　工种:_______　级别:_______

试题名称:鸡蛋鉴别流程。

考核时间:10分钟。

操作开始时间:　时　分　　　　操作结束时间:　时　分

项目	考核内容及评分标准	扣分因素及扣分	得分
作业流程 (80分)	1.用日光透射:用左手握成圆形,右手将鸡蛋放在圆形末端,对着日光透射,新鲜的鸡蛋成微红色,半透明状态,蛋黄轮廓清晰;如果昏暗不透明或有污斑,说名鸡蛋已经变质		
	2.观察蛋壳:蛋壳上附着一层霜状粉末,蛋壳颜色鲜明,气孔明显是鲜蛋,陈蛋正好与之相反,并有油腻		
	3.用手轻摇:无声的是鲜蛋,有水声的是陈蛋		
	4.用冷水试:如果蛋平躺在水里,说明很新鲜,如果倾斜在水中,它至少已经存放三到五天,如果笔直立在水中,可能存放十天之久,如果浮在水面上,说明鸡蛋已经变质		
	程序不对扣20分,每漏一项扣10分		
作业质量 (20分)	1.仪容仪表不规范。(10分)		
	2.普通话不标准。(10分)		

续上表

项目	考核内容及评分标准	扣分因素及扣分	得分
考核时间	作业在10分钟内完成。每超时1分钟扣5分，超过5分钟停止考核。用时　分钟		
合计得分			

考评员签名：　　　　鉴定人：　　　　年　月　日

S10　宴会开餐前准备工作

一、考场准备

要求：场地模拟列车环境，不具备条件时要提供笔试或口试条件。

二、材料工具准备

无。

三、考核要求

(1)被鉴定人入场后，首先由裁判告知题目，其次由被鉴定人检查准备备品，当被鉴定人告知裁判可以开始时，由裁判员开始计时。

(2)考核时间为10分钟。

(3)在被鉴定人操作期间，裁判可以向被鉴定人提问，以确认被鉴定人是否掌握宴会开餐前准备工作。

(4)考核过程中被鉴定人将冷菜与热菜混淆的，终止考试，成绩为0分。

(5)考核完毕后，由被鉴定人在评分表上签字确认。

四、考核评分

(1)考评人员3名以上。

(2)评分程序及规则：考评员根据考生操作情况对照计分标准在评分表上给予记录评分。

(3)算分方法：采用百分制，满分100分，60分及以上为及格。

五、铁道行业职业技能登记认定餐车长技师实作技能考核评分记录表

单位：________　姓名：________　性别：________　准考证号：________　工种：________　级别：________

试题名称：宴会开餐前准备工作。

考核时间：10分钟。

操作开始时间：　时　分　　　　操作结束时间：　时　分

项目	考核内容及评分标准	扣分因素及扣分	得分
作业流程(80分)	1.领取酒水和各种消耗品，根据宴会的规模和要求领取酒水、准备茶叶、调料、水果、牙签、餐巾纸等物品		

续上表

项目	考核内容及评分标准	扣分因素及扣分	得分
作业流程（80分）	2.准备小毛巾和茶水：将洗干净且消毒的小毛巾放入保温箱内备用，在宾客未到前，准备好泡茶用具、茶叶、开水		
	3.摆放冷菜：宴会开始前15～20分钟，将冷菜摆放上餐桌，摆放时注意菜形、菜色、菜味		
	4.斟酒：宴会开始前10分钟，将葡萄酒斟好，以备宾客开宴后讲话结束使用		
	5.全面检查工作：准备工作全部就绪后，宴会管理人员要做全面检查		
	程序不对扣20分，每漏一项扣10分		
作业质量（20分）	1.仪容仪表不规范。（10分）		
	2.普通话不标准。（10分）		
考核时间	作业在10分钟内完成。每超时1分钟扣5分，超过5分钟停止考核。用时　　分钟		
合计得分			

考评员签名：　　　　　　　　鉴定人：　　　　　　　　年　　月　　日

S11　团体包餐的服务程序

一、考场准备

要求：场地模拟列车环境，不具备条件时要提供笔试或口试条件。

二、材料工具准备

无。

三、考核要求

(1)被鉴定人入场后，首先由裁判告知题目，其次由被鉴定人检查准备备品，当被鉴定人告知裁判可以开始时，由裁判员开始计时。

(2)考核时间为10分钟。

(3)在被鉴定人操作期间，裁判可以向被鉴定人提问，以确认被鉴定人是否掌握团体包餐的服务程序。

(4)考核过程中被鉴定人提起收拾餐具的，终止考试，成绩为0分。

(5)考核完毕后，由被鉴定人在评分表上签字确认。

四、考核评分

(1)考评人员3名以上。

(2)评分程序及规则：考评员根据考生操作情况对照计分标准在评分表上给予记录评分。

(3)算分方法：采用百分制，满分100分，60分及以上为及格。

五、铁道行业职业技能登记认定餐车长技师实作技能考核评分记录表

单位：________ 姓名：________ 性别：________ 准考证号：________ 工种：________ 级别：________

试题名称：团体包餐的服务程序。

考核时间：10 分钟。

操作开始时间： 时 分 操作结束时间： 时 分

项目	考核内容及评分标准	扣分因素及扣分	得分
作业流程（80 分）	1. 准确掌握每个团体的用餐人数、伙食标准，做好接待前的准备工作		
	2. 充分了解就餐宾客的国籍身份、风俗习惯、会议的性质、人员的构成，以便有针对性进行服务		
	3. 安排菜单时，要有特色变化，服务员要详细了解菜单的内容		
	4. 旅客进入餐车和就餐的过程，服务员要热情礼貌待客，全部客人离台后再收拾餐具		
	5. 客人如凭就餐券就餐，应从客人左后方收取，清点正确方可开餐		
	6. 个别餐台的客人如有要求加酒水和菜肴，要及时服务，并另开单据收款		
	7. 对特殊的客人给以特殊的照顾，对病号要专人提供服务		
	程序不对扣 20 分，每漏一项扣 10 分		
作业质量（20 分）	1. 仪容仪表不规范。（10 分）		
	2. 普通话不标准。（10 分）		
考核时间	作业在 10 分钟内完成。每超时 1 分钟扣 5 分，超过 5 分钟停止考核。用时 分钟		
合计得分			

考评员签名： 鉴定人： 年 月 日

S12 列车运行中厨房安全操作基本要求

一、考场准备

要求：场地模拟列车环境，不具备条件时要提供笔试或口试条件。

二、材料工具准备

无。

三、考核要求

（1）被鉴定人入场后，首先由裁判告知题目，其次由被鉴定人检查准备备品，当被鉴定人告知裁判可以开始时，由裁判员开始计时。

（2）考核时间为 10 分钟。

（3）在被鉴定人操作期间，裁判可以向被鉴定人提问，以确认被鉴定人是否掌握列车运行中后厨安全操作流程。

(4)考核过程中被鉴定人漏答炉灶离人断电的，终止考试，成绩为 0 分。

(5)考核完毕后，由被鉴定人在评分表上签字确认。

四、考核评分

(1)考评人员 3 名以上。

(2)评分程序及规则：考评员根据考生操作情况对照计分标准在评分表上给予记录评分。

(3)算分方法：采用百分制，满分 100 分，60 分及以上为及格。

五、铁道行业职业技能登记认定餐车长技师实作技能考核评分记录表

单位：________ 姓名：________ 性别：________ 准考证号：________ 工种：________ 级别：________

试题名称：列车运行中厨房安全操作基本要求。

考核时间：10 分钟。

操作开始时间： 时 分　　　　操作结束时间： 时 分

项目	考核内容及评分标准	扣分因素及扣分	得分
作业流程（80 分）	1. 列车运行中油罐油量不准超过容器高度的 2/3		
	2. 攀高取物必须有人在旁防护		
	3. 禁止在炉台边堆放易燃物品		
	4. 搬拿餐料、物品要稳准，防止扭伤		
	5. 开餐时炉灶不离人，离人断电		
	6. 禁止非厨房工作人员进入厨房		
	7. 刀具入刀箱加锁，利器不外借		
	8. 后厨人员要穿着规定的劳动保护防滑、放油鞋		
	9. 餐料在加工前检查质量无变质，入口食品卫生符合要求，防止食物中毒		
	10. 重点旅客用餐必须留菜样		
	11. 电器化餐车操作时禁止颠勺，以减少冲击，对电磁炉造成损伤		
	12. 每次工作结束后灶台面不放任何物品，保持干净		
	13. 电蒸饭箱操作打开时，要先排气阀，排完蒸汽后方能打开门，以防汤勺		
	程序不对扣 20 分，每漏一项扣 10 分		
作业质量（20 分）	1. 仪容仪表不规范。（10 分）		
	2. 普通话不标准。（10 分）		
考核时间	作业在 10 分钟内完成。每超时 1 分钟扣 5 分，超过 5 分钟停止考核。用时 分钟		
合计得分			

考评员签名：　　　　鉴定人：　　　　年　　月　　日

S13　餐车遇不同物质着火应急处置要点

一、考场准备

要求：场地模拟列车环境，不具备条件时要提供笔试或口试条件。

二、材料工具准备

序　　号	名　　称	规　　格	数　　量	备　　注
1	灭火器	干粉或水基型	1	
2	水桶		1	

三、考核要求

(1)被鉴定人入场后，首先由裁判告知题目，其次由被鉴定人检查准备备品，当被鉴定人告知裁判可以开始时，由裁判员开始计时。

(2)考核时间为 10 分钟。

(3)在被鉴定人操作期间，裁判可以向被鉴定人提问，以确认被鉴定人是否掌握旅客列车发生不同物质着火应急处置流程。

(4)考核过程中被鉴定人灭火方式错误的，终止考试，成绩为 0 分。

(5)考核完毕后，由被鉴定人在评分表上签字确认。

四、考核评分

(1)考评人员 3 名以上。

(2)评分程序及规则：考评员根据考生操作情况对照计分标准在评分表上给予记录评分。

(3)算分方法：采用百分制，满分 100 分，60 分及以上为及格。

五、铁道行业职业技能登记认定餐车长技师实作技能考核评分记录表

单位：________　姓名：________　性别：________　准考证号：________　工种：________　级别：________

试题名称：餐车遇不同物质着火应急处置要点。

考核时间：10 分钟。

操作开始时间：　时　分　　　　　　　　　　操作结束时间：　时　分

项目	考核内容及评分标准	扣分因素及扣分	得分
作业流程(80 分)	1. 衣物、棉絮起火时，应就地取材灭火		
	2. 石油产品、油漆、有机溶剂应使用灭火器进行灭火。扑灭后要立即控制火源，防止易燃物扩散。同时立即邻车，严禁喧哗、跑动，防止引起旅客恐慌，并通知了列车长、乘警前来处理		

续上表

项目	考核内容及评分标准	扣分因素及扣分	得分
作业流程（80分）	3. 火情得到控制后，要注意观察起火部位，待列车长、乘警、车辆人员到达后，对起火部位全面检查，确认火已完全熄灭，保护现场，调查取证		
	程序不对扣20分，每漏一项扣10分		
作业质量（20分）	1. 仪容仪表不规范。（10分）		
	2. 普通话不标准。（10分）		
考核时间	作业在10分钟内完成。每超时1分钟扣5分，超过5分钟停止考核。用时　　分钟		
合计得分			

考评员签名：　　　　鉴定人：　　　　年　　月　　日

S14　旅客列车发生电器设备冒烟起火应急处置流程

一、考场准备

要求：场地模拟列车环境，不具备条件时要提供笔试或口试条件。

二、材料工具准备

干粉或水基型灭火器，1个。

三、考核要求

（1）被鉴定人入场后，首先由裁判告知题目，其次由被鉴定人检查准备备品，当被鉴定人告知裁判可以开始时，由裁判员开始计时。

（2）考核时间为10分钟。

（3）在被鉴定人操作期间，裁判可以向被鉴定人提问，以确认被鉴定人是否掌握旅客列车发生电器设备冒烟起火应急处置流程。

（4）考核过程中被鉴定人灭火前未关闭设备电源的，终止考试，成绩为0分。

（5）考核完毕后，由被鉴定人在评分表上签字确认。

四、考核评分

（1）考评人员3名以上。

（2）评分程序及规则：考评员根据考生操作情况对照计分标准在评分表上给予记录评分。

（3）算分方法：采用百分制，满分100分，60分及以上为及格。

五、铁道行业职业技能登记认定餐车长技师实作技能考核评分记录表

单位：________ 姓名：________ 性别：________ 准考证号：________ 工种：________ 级别：________

试题名称：旅客列车发生电器设备冒烟起火应急处置流程。

考核时间：10 分钟。

操作开始时间： 时 分 操作结束时间： 时 分

项目	考核内容及评分标准	扣分因素及扣分	得分
作业流程（80 分）	1. 列车运行中发生电器设备冒烟起火时，要立即关闭电源或断开保险		
	2. 迅速使用灭火器扑灭冒烟起火处		
	3. 火情得到控制后，要注意观察起火部位，待列车长、乘警、车辆人员到达后，对起火部位全面检查，确认火已完全熄灭，保护现场，调查取证		
	程序不对扣 20 分，每漏一项扣 10 分		
作业质量（20 分）	1. 仪容仪表不规范。（10 分）		
	2. 普通话不标准。（10 分）		
考核时间	作业在 10 分钟内完成。每超时 1 分钟扣 5 分，超过 5 分钟停止考核。用时 分钟		
合计得分			

考评员签名： 鉴定人： 年 月 日

S15 旅客列车餐售供应应急处置流程

一、考场准备

要求：场地模拟列车环境，不具备条件时要提供笔试或口试条件。

二、材料工具准备

无。

三、考核要求

(1)被鉴定人入场后，首先由裁判告知题目，其次由被鉴定人检查准备备品，当被鉴定人告知裁判可以开始时，由裁判员开始计时。

(2)考核时间为 10 分钟。

(3)在被鉴定人操作期间，裁判可以向被鉴定人提问，以确认被鉴定人是否掌握旅客列车餐售供应应急处置流程。

(4)考核过程中被鉴定人未要求补料单位提供卫生许可证的，终止考试，成绩为 0 分。

(5)考核完毕后，由被鉴定人在评分表上签字确认。

四、考核评分

(1)考评人员 3 名以上。

(2)评分程序及规则:考评员根据考生操作情况对照计分标准在评分表上给予记录评分。

(3)算分方法:采用百分制,满分 100 分,60 分及以上为及格。

五、铁道行业职业技能登记认定餐车长技师实作技能考核评分记录表

单位:________ 姓名:________ 性别:________ 准考证号:________ 工种:________ 级别:________

试题名称:旅客列车餐售供应应急处置流程。

考核时间:10 分钟。

操作开始时间: 时 分 操作结束时间: 时 分

<table>
<tr><th>项目</th><th>考核内容及评分标准</th><th>扣分因素及扣分</th><th>得分</th></tr>
<tr><td rowspan="5">作业流程
(80 分)</td><td>1. 列车运行途中餐料不足,需要补充时,必须到规定的补料点补充,补料以蔬菜为主,严禁补充主料,食品要执行“索证”规定,有补料单位卫生许可证。食品要有当地防疫部门检疫证明及上货单。食品上车前由列车长和餐车长共同检查食品和商品的质量。列车长要严把关。坚决杜绝“三无”商品上车,防止食物中毒,保证旅客和乘务人员的饮食安全</td><td></td><td rowspan="7"></td></tr>
<tr><td>2. 补货点所上餐料和食品必须有上货单,并盖有公章,否则按私货处理</td><td></td></tr>
<tr><td>3. 特殊情况,途中必须在非补料点补料时,必须经列车长请示段主管领导同意,餐车长与列车长共同检查餐料质量,添乘干部要做好监督。如线路中断,距车站较远时,由列车长通过请示相关部门,得到批准后,方可与地方政府联系,请求为列车补充食品及饮用水</td><td></td></tr>
<tr><td>4. 列车晚点时保证餐饮供应,严禁以任何理由哄抬物价。根据列车晚点的具体情况,按时开餐,合理安排饮食供应,照顾重点旅客,满足旅客需求</td><td></td></tr>
<tr><td>程序不对扣 20 分,每漏一项扣 10 分</td><td></td></tr>
<tr><td rowspan="2">作业质量
(20 分)</td><td>1. 仪容仪表不规范。(10 分)</td><td></td></tr>
<tr><td>2. 普通话不标准。(10 分)</td><td></td></tr>
<tr><td>考核时间</td><td>作业在 10 分钟内完成。每超时 1 分钟扣 5 分,超过 5 分钟停止考核。用时 分钟</td><td></td><td></td></tr>
<tr><td>合计得分</td><td colspan="3"></td></tr>
</table>

考评员签名: 鉴定人: 年 月 日

S16 酒的保管与储存程序

一、考场准备

要求:场地模拟列车环境,不具备条件时要提供笔试或口试条件。

二、材料工具准备

序 号	名 称	规 格	数 量	备 注
1	白酒	瓶	1	
2	啤酒	瓶	1	
3	红酒	瓶	1	

三、考核要求

(1)被鉴定人入场后,首先由裁判告知题目,其次由被鉴定人检查准备备品,当被鉴定人告知裁判可以开始时,由裁判员开始计时。

(2)考核时间为10分钟。

(3)在被鉴定人操作期间,裁判可以向被鉴定人提问,以确认被鉴定人是否掌握酒的保管与储存程序。

(4)考核过程中被鉴定人关闭设备电源的,终止考试,成绩为0分。

(5)考核完毕后,由被鉴定人在评分表上签字确认。

四、考核评分

(1)考评人员3名以上。

(2)评分程序及规则:考评员根据考生操作情况对照计分标准在评分表上给予记录评分。

(3)算分方法:采用百分制,满分100分,60分及以上为及格。

五、铁道行业职业技能登记认定餐车长技师实作技能考核评分记录表

单位:________ 姓名:________ 性别:________ 准考证号:________ 工种:________ 级别:________

试题名称:酒的保管与储存程序。

考核时间:10分钟。

操作开始时间: 时 分　　　　操作结束时间: 时 分

项目	考核内容及评分标准	扣分因素及扣分	得分
作业流程(80分)	1.必须针对各类酒的不同特点,因地制宜选择清洁卫生、避光、干燥、温度事宜的仓库储存酒类,对于白酒,保存温度以低温为好,这样可以减少挥发、防止渗漏,但要注意加强防火措施		
	2.要控制好保管温度,黄酒、啤酒、果酒等低度酒一般以5~25 ℃为宜,既不能过高过低,更不能忽冷忽热		
	3.要注意清洁卫生,防止细菌感染		
	4.红酒应倒过来放置		
	程序不对扣20分,每漏一项扣10分		
作业质量(20分)	1.仪容仪表不规范。(10分)		
	2.普通话不标准。(10分)		
考核时间	作业在10分钟内完成。每超时1分钟扣5分,超过5分钟停止考核。用时 分钟		
合计得分			

考评员签名:　　　　鉴定人:　　　　年 月 日

S17 团体餐早餐服务流程

一、考场准备

要求：场地模拟列车环境，不具备条件时要提供笔试或口试条件。

二、材料工具准备

无。

三、考核要求

(1)被鉴定人入场后，首先由裁判告知题目，其次由被鉴定人检查准备备品，当被鉴定人告知裁判可以开始时，由裁判员开始计时。

(2)考核时间为10分钟。

(3)在被鉴定人操作期间，裁判可以向被鉴定人提问，以确认被鉴定人是否掌握团体餐早餐服务流程。

(4)考核过程中被鉴定人未问清团队名称就引领到准备好餐台的，终止考试，成绩为0分。

(5)考核完毕后，由被鉴定人在评分表上签字确认。

四、考核评分

(1)考评人员3名以上。

(2)评分程序及规则：考评员根据考生操作情况对照计分标准在评分表上给予记录评分。

(3)算分方法：采用百分制，满分100分，60分及以上为及格。

五、铁道行业职业技能登记认定餐车长技师实作技能考核评分记录表

单位：________ 姓名：________ 性别：________ 准考证号：________ 工种：________ 级别：________

试题名称：团体餐早餐服务流程。

考核时间：10分钟。

操作开始时间： 时 分　　　　操作结束时间： 时 分

项目	考核内容及评分标准	扣分因素及扣分	得分
作业流程(80分)	1.餐前准备。开餐前服务员要了解自己所负责接待团体名称、生活习惯、人数、开餐时间、用餐标准及特殊要求，按标准和人数摆好餐位及桌上用品，做好接待前准备工作		
	2.迎宾服务。客人到达时，工作人员问清团队名称，将用餐旅客引领到准备好餐台，待旅客坐好后，为旅客斟茶		
	3.餐中服务。旅客基本到齐后，即可按规定标准送上菜点食品。旅客进餐期间要加强巡视、勤斟茶水、勤收拾空碟		

续上表

项目	考核内容及评分标准	扣分因素及扣分	得分
作业流程（80分）	4.结束收尾。需马上结账，应根据旅客人数，标准累计总数，填写账单。向经办人现收，如旅客统一结账，应将日期、人数、标准、费用总额填写清楚。旅客离开后，马上清理台面，按标准重新布置餐台		
	程序不对扣20分，每漏一项扣10分		
作业质量（20分）	1.仪容仪表不规范。（10分）		
	2.普通话不标准。（10分）		
考核时间	作业在10分钟内完成。每超时1分钟扣5分，超过5分钟停止考核。用时　　分钟		
合计得分			

考评员签名：　　　　鉴定人：　　　　年　月　日

S18　为行动不便的旅客提供就餐服务程序

一、考场准备

要求：场地模拟列车环境，不具备条件时要提供笔试或口试条件。

二、材料工具准备

序　号	名　称	规　格	数　量	备　注
1	手杖	副	1	
2	轮椅	部	1	

三、考核要求

（1）被鉴定人入场后，首先由裁判告知题目，其次由被鉴定人检查准备备品，当被鉴定人告知裁判可以开始时，由裁判员开始计时。

（2）考核时间为10分钟。

（3）在被鉴定人操作期间，裁判可以向被鉴定人提问，以确认被鉴定人是否掌握为行动不便的旅客提供就餐服务程序。

（4）考核过程中被鉴定人未向盲人旅客念菜单的，终止考试，成绩为0分。

（5）考核完毕后，由被鉴定人在评分表上签字确认。

四、考核评分

（1）考评人员3名以上。

（2）评分程序及规则：考评员根据考生操作情况对照计分标准在评分表上给予记录评分。

（3）算分方法：采用百分制，满分100分，60分及以上为及格。

五、铁道行业职业技能登记认定餐车长技师实作技能考核评分记录表

单位：________　姓名：________　性别：________　准考证号：________　工种：________　级别：________

试题名称：为行动不便的旅客提供就餐服务程序。

考核时间：10 分钟。

操作开始时间：　时　分　　　　　　　　　　操作结束时间：　时　分

项目	考核内容及评分标准	扣分因素及扣分	得分
作业流程（80 分）	1. 应尊重、关心、体贴和照顾		
	2. 当他们到达餐厅时，应立即上前搀扶，帮助放妥手杖及携带物品		
	3. 如客人以轮椅代步，要安排在方便出入和靠墙的位置就座		
	4. 盲人入座后，服务员要主动读菜单帮助点菜		
	5. 尽量满足客人需要		
	程序不对扣 20 分，每漏一项扣 10 分		
作业质量（20 分）	1. 仪容仪表不规范。（10 分）		
	2. 普通话不标准。（10 分）		
考核时间	作业在 10 分钟内完成。每超时 1 分钟扣 5 分，超过 5 分钟停止考核。用时　分钟		
合计得分			

考评员签名：　　　　　　　　鉴定人：　　　　　　　　年　月　日

S19　处理旅客投诉的程序

一、考场准备

要求：场地模拟列车环境，不具备条件时要提供笔试或口试条件。

二、材料工具准备

无。

三、考核要求

(1)被鉴定人入场后，首先由裁判告知题目，其次由被鉴定人检查准备备品，当被鉴定人告知裁判可以开始时，由裁判员开始计时。

(2)考核时间为 10 分钟。

(3)在被鉴定人操作期间，裁判可以向被鉴定人提问，以确认被鉴定人是否掌握处理旅客投诉的程序。

(4)考核过程中被鉴定人随意打断投诉旅客说话的，终止考试，成绩为 0 分。

(5)考核完毕后，由被鉴定人在评分表上签字确认。

四、考核评分

(1)考评人员3名以上。

(2)评分程序及规则:考评员根据考生操作情况对照计分标准在评分表上给予记录评分。

(3)算分方法:采用百分制,满分100分,60分及以上为及格。

五、铁道行业职业技能登记认定餐车长技师实作技能考核评分记录表

单位:________ 姓名:________ 性别:________ 准考证号:________ 工种:________ 级别:________

试题名称:处理旅客投诉的程序。

考核时间:10分钟。

操作开始时间: 时 分　　　　操作结束时间: 时 分

项目	考核内容及评分标准	扣分因素及扣分	得分
作业流程(80分)	1.认真倾听客人投诉		
	2.记录要点		
	3.弄清客人诉求		
	4.向客人表示歉意		
	5.提出处理方案,征求客人意见		
	6.向有关部门通报并跟进处理情况,监督、检查有关工作的完成情况		
	7.向客人反馈处理结果,再次征求客人意见		
	程序不对扣20分,每漏一项扣10分		
作业质量(20分)	1.仪容仪表不规范。(10分)		
	2.普通话不标准。(10分)		
考核时间	作业在10分钟内完成。每超时1分钟扣5分,超过5分钟停止考核。用时 分钟		
合计得分			

考评员签名:　　　　鉴定人:　　　　年 月 日

S20 上菜时台面已摆满菜的处理方法

一、考场准备

要求:场地模拟列车环境,不具备条件时要提供笔试或口试条件。

二、材料工具准备

序　号	名　称	规　格	数　量	备　注
1	菜盘		8	
2	餐碟		2	

三、考核要求

(1)被鉴定人入场后,首先由裁判告知题目,其次由被鉴定人检查准备备品,当被鉴定人告知裁判可以开始时,由裁判员开始计时。

(2)考核时间为10分钟。

(3)在被鉴定人操作期间,裁判可以向被鉴定人提问,以确认被鉴定人是否掌握上菜时,台面已摆满了菜应如何处理。

(4)考核过程中被鉴定人未征求顾客意见就分餐或换盘的,终止考试,成绩为0分。

(5)考核完毕后,由被鉴定人在评分表上签字确认。

四、考核评分

(1)考评人员3名以上。

(2)评分程序及规则:考评员根据考生操作情况对照计分标准在评分表上给予记录评分。

(3)算分方法:采用百分制,满分100分,60分及以上为及格。

五、铁道行业职业技能登记认定餐车长技师实作技能考核评分记录表

单位:________ 姓名:________ 性别:________ 准考证号:________ 工种:________ 级别:________

试题名称:上菜时台面已摆满菜的处理方法。

考核时间:10分钟。

操作开始时间: 时 分 操作结束时间: 时 分

项目	考核内容及评分标准	扣分因素及扣分	得分
作业流程(80分)	1.征询旅客意见,将桌上快吃完的菜分让给旅客		
	2.征求旅客意见,将桌上快吃完的菜换成小碟盛装		
	3.征求旅客意见,将先上的菜放到服务桌上(视进餐情况再摆上桌),腾出空位上菜		
	4.与厨房协调,控制出菜节奏		
	程序不对扣20分,每漏一项扣10分		
作业质量(20分)	1.仪容仪表不规范。(10分)		
	2.普通话不标准。(10分)		
考核时间	作业在10分钟内完成。每超时1分钟扣5分,超过5分钟停止考核。用时 分钟		
合计得分			

考评员签名: 鉴定人: 年 月 日